让思想流动起来

论世衡史
- 丛书 -

晚清民国的学人与学术

桑兵 著

四川人民出版社

目 录

绪　论 …………………………………………………… 001
第一章　近代中国的新史学及其流变 …………………… 017
　　一　创新与崇洋 ……………………………………… 018
　　二　科学与艺术 ……………………………………… 027
　　三　民史与考古 ……………………………………… 040
　　四　释古与历史科学 ………………………………… 049
　　五　新系统的通史 …………………………………… 058
　　六　转折与再兴 ……………………………………… 068
　　七　结语 ……………………………………………… 078

第二章　中国思想学术史上的道统与派分 ……………… 083
　　一　道统与派分 ……………………………………… 084
　　二　宗派的研究法 …………………………………… 091
　　三　家派与分科 ……………………………………… 099
　　四　后设与解析 ……………………………………… 109

第三章　从眼光向下回到历史现场
　　——社会学人类学对近代中国史学的影响 …… 122
　　一　创新史学 …… 123
　　二　眼光向下 …… 132
　　三　回到历史现场 …… 143

第四章　20世纪前半期的中国史学会 …… 152
　　一　南北中国史学会 …… 153
　　二　北平史学会与群雄并起 …… 168
　　三　南方各大学的史学会 …… 179
　　四　参加国际历史学会 …… 187
　　五　抗战期间的中国史学会 …… 199
　　六　中国新史学研究会和新的中国史学会 …… 209

第五章　民国学界的老辈 …… 217
　　一　各花入各眼 …… 218
　　二　老则老耳　何遗之有 …… 224
　　三　隔代相传 …… 235
　　四　门径各异 …… 247

第六章　章太炎晚年北游讲学的文化象征 …… 267
　　一　太炎师徒 …… 268
　　二　国学大师 …… 282
　　三　晚年讲学 …… 292

第七章　横看成岭侧成峰：学术视差与胡适的学术地位……… 303
- 一　乾嘉朴学还是西洋统系 …………………………………… 304
- 二　从十字真言到四字诀 ……………………………………… 322
- 三　再创新典范的努力 ………………………………………… 331
- 四　但开风气不为师？ ………………………………………… 342
- 五　远近高低各不同 …………………………………………… 359

第八章　近代中国比较研究史管窥
——陈寅恪《与刘叔雅论国文试题书》解析 ………… 368
- 一　对对子 ……………………………………………………… 369
- 二　中国比较研究的渊源 ……………………………………… 376
- 三　影响研究与平行比较 ……………………………………… 383
- 四　具有统系与不涉傅会 ……………………………………… 398

第九章　傅斯年"史学只是史料学"再析 ……………………… 408
- 一　近代的历史学只是史料学 ………………………………… 409
- 二　近真与头绪 ………………………………………………… 421
- 三　求实与证虚 ………………………………………………… 429
- 四　曲解与本意 ………………………………………………… 435

征引文献 …………………………………………………………… 449
- 一、档案 ………………………………………………………… 449
- 二、报刊 ………………………………………………………… 449
- 三、一般文献 …………………………………………………… 450

索　引 ……………………………………………………………… 464

绪　论

近年所治，一般以为所谓学术史，鄙意则宁可名之曰学人的历史。二者之间，分别显然。前者偏重于专门史的画地为牢，后者则力求破除分科治学的畛域，以及种种后出外来的条理系统的成见，将对象作为整体历史的一部分，不仅由学人见学术，也见其作为一般社会成员的活动及联系；前者以今意己意揣度前人言行及相关事物，后者尽可能约束因缘近代教育和知识转型而来、从习以为常变成天经地义的先入为主，努力回到时空特定的历史现场，把握各类乃至各个特定人物的思维行为方式，并以历时演化的态度方式看待前人前事的位置及其相互关系。

研究晚清民国的学人与学术，缘由有三：

其一，了解前人已知，以及如何知，为何如此这般认知，避免以不知为无有，或拾人唾余，或重蹈覆辙，或以凿空捣隙为填补空白，或以横逸斜出为创新超越，以致无知者无畏。沿着前贤开辟的大道正途，接着往下做，以免日暮时分盲人骑瞎马行险道。如此取径,看似迂远艰难,放眼长量,恰是捷径坦途。

治学的大道,是继续前贤的未竟之业,聚沙积薪,继长增高,所谓站在巨人的肩上,自然登高望远。所以接着做比找漏洞寻破绽钻空子对着干难度更大,也更具挑战性,却是治学的必由之路。历史上能够披沙拣金留下来的人物大都天赋异禀,兼有奇缘,又下苦工,读完书再做学问,功力深湛,体大思精,见高识远,接近理解诚非易事,常人难以望其项背,守成亦难,遑论超越。妄者不察,不能为己之后为人,先因而后创,存心以立异为捷径,一味读前人未见之书,治前人不治之学。看似开天辟地,实则趋易避难,而美其名曰创新进步,为突过前人,岂非贻笑大方。

社会变动的加剧加速,使得学术取径由先因后创转向推陈出新,标新立异成为哗众取宠以致众从的有效手段,学术难免偏离正道常轨。1919年3月,王国维写了《沈乙庵先生七十寿序》,认为清代三百年间学术凡三变,国初之学大,乾嘉之学精,道咸以降之学新,国初、乾嘉之学的开创者为顾炎武、戴震、钱大昕等三人,而"今者时势又剧变矣,学术之必变,盖不待言。世之言学者,辄怅怅无所归,顾莫不推嘉兴沈先生,以为亭林、东原、竹汀者俦也。先生少年,固已尽通国初及乾嘉诸家之说,中年治辽、金、元三史,治四裔地理,又为道咸以降之学,然一秉先正成法,无或逾越。其于人心世道之污隆,政事之利病,必穷其原委,似国初诸老;其视经史为独立之学,而益探其奥窔,拓其区宇,不让乾嘉诸先生。至于综览百家,旁及二氏,一以治经史之法治之,则又为自来学者所未及。……夫学问之品类不同,而其方法则一。国初诸老,用此以治经世之学,乾嘉诸老,用之以治经史之学,先生复广之以治一切诸学,趣博而旨约,识高而议平,其忧世之深,有过于龚、魏，而择术之慎，不后于戴、钱。学者得其片言，具其一体，犹足以名一家立一说。其所以继承前哲者以此，其所以开创来学者亦以此，使后之学术变而不失其正鹄者，其必由先生之道矣"①。

王国维对沈曾植的学问别有评议，这番话更多的是夫子自道，借以阐述自己的治学理念和取径，希望循此继往开来。不知有心还是巧合，一个月前，胡适的《中国哲学史大纲》上卷刚刚问世，这本书被后来的学人指为开创了近代中国史学革命甚至学术的典范。无论此说是否成立，至少从接受的范围而言，胡著所展示的用西洋系统条理中国材料，比沈曾植提示的治学之道影响要广泛得多。王国维的有感而发，无力挽狂澜于既倒。后来者很少经由沈曾植所指示的治学之道，尽管王国维断言这是"学术变而不失其正鹄"的必由之路。

如果说沈曾植的淡出学术舞台，很大程度上受到五四新文化运动后世风与学风大幅度转移的影响，不能完全归因于学术本身的变动，无独有偶，治学几乎得到新旧各方一致推重的王国维本人，结局也是大同小异。陈寅恪盖棺论定，认为王国维以地下实物与纸上遗文互相释证，取异族故书与吾国旧籍互相补证，取外来观念与固有材料互相参证，所有论著"学术性质固有异同，所用方法亦不尽符会，要皆足以转移一时之风气，而示来者以轨则。吾国他日文史考据之学，范围纵广，途径纵多，恐亦无以远出三类之外。此先生之书所以为吾国近代学术界最重要之产物也"②。

在为其他知己友好撰写序跋时，陈寅恪也不断借题发挥，表

---

① 《王国维遗书》第2册，第582—585页。
② 《王静安先生遗书序》，陈美延编：《陈寅恪集·金明馆丛稿二编》，第247—248页。

明其治学理念,指示或力图传承古今中外治学的大道正轨。其《陈垣元西域人华化考序》称:"今日吾国治学之士,竞言古史,察其持论,间有类乎清季夸诞经学家之所为者。先生是书之所发明,必可示以准绳,匡其趋向。然则是书之重刊流布,关系吾国学术风气之转移者至大,岂仅局于元代西域人华化一事而已哉?"1939年为刘文典《庄子补正》作序,仍不忘针砭时弊:"今日治先秦子史之学,与先生所为大异者,乃以明清放浪之才人,而谈商周邃古之朴学。其所著书,几何不为金圣叹胸中独具之古本,转欲以之留赠后人,焉得不为古人痛哭耶?然则先生此书之刊布,盖将一匡当世之学风,示人以准则,岂仅供治庄子者之所必读而已哉?"①

可是,陈寅恪所说的这些轨则准绳,在相当长的时间内,并非后进普遍遵循取法的办法途径。而王国维、陈垣等人的影响,也远不及胡适等引领时趋之人。或许如钱穆《国史大纲·序》和《新亚学报发刊词》所指摘,为学术而学术的主张,不能领导思想潮流,对社会产生广泛影响。为此,钱穆有意标举高的,其著述"将勉奉以为诏示来学者之方向与准绳。自谓差免门户之见,或有塗辙可遵"②。可是,尽管钱穆努力扩大社会影响,其著作还是被认为程度太深,不适合中学生③,与胡适等人著作的影响层面范围不可同日而语。以今日港台学术界的时趋风尚,来者不能不慨叹,已经作古的钱穆遭遇到前贤同辈一样的尴尬。

也许学问之事,本来就是二三荒江野老的志业,无论社会全

---

① 均见陈美延编《陈寅恪集·金明馆丛稿二编》,第270、258页。
② 钱穆:《新亚学报发刊词》,《新亚学报》第1期,1955年,第8页。
③ 来新夏:《我看国学》,《中国文化》第24期(2007年春季号),第169页。

体还是学界内部，多好随波逐流，升降浮沉，只有少数沉潜者，愿意并且能够与古今中外的智者贤人心灵沟通。风物长宜放眼量，王国维、陈寅恪等人所谓转移风气，示来者规则正鹄、准绳途则的断言，若以"江山代有才人出，各领风骚数百年"的时空标准衡量，未必落空失效。而所谓影响，要看对哪些人在哪些方面起了何种程度的作用。所谓典范，也是相对于何人何事而言。从者多寡，何足道哉？传媒时代的受众越广泛，个性越模糊。所以学术只能自由，不宜民主。若是多数取决，无疑越是等而下之者越是易致众从。因为学问之事，要求天赋、勤奋和机缘的凑合，途径方法越高明，理解运用应当越困难。后出的方法，果真能够超越前贤，必然吸纳融合已有的各种良法，学习运用，不仅必须循序渐进，不可躐等，而且能够进到哪一重境界，还要看各人的造化（包括天赋、勤奋、机缘），不可强求。那些截断众流，号称多数人能够跨越式轻易掌握的方法途径，好也有限。一味针对少年后进，欲将金针度与人，无非自我标榜，挟众自重，到头来大都误人子弟，将来者教到不可再教的地步。

治学须温故知新，先因后创，守成有余，继以创新，历时久而艰辛甚，当然不为抱负极高的新锐少年所甘愿忍耐，于是反其道而行之，不肯守拙，唯好取巧。能以不破不立始，以复归本位终，已属幸运。除了一辈子参野狐禅而不自觉者外，近代不少学人经历过年轻时前卫趋新，后来则沉潜守成的转折，高明如刘师培、王国维，甚至章太炎等也不能免俗，以致后来新进少年叩问他们早年所治趋新之学，往往亡顾左右，笑而不答。这一变化，若以进步与保守视之，断为倒行逆施，拉车向后，显然不得要领。根柢浅则随风摆，易趋附，大体基本茫然无知，而自诩取法乎上，岂非天方夜谭?一张白纸固然可以画最新最美的图画,但画者决不能如一张白纸。白手起家的日新月异,不过起始初阶。如此,之于本人的新与之于全体的新,截然不同,若将小儿学语学行许为后来居上,青胜于蓝,同样不伦不类。

其二,由人而知学。历史的中心是人,而人有思维行为两面。据说在海外攻读中国史的博士学位,若选不到适当题目,最后便择一前人未做过的人物下手。实则人物研究看似容易上手,做好却极难。历史人物形形色色,多为各自领域的出类拔萃者,亦即所谓人尖子,尤其是著名史册者,无论帝王将相,圣贤智哲,还是大奸大恶,均有非比寻常之处,要想具有了解之同情,实属难事。加以时空距离遥远,身份差若天渊,研究者大都没有相应的生活阅历经验,不了解习惯做派,不易体察其行为心境。于是人物研究,往往愈治而愈觉得对象高不可攀,遥不可及,以致于不知不觉中以其是非为是非,甚至以其好恶为好恶。所谓高山仰止,非但无法逐渐接近,反而日益疏远。而一味远观仰望,如何能够看得清楚,听得明白?所谓尽信书不如无书,不了解其人其事,论学论人,难免隔靴搔痒。其实,很少有历史人物经得起后人的反复研究。反差过大的原因,无非两种情形,其一,所选对象确系不世出的高人,难以接近;其二,研治者取径有误,南辕北辙。前者屈指可数,却无法抗拒,不妨另选适合自己程度的对象,而不必勉为其难。后者则须转换观念,改变方法,至少要方向正确,才能逐步靠近。

至于学人,尤其是通人异士,天赋、机缘、工夫,均不同凡响,若不能与之心有灵犀一点通,只得依据自己的"远近高低各不同"而"横看成岭侧成峰",凿空逞臆地瞎猜乱点。近代以来,分科治学,各有专精,直入前贤的文本,无非见仁见智,难以心领神会，恰到好处。刻舟求剑，缘木求鱼，不但差之毫厘，失之千里，甚至看朱成碧，指鹿为马。

学问或有不受时空影响的至理，此节于思维可以形而上的文化系统或许无碍，而中国文化少有纯粹的抽象，论学讲道，多由具体语境而生。人的思维行为互为关联，研究学人的历史，不宜将学与行截然分别。以学人的历史包括其所治学术为事实，有一大难事，即所及问题多为观念精神层面，看似虚玄，难以捉摸，非将思想还原为事实，以实证虚，不易把握。今人所写学术思想家评传，好将生平与学术思想分离，以为便于架构编排叙述，实则不过方便用后来外在系统，条理解释固有材料，无形中以今人观念揣度解释古人思想。即使治学向来不大严谨的梁启超也说："平心论之，以今语释古籍，俾人易晓，此法太史公引《尚书》已用之，原不足为病；又人性本不甚相远，他人所能发明者，安在吾必不能，触类比量，固亦不失为一良法。虽然，吾侪慎勿忘格林威尔之格言：'画我须是我。'吾侪如忠于史者，则断不容以己意丝毫增减古人之妍丑，尤不容以名实不相副之解释，致读者起幻蔽。此在百学皆然。"①

不仅如此，学人论学所指称的事实，不过其对于历史的认识，正如后来者描述其学行，难免附加传衍的成分而非及身的影像。即使学有根本，能够执简御繁，还是难免门户家派的偏见。也就是说，所指称的史事、如此这般指称所指史事以及这样的指称加于来者的影响，相关而不相同。或者不察，传授之间，习以为常，每每不能分别，自觉者也难免扑朔迷离，懵懂者更加纠葛混淆。所以材料相对于史事，决不仅仅直接间接、一手二手、主料辅料那样简

---

① 《先秦政治思想史》，《饮冰室合集·专集》之五十，第13页。

单。善用者无非恰当而巧妙地把握所指能指的时段、层面和方向。此外，学人撰著之际，心中的言说对象，往往不止一端，这些考虑，必然影响其行文，遣词用字，或曲或隐，反转周折，甚至夸大张扬，均别有深意。仅凭文本，又带主观，则不易仔细分辨，只能以放之四海而皆准的态度对待具体问题具体分析的历史人事，误读错解本意，在所难免。史学为比较的学问，所论人事，都存在于错综复杂的关系之中，所谓理解，即恰如其分，关键在于恰当把握所处的时空位置。此即由俱舍宗解俱舍学之法，亦与当下的语境说近似。具体做法，则须将合本子注扩而大之，不仅比勘文本，而且比较本事，把握头绪，了解同情。

　　研究历史，若治某人某事即以某人某事的直接材料为范围，难免导致研究某人即偏爱之，甚至以其好恶为准的，结果势必眼界狭隘，孤立无援，不得不以主观己意下判断。所谓"圣人之言，必有为而发，若不取事实以证之，则成无的之矢矣。圣言简奥，若不采意旨相同之语以参之，则为不解之谜矣。既广搜群籍，以参证圣言，其言之矛盾疑滞者，若不考订解释，折衷一是，则圣人之言行，终不可明矣"。杨树达用司马光长编考异法作《论语疏证》，"汇集古籍中事实语言之于《论语》有关者，并间下己意，考订是非，解释疑滞"，因而能为治经者开辟新途径。[①]以事实证言论，以文本相参证，继以考订解释，可以明圣人之言行。若是全局在胸，古今中外，来龙去脉，渊源流别，如数家珍，进而把握具体，品评人事，自然得心应手，得其所哉。

---

①　《杨树达〈语论疏证〉序》，陈美延编：《陈寅恪集·金明馆丛稿二编》，第262页。

当然，凡人大都经不起反复研究，高明者察知玄奥，故意不留证据，以免后人琢磨。清季广东大儒朱次琦一脉传人，遂多不留文字，令后人难以下手。而近代学人不留学术著述以外的文字，用意也应在此。如果自以为是，有意保留材料，试图使历史叙述朝着有利于自己的方向演化，永远留在历史的中心位置，或是故布迷局，文过饰非，淆乱视听，将后人引入陷阱，也难逃智者的法眼。值得研究的历史人物大都非同寻常，心思过人，若道行不足，或是稍有不慎，容易误入歧途。一般而言，了解越多，认识越深，则越能接近研究对象，所谓家人眼中无伟人，即以其亲近之故。若是愈治而愈高大，显然与所研究对象之间差距过大，不能平等交流对话，更无法心灵相通，一味高山仰止，绝无真正认知的可能。两相隔膜，所作论述，如何能够恰如其分？

其三，以学人的活动及其相互关系为历史整体的一部分，而非仅为专门的学术史。近代以来，受西学影响，以及新式学堂教育的制约，分科治学，已成体制。新锐学人以分科治学为科学，其实分科究竟如何发生，为何发生，还有待研究。但要因之一，则为人的智力体力有限，而知识无涯，不得已退而求其次，分门别类，缩短战线，使人力足以负担。可是如此一来，本来浑然一体的学问被肢解为彼此独立的系统，久而久之，不仅各个学科之间相互隔绝，每个学科内部也日益细分化。以史学而论，纵向分段，横向分类，林林总总的所谓专门史，大都不过治史必备的条件，扬之则附庸蔚为大国，抑之则婢作夫人。研究历史，若用分科眼光，势必以后来观念看待前人前事，符合后出外来的学科轨则，却不理解前人的习惯做派。历史本为整体，各部分有机联系，近代学人重写历史，用西洋系统整理国故，还能以断代、专门、国别各史皆为通史之一体，后来则以专攻为独门，将历史割裂肢解，历史的无限联系被人为斩断，具体时空被抽离。既然历史人事并非按照后来的分门别类进行发展，以分科分类眼光看待和研究历史，难免有强古人以就我之嫌。而分科治学之下的所谓跨学科，则往往是坐井观天，自我放大，或踉跄跳跃，不守规矩，以局部求通论，以归纳代贯通，势必以偏概全。

　　研究学人的历史，既可由此一点入手，延伸探察整个历史的各个层面，又能揣摩考察学人对于历史和时势的观察论断。史家亦为社会一分子，既有一般体验，又有独特感受，其思维行为包括学术活动在内，牵连广泛，与整个社会的脉搏跳动息息相关。况且国人治学，旨在经世，近代受西洋观念的影响，虽有为学问而学问的主张，只是为了抵御公私权力的干预，从来没有锢蔽于象牙塔内。史家见识各异，研治史家或学人的历史，固然难免是非正误、高下得失的判断，更重要的却是将各家的见仁见智当作历史的事实，观念也是事实的一部分。智者千虑一失，愚者千虑一得，得失之间，高下有别，但无论得失，都不过历史事实。作为事实，认清征实即为判别。诚然，在梳理脉络，贯通无间的同时，个人主观势必参与其中，只是主观能动的取向，却是最大限度地限制主观随意性，尽可能客观地再现历史事实。

　　历史既为有机联系的整体，历史的时空联系既然无限延伸，从任何一点切入，都必须探察联系无限延续的人与事，因而进入之前须把握整体，进入之后须有整体观念和眼界，如此才能深入、适当。学问为一整体，分科治学，本来因为人的天赋机缘有限，智力体力不足，不得已而为之的无奈之举。而一旦形成专家之学，遂无通人眼光，无从比较衡量，久而久之，专业成为小众的领地。如果没有贤能引领，难免等而下之，甚至反其道而行之，越是高明，和者益寡。近代以来，学问由学校传衍，以媒体传播，遂益发不可收拾。

与人类历史的整体性相应，史学无疑应是综合的学问，通史历来是学人追求的至高境界。即使晚近流行分科治学，有识之士的最终目的仍在求通，分乃不得已的无可奈何或是走向通的必由之路。或以为近代欧洲学问着重分析，固然，但就史学而论，仍以整体为高明。布罗代尔时代的年鉴学派，整体史的格局凸显。而后布罗代尔时代五花八门的新史学，一定程度上已经成为整体史被肢解的遁词。

尽管通史为史家的理想追求，但要达到通的境界，必须跨越博通与专精之间平衡协调的难关。融会贯通，提纲挈领，条贯各个时段层面的史事没有窒碍，而不以主观裁剪史实，强史料以就我。时贤批评中国历史文化研究有归纳无贯通，可以两点为例，其一，以欧洲中心所见世界通则为据，条理中国史事；其二，以局部研究所得通论，扩及其他部分乃至整体。无论那一种情形，材料的有限性（不完整和真伪的部位程度）都难以体察把握，勾连贯穿。

以贯通为至高境界，接下来的问题自然是如何贯通。此节本来不易求证，更难求全，至少有三点值得注意：1. 由博返约。今日通行的教育体制，教人先读教科书，然后进入专题研究，基本没有学习教科书或讲义以外的真正读书。由这样的方式培养出来的学人，往往好以自己的成功经验，传授弟子，鼓励其择一前人未着手的领域，长期钻研，名曰占领制高点。可是因为没有整体观念，不能衡量其高低当否，难免误以洼地为高坡。退一步讲，开垦一座荒山，固然有其价值，但是否就是占领制高点，也大有可议。萧公权谈及胡适的大胆假设,小心求证,就主张在假设之前应有一放眼读书的阶段,否则容易将天边的浮云误认作树林。在占山为王的取向下,对人所共知的书都不看,一味找前人不见的新材料。殊不知不熟悉旧材料,则不可能恰当利用新材料。凡此种种,都表明博而后约不能逾越。如果省略,后遗症越久则越重。

中国历史文化传承久远,文献典籍汗牛充栋,浩如烟海,而且愈近愈繁,晚近各类史料,总量约为历代之和的百倍,连善于史料功夫的陈垣也叹为观止。以目录学为门径,可以把握规模门类,探究渊源脉络,分辨主次轻重,收执简御繁之效,得固本明道之益,以期学有根底,以免望洋兴叹。

2. 由专致精,由精求通。博而不精则泛,达不到通的境界。而要精深,专或为必由之路,所以钱穆说非碎无以立通。但要由专而精,不是由专而偏,须有前提条件,其一,以专门为整体的部分,或以专题为通史的一体,能够将具体的专门研究置于整体中的适当位置,并给予恰当的理解把握。其二,不能局限于一隅,若始终以专家自命,畛域自囿,绝无由碎立通的可能。须在众多关键的部分深入,然后才有由精求通的机会。其三,注意各个专题之间的事实联系,求其时空演化进程与形态。

由于分科要由专题而专门而兼通,缓不济急,难以应付社会的迫切需求,于是又有集众的主张,欲以分工合作的办法,弥补个人能力有限的不足,加速求通的进程。而所谓通,不仅在于求形式上时空纵横的完整,更重要的是把握能够贯通所有时段层面治乱兴衰大事要人的纲领脉络,集众的研究如果没有立意高远的取径,以抄撮为著述之外,同样不能克服分门别类的局限,甚至会产生集体偏见或误解。

此外，还要谨守一些戒律。由局部所得，若仅以为个别则无妨，欲为通论，则相当危险。历史更多体现个别性，见异大于求同，历史的规律即普遍联系，当于事实联系及其时空演化中寻求，而非由近似性来比较没有事实联系依据的异同，进而以为通则。可惜史家每每好将局部经验放大为整体准则。即使态度谨严的验证，也难免先入为主的成见，以偏概全。从局部看整体很容易或很难避免将局部放大为整体，或以局部的成见观照整体。若以专门为整体的部分，则不要占山为王，以免落草为寇。分门别类适宜专题研究，而不能化解兼通的难题，而且分科治学之下，学人的眼界日趋狭隘，没有成竹在胸，难免盲人摸象，无法庖丁解牛。尤其是晚近史料繁多，超出人力所及，近代史虽然已是断代，还是不得不进一步细分化，时间上分段，空间上分类，形同断代中的断代，专史中的专门。纵横两面，逐渐相互隔膜，所谓占领制高点的专家之学，渐成割据分封，而占山为王与落草为寇并无二致。

3. 切勿横通。章学诚《文史通义·横通》称：

通人之名，不可概拟也，有专门之精，有兼览之博。各有其不可易，易则不能为良；各有其不相谋，谋则不能为益。然通之为名，盖取譬于道路，四冲八达，无不可至，谓之通也。亦取其心之所识，虽有高下、偏全、大小、广狭之不同，而皆可以达于大道，故曰通也。然亦有不可四冲八达，不可达于大道，而亦不得不谓之通，是谓横通。横通之与通人，同而异，近而远，合而离。……

横通之人可少乎？不可少也。用其所通之横，以佐君子之纵也。君子亦不没其所资之横也。则如徐生之礼容，制氏之铿锵，为补于礼乐，岂少也哉？无如彼不自知其横也，君子亦不察识其横也，是礼有玉帛，而织妇琢工，可参高堂之座，乐有钟鼓，而镕金制革，可议河间之记也。故君子不可以不知流别，而横通不可以强附清流，斯无恶矣。……

横通之人，无不好名。好名者，陋于知意者也。其所依附，必非第一流也。有如师旷之聪，辨别通于鬼神，斯恶之矣。故君子之交于横通也，不尽其欢，不竭其忠，为有试之誉，留不尽之辞，则亦足以相处矣。

章学诚举例说明：

老贾善于贩书，旧家富于藏书，好事勇于书，皆博雅名流所与把臂入林者也。礼失求野，其闻见亦颇有可以补博雅名流所不及者，固君子之所必访也。然其人不过琴工碑匠，艺业之得接于文雅者耳。所接名流既多，习闻清言名论，而胸无智珠，则道听途说，根底之浅陋，亦不难窥。周学士长发，以此辈人谓之横通，其言奇而确也。故君子取其所长，而略其所短，譬琴工碑匠之足以资用而已矣。无如学者陋于闻见，接横通之议论，已如疾雷之破山，遂使鱼目混珠，清流无别。而其人亦遂嚣然自命，不自知其通之出于横也。江湖挥麈，别开琴工碑匠家风，君子所宜慎流别也。

所谓学无根柢条贯，道听途说，游谈无根，而以为见仁见智，乱刀切瓜，横七竖八，总及核心关键。殊不知漫无头绪，胸无成竹，一味误打误撞，瞎猫捕鼠。而横通之论，乍听石破天惊，醍醐灌顶，易致众从，后学者尤其应当警惕。顾颉刚本来对自己幼年读书多相当自信，20岁时看到章学诚的《文史通义·横通》，觉得自己的学问正是横通之流，不觉得汗流浃背，从此才想好好读书。不久在陈汉章的影响下，又欲由目录进窥学问，愿为根本之学，以执简御繁。①

近代以来，为学不仅须贯通古今，还要沟通中外，于是又有新的"横通"。周予同认为："中国史学体裁上所谓'通史'，在现在含有两种意义：一种是中国固有的'通史'，即与'断代史'相对的'通贯古今'的'通史'，起源于《史记》；……另一种是中国与西方文化接触后而输入的'通史'，即与'专史'相对的'通贯政治、经济、学术、宗教等等'的'通史'，将中国史分为若干期而再用分章分节的体裁写作。"②其实，中国固有的通史，须"明天人之故，通古今之变，成一家之言"，包罗万有，本不分科，也涵盖了后一种的通。通要兼顾纵横两面，即钱穆所说"融贯空间诸相，通透时间诸相而综合一视之"③，对于学人的见识功力，无疑是极大的考验。以此为准，章学诚本人恐怕也难免横通之讥。

金毓黻早年以为凡学问无非纵横二者交相为用，不同意梁启超以纵断废横断的主张，并对章学诚讥横通不以为然，觉得横通实不可废，"唯一志于横而无纵以贯之，乃不免取讥于君子耳"④。

---

① 顾颉刚《古史辨》第1册，第92页。
② 周予同：《五十年来中国之新史学》，朱维铮编：《周予同经学史论著选集（增订本）》，上海人民出版社，1996年，第535页。
③ 钱穆：《中国今日所需之新史学与新史学家》，《思想与时代》第18期，1943年1月。
④ 金毓黻：《静晤室日记》，第1471页。

这样的纵横观与章学诚所指摘的情形不大一致。这时金毓黻还着重于反对博而泛，赞成专精路线，与后来的观念大不同。治学首在明道，即渊源流变的脉络，能够横断者，每一专门的纵贯也要了如指掌，才不致于道听途说，横逸斜出。

反观今日治史，有一相当普遍、且日趋强烈的偏向，即不愿受历史人事具体时空关联的约束，每每欲图解脱事实联系，为后来的观念驰骋腾出足够的空间。此种现状，积累而成。梁启超提出中国无史论，甚至史料也难求，傅斯年主张不读书只找材料，认为材料越生越好，不含前人主观。两人所说，别有所指，可是流弊之一，便是导致将无主观误认为无意思，理解本意变成以后来观念解释材料，加上社会科学的泛化，更进而视为天经地义。积衍成习，这样的取径做法，与学人自身的知识来源及结构相当契合，似乎便于驾驭，因而很容易被普遍接受。可是也极易流于望文生义、隔义附会和横通之论。

本书相关问题的研究，得到各位师友资料方面的帮助，文中标明之外，王奇生、李细珠、刘巍、潘光哲、陈以爱、王信凯、孙宏云诸位贡献尤多。各篇先后在各学术刊物发表，然后根据研究进展和资料披露，陆续有所增改。吾友蔡军剑将全文校对一过。近代史料繁多，人事复杂，解读不免错漏，还望高明教我，以便日后修订。

桑　兵

2007年9月21日

第一章 近代中国的新史学及其流变

自从20世纪初梁启超发出"创新史学"的呼吁以来，新史学就成为中国趋新学人前赴后继为之努力的方向和期望达到的至高境界，这种情形一直持续到21世纪。如果联系到新史学发生的欧美，则渊源更深，笼罩力更大。因为近代中国各个阶段形形色色的新史学，大都是欧美史学风生水起的折射。在此背景之下，在可以预期的时间内，海峡两岸的学人还会坚持以建树新史学为标的。这一中心问题，当然引起史家的极大关注，以新史学为对象的述评、论文甚至专著，不在少数。只是除了讨论梁启超、何炳松的新史学外，大都是用后来新史学的诠释概念论列近代的史家及其史学，而被指定的新史家中，不少人认为史学无所谓新旧，因而从不谈论新史学,更不以新史学家自居。①与整理国故毁誉参半的情况不同,除了在一些具体主张上有所分歧外,新史学几乎得到众口一词的赞同肯定。不过,仔细分别,各种以新史学自任的学人,其主张千差万别,有时甚至截然相对,而后人对于新史学的认定,与所涉及史家的自认也有不小的分别。这种现象表明,在普遍认同之下,学人其实是各说各话,新史学已经成为他们表达各自期望和理念的集合概念。梳理近代以来中国新史学发展变化的进程,不仅可以探视各个历史阶段不同观念的学人高举新史学大旗所欲达到的具体目标,而且可以了解当代被浓缩在新史学概念下的各种要素。由此理解近代中国的新旧史学及其相互关系,展望未来走向,可以更加深入一层。

一 创新与崇洋

关于新史学的论著为数甚多,可是,究竟什么是新史学,哪些人可以算作近代中国的新史家,新史学主张什么,反对什么,各说

---

① 一般近代中国史学史的著作,新史学都是其中的重要内容。专门以新史学为题的著作,有许冠三的《新史学九十年》。综述则以周予同《五十年来中国之新史学》(1941年2月《学林》第4期)为代表。论文数量繁多,不过以后来外在观念解释文本或陈陈相因的不在少数。与本题相关、视角各异的重要论文有俞旦初《二十世纪初年中国的新史学》,(《爱国主义与中国近代史学》)、黄进兴《中国近代史学的双重危机:试论'新史学'的诞生及其所面临的困境》(《中国文化研究所学报》新第6期中国文化研究所三十周年纪念号)、王汎森《晚清的政治概念与新史学》(《中国近代思想与学术的系谱》)等。王晴佳的《论二十世纪中国史学的方向性转折》(《中华文史论丛》第62辑),内容也主要围绕与新史学相关的人事。

分别甚大。就此而言，近代中国的新史家及其新史学可以大别为三类，其一，自称；其二，他指；其三，后认。

自称如梁启超、何炳松以及一些趋新师生的团体刊物，他们公开高举新史学的大旗，并且旗帜鲜明地以建设新史学为己任。他指如王国维，王本人从未以新史学相标榜，而当时或稍后的学人却纷纷推许其为新史学的代表。张荫麟也大体可以算在这一类。后认则是后来学人综述近代史学发展变化的渊源脉络或撰写近代学术史著作时，用自己定义的新史学概念来指认的史家及其史学，范围相当宽泛。其中一些人或许并不认可新史学这样的名目，至少从来不以新史学自期。本文所论，着重于自称，也涉及他指，至于后认的对象，因为漫无边际，不作为取舍的依据。但是在本文所及时段内一些后认的行为本身，涉及当时学人对新史学的理解和认定，为题中应有之义，自然也在当论之列。这与一般讨论近代中国的新史学集中于梁启超、何炳松等少数人或是用新史学的诠释概念指认论列近代史家及其史学，有着明显分别。

虽然一切概念均为后出，层累叠加往往是自然过程而非有意作伪，可是随意使用不仅容易流于散漫，更为重要的是，在后来的定义之下，很可能将历史上实有的自称与他指排斥于范围之外，而将有意不以此为然甚至明确表示异议和反对者强行拉入，以己意剪裁史料，强事实以就我，造成历史认知的紊乱。所以，本文旨在依照时间和逻辑顺序勾勒自称与他指的脉络，也就是历史意义的"新史学"，至于诠释意义的"新史学"谱系，亦即后来由不断的取舍排序逐渐拉长上溯的条理系统，固然有定义清晰，易于今人理解（或许更加随意）的便利，却难免主观任意，隔义附会，导致关公斗秦琼式的似是而非。

此外，由自称、他指理解后认，还有两重意义，其一，或以为概念创新（包括新设与增加含义）往往由于后认，但如果不了解历史上已有的自称与他指，难免误以拾人牙慧为开天辟地，无法真正做到言前人所未曾言。其二，后认包含积淀下来的种种歧义甚多的自称与他指，一旦约定俗成，使用起来看似不言而喻，实则各说各话，难以沟通，容易误解。为了避免随意取舍，尽可能地毯式搜索各种自称与他指的史料，按时序寻绎其内在联系。近代史料繁多，无法竭泽而渔，虽不敢说巨细无遗，但大体已备，除非另设后认的主观为准则，后来者或能有所补充，要想整体颠覆，非妄即枉。对此识者自可体察，其余可以不论。

尽管不是毫无异议，一般而言，近代中国"新史学"的发端者还是首推梁启超。他刊登于《新民丛报》第1至20号（1902年2月—11月）的那篇划时代宏文《新史学》，率先高揭"新史学"旗号。梁启超的本意，不在学术的建树，而是以史学为用民族主义提倡爱国心的利器。这也是他放弃世界主义改信国家主义，试图催生新的少年中国的体现。不过，既然以"创新史学"相号召，梁启超就必须对新史学正面解说，对旧史学加以清理。

梁启超对旧史学的批判一般学人耳熟能详，研究新史学者大都会加以征引，即四病二蔽三恶果。所谓四病：一曰知有朝廷而不知有国家，二曰知有个人而不知有群体，三曰知有陈迹而不知有今务，四曰知有事实而不知有理想。所谓二蔽：其一能铺叙而不能别裁，其二能因袭而不能创作。所谓三恶果：一曰难读，二曰难别择，三曰无感触。①

对旧史学的了解算不上深刻的梁启超之所以能有上述认识，得益于他通过日本接触到一些通行的近代西方史学著作和史学思想。《新史学》以"中国之旧史"开篇，头一句就是"于今日泰西通行诸学科中，为中国所固有者惟史学"。在梁启超看来，"史学者学问之最博大而最切要者也，国民之明镜也，爱国心之源泉也。今日欧洲民族主义所以发达，列国所以日进文明，史学之功居其半焉。然则但患其国之无兹学耳，苟其有之，则国民安有不团结，群治安有不进化者"。以此反观号称极盛的中国史学，从司马迁到赵翼，以史家名者不下数百，史学发达二千余年，却一无可取。用一年前梁启超所撰《中国史叙论》的话说，"虽谓中国前者未尝有史，殆非为过"。不仅找不到现成的著作可以沿袭参照，就是想从中搜求材料，"亦复片鳞残甲，大不易易"②。即使像《资治通鉴》这样"最称精善"的史书，"今日以读西史之眼读之，觉其有用者，亦不过十之二三耳"③。因此必须发起史学革命以创新史学。

梁启超心目中的参照，不但是泰西学术，而且是泰西的近代学术。古今中外的历史虽然都是记述人间过去之事实，但"自世界学术日进，故近世史家之本分，与前者史家有异，前者史家不过记载事实，近世史家必说明其事实之关系与其原因结果；前者史家不

---

① 有学人强调梁启超《新史学》的政治意义，指出不能将文中对旧史学的批评视为学术总结。不过，梁启超对传统史学的看法后来虽有所调整，并没有根本改变。参见黄敏兰《梁启超〈新史学〉的真实意义及历史学的误解》（《近代史研究》1994年第2期，第219—235页）、王也扬《梁启超对中国传统史学的认识》（《历史教学》1994年第9期，第49—51页）
② 《清议报》第90册，1901年9月3日。
③ 梁启超：《新史学》，《饮冰室文集》之九，第1—11页。以上引文凡未标明者，均见此文。

过记述人间一二有权力者兴亡隆替之事,虽名为史,实不过一人一家之谱牒,近世史家必探察人间全体之运动进步,即国民全部之经历及其相互之关系"①。按照这样的标准,梁启超提出了创新史学的界说,第一是叙述进化之现象,第二是叙述人群进化之现象,第三是叙述人群进化之现象而求得其公理公例。而社会进化观念、人类群体中心以及用各种社会人文乃至自然科学为参照,则是达到上述目的的主要凭借。②显然,在梁启超的进化论框架里,中国的史学被安放在近世以前的古代范畴,由传统而近代的途径,也就是由中国而泰西。而其所参照的泰西新史学,不过是浮田和民以博克尔(H.T.Buckle)的《英国文明史》等欧洲流行书为底本译著而成的《史学原论》。这不仅在欧洲并非史学经典,在日本也只是专门学校的一般教科书。

这样的途径与理念,当时的梁启超深信不疑,并且照此进行了一系列努力。20多年后,对梁启超推崇备至的张荫麟和不无微词的缪凤林分别盖棺论定,总结梁的成就。张荫麟指其此期的贡献除应时政论与爱国宣传外,还有介绍西方学问、以新观点批评中国学术、以新观点考察中国历史而提出史学革命方案等三点。关于后一方面,他认为梁启超"始倡于官报及帝谱而外,别创以民族及文化为对象,借国民之照鉴之历史。其于《新民丛报》中,《新史学》,《中国史叙论》已发其凡;于《中国历史上革命之研究》《历史上中国民族之观察》《世界史上广东之位置》,及《赵武灵王传》《张博望班定远合传》《王荆公传》《郑和传》《中国殖民

---

① 《中国史叙论》,《清议报》第90册,1901年9月3日。
② 参见第三章《从眼光向下回到历史现场——社会学人类学对近代中国史学的影响》。

八大伟人传》等篇中,复示其例。后有作近代中国史学史者,不能不以先生之名冠其篇矣"①。

缪凤林更详细论列了梁启超"其研究以史学为中心"的著作,具体为:"《中国史叙论》《新史学》,则树立国史之新观念;《国文语原解》则从文字上解释古史;《中国专制政治进化史论》《论专制政体有百害于君主而无一利》等,则为政治史之论著;《论中国学术思想变迁之大势》《中国法理学发达史论》,则为中国学术史之创作;《中国国债史》《各省滥铸铜元小史》等,则为财政史之专著;《中国历史上革命之研究》《历史上中国民族之观察》《中国史上人口之统计》《世界史上广东之位置》等,则为历史上特殊问题之研究;《王荆公传》《李鸿章》等,则为长篇史传之创著;亚里士多德、倍根、笛卡儿、霍布士、斯片挪莎、孟德斯鸠、卢梭、康德、边沁、伯伦知理、颉德、达尔文等之学案或学说,则为泰西学术史之滥觞;斯巴达、雅典、越南、朝鲜诸国之小志或亡国史,则为外史之撰述;《意大利建国三杰传》及噶苏士、罗兰夫人、克林威尔等传,则为西方传记之译著;而壬寅论中国、亚洲、欧洲地理大势及《地理与文明之关系》诸篇,解释人地相应之故尤详。虽其文多取材东籍,论列亦多谬误,然方面既众,观点亦异,实开史学界无数法门。"②

新史学筚路蓝缕之际,先知先觉的梁启超并非独行者。梁启超创新史学,源于他流亡日本后,接触到日本人士译著的一些反映欧洲近代史学观念的新书,有所感悟,打算写一部中国通史以助爱

---

① 素痴:《近代中国学术史上之梁任公先生》,《大公报》1929年2月11日。
② 《悼梁卓如先生》,《史学杂志》第1卷第1期,1929年3月,引自夏晓虹编:《追忆梁启超》,第117—118页。

国思想之发达。无独有偶,章太炎也早有修《中国通史》的志向,他从《新民丛报》看到梁启超多论史学得失,"于历史一科,固振振欲发抒者",不禁引为同道,且愿一身担当大任。其时章太炎的观念,与梁启超颇为相通,受各种西方社会学书的启发,并且购求日本人译著的《史学原论》及亚洲、印度等史,"新旧材料,融合无间,兴会勃发",欲将心理、社会、宗教诸学,熔于一炉,"所贵乎通史者,固有二方面,一方以发明社会政治进化衰微之原理为主,则于典志见之;一方以鼓舞民气、启导方来为主,则亦必于纪传见之"。虽然没有标名新史学,也旨在写出"新理新说"[①]。

梁启超的新史学主张和经由日本转来的欧洲史学观念,引起一些留日学生和后来成为国粹学派的知识人的反响。1902年底汪荣宝在《译书汇编》发表《史学概论》,"所采皆最近史学界之学说,与本邦从来之习惯,大异其趣,聊绍于吾同嗜好,以为他日新史学界之先河焉"[②]。侯士绾翻译浮田和民的《史学原论》,1903年出版时特改名为《新史学》。同年上海镜今书局出版新近史学译著文集,也以《中国新史学》为名。曾鲲化的《中国历史》,打出"新历史旗帜"[③]。国粹派的刘师培则写了《新史篇》。这一派学人建设新史学的努力,以进化论为历史观,着重于写民史,参考借鉴各种社会人文学科乃至自然科学以及分门别类搭建新体系,与梁启超的主张大体一致。[④]

---

① 1902年7月《致梁启超书》,汤志钧编:《章太炎政论选集》上册,第167—168页。
② 《译书汇编》第9期,1902年12月。
③ 俞旦初:《二十世纪初年中国的新史学》,《爱国主义与中国近代史学》,第76—77页。
④ 参见郑师渠《晚清国粹派——文化思想研究》第5章第2节,第170—191页。

不过，尽管晚清学人提出了新史学的概念，并且努力建设他们心中的新史学，可是当时的主要目标并不在学术建树，而是史学的社会政治功用。①除夏曾佑的《最新中学历史教科书》（后改名《中国古代史》）外，后人进行具体研究时的学术史回顾，这一时期的著述很难进入视野。也就是说，虽然成为学术史考察的对象，却不构成学术研究的基础，今日的学人固然不大参考其作品，即使新文化运动时期的学人，也很少以这时的新史学为前提。反倒是清代的考据学、浙东史学和今文经学，成为五四一代学人学术建树自认的本土资源。所以他们很少追述晚清新史学对自己的影响，提到相关人物时，印象深刻的并非他们的新史学，或者是意气风发的政论，如梁启超，或者是渊博而专深的旧学，如章太炎、刘师培，尽管其中已经包含了不少的新成分或有了新外壳。当然，也不能排除五四学人有意回避清季的学术渊源，因为他们热衷的话题，不少来自清季，或是清季已经有所议论，只是未必在新史学的框架之内。而超越上一代，又始终是趋新学人的抱负。

让五四学人忽视晚清新史学的另一重要原因，当是后者所依据凭借的西学知识过于肤浅，而史学的学术建树要求又逐渐大于政治功用，以至于对外国的了解大为扩张的新一代学人很难将一般性的常识当作学术发展的起点。周予同认为晚清的新史学尚未脱离经学的羁绊，其实更为重要的原因反而在于新史学观念的形成是由于中国学人对西学的附会与依傍，各种通史和专门史基本使用外来的现成框架填充一些常见却未经验证的本土材料，甚至干脆直接编译外

---

① 王汎森：《晚清的政治概念与新史学》，《中国近代思想与学术的系谱》，第165—196页。

国人(尤其是日本人)的著作,而且越是表浅越容易模仿①;一些论文也不过是套用外来的理论解说中国的历史现象,很难说是研究的结果。而他们所依据的新奇理论,在欧洲甚至日本已经成为常识乃至过时。

20年后的1923年,梁启超针对国故学复活的原因指出:"盖由吾侪受外来学术之影响,采彼都治学方法以理吾故物,于是乎昔人绝未注意之资料,映吾眼而忽莹;昔人认为不可理之系统,经吾手而忽整;乃至昔人不甚了解之语句,旋吾脑而忽畅。质言之,则吾侪所恃之利器,实'洋货'也。坐是之故,吾侪每喜以欧美现代名物训释古书;甚或以欧美现代思想衡量古人。"尽管梁启超认为以今语释古籍原不足为病,还是强调不应以己意增减古人之妍丑,尤其不容以名实不相副之解释致读者起幻蔽。而且梁启超现身说法,悔其少作,承认此意"吾能言之而不能躬践之,吾少作犯此屡矣。今虽力自振拔,而结习殊不易尽。"告诫"吾同学勿吾效也"②。梁启超的经验之谈与蔡元培等人推崇胡适以西方系统条理本国材料为开启整理国故的必由之路适相反对,只是年轻一代学人在西学知识方面虽然可以傲视前人,却难以摸清中西两边池水的深浅,在留学生舶来的"新洋货"面前,还是不得不俯首称臣。这时梁启超的际遇,与20年前他所批评的"旧史家"颇有几分相似。

---

① 1902年出版的《普通新历史》和《历代史略》,即分别由日本中等学科教授法研究会著《东洋史》和那珂通世的《支那通史》改编增辑而成。参见陈力:《20世纪中国史学学术编年》,罗志田主编:《20世纪的中国:学术与社会——史学卷(下)》,第717页。
② 《先秦政治思想史》,《饮冰室合集·专集》之五十,第13页。

二 科学与艺术

经过民初的短暂沉寂，新文化运动的展开使得中国的思想学术再趋活跃。1920年9月，《新青年》第8卷第1号发表了陶孟和的文章《新历史》，这是陶在北京高师附中的讲演，由学生记录后修改而成。该文首先指出新历史与旧历史相对，新历史的目的有三："（一）可以得历史的新眼光。（二）可以略知研究历史的方法。（三）可以明研究历史的用处。"并历数旧史学的四种缺点：1. 偏重文学；2. 人名地名太多，于读者无意味，不能促发其兴趣和思想；3. 偏重政治而排斥其他事实；4. 常注意骇人听闻的事实，不能判别事实的重要与否，失去正确的历史眼光。新历史的发展是由于进化论的发现和人类学、地理学、社会学、比较宗教学、经济学、心理学等各种学科的发展所推动，研究新历史应当取批评疑惑的态度，应当权历史事实之轻重，无论其经见、细微或隐晦，皆须注意，不可以事小而轻忽视之，应排斥神学的、怪异的、种种非科学的解释，"用客观的科学的方法考究历史的真象"。而研究历史是要给人以了解过去、明白现在的看法。

由于对象和专业的限制，尽管陶孟和指出了研究的重要，并提出了科学方法，但所说仍是一般性知识，并没有引起新史学的复兴。周予同认为："使中国史学完全脱离经学的羁绊而独立的是胡适。崔适只是以经今文学兼及史学，夏曾佑只是由经今文学转变到史学，梁启超也只是逐渐脱离经今文学而计划建设新史学。只有胡适，他才是了解经今文学、经古文学、宋学的本质，接受经今文学、经古文学、宋学的文化遗产，而能脱离经今文学、经古文学与宋学的羁绊，以崭新的立场，建筑新的史学。转变期的史学，到了他确是前进了一步。"①此话当然是后来者目光凝聚于主流的结果，而且胡适的《中国哲学史大纲》是否可以称为新史学的里程碑之作，尚有可议，至少他本人并未以新史学家自居，但胡适的确与五四时期的新史学关系密切，这可以从对新史学的发展与认定至关重要的两件事得到证明。

胡适的《中国哲学史大纲》正式出版于1919年，尽管蔡元培等人赞誉有加，却没有从新史学发展的视角立论。与晚清一样，民国时期新史学的更上层楼，社会历史原因之外，凭借了一股强劲的西风。只不过前一次是过气的旧作，这一回却是应时的新品。

1912年，美国哥伦比亚大学历史教授鲁滨孙（J.H.Robinson）的《新史学》出版，这本由八篇文章组成的著作在史学史上的地位见仁见智，在美国和欧洲的影响看法也不尽相同，但在中国，却再次引起人们对于新史学的关注。出版之初，中国正陷入政治动荡，无暇顾及。新文化运动的兴起和北京大学的改造，使得学术建设提上日程。1920年，朱希祖担任北大史学系主任，受德国学者关于历史的动力在全体社会观念的影响，主张研究历史应以社会科学为基本科学，对史学系的课程大加更改，本科一二年级先学政治学、经济学、法律学、社会学、社会心理学等社会科学，再辅以生物学、人类学及人种学、古物学等。与此相配合，原定的历史研究法一门请何炳松担任，何即以鲁滨孙的《新史学》为课本，据说颇受学生欢

---

① 《五十年来中国之新史学》，朱维铮编：《周予同经学史论著选集》增订本，第542页。

迎。于是朱希祖建议将该书译成中文,"使吾国学界知道新史学的原理"。

朱氏认为:"我国现在的史学界,实在是陈腐极了,没有一番破坏,断然不能建设。"而《新史学》一书首先和主要的就是破坏旧的史学思想,因此"很合我国史学界的程度,先把消极的方面多说些,把史学界陈腐不堪的地方摧陷廓清了,然后慢慢的想到积极的建设方面去。所以何先生译了这部书,是很有功于我国史学界的"。不仅如此,《新史学》有限的建设性的话,强调史学与社会科学的密切关系,史家既是社会科学的批评者和指导者,又要将社会科学的结果综合起来,用过去人类的实在生活加以试验,历史的观念和目的,应该跟着社会和社会科学同时变更等等,与朱希祖改革北大史学系课程的目标及方向基本一致。①

何炳松用《新史学》做参考,大概从1918年为北京大学史学系本科二年开西洋史甚至更早为预科英文班讲西洋文明史已经开始。他说:鲁滨孙所说,虽然都是属于欧洲史,但可以做中国史学学人的针砭,"我在北京大学同北京高师里面,曾用这本书做讲授西洋史学原理的教本。同学中习史学的人,统以这本书为'得未曾有'。但是这本书的原本,用意既然深远,造句又很复杂,所以同学中多'叹为难读'"。悤悤其翻译者除朱希祖外,还有北大政治学教授张慰慈。1921年2月开始,半年完工。译成后由朱希祖、张慰慈和胡适校阅。②本来决定作为北大丛书的一种,后来延迟到1924年5月,由上海商务印书馆出版。而延迟的原因,

---

① 朱希祖:《新史学序》,刘寅生、房鑫亮编:《何炳松文集》第3卷,第3—6页。
② 《译者导言》,刘寅生、房鑫亮编:《何炳松文集》第3卷,第21—22页。

与胡适不无关系。

《新史学》商务版出版时，何炳松专门写了一段"译者再志"，讲述原委。据称：1921年夏完成后，将译本送给胡适看，后者发现并改正了几点错误，最后何再拿回来根据原本逐字校正。1922年春，胡适在北京大学出版委员会提出将该书列为北大丛书的一种，获得通过。"后来因为我等候适之先生曾经答应我的那篇序文，所以这本书迟迟没有出版。"同年夏，何炳松离开北京，到杭州办第一师范，出版一事搁置。1923年夏，胡适到杭州烟霞洞养病，"他很愿意代我着手做一篇序文；又刚刚遇到我的译本正在北大出版部印成讲义的时候，无从依据"。后来何炳松将讲义取回，寄往上海请朱经农指教，后者代向商务接洽妥当。何炳松一面感谢朱经农和商务的帮助，同时表示："我仍旧希望适之先生的序文能够迟早之间发现在这本书的前面。"①

商务版《新史学》的"译者导言"中，并没有胡适表示要写序言的内容，"再志"所说显得有些突兀。不过，这篇"译者导言"曾以《新史学导言》为题，发表于北京高师史地学会编辑出版的《史地丛刊》第2卷第1期（1922年6月），两相对照，文字颇有些改动，其中最后一段称："后来我的同学北京大学哲学教授胡适之博士再代我细细的校阅一番，并将他的史学观念表示出来，做了一篇文章，冠在这书的前面。"而商务版"并将他的……"以下一句话删去。

何炳松的《新史学导言》和《译者再志》所述的相关情节，在胡适的日记书信中找不到对应。不过，何炳松的文字既然公开发

---

① 刘寅生、房鑫亮编：《何炳松文集》第3卷，第23页。

表，又没有遭到胡适的批驳，不应有假。在胡适秘藏书信中，有12通何炳松来函，其中一封属期为"二月二十四日"的来函称："弟所译之《新史学》，前蒙惠赐序文并蒙送请商务书馆出版，感激无分。唯迄今半年有余，未蒙照办，不胜念念。究竟何日可以脱稿，可以付印，务恳拨冗示之，无任盼祷。"①是函当写于1923（或1924）年，上一年何炳松曾两度致函胡适，均未得到回复。后者允诺的介绍给商务出版，看来也食言。胡适素重承诺，此番失信于人，当别有曲隐。

　　胡适与何炳松的关系，就两人的相关资料而言，颇有些微妙。从何炳松方面看，似乎相当密切，1928年，他在《增补章实斋年谱序》中谈到与胡适的"特殊的交情"："我和适之先生的文字交，始于民国二年的夏季。我记得当时他是《留美学生季报》的编辑，我是一个投稿的人。民国四五年间我和他才在纽约常常见面谈天，成了朋友。民国六年以后我在北京大学教了五足年的书，又和适之先生同事，而且常常同玩。他和我不约而同而且不相为谋的研究章实斋，亦就在那个时候。结果他做成一部很精美的年谱，我做了一篇极其无聊而且非常肤浅的《管窥》。我的翻译《新史学》亦就是在这个时候受了他的怂惠。民国十一年后我到杭州办了两年最无聊的教育，受了两年最不堪的苦痛。可巧这时候适之先生亦就在西湖烟霞洞养他的病；……现在我们两人又不期而然不约而同的同在上海过活了。我以为就十七年来行止上看，我们两人的遇合很有点佛家所说的'因缘'二个字的意味。"

　　可是，何炳松眼中的那点"因缘"，从胡适方面看未免有些

---

① 刘寅生、房鑫亮编《何炳松文集》第2卷，第724页。

一厢情愿。何炳松所说与胡适的交往，在胡适现存的文字中找不到蛛丝马迹。不仅留美期间书信日记中未曾提及何炳松的名字，围绕《新史学》的因缘，也只有何的一面之词。此外，尽管何炳松表示不敢以"章氏同志"的名义来互相标榜，关于章学诚研究、尤其是《章实斋年谱》的编撰增订，还是他与胡适关系的重要一环，也是他自认为对胡适和姚名达研究章实斋史学的经过"还配说几句话"的重要依据。何炳松说：姚名达的增补本完工后，交给胡适校正，胡表示认可，并说：他近来听见何炳松对于章实斋的史学已经有了进一步的了解，所以要何代他和姚名达再做一篇序，表示何近来的心得。何迟疑了几分钟，觉得很有理由接受，于是立刻答应。① 而姚名达的序言却只提及胡适要他本人作序的事。② 胡适文字中提及何炳松的名字，目前可以找到的只有1935年反对《中国本位的文化建设宣言》而写的《试评所谓"中国本位的文化建设"》，列在十教授的第二位，予以严厉的批评。由此看来，两人虽然同为留美学生，又曾一度共事，但何炳松的态度显然较胡适主动得多，而且后来观念不同，关系也不融洽。

不过，胡适不为《新史学》译本作序，与何炳松关系的好坏应当还在其次，重要的是他究竟如何看待鲁滨孙的《新史学》主张以及中国的新史学状况。胡适后来说，留学哥伦比亚大学期间，鲁滨孙教授是他在历史系认识的几个人之一，但是他最大的遗憾之一，便是没有在历史系选过一门全课，包括当时最驰誉遐迩的鲁滨孙教

---

① 何炳松：《增补章实斋年谱序》，原载《民铎杂志》第9卷第5号，1928年10月1日，引自刘寅生、谢巍、房鑫亮编校：《何炳松论文集》，第133—134页。
② 欧阳哲生编：《胡适文集》7，第22页。

授的"西欧知识阶级史"。胡适看过讲授大纲和参考书目,觉得极有用,却依然没有选修。①胡适在美国所受的学术训练,至少对史学的了解方面,倒是欧洲的正统方法②,对正在兴起的社会科学相对隔膜。他对《新史学》感到兴趣,是在审阅何炳松的翻译之后,印象比较深刻。他赞同鲁滨孙《新史学》中"思想史的回顾"一篇以及《创造思想》一书所表达的思想解放的主张,即"要使现代的思想合于现代的需要;要使人把许多遗传的旧思想打倒了;要使人用公开的态度来考察现代的问题,来谋现代的解决法"③。对于要将历史研究科学化亦无异议,但是对于鲁滨孙所强调的史学与社会科学的关系以及所重视的过去人类的实在生活,则未必完全认可。至于何炳松的相对主义史观,更加不以为然。

就在与何炳松翻译《新史学》发生因缘的过程中,1923年4月,胡适在北京大学《国学季刊》第1卷第2期发表了《科学的古史家崔述》一文,推许崔述为"新史学的老先锋",并且说了以下一段话:"况且我深信中国新史学应该从崔述做起,用他的《考信录》做我们的出发点;然后逐渐谋更向上的进步。崔述在一百多年前就曾宣告'大抵战国、秦、汉之书多难征信,而其所记上古之事尤多荒谬'。我们读他的书,自然能渐渐相信他所疑的都是该疑;他认为伪书的都是不可深信的史料;这是中国新史学的最低限度的出发点。从这里进一步,我们就可问:他所信的是否可信?他扫空

---

① 《胡适口述自传》,欧阳哲生编:《胡适文集》1,第257—258页。
② 胡适关于史料审定及整理之法,依据法国朗格诺瓦和瑟诺博思(Langlois and Seignobos)的《史学原论》(Introduction to the Study of History),这是兰克之后欧洲史学方法的基本教材,也是由兰克史学转向年鉴学派的重要一环。
③ 曹伯言整理:《胡适日记》3,第575—576页。

了一切传记谶纬之书,只留下了几部'经';但他所信的这几部'经'就完全无可疑了吗?万一我们研究的结果竟把他保留下的几部'经'也全推翻了,或部分的推翻了,那么,我们的新史学的古史料又应该从哪里去寻?等到这两个问题有了科学的解答,那才是中国新史学成立的日子到了。简单说来,新史学的成立须在超过崔述以后;然而我们要想超过崔述,先须要跟上崔述。"

胡适注意崔述,起于顾颉刚拟作《伪书考》跋文。1920年12月15日,顾颉刚致函胡适,告以"清代人辨证古史真伪的,我知道有二大种而都没有看过",其中之一便是崔述的《东壁遗书》,问胡适是否有,并建议列入《国故丛书》出版。18日,胡适复函称:"崔述的《东壁遗书》,我没有。……崔氏书有日本人那珂通世的新式圈点校印本,可惜此时不易得了。我已托人寻去。"不久,胡适得到《畿辅丛书》本的《东壁遗书》,批点一过,虽然觉得"甚多使人失望处","但古今来没有第二个人能比他的大胆和辣手的了",推许崔述"是二千年来的一个了不得的疑古大家"。并进而提出自己的古史观:"现在先把古史缩短二三千年,从《诗三百篇》做起。将来等到金石学、考古学发达,上了科学轨道以后,然后用地底下掘出的史料,慢慢地拉长东周以前的古史。"以后胡适与顾颉刚、钱玄同等人讨论疑古辨伪和古史研究,并托青木正儿搜访从钱玄同那里了解到的日本出版的《东壁遗书》铅印本,还多方收集相关资料,准备编撰崔述的年谱。而顾颉刚则通过编辑《辨伪丛刊》,逐渐形成"层累地造成的中国古史"观,想要"使中国历史界起一大革命"①。

---

① 顾颉刚编著:《古史辨》一,第14—36页。

1922年8月26日，日本人今关寿麿来访，与胡适长谈，主题是中日两国史学的联系及其发展变化。今关说："二十年前，日本人受崔述的影响最大；近十年来，受汪中的影响最大。崔述的影响是以经治史，汪中的影响是以史治经。"胡适赞成今关所说的"崔述过信'经'"，但认为"其实日本人史学上的大进步都是西洋学术的影响，他未免过推汪中了"。对于中国史学的状况，胡适的看法是："中国今日无一个史家"，"南方史学勤苦而太信古，北方史学能疑古而学问太简陋。将来中国的新史学须有北方的疑古精神和南方的勤学工夫。""日本史学的成绩最佳。从前中国学生到日本去拿文凭，将来定有中国学生到日本去求学问。"①这可以进一步坚定胡适对崔述和新史学的看法。

胡适《科学的古史家崔述》一文，很像是有意为顾颉刚的史学革命张目。他的划法不无蹊跷，以崔述为新史学的老先锋和出发点，又以超越崔述为新史学成立的前提，不仅将晚清以来的新史学一笔抹杀，更重要的是根本改变了此前新史学的方向，由重视社会科学和民史转向疑古辨伪和科学方法。就在胡适发表《科学的古史家崔述》之时，顾颉刚也刚好形成了他的古史辨理论，而且同样是以崔述的疑古辨伪为出发点和超越崔述"经书即信史"的成见为目标。②胡适提携弟子，张大本门，自然在情理之中，但是完全忽略此前中国的新史学，还是显得有些武断。况且他似乎并不知道顾颉刚想要公开发动史学革命。其中应当别有隐情。

抹杀晚清以来的新史学，首当其冲的受害者无疑是梁启超。以

---
① 曹伯言整理：《胡适日记》3，第771—772页。
② 《与钱玄同先生论古史书》，《古史辨》一，第59—60页。

崔述为新史学的先锋，而以超越崔述为新史学的成立，梁启超所倡导的新史学之新，便失去了凭借，不再能够占据中国新史学开山的位置。而深受《新民丛报》影响的胡适不可能不知道被誉为"一代新史学巨子"[①]的梁启超在这方面的首倡之功，后来他对梁启超的《中国学术思想变迁之大势》相当推崇，而绝口不提新史学，应是有意回避，以免正面否定。

五四新文化时期，梁启超与胡适等人屡有争胜，在文学革命与输入新知两方面均失去先机，整理国故便再也不甘落后。对于梁启超的处处有针对性地争风，胡适相当恼火。他认为梁启超讲中国哲学史是专对"我们"（其实就是胡适本人），"他在清华的讲义无处不是寻我的瑕疵的。他用我的书之处，从不说一声；他有可以驳我的地方，决不放过！"尽管胡适声称"于我无害而且总有点进益"，表示欢迎[②]，实际上不免耿耿于怀。胡适的《中国哲学史大纲》上卷出版后，梁启超不大满意，写信告诉胡适"欲批评者甚多"，还担心下笔不能自休。[③]1922年3月4日，梁启超在北京大学第三院大礼堂讲演《评胡适的〈哲学史大纲〉》，连讲两天。胡适认为梁启超此举不通人情世故，本来不想理睬，经张竞生劝说，第二天也到场讲话。由此引发一系列的学术论争。梁启超逝世后，胡适在日记中提及相关各事，虽然时过境迁，还是承认当时双方都有

[①] 《悼梁卓如先生》，夏晓虹编：《追忆梁启超》，第119页。
[②] 《胡适致陈独秀（稿）》，中国社会科学院近代史研究所中华民国史组编：《胡适来往书信选》上，第119页。
[③] 丁文江、赵丰田编：《梁启超年谱长编》，第922页。

些介意。①而在事发之际，胡适显然没有这般大度，对于梁启超追随新文化派改变对清代汉学的态度等事，涉及话语权的归属，实在是相当计较的。

在胡适和顾颉刚探讨新史学之路的同时，梁启超重新回到学术文化的建设方面，其努力之一，就是接续20年前的新史学口号，而具体化为指示创造新史的方法。他说：中国史书繁杂，但为人类文化之要项，"既不可不读而又不可读"，"是故新史之作，可谓我学界今日最迫切之要求也"。这时梁启超的观念有所变化，而对旧史的批评和对新史的认定，基本还是延续前说。所谓"近今史学之进步有两特征，其一为客观的资料之整理，……举从前弃置散佚之迹，钩稽而比观之，其夙所因袭者，则重加鉴别以估定其价值。如此则史学立于'真'的基础之上，而推论之功，乃不至枉施也。其二为主观的观念之革新——以史为人类活态之再现，而非其殭迹之展览，为全社会之业影，而非一人一家之谱录。如此，然后历史与吾侪生活相密接，读之能亲切有味；如此，然后能使读者领会团体生活之意义，以助成其为一国民为一世界人之资格也"。"彼旧史者，一方面因范围太滥，卷帙浩繁，使一般学子望洋而叹，一方面又因范围太狭，事实阙略，不能予吾侪以圆满的印象。是故今日而欲得一理想的中国史以供现代中国人之资鉴者，非经新史家一番努

---

① 曹伯言整理：《胡适日记》5，第352—353页。梁启超的演讲，是应哲学社之请，引起北京知识界的广泛注意，前来听讲者约两千人。胡适登台介绍时表示："昨日因访爱罗先珂先生于其寓所，谈话甚久，未来听讲，殊觉歉然。"其实胡适是故意回避。只是在观众和媒体看来，"双方各以学者的态度，做学理的讨论，并无丝毫感情作用，听众皆十分满意。此种讨论态度，开吾国学术界从来未有之盛，实可作将来之模范"（《昨日北大之哲学讨论会，胡梁二氏以学者态度讨论学理，开中国学术界空前未有之奇观》，《晨报》1922年3月6日）。所以胡适在日记中说："但在大众的心里，竟是一出合串好戏了。"（曹伯言整理：《胡适日记》3，第570页）

力焉不可也。"①

不过，梁启超一生虽然鼓吹"新史学"，实际内涵却前后变化甚大，梳理变化的脉络及其成因，比起用新史学的概念来人为编织其史学观念和主张，更有助于研究事实，说明问题。今人所谓梁启超的"新史学"，若脱离具体的时空，即成为论者心中的历史，或者说是借梁启超发抒自己的史学。稍后梁启超读了新康德主义弗赖堡学派的主要代表李凯尔特（Heinrich Rickert）的著作，忏悔此前主张用归纳法建设新史学的路径，认为历史没有共相，不存在因果，只有互缘，归纳法只能整理史料，不能研究历史②，不再信奉进化论和自然科学化的历史观。而新一代的"新史学"代表何炳松也主张史学纯属主观，不可能像自然科学那样成为真正的科学。这与胡适的看法差异较大。在这种背景之下，胡适避而不谈梁启超的新史学，肯定不是无心之失，坚持疑古辨伪和科学方法，显然意在坚持新文化派对于思想界的领袖地位。

注意到鲁滨孙的显然不止北京的新文化学人，1922年6月，署名"衡如"者在《东方杂志》发表《新历史之精神》，依据鲁滨孙等人的理论，概述了欧美新史学的历史、发生原因、主要取向和代表人物，指出旧史学以政治史为主，注重帝王变迁，国势兴衰，战争胜负，以政治事实为编纂历史的唯一理据和决定历史性质及其发展的原因，与国家生活无关或关系不显者，均视为无研究价值。其所谓历史，一为道德伦理，一为激发爱国热忱，可称之为"国家之传记"。旧史学的政治史虽然有搜集史料翔实和考证方法精确等优

---

① 《中国历史研究法》，《饮冰室合集·专集》之七十三，第1—5页。
② 《研究文化史的几个重要问题》，《饮冰室文集》之四十，第1页。

长,但在发现真理与解释人类运动方面,却有明显局限。所反映的是19世纪民族国家兴起与爱国主义勃兴的时代精神。

随着产业革命与自然科学的空前创获,人类文化的根据为之大变,产生了全新的观念与意趣。自然科学的发展和社会科学的兴起,成为推动新史学的重要原因。人们重新审视历史,认为国家至多不过是"许多人类之重要兴趣所以决定政治演进者之交换所,不足以云决定一切人类行事之机关"。作为综合史观的新史学,要将全体人类各个层面的活动有机考量,其目的在使现代人对于过去的事实有精确之了解,俾知现代文明状态之所由来及其原故;其范围以一切人类事业与活动之全体胥为所应注意之点,尤其在时间(人类社会起源)、空间(走向世界史)和内涵(政治、经济、社会、文化、宗教、法律、自然科学各个方面)上明显扩展;而解释则有人物、经济、环境、精神、科学、社会学以及历史的自由意志等七派,各派均有著名代表。作者认为:"然最晚出而又最重要,且足以表现新历史之精神者,则综合史观也。综合史观亦名集合心理的史观。依此见解,无唯一之原因能释一切历史事业,舍一时代之集合心理外,不足决定一时代之事实;发现所以形成一时代之人生观,决定一时代生存竞争之分子而评量之叙述之,则史家之责也。英之玛纹、美之布锐斯持、铁尔聂、鲁滨孙,其最著者也。使历史而果为有益于人之学科也,则固舍此莫属矣。"①

与北京大学新文化派或明或暗地存在竞争的东南大学(南高)学人,在输入新知方面的影响虽然有所不及,态度却相当积极。陈训慈写了《史学蠡测》的长文,针对新史学之名称流行,而新史学

---

① 《东方杂志》第19卷第11号,第47—56页,1922年6月10日。

的精神却不易把握的状况,着重介绍了社会心理的综合史观与新史学的关系,并且从史之范围、史之作用与其对人类关系以及史料之审别、史法之应用等五个方面,阐述新史学的精神。①尤其是讨论了史学是否科学以及史学的艺术性问题,与胡适等人的取向有所不同。

三 民史与考古

历来学人虽然多以疑古来为"古史辨"定位,顾颉刚在形成"层累地造成的中国古史"观的过程中,志向却是由学术史转向社会史。他说:"我从前只想做学术史,现在则想并做社会史,因为学术是社会的一部分,不知当时的社会状况,亦无从作学术史。况且单做学术史也太干燥无味。"②可是随着古史论争的展开,却越来越朝着胡适希望的疑古辨伪、科学方法的方向走,部分有违顾颉刚做民众历史的初衷。直到1926年,魏建功撰写了《新史料与旧心理》一文,批评古史争论偏离了轨道,他说:

> 中国的历史,真正的历史,现在还没有。所谓"正史",的确只是些史料。这些史料需要一番彻底澄清的整理,最要紧将历来的乌烟瘴气的旧心理消尽,找出新的历史的系统。新历

---

① 《史地学报》第3卷第1期,1924年6月。关于南高学人与新史学,参见李勇、鄢可然《〈史地学报〉对鲁滨逊新史学的传播》(《淮北煤炭师范学院学报(哲学社会科学版)》第24卷第6期,2003年12月)。

② 《自述整理中国历史意见书》(1921年6月9日),《古史辨》一,第36页。顾颉刚想治中国社会历史,至少从1920年已经开始。

史的系统是历史叙述的主体要由统治阶级改到普遍的民众社会,历史的长度要依史料真实的年限决定,打破以宗法封建等制度中教皇兼族长的君主的朝代为起讫;历史材料要把传说、神话、记载、实物……一切东西审慎考查,再依考查的结果,客观的叙述出来。如此,我们倒不必斤斤的在这个旧心理磅礴的人群里为新史料的整理伴他们吵嘴,把重大工作停顿了!①

要形成"历史叙述的主体要由统治阶级改到普遍的民众社会"这样的"新历史的系统",显然必须改变以崔述为起点和超越崔述为目标的"新史学",回到梁启超倡导的民史建树的轨道上去。魏建功的批评使得顾颉刚逐渐调整了方向,尤其是移席厦门大学和中山大学之后。顾颉刚等人所办闽学会的宣言称:"国学的研究,自受了新史学和科学的洗礼,一方面扩大了眼光,从旧有的经史子集中打出一条'到民间去'的血路,一方面绵密其方法,用统计学、社会学、人类学、地质学、生物学、考古学种种科学的方法,来切实考求人文的真相,而予以簇新的解释。……新史学的眼光渐离了政治舞台'四库'式的图书馆,而活动于实事求是之穷荒的探险或乡土的研求。"②

这种到民间去求新史学的想法,在中山大学《民俗》周刊《发刊辞》中,表达得更加清楚。顾颉刚批评历来的政治、教育、文艺,都给圣贤们包办了,容不得小民露脸,经史百家只有皇帝士大夫、贞女僧道的虚伪故事和礼法,占社会绝大部分的各类民众无穷

---

① 《北京大学研究所国学门周刊》第15、16合期,1926年1月27日。
② 陈锡襄:《闽学会的经过》,《国立第一中山大学语言历史学研究所周刊》第1集第7期,1927年12月13日。

广大的真实生活完全看不见。"我们要站在民众的立场上来认识民众！我们自己就是民众，应该各各体验自己的生活！我们要把几千年埋没着的民众艺术，民众信仰，民众习惯，一层一层地发掘出来！我们要打破以圣贤为中心的历史，建设全民众的历史！"稍后他到岭南大学演讲《圣贤文化与民众文化》，再度强调："要打破以贵族为中心的历史，打破以圣贤文化为固定的生活方式的历史，而要揭发全民众的历史。"①与在此前后的其他民俗学刊物相比，顾颉刚以史学为中心的取向显然是另辟蹊径。②所以有学人指出：这篇发刊词很像是一篇新史学运动的宣言，"这个民俗学运动原是一种新史学运动，故较北大时期的新文学运动的民俗学已经不同，已大有进步，这是代表两个阶段亦是代表两个学派的"③。

尽管傅斯年反对"国故"的概念，按照胡适和顾颉刚等人的看法，国学其实就是中国的历史（或文化史）。因此，整理国故的新国学，在某种意义上也可以说是新史学。何思敬为《中山大学语言历史学研究所周刊·风俗研究专号》所写的"卷头语"说："现在各国勃兴的有许多学问，如新历史学、人类学、现代社会学、民族学、考古学、民俗学等，都具有同种的倾向和目的，有时互相混淆其界限，而始终是互相连带的智识努力，热烈的知识欲都集中于文化现象和社会生活，从本国的事实出发，不辞劳苦到世界的各时各地去找暗示，找比较，找类似，找差异，以致其努力成世界之研究，将为新世界史之综合。中国的新国学运动也是这世界学术的倾

---

① 均见顾潮编著：《顾颉刚年谱》，第145—151页。
② 参见苑利主编《二十世纪中国民俗学经典·学术史卷》。
③ 杨堃：《我国民俗学运动史略》，《杨堃民族研究文集》，第218页。此文原载《民族学研究集刊》第6期，1948年8月。

向之影响及暗合。"①这已经与年鉴学派发生的学术背景相联系。

赵简子翻译了H.C.Jhomas和W.A.Hamn合著的《现代文明的基础》（*The Foundations of Modern Civilization*），并选择其中部分以《新历史的范围与目的》为题，刊登于《中山大学语言历史学研究所周刊》第9卷第97期（1929年9月），指出历史学因为考古学、人类学、心理学、社会学等学科进展的影响，改变了以往对于自然、社会和人的认识，研究历史不再仅仅是文学、资鉴和教化，其价值在使人对于他的周围的复杂世界善于理解。制度与风俗的重要性凸显，普通的材料与事实比特殊的更为重要。

欧美史学试图超越与创新的前提，是一般历史资料经过长期系统的整理并形成一套行之有效的研究方法，而在中国，顾颉刚主张的另一半，也就是如何在可靠的史料基础之上建立信史的问题，依然没有解决。顾颉刚希望在中国建立学术社会，"在这个学术社会中，不但要创建中国向来极缺乏的自然科学，还要把中国向来号称材料最富研究最深的社会科学（历史学在内）和语言文字之学重新建设过。这是把中国昔日的学术范围和治学方法根本打破，根本换过的；这是智识上思想上的一种彻底的改革"。他抱怨人们不理解自己学术追求的目的与联系，搜集旧材料时看作复古，开辟新园地时又斥为矫新；为研究古史而搜集古书，考辨真伪异同，旁人就指为正统派的学问，故纸堆的工作，开倒车的举动，走死路的办法；而为了研究民俗而搜集歌谣、剧本和风俗物品，旁人又笑其猥鄙、管闲事、降低身份，甚至指为离经叛道的罪人。顾颉刚的建设方案包括两方面，一是民俗学，要无限制地搜集材料，开辟新国土，

---

① 《中山大学语言历史学研究所周刊》第1卷第11、12期合刊，1928年1月。

"使许多人从根本上了解中华民族的各种生活状态";二是历史学、语言学和考古学,以前人已有的成绩为出发点,"逐渐搜集新事实,创造新系统"①。

新史学不能做无米之炊,也不可能在原来史料认识的范围内仅仅通过观念变化与重新解释就能够形成经得起时间和学术检验的新系统。一方面是如何看待原有史料,另一方面则是如何扩张史料,只有这两方面都得到解决,新史学才能真正从思想解放走上学术轨道。而从新史学的脉络看,在这个方向上最具代表性的学人是王国维和傅斯年。

早就公开宣称"学无新旧"的王国维,自然不会以新史学自我标榜,掉入"不学之徒"的陷阱。②可是王国维死后,却几乎成了举国公认的新史学大家。王国维逝世不久,弟子吴其昌总结《王观堂先生学述》,对于乃师究竟是什么家的问题详细辩证,认为王国维并非"汉学家""哲学家"或"文学家","所得一句结论,则先师殆可谓为'新史学'家,亦可谓为'文化史的考证家'也"③。主张史学革命的顾颉刚称之为旧思想的破坏者和真古史的建设者,"不承认他是旧学,承认他是新创的中国古史学"④。1936年《王静安先生遗书》由商务印书馆出版,其弟王国华作序称:"先兄以史治经,不轻疑古,亦不欲以墨守自封,必求其真,

---

① 顾颉刚:《序》,《国立中山大学语言历史学研究所年报》第6集第62—64期合刊,1929年1月16日。感谢陈以爱博士寄赠此项资料。
② 《国学丛刊序》,《观堂别集》卷4,《王国维遗书》第3册,第202页。
③ 《国学论丛》刊行:《王静安(国维)先生纪念号》,沈云龙:《近代中国史料丛刊续编》第83辑。
④ 《悼王静安先生》,《文学周报》第5卷第1、2期合刊,陈平原、王枫编:《追忆王国维》,第133页。

故六经皆史之论,虽发于前人,而以之与地下史料相印证,立今后新史学之骨干者,谓之始于先兄可也。"无独有偶,同年郭沫若写了《鲁迅与王国维》,也推后者为"新史学的开山"①。所以周予同说王国维和夏曾佑是中国转变期新史学家中的两位"畸人"。

不以新史学自居的王国维被视为新史学的开山,则此前民史建树和疑古辨伪的新史学都无立足容身之地。日本京都学人冈崎文夫说:"清朝末年中国学界里公羊学派盛行一隅,其前途穷窘,局面难以打开是很明显的,学界的新倾向是以征君(即王国维)一派为指导,我早就有这样的预想。"并且对民国时期"混乱的中国现状使学问的大潮流不能朝正常的方向发展"而感到惋惜。②王国华的《王静安先生遗书·序》这样总结乃兄的学术:"先兄治学之方虽有类于乾嘉诸老,而实非乾嘉诸老所能范围。其疑古也,不仅抉其理之所难符,而必寻其伪之所自出;其创新也,不仅罗其证之所应有,而必通其类例之所在。此有得于西欧学术精湛绵密之助也。"

王国维的新,主要在于能得新材料之便。他在《最近二三十年中国新发现之学问》中,开宗明义道:"古来新学问起,大都由于新发现。"③中国近代为材料大发现时代,主要有殷墟甲骨、流沙坠简、敦煌遗书、内阁大库书籍档案,以及中国境内的古外族遗文,王国维均有机缘接触研究,并且做出重要成果。这也就是陈寅恪所说:"一时代之学术,必有其新材料与新问题。取用此材料,以研求问题,则为此时代学术之新潮流。治学之士,得预于此潮流

---

① 陈平原、王枫编:《追忆王国维》,第172页。后来有学人即以此为题,为王国维立传。参见袁英光《新史学的开山——王国维评传》。
② 《怀念王征君》,陈平原、王枫编:《追忆王国维》,第370页。
③ 《学衡》第45期,1925年9月。

者,谓之预流。其未得预者,谓之未入流。此古今学术史之通义,非彼闭门造车之徒,所能同喻者也。"①以此为标准,王国维当然在预流之列。不仅如此,他以地下实物与纸上遗文互相释证,取异族故书与吾国旧籍互相补证,取外来观念与固有材料互相参证,所有论著"学术性质固有异同,所用方法亦不尽符会,要皆足以转移一时之风气,而示来者以轨则。吾国他日文史考据之学,范围纵广,途径纵多,恐亦无以远出三类之外。此先生之书所以为吾国近代学术界最重要之产物也"②。

傅斯年宣称"史学便是史料学",引起不少非议。不过他讲"近代的历史学只是史料学",却源于对近代欧洲史学新发展的认识。他认为近代史学的发展有两点,一是观点变化,由于新大陆的发现等事实,从前上下古今一贯的学说根本动摇,"对于异样文明,发生新的观念、新解释的要求,换言之,即引起通史之观念、通史之要求"。二是方法改进,欧洲中世纪以来,各种史料增多,"近代历史学之编辑,则根据此等史料,从此等史料之搜集与整理中,发现近代史学之方法——排比、比较、考订、编纂史料之方法——所以近代史学亦可说是史料编辑之学。此种史学,实超希腊罗马以上,其编纂不仅在于记述,而且有特别鉴订之工夫。……此二种风气——一重文学,一重编辑史料——到后形成二大派别,一派代表文史学,一派代表近代化之新史学"。"此外史料来源问题,亦使新史学大放异彩。……由于史料之搜集、校订、编辑工作,又引起许多新的学问。"尤其是考古学、语言学和东方学,近

---

① 《陈垣敦煌劫余录序》,《陈寅恪史学论文选集》,第503页。
② 《王静安先生遗书序》,陈美延编:《陈寅恪集·金明馆丛稿二编》,第247—248页。

代均有大的发展。正是基于上述认识,傅斯年断言:"综之,近代史学,史料编辑之学也,虽工拙有异,同归则一,因史料供给之丰富,遂生批评之方式,此种方式非抽象而来,实由事实之经验。"从这一观念出发,他认为宋代史学最发达,此前只有文学与史法,宋代则趋向于新史学方面发展,"自此始脱去八代以来专究史法文学之窠臼,而转注于史料之搜集、类比、剪裁,皆今日新史学之所有事也"①。

由此可见,傅斯年的史料学,其实是基于方法的改进,也就是说,史料学重在整理史料的方法。具体而言,史学便是史料学,而"史料学便是比较方法之应用"。傅斯年认为:"史学的对象是史料,不是文词,不是伦理,不是神学,并且不是社会学。史学的工作是整理史料,不是作艺术的建设,不是做疏通的事业,不是去扶持或推倒这个运动,或那个主义。"所以,整理史料的方法,"第一是比较不同的史料,第二是比较不同的史料,第三还是比较不同的史料"。至于如何比较,比较什么,主要有以下两点:"历史的事件虽然一件事只有一次,但一个事件既不尽止有一个记载,所以这个事件在或种情形下,可以比较而得其近真;好几件的事情又每每有相关联的地方,更可以比较而得其头绪。"②细读傅斯年所著《史学方法导论》等书,此言揭示历史记录与历史事实的关系,以及如何寻求历史本身的内在联系两大命题,可谓深得史学研究之真味。尽管单一的近真取向还不足以发挥其最大能量,但若达到这一

---

① 《中西史学观点之变迁》(未刊稿),欧阳哲生主编:《傅斯年全集》第3卷,第154—156页。
② 《史学方法导论》,岳玉玺、李泉、马亮宽编选:《傅斯年选集》,第192—193页。

境界，疏通或许反而多余和无味。

傅斯年不仅深知近代史学之所长，对其局限也有所认识，只是两相比较，难以兼顾，不能不有所取舍。他说："过去史学与其谓史学，毋宁谓文学；偏于技术多，偏于事实少；非事实的记载，而为见解的为何。史学界真正有价值之作品，方为近代之事。近代史学，亦有其缺点，讨论史料则有余，编纂技术则不足。虽然不得谓文，但可谓之学，事实之记载则超前贤远矣。"[①]唯有如此，史的观念才能由主观的哲学及伦理价值变作客观的史料学，著史才能由人文的手段变作生物学、地质学等一般的事业。当然，这样不得已的取舍，也难免偏向，史料总难全，所以存而不补、证而不疏带有先天局限，招致物议，后来钱穆、张荫麟等人正是在这一点上不满于傅斯年的新史学，而另树新史学标准。

以新材料研究新问题，战前蔚为风气，但也出现一些流弊。贺昌群总结《历史学的新途径》，肯定用近四十年来新发现的材料于中国文化史上提出新问题或新解释为现在应取的新途径，同时针对学术界为争取发表新材料而玩物丧志的情形，特意指出入流与不入流，不应以能获得新材料为目的，学术思考上也有入流不入流之别，要明了学术研究的新趋向，思辨上有深彻的眼光，文字上有严密的组织，从习见材料中提出大家不注意的问题。[②]即以陈寅恪而论，他首先强调必须熟悉旧史料史实，才能了解新史料，安放新史实。而王国维虽然不重注疏，也还讲究读书以发现问题，反对悬问

---

① 《中西史学观点之变迁》（未刊稿），欧阳哲生主编：《傅斯年全集》第3卷，第155页。
② 《中学生》第61期，1936年1月，引自吴泽主编、金自强、虞明英选编：《贺昌群史学论著选》，第531—532页。

题以觅材料，并不一味以发现新材料为然的。

四 释古与历史科学

1935年5月，冯友兰在北师大演讲"中国近年研究史学之新趋势"，分为"信古""疑古""释古"三派，而以"释古"为最近之趋势。他用黑格尔历史哲学的正、反、合三段式来解释三派的关系，显然看成是历史的递进。郭湛波《近五十年来中国思想史》引述冯的演讲词后，更断言新文化运动时代的思想家已成为历史上的人物，其思想、学说已失掉了社会的信仰和权威，已成了今日时代的障碍，希望冯友兰这样的学者和思想家出来做思想的领导者。[①]不过，就史学界而言，学者与青年学生的倾向存在着明显差异。在依然保持学术文化中心地位的旧都北平，一方面，学术界充满着非考据不足以言学术的空气，另一方面，面对学生的演讲如果不涉及社会性质之类的问题，就很可能会被哄下台。亲历其事的陶希圣说，到1930年代初，"五四以后的文学和史学名家至此已成为主流。但在学生群众的中间，却有一种兴趣，要辩论一个问题，一个京朝派文学和史学的名家不愿出口甚至不愿入耳的问题，这就是'中国社会是什么社会'"[②]。

所谓"释古"的流行，与唯物史观的兴起关系密切。在这方面，郭沫若的《中国古代社会研究》影响甚大。周予同认为："使

---

① 郭湛波：《近五十年来中国思想史》，第166—169页。
② 陶希圣：《潮流与点滴》，第129页。

释古派发展而与疑古派、考古派鼎足而三地成为中国转变期的新史学的是郭沫若。"①郭湛波也推许郭沫若"不止开中国史学界的新纪元"②。郭沫若后来被誉为新史学五大家的首席,确是渊源有自。按照齐思和的看法,"五四的中心思想是自由主义,是知识分子对于传统束缚的解放运动。北伐后的中心思想是社会主义,是以唯物史观的观点对于中国过去的文化加以清算。……假如《古史辨》运动可以象征五四的史学,那么中国社会史论战便可以象征北伐后的新史学"③。介绍唯物史观,李大钊有开创之功,开展社会史研究,则由陶希圣领先,并且引起中国社会史论战。这场持续数年的大讨论,前后出了三本专辑,吸引了无数青年的注意,一时间成为时髦的话题。

凡事有利必有弊,由政治社会动荡激励起来的思想波澜,在学界难免滋生流弊。早在1929年,已经有人对一味趋新的潮流表示不满:"在中国今日学术界里面,史学的确呈露出一种危机。几千年来做了政治的附庸,好容易跟着新思潮得了解放,这时候大家换了一副脑袋,一对眼光再向着冥矇的已往重行追溯,……新思潮带来的是西洋科学宝贝,又新奇又实用,当然大家都争着向前去抢,'旧纸堆'更少人注意的了。随着是政治的变动,昨天闹'革命',今天闹'训政',人家说是'天地更新',……赶跑了不少株守'旧纸堆'旁的人,由读历史而造历史去了。随着又是社会思想底大变动,一班皮鞋跟上带回来欧美尘土气的智识阶级,天字一

---

① 郭湛波:《五十年来中国之新史学》,朱维铮编:《周予同经学史论著选集》增订本,第555页。
② 郭湛波:《近五十年来中国思想史》,第178页。
③ 齐思和:《近百年来中国史学的发展》,汪朝光主编:《20世纪中华学术经典文库·历史学:中国近代史卷》,第104页。

号的廿世纪新人物，有意识地无意识地异口同声赞美西洋底物质文明，死诅这些祖国笨虫不会跟他们一齐竞走。……这一呼，那一遍，旧书摊上不免多买进好些人家不要的旧史书，史学家者流不免纷纷'改行'了。稍精明的便放弃了那'死的考据'而多讲究些史的理论和哲学，不往'杂货箱'里做整个考证的工夫，而往大处落墨，侈谈其所谓新史学精神，廿四史还数不清，偏也爱谈创造新史学。这些现象都是新思潮新时代和先知先觉底赐与，是史学界的危机，也是学术界局部的不幸。"①

思想的浮躁使得青年学生和一些激进学人的新史学追求含有一股戾气，由国立师范大学研究所历史科学研究会于1933年1月25日创刊的《历史科学》杂志，自封"本刊为唯一主倡新史学的有价值之刊物"②。其第1期的《创刊之辞》声言要"站在新兴科学底立场，……掀起一个科学的历史研究的运动"。主编丁迪豪等人认为民国以来的史学发展状况表面异常勃兴，实际上"不景气"。他们批评"许多人还未认清历史是什么，把古书当作是历史，寻章摘句的埋头作考证，结果，离开了历史的本身是十万八千里"；指责"另有一种人，把历史当作是他们玄想的注脚，拾来一些江湖卖艺的通行语，也拿来比喻中国历史的发展的过程，在他未尝不以他是俏皮巧妙，其实正表示他粗鄙浅薄与理论的贫弱。历史之有合法则性，这一点自由意志者是根本不懂的。以自由意志来高谈历史，是有产者灵魂的跳舞"；并且讽刺"一些从来未摸着历史之门的，而偏要赶时髦的作家，把活的历史填塞在死的公式中，在他们那种机

① 徐琚清：《谈谈历史》，《燕大月刊》第4卷第2期，1929年4月。
② 历史科学研究会发行部：《征求基本定户启事》，《历史科学》第1卷第3期，1933年6月。

械的脑袋里,凡是马克思恩格斯的文献中有着的历史发展阶段的名词,中国便就有了。所以各人都努力向这里找,找着一个时髦的名词便划分一下历史发展的阶段。然而,他们这种猜谜似的论战虽是像煞有介事的,可是,这样瞎猫拖死老鼠的乱撞,便由于缺乏高深的研究。"将跃居主流地位的所谓"史料学派",疑古辨伪的古史辨派和提倡整理国故的胡适,主张自由意志的何炳松,主要以史观立论的官方史学,乃至"冒牌的唯物史观"等各派新史学的史家一网打尽,全盘否定已有的学术成就。

该刊进而宣称:"以上这些我们是没有半点满意,我们虽也站在历史的唯物主义方面,但我们要由历史发展的本身作深入的探究,从而以为历史之判断;我们虽也留心史料的时代价值,但我们要以新的科学来阐明历史,充实历史;而我们更要努力于历史之传授——历史教育之研究,以作历史大众化之准备。"[1]为了"使本刊能逐渐成为新史学知识底总汇"[2],准备在日、法、美聘请特约通信员,以沟通欧美史学的消息,"一面介绍新史学之理论与研究作品,一面在鼓励吾人以新方法作成有价值之新著"[3],并计划出版科学的历史理论、历史与各种科学的关系、世界史学界鸟瞰、现代中国各派历史方法论批判等专号。

《历史科学》的呼吁,在部分青年中激起了一阵波澜。有人来函鼓动丁迪豪等人"加倍努力,腐败的中国史学者,才是你们的建设新史学的障碍物,非根本拆除不可"。在沉寂的学术空气中,

---

[1] 《创刊之辞》,《历史科学》创刊号,1933年1月25日。
[2] 《编辑杂记》,《历史科学》创刊号,1933年1月25日。
[3] 编者(丁迪豪):《编余》,《历史科学》第1卷第2期,1933年3月30日。该刊从第2期起编辑单位改为"北平历史科学研究会"。

勇敢地揭起科学的历史运动之旗，是学术界一个火星的发现。"虽然几个青年人的血与热，要和腐烂的中国史学者交锋，外面看来这些昏庸老朽们，都是占据要津，已经树立了卑污得说不上口的威权，而几个青年人在喊着新史学的口号，无异是只枪匹马在和他们在挑战，但你们不要怕，这些老弱残兵是敌不过新的科学的武器，最后的胜利是属之你们的。""希望兄等以科学的史的唯物论之方法，积急的作些批判的工作，只怕没有凿空辟地之勇和犀利的刀斧，……具有了勇气和方法，还怕什么不成。则现今史坛上的牛鬼蛇神，一经批判，哪有不原形毕露。"[①]其矛头已经不是指向传统史学，他们眼中"腐烂"或"腐败"的中国史学者，正是此前主张新史学的各派代表。他们的目标，已经不是改变旧史学，而是扫除以前的新史学家，以便将新史学的桂冠由前人头上摘下来给自己戴上。

所谓科学的历史研究，背后有太多的不确定和可争议，学术上唯我独尊、一统天下的态度，更难以得到公认。同样立志为建设新史学而奋斗的青年同道，看法与做法都不尽相同。1934年5月，吴晗等人组织了"史学研究会"，也想"对中国新史学的建设尽一点力量"。一年后，他们主办了《益世报·史学专刊》，由吴晗主笔、集体讨论形成的《发刊词》，宣称他们的主张是：但论是非，不论异同，"不轻视过去旧史家的努力，假如不经过他们一番披沙拣金的工作，我们的研究便无所凭藉，虽然他们所拣的容许有很多的石子土块在。我们也尊重现代一般新史家的理论和方法，他们的著作，在我们看，同样地都有参考价值。我们不愿依恋过去枯朽的

---

① 《历史科学》第1卷第5期，1933年9月。

骸骨,亦不肯盲目地穿上流行的各种争奇夸异的新装。我们的目标是求真"。为此,一方面要注意过去被忽视的领域,"这里面往往含有令人惊异的新史料",另一方面,也要审慎地搜剔原有典籍,发掘本来意义。而他们心目中的新史学,即"帝王英雄的传记时代已经过去了,理想中的新史当是属于社会的民众的",希望大处着眼,小处着手,朝着这一新方向切实地努力推进。①这基本是延续梁启超"新史学"的精神,要写出社会民众史。但在追求专精的方面,则与梁启超的大而泛全然不同。②在共同信奉新史学之下,该会的主张与丁迪豪等人的历史科学研究会也明显有别,而一度被后来的史家认为尚未跳出旧史学的窠臼。

与此同时,朱谦之在广州中山大学和一班青年史家如陈啸江、王兴瑞等人发起"现代史学"运动,于1933年1月创刊《现代史学》。陈啸江在厦门大学时就提出过"新兴史学运动"的口号,主张建立历史的社会(非国家的或政府的)、科学和实用的基础,因而倡导社会经济史研究,并有将此作为中国史学新旧界限的朦胧意识。③现代史学也就是新史学,具体主张则与主流的新史学有所不同,而与《历史科学》遥相呼应。朱谦之自动代表"愿为转型期史学的先驱"的"青年史学家"立论,主张对于一切现代史学要广包并容,对于过去的史学则不惜批判,"努力摆脱过去史学的束

---

① 《益世报》1935年4月30日。
② 一年后吴晗在《周年致辞》中,针对来稿的情况,再次强调不要做"纲要式的论文",不要带偏见,或人云亦云无甚见解(《益世报》1936年4月14日)。
③ 《编后话》,《现代史学》第1卷第3、4期合刊;陈啸江:《西汉社会经济研究·自序》,第16页。引自杨思机《朱谦之与"现代史学运动"》,中山大学未刊学士学位论文。

缚，不断地把现代精神来扫荡黑暗，示人以历史光明的前路"①。其所谓过去的史学，主要不是传统史学，而是指已经跃居中国史学主流地位的傅斯年一派的主张。朱谦之代理文科研究所主任后，针对从前语言历史研究所的宗旨改革历史学部，一、语史所以为史料学即史学，现在只认为是史料整理。二、语史所将语言与历史连成一气，为文献言语学派，现在将二者分开，历史独立，以研究整理历史文化为目的，为文化学派。三、文献言语学派其弊流于玩物丧志，现在则具有浓厚的讲学精神。②

本着克罗齐（Benedetto Croce）的学说，朱谦之认为"一切历史原来就是现代的历史"。他写的《现代史学发刊辞》，强调现代史学的三大使命，其一，"现代性的历史之把握"，即将一切历史看成是现在的事实；其二，"现代治史方法之应用"，即社会科学之下的历史进化法与历史构成法，稍后朱谦之又称现代史学的方法是考证考古（正）和史观派（反）之后的合；其三，注重现代史及文化史之下的社会史、经济史、科学史。该刊先后编辑出版了中国经济史和中国现代史两期专号，文化评论和史学方法论两期特辑，改变了以前谈社会史者牵连到政治文化方面的漫无边际，"明白提出作为社会核心的经济史加以研究"，并且注意材料的搜集和专门精深的探讨，改变论战时谩骂的态度。据说后来《中国经济》《食货》等杂志的风格有意无意地受其影响。其史学方法提倡史的论理主义与心理主义之综合，历史为独立的法则的科学；文化学提倡南

---

① 《现代史学》第1期，1933年1月。经过补充修改，该文收入朱谦之著《现代史学概论》，为第一章。
② 《中山大学日报》1935年1月13日。见《奋斗廿年》，《朱谦之文集》第1卷，第80页。

方文化运动,文化人类型说;社会经济史提倡佃佣社会说,以解释中国之所以不能走上资本主义道路。在婚姻史、文学史、艺术史等方面,贡献亦不少。①这与《历史科学》的丁迪豪等人致力于亚细亚生产方法之探检、专制主义之诸问题、明郑和下南洋与商业资本及殖民、鸦片战争史、太平天国革命史、义和团运动史、中国资本主义发展史等问题的研究一样,在方向与侧重上,对后来史学的变化与重心转移不无启示。

此外,何炳松虽然介绍宣传鲁滨孙的新史学甚力,真正将鲁滨孙的新史学变成学术研究实践并加以推广的反而是蒋廷黻。他是鲁滨孙的再传弟子,个人的研究固然遵循宗师的路径,担任清华大学历史系主任后,通过一系列大幅度的教学科研改革,更加积极地贯彻鲁式"新史学"的宗旨和主张,因而架空了陈寅恪的地位。②

面对来自社会科学影响下的新史学的挑战,已经占据主流和主导地位的学人并未轻易动摇,他们坚持自己的学术见解和信念,偶尔也不免利用手中控制的学术资源和权力。胡适与傅斯年对于郭沫若的古文字研究,认字及解说部分予以承认,但是对他过度用来解释古代社会形态,则多有保留。③冯友兰认为释古派使用材料先入为主,谈理论太多,不用事实解释证明理论,而以事实迁就理论。钱穆将革新派史学分为政治革命、文化革命、经济革命三期,

---

① 乐水:《〈现代史学〉的回顾》,《现代史学》第4卷第3号,1941年8月10日。
② 李勇、侯洪颖:《蒋廷黻与鲁滨逊的新史学派》,《学术月刊》2002年第12期,第58—61页;何炳棣:《读史阅世六十年》,第67—68页。
③ 牟润孙说:"郭沫若尝引莫尔甘之说治钟鼎款识甲骨文,讨论古史问题,颇多新奇可喜之说。顾其立论好穿凿附会,往往陷于武断。"(《记所见之二十五年来史学著作》,杜维运、黄进兴编:《中国史学史论文选集》第2册,第1127页》这可以部分反映主流学人的一般看法。

对于后一派尤其不满。周予同虽然认为此说过虑，指出释古派也有进步，而且追求的目的在于把握全史的动态而深究动因，与钱穆所主张的"于客观中求实证，通览全史而觅取其动态"没有根本的冲突，还是批评"国内自命为释古派的学人，每每热情过于理智，政治趣味过于学术修养，偏于社会学的一般性而忽略历史学的特殊性，致结果流于比附、武断"①。

至于朱谦之等人的批评和做法，傅斯年更加不以为然。1942年5月，傅斯年审查中华教育文化基金会科学研究补助金历史类的申请，对陈啸江的计划审读之后，还"亲听其解释"，结果却认为他"不知何者为史学研究问题"，因此提了一个"怪题"，而且"空洞无当"，报告董事会"似不必考虑"。反差明显的是，对于"未附任何文件，研究计划亦言之太简"的吴晗，却依据平常的了解评为甲等，许为最有研究能力，要求给予特种助人金。②傅斯年对吴晗的好感可以理解，单从结果看而不考虑程序的合法性，选择也不能说错误，而对陈啸江的态度，除了学术观念的差异，显然不能完全排除个人恩怨的影响。当然，吴、陈二人的取径大方向并无二致，傅斯年厚此薄彼，主要还不在观念与做法，而是在他看来，两人的学术水准相去悬殊。

---

① 周予同：《五十年来中国之新史学》，朱维铮编：《周予同经学史论著选集》增订本，第558—559页。
② 《傅斯年致中华教育文化基金董事会》1942年5月19日，傅斯年档案，I：266。引自潘光哲：《傅斯年与吴晗》，《"傅斯年与中国文化"国际学术讨论会论文集》，2004年8月。

五 新系统的通史

抗日战争爆发后,中国的学术风气发生了很大的变化,民族主义史学成为主导,此前各方针锋相对的争论,暂趋平静,壁垒森严的分界也有所调和,吸取各自的优点,加以批判的综合。在战时环境下,学人一方面颠沛流离,正常的学术研究难以进行,另一方面受到国破家亡的刺激,纷纷总结和反省战前史学研究的利弊得失,新史学自然成为关注的重点。

抗战期间较早对近代史学进行总结的是金毓黻,他从日本占领下的东北逃脱,辗转加入中央大学,发奋著述,自1938年2月开始撰写《中国史学史》,到1939年9月改定,其分期前后有所变化(先分为六期,后改为五期),但不论如何调整,清季民国以来的"革新期",都是论述的要点。"本期学者,如章太炎先生,论史之旨,已异于前期,而梁启超氏,更以新史学相号召,而王国维氏,尤尽瘁于文字器物以考证古史,其他以西哲之史学灌输于吾国者,亦大有人在,其势若不可遏,有中西合流之势,物穷则变,理有固然,名以'革新',未为不当。"[1]书稿修改过程中,1939年2月,金毓黻曾将论述革新期史学的第10章《最近史学之趋势》寄往《新民族周刊》发表。[2]新中国成立后修订出版时,金毓黻将第10

---

[1] 金毓黻:《中国史学史》,第442页。
[2] 金毓黻著,《金毓黻文集》编辑整理组校点:《静晤室日记》第6册,第4288页。

章删去。①2000年再版,该篇作为附录补入。

金毓黻认为,虽然王国维宣称学无新旧,但因为时代和环境关系,不能无所偏重。距当时四五十年前的学者大抵笃旧,清季怵于外患,知旧学不尽适用,转而鹜新,民国以还尤甚,多数学者,以新自泽。因此,最近史学之趋势,分为两端,一曰史料搜集与整理,一曰新史学之建设及新史之编纂。前者也就是王国维、陈寅恪等人所说的以新材料发现新问题,有人称之为中国旧学之进步,金毓黻认为:"与其谓为旧学之进步,无宁谓为国学之别辟新机;与其谓从古未有之进步者为考证学,无宁谓为史学。"因为考证学只是研史过程中的一种方法,方法日新,则学术日辟新机,凡百学术皆然,而史学为尤著。换言之,这也是新史学的一方面或一种新史学。

至于新史学的建设与新史的编纂,"即用近代最新之方法,以改造旧史之谓也"。倡言者"始于梁启超,而何炳松尤屡言之而不厌"。"以西哲所说之原理,以为中国新史学之建设,梁、何二氏实最努力于此。"而所谓新史,不出通史、专史二类。通史的对象为社会之全部,而非为特殊阶级之局部;专史有断代史、国别史以及各种专门史。金毓黻列举了章太炎、梁启超等人关于新史体例的意见,尤其论述了近顷颇盛行的主题研究之法,亦即专题研究,认为主题研究为比较近于科学方法之研究,而以王国维、陈垣两人为代表。同时指出:"部分之研究,其手段也,整个之贯通,其目的也,不能因在手段过程中,得有大量之收获,而遂忘其最后之目的,即不应以部分之研究,而忘却整个之贯通。……盖为人而作传

---

① 瞿林东:《前言》,金毓黻:《中国史学史》,第11页。

谱,为事而立标题,皆为治史之手段,而其目的乃在造有系统有组织之通史专史,亦必各个部分咸有精确之断案,然后造作通史专史乃易于成功,亦即吾理想中比较完善之新史。所谓新史之创造,其方法亦不外此。"关于疑古和考史,则认为不可轻于信古,亦不可轻于疑古,应当考而后信,乃能得其正鹄。而考史之失有二:"读书不多,举证不富,轻为论断,则失之陋;列举多证,以伪为真,轻为论断,则失之妄。肯虚心者,或患读书太少,而读书太多者,或未必肯虚心。故陋之病尚可补救,而妄之病每至不可医也。"

梳理论述了近代史学发展的趋势之后,金毓黻总结道:"综观上文所述,可知近顷学者治史之术,咸富于疑古之精神,而范以科学之律令,又以考古、人类诸学,从事地下发掘,以求解决古史上一切问题,因以改造旧史,别创新史,盖蒙远西学术输入之影响,以冲破固有之藩篱,利用考见之史料,而为吾国史界别辟一新纪元者也。"①金毓黻的这段话,实际上是在分析各家是非得失的基础上,试图博采众长,求同存异,跳出门户偏见,指示一条综合协调的新史学之道。这一时期的总结评论者,由于大都不在各派的门户之中,所以基本都取这一态度,只是对于各派的看法不一,利弊得失的把握自然有所不同。

与相对温和平实的金毓黻相比,钱穆的态度要鲜明得多。钱穆战前即对中国史学的主流各派给予不同程度的批评,反对各种偏颇之论。迁徙到西南后方,钱穆依据原来北大通史讲义资料写成《国史大纲》,为了说明写书旨意,别为引论一篇,先期在《中央日

---

① 《最近史学之趋势》,金毓黻:《中国史学史》,第382—440页。本节以上引文未经注出者,均见该文。

报》发表。据说此文一出，学术界和师生议论纷纷，毁誉参半，陈寅恪许为大文章，毛子水愤而欲作文批驳，傅斯年则不以为然，一时间激起不小的波澜。①

这篇两万字的长文之所以引发争议，主要在于钱穆对中国近世（即一般所说的近代）史学做了全面的批判和评论，他将近代史学分成传统（或记诵）、革新（或宣传）、科学（或考订）三派，认为传统派主于记诵，熟悉典章制度，多识前言往行，亦间为校勘辑补。科学派承以科学方法整理国故之潮流而起，与传统派同偏于史料，博洽有所不逮，而精密时或过之。两派均缺乏系统，无意义，纯为书本文字之学，与现实无预。记诵派稍近人事，即使无补于世，也还有益于己。考订派则往往割裂史实，为局部狭窄之追究，以活的人事，换为死的材料，不见前人整段活动，于先民文化精神，漠然无所用其情，惟尚实证，夸创获，号客观，既无意于成体之全史，亦不论自己民族国家之文化成绩。

至于革新派，钱穆虽然承认"其治史为有意义，能具系统，能努力使史学与当身现实相绾合，能求把握全史，能时时注意及于自己民族国家以往文化成绩之评价。故革新派之治史，其言论意见，多能不胫而走，风靡全国。今国人对于国史稍有观感，皆出数十年中此派史学之赐"。可是他同时批评该派对于历史"急于求智识，而怠于问材料。其甚者，对于二三千年来积存之历史材料，亦以革新现实之态度对付之，几若谓此汗牛充栋者，曾无一顾盼之价值矣。因此其于史，既不能如'记诵派'所知之广，亦不能如'考订

---

① 钱穆：《八十忆双亲·师友杂忆》，第228—229页；李埏：《昔年从游之乐，今日终天之痛》，李振声编：《钱穆印象》，第77页。

派'所获之精。彼于史实,往往一无所知。彼之所谓系统,不啻为空中之楼阁。彼治史之意义,转成无意义。彼之把握全史,特把握其胸中所臆测之全史。彼对于国家民族已往文化之评价,特激发于其一时之热情,而非有外在之根据。其缩合历史于现实也,特借历史口号为其宣传改革现实之工具。彼非能真切沉浸于以往之历史智识中,而透露出改革现实之方案。彼等乃急于事功而伪造智识者,智识既不真,事功亦有限。今我国人乃惟乞灵于此派史学之口吻,以获得对于国史之认识,故今日国人对于国史,乃最为无识也"。

之所以不厌其详地引述钱穆对革新派史学的意见,是因为其所谓革新派史学,也就是一般而言的新史学。钱穆将革新派史学分为三期,清季为政治革命,将现实一切问题,归罪于二千年来的专制制度,因而将一切史实,以"专制黑暗"一语抹杀。继起者为"文化革命",将中国社会发展停滞的原因,归于思想文化落后,要扫除二千年思想之痼疾。再继者为"经济革命",认为经济是基础,主张先改造社会经济形态。虽然记诵派和考订派对其缺乏依据的放言高论表示学理上的不满,可是一般国人只需了解大体。政治革命与文化革命所攻击的专制黑暗和孔老思想,都很难再引起国人的共鸣,而经济革命派将现实解释为封建社会延续的说法,使得有志于革新现实者风靡而从。可是钱穆断言:"然竟使此派论者有踌躇满志之一日,则我国史仍将束高阁、覆酱瓿,而我国人仍将为无国史智识之民族也。"这不仅是对梁启超以来所有的新史学全盘否定,而且将中国无史的原因归咎于新史学,正是由于近代以来学人不断提倡各式各样的新史学,才导致中国出现历来最没有国史知识的状况。

将新史学一网打尽之后,钱穆提出了自己的新史学标准。关于这一问题，钱穆战前已经有所思考。1937年1月17日，他以"未学斋主"的笔名在《中央日报·文史》周刊第10期发表《论近代中国新史学之创造》的文章，认为历代都会从旧史中创写新史，以供给新时代之需要，中国当有史以来的巨变，尤其需要新史学的创建。而新史学的大体，"要言之，当为一种极艰巨的工作，而求其能有极平易的成绩，应扼要而简单，应有一贯的统系而自能照映现代中国种种复杂难解之问题。尤要者，应自有其客观的独立性，而勿徒为政客名流一种随宜宣传或辩护之工具，要能发挥中国民族文化已往之真面目与真精神，阐明其文化经历之真过程，以期解释现在，指示将来"。"中国新史学家之责任，首在能指出中国历史已往之动态，历史之动态，即其民族文化精神之表现也。求识历史之动态，在能从连续不断的历史状态中划分时代，从而指出其各时代之特征。"他特别批评单一从经济角度看历史，误认为中国自秦汉以下即停滞不前的观念，是未能深究国史内容而轻率立言。

在《国史大纲·引论》中，钱穆进一步提出：新通史必须具备两个条件，"一者必能将我国家民族已往文化演进之真相，明白示人，为一般有志认识中国已往政治、社会、文化、思想种种演变者所必要之智识；二者应能于旧史统贯中映照出现中国种种复杂难解之问题，为一般有志革新现实者所必备之参考。前者在积极的求出国家民族永久生命之泉源，为全部历史所由推动之精神所寄；后者在消极的指出国家民族最近病痛之证候，为改进当前之方案所本。此种新通史，其最主要之任务，尤在将国史真态，传播于国人之前，使晓然了解于我先民对于国家民族所已尽之责任，而油然兴其慨想，奋发爱惜保护之挚意也"①。

1942年，钱穆借悼念张荫麟之机，撰文论述《中国今日所需要之新史学与新史学家》，他说："今之所谓'新史学'，昔人未尝不悟此意，司马迁所谓'明天人之故，通古今之变'，此即融贯空间诸相，通透时间诸相而综合一视之，故曰：'述往事，思来者。'惟昔人虽有此意而未尝以今世语道达之，今则姑以名号相假借，曰此'新史学'也。史学殊无新旧，真有得于史学者，则未有不能融贯空间相，通彻时间相而综合一视之者。亦必能如此而后于史学真有得，亦必能如此而后于世事真有补。"据此，他提出今日中国人所需之新史学，必须合乎上述标准，而今日所需之新史学家，必须具有下列条件："一者其人于世事现实有极恳切之关怀者。继则其人又能明于察往，勇于迎来，不拘拘于世事现实者。三则其人必于天界物界人界诸凡世间诸事相各科学知识有相当晓了者。四则其人必具哲学头脑，能融会贯通而抽得时空诸事态相互间之经纬条理者。而后可当于司马氏所谓'明天人之故，通古今之变'，而后始可以成其'一家之言'。否则记注之官，无当于史学之大任。"

在钱穆心目中，能够成为新史学家的理想人选，张荫麟无疑首屈一指。钱穆提出的标准，很像是为张荫麟度身定造。据说1934年钱穆与张荫麟相识，两人共有志为通史之学，钱穆"当谓张君天才英发，年力方富，又博通中西文哲诸科，学既博洽，而复关怀时事，不甘仅仅为记注考订而止。然则中国新史学之大业，殆将于张

---

① 钱穆：《国史大纲》修订本，第3—8页。参见刘巍《抗战期间钱穆所致力的"新史学"——以〈国史大纲〉为中心的探讨》，中国社会科学院近代史研究所编《中国社会科学院近代史研究所青年学术论坛2001年卷》。

君之身完成之"。并且对张荫麟的英年早逝痛心疾首,而寄希望于来者。①

钱穆以外,战前已有人将张荫麟与新史学相联系。张的《中国史纲》出版后,汤朝华以外行人的身份发表书评,认为中国历来史学发达,而近代以来的新史学才开始一个萌芽的时代,希望保持原有的风气,继续发达这门重要的学问。并且批评新史学经过20多年的努力,仍然不能产生一部新的中国历史,如果按照专家的意见,要等各个断代史研究成熟才能写出好的通史,起码还要三五十年。这种错误的观念使得大中小学和国民的历史教育成绩不佳。国民最基本的教育是史地教育,史地教育的失败便是整个教育的失败。因此对张荫麟《中国史纲》的出版感到无限的快慰,对该书写作上的生动活泼和亲切感人大力表彰。②钱穆的看法比汤朝华复杂得多,尤其是背后的是非恩怨,牵扯广泛,他也未必完全同意汤的意见。不过两人至少有一点是一致的,就是对战前中国的史学状况相当不满意。这也是抗战期间学人回顾战前的史学研究和史学教育的普遍趋向。

汤朝华等人急于编撰通史的意见,未必能获得专家的广泛支持。黄肖兰所写《现代史学之新趋势》,依据鲁滨孙等欧美学人的著作,认为19世纪以来,历史学走上了新阶段,新史学从三方面将历史的范围扩大,一是人类利益活动的种类加多,二是人类有史时期延长,三是历史的空间向世界范围增大。同时方法远较旧史学严谨,注意材料的性质、鉴别和取舍。因为历史家的目的,不再

---

① 《思想与时代》第18期,1943年1月。
② 汤朝华:《张荫麟:〈中国史纲〉——一个外行人的话》,《书人月刊》第1卷第1号,1937年1月。

是娱乐读者，维持道德或爱国心，而是以过去时代之庐山真面目介绍于现代，使理解现代文化成立之经过原因，然后能知道我们文化中的重要实质与进步，以及原始时代遗下阻碍进步的残余，以便利用过去来谋划现在。新史学视文化为一大有机混合物，重视人类行为的任何方面，但力求注重于人类生存发展有最大影响的几类利益和活动，如流行的思想态度、工艺学、自然科学、经济与社会关系、政治法律宗教制度等。由于范围的扩大和方法的严谨，研究的趋势是分工合作，"有专题的研究，然后有专史，有专史然后有通史"①。

1941年初，周予同在《学林》第4期发表《五十年来中国之新史学》，将中国史学分为萌芽、产生、发展、转变四期，前三期为旧史学，第四期为新史学，而新史学分为两类，一是偏重史观及史法方面，一是专究史料方面。"换言之，中国现代的新史学可归纳为两类，即'史观派'与'史料派'。"虽然李济等人能由新史料而产生新史观，一般而言，仍可分属两派。其史观派又分为儒教史观派（经典派）和超儒教经典派，前者包括古文学和今文学两支，后者包括疑古、考古、释古三派，并着重于今文学对新史学出现的影响。这些派分法，尤其是大别为史观与史料两派，对于后来近代中国史学史的研究影响相当深远，由此产生的偏蔽也很严重。史料与史观，本为治史不可或缺，高明的史家或有所侧重，却不会偏于一端。虽然二者关系如何判定，各家说法不一，当在史无定法之列，但没有史观如何处理史料，没有史料史观从何而来？因此一般只是断为近代史学发展的两个方面，未以派分。不可分而强分，

---

① 《大公报·史地周刊》第38期，1936年5月1日。

难免主观太甚。近代学术由经入史，周予同从经学史看一般历史，本来不错，可惜受晚近成说的影响，过分强调门派之争，要想概括晚清民国的学术脉络，也不易得当。战前他本来打算写一本《中国的新史学与新史料》，据说已经收集了大量资料，可惜毁于战火。在缺少参考文献和安定环境的条件下，只能写出此文，不能尽量叙述，令人遗憾。[①]

周予同批评钱穆苛责前人，认为各派主张的终极目标并无根本冲突，分别只在工具和路径，而且在相互争论中不断有所改进。抗战以来，"史学界已渐有综合各派或批评各派而另形成最后新史学派的趋势"。其实钱穆只是认为前人不当分别太过清晰，导致此疆彼界，畛域自囿。他批评各派的目的，便是综合各派的优长。他提倡新通史，"无疑的将以记诵、考订派之工夫，而达宣传革新派之目的。彼必将从积存的历史材料中出头，将于极艰苦之准备下，呈露其极平易之面相。将以专家毕生尽气之精力所萃，而为国人月日浏览之所能通贯"[②]。

金毓黻、钱穆、周予同都是从历史教学的实践出发，为了便于大学生对中国史学现阶段发展的把握，对新史学进行总结和评点的，因而可以全面综合平衡。可是，各派学人的最终目的虽然大同，其路径和态度却迥异，意见分歧并不易调和。况且产生分歧的根本原因，还在于史学既是科学，又是艺术，范围广泛，而各人的主客观条件有限，难得全才，以臻理想境界，不得不权衡取舍，分科分类。欧洲学术分为人本与科学两大支，进一步加强了彼此分

---

① 周予同关于新史学的论述，从20世纪20年代开始，几经变化。此文已是集大成。详见第二章《中国思想学术史上的道统与派分》。
② 钱穆：《国史大纲》修订本，第8页。

界。由于实际做法与追求目标相距甚远,针对前者的批评很难令人信服。

主题研究者对于综合协调的意见仍有不同看法。钱穆悬的甚高,要求各方面兼备,已经很难找到胜任愉快者,包括他本人在内,傅斯年就对其"屡言及西方欧美,其知识尽从读《东方杂志》得来"极不以为然。[①]这也是后来钱穆长期受到歧视的重要原因。1941年沈兼士在辅仁大学史学会讲"近三十年来中国史学之趋势",虽然声明是外行人,却凸显北京大学在史学革新方面的作用,认为"近代史学之新发展,多借助于考古学及民俗学(前者是静的,后者是动的),纵横经纬,合起来便成一种新的史学"。强调以新材料新方法重证民族信史。[②]顾颉刚等人撰写《当代中国史学》,将近百年的中国史学分为前后两期,认为后期的史学颇为新颖,可是放弃使用新史学的笼统概念,更不用派分划界,而将目光着重放在各个研究领域的实际进展上。

六 转折与再兴

抗战后,中国再度陷入内战,正常的学术研究难以展开。对于近代中国新史学的总结,还有一些学人继续从事。曹伯韩的《国学常识》第6章有两节介绍新史学的产生及其业绩,一节主要介绍梁启超的《中国历史研究法》及其补编,一节则从史料、研究工具、

---

① 钱穆:《八十忆双亲·师友杂忆》,第228页。
② 《沈兼士学术论文集》,第373页。

通史和专史著述三方面介绍研究进展。齐思和的《近百年来中国史学的发展》，从中西史学发展的对比立论，在肯定梁启超、何炳松两人介绍西方史学理论和方法的贡献的同时，也指出梁启超颇为肤浅空泛，对西方新史学没有正确的认识，不知道近代西洋史学建立在依据史料的专题研究之上，不明了通俗著作与研究著作的分别，所依据的教科书和外行人的著作，不代表近代西洋史学研究。其号召天下研究整个的通史，结果他自己并无成绩，其他人用这方法来治史也不会有成绩的。何炳松虽然介绍西方史学最努力，可惜所译的都是些通俗的教科书，而没有介绍当代西洋第一流史家的著作，未曾考察西洋史家如何依据史料写成专题的研究，深博的著述。"因之，他所提倡的仍是通史的革新，而不是高深的研究。"①这些话很像是回应钱穆在《国史大纲·引论》中对中国近代史学的批评，至少二者的取向有着很大的分别。这也从一个方面表明，傅斯年等人的做法，在一些学人看来更加贴近西方史学发展的正轨。

也许受时局的影响，这时学人对于社会史的关注和肯定有所加强。曹伯韩介绍了郭沫若和吕振羽一派"新史学家"关于古代社会与历史分期的论点，认为他们的意见虽然还不足为定论，但较仅仅存疑者进了一大步，表现了更深刻的见解。他们用另一种眼光来观察神话和传说，其古书新读法，"是从来一般国学专家所不曾发见的"②。齐思和含蓄地批评参与中国社会史论战者多为学术界的无名英雄，并引述他人意见，希望未来研究中国社会史者不要只根据一两本讲义或教科书立论，不过还是肯定"中国社会史的研究

---

① 汪朝光主编：《20世纪中华学术经典文库·历史学：中国近代史卷》，第104页。
② 曹伯韩：《国学常识》，第104—108页。此断语未必属实。

是当前中国史学界最重要的课题",并介绍了郭沫若、吕振羽、范文澜、翦伯赞等人的研究及其进展,指出唯物史观的中国社会史研究,到了范文澜的《中国通史简编》,开始由初期的创造进入成熟时期。①

1949年4月,王亚南在《新中华半月刊》第12卷第7期上发表《政治经济学史与新史学》,其中谈到:"新史学原来是无产阶级求真理求解放的一种学问。19世纪中叶前后,这种学问虽然已由马克思、恩格斯第一次明确而系统地向人类贡献出来,成为此后人类社会研究历史科学的锁钥,但在阶级利害障碍之前,资产阶级的学者,愈来愈不敢接近它,愈来愈需要回避它,所以到结局,这学问,这锁钥,便愈来愈成为社会主义学者的专用品。在这种限度内,一切有科学性的学说史,就只能期之于社会主义史学家了。"②这样的认识逻辑,似乎在预示随着政治上的改天换日,学术风尚也将天翻地覆。

这一天不久果然到来。1949年7月,汇聚北平的史学界学人要求组织中国新史学会,在发起人会议上,郭沫若、范文澜、邓初民以及向达、陈中凡等"一致表示全国历史工作者应团结起来,从事新史学的建设工作"③。后来通过的《中国新史学研究会暂行简章》规定,该会的宗旨是:"学习并运用历史唯物主义的观点和方法,批判各种旧历史观,并养成史学工作者实事求是的作风,以

---

① 汪朝光主编:《20世纪中华学术经典文库·历史学:中国近代史卷》,第106—107页。
② 于沛主编:《20世纪中华学术经典文库·历史学:史学理论卷》,第263—264页。
③ 《中国新史学研究会筹备会昨在平成立》,《人民日报》1949年7月2日。

从事新史学的建设工作。"①至于如何建设新史学,可以从1949年10月11日中国新史学研究会与北京六大学(北大、师大、清华、辅仁、燕京、中法)史学联合会联席会议看出端倪,主席侯外庐说:新史学的研究为实行共同纲领中文教政策的一项重要任务,尤其对新民主主义的学习,是个打头阵的工作。会议议题包括:一、新史学研究会出版专门的历史书刊和通俗刊物,编定优良的中学历史教材,改革大学通史课程;二、组织全国各地研究历史的人,通过举办讲演会、教学与学术研讨会等形式,宣传、学习和运用历史唯物论的观点和方法,批判旧的历史,养成实事求是的工作作风,以便充实新史学的建设工作。②其建立新史学体系的努力,尤其体现于组织北大、清华、师大、辅仁、燕京等校的史学教师编辑大型资料丛书《中国近代史资料丛刊》,以配合大学课程的改革。这部资料等于建立起一套体系框架,对后来中国近代史研究的格局产生了深远的影响。

一些省份的新史学会分会对于创造新史学相当积极,如河南分会主办了《新史学通讯》,主张把史学研究与大中学的历史教学联系起来,一方面克服教学中的困难,一方面提高新史学的研究水平。③一些个人也就新史学的建设发表意见,赵俪生于1949年10月提出当前建设新史学的三项任务:一是掌握和运用马列主义的历史唯物主义原则,二是批判与继承乾嘉以来的历史考据学,三是更大规模地有计划地展开田野考古。新历史建设的具体表现是写定新的

---

① 《中国新史学研究会暂行章程》,《人民日报》1949年7月2日。
② 《开展新史学研究工作 首都两史学团体昨开会》,《人民日报》1949年10月12日;刘乃和、周少川、王明泽、邓瑞全著:《陈垣年谱配图长编》下,第579—585页。
③ 《发刊词》,《新史学通讯》创刊号,1951年1月30日。

通史、新的断代史和新的专史，尤其以创作一部新通史为目前的首要任务。为此，他建议在科学院设立专门的史学研究机构来完成上述任务。①

经过两年的努力，新史学研究会正式成立，遵照林伯渠的指示，改名为中国史学会。会上郭沫若发表了题为《中国历史上的新纪元》的讲话，对改名一事有所解释。他阐述了新中国成立以来史学工作者摸索出的新方向，在历史研究的方法、作风、目的和对象各方面都有了很大的转变，具体表现为六个方面的转向：即由唯心史观转向唯物史观，由个人研究转向集体研究，由名山事业转向群众事业，由贵古贱今转向注重研究近代史，由大汉族主义转向尊重和研究少数民族历史，由欧美中心主义转向注重亚洲及其他地区历史的研究。"因为大家都已转向到新的方向，所以在史学的研究上面已经没有什么新旧的区别，已经无须在史学会的上面挂上一个'新'字，这就是我们为什么把原来的名称'新史学研究会'的'新'字去掉的原因。"范文澜则通过新史学会的工作成绩将"转向"具体化，其一，在政治理论方面每个同人的确有了很大的提高。其二，将研究和教学联系起来，努力想定出比较一致的教学提纲，可望产生初步的定稿。其三，搜集资料的工作对近代史研究很有贡献。其四，大规模编辑亚洲史的目录已获批准，还计划编辑少数民族史料和亚洲各国史小丛书。其五，组织采访编写辛亥革命以来的历史回忆录。其六，举行了一些专题报告会。

按照林伯渠和郭沫若的意思，中国的史学研究已经进入了新的

---

① 赵俪生：《论中国新史学的建设问题》，《新建设》第1卷第6期。引自张剑平：《新中国史学五十年》，第35页。

境界，或者说已经都在从事新史学的研究，所以没有必要继续强调新史学。不过，尽管郭沫若认为上述变化"是很好的转变，也可以说是划时代的转变"，但同时指出："这六种转向应该说是初步地转向"，还需要巩固和扩大。范文澜就"转向"问题进一步发表意见："到底我们转向了多少呢？是大部份转过去了呢？还是才转了一部份呢？这一点是值得注意的。我想，不管转了多少，我们一定要彻底向那边转是毫无问题的。我们可以保证一定能够全转过去。"

至于如何才能全部转向，范文澜的意见是把郭老指示六条中每条的前半段完全去掉，另外把吴老指示的四条全部实现。"今天就是我们大家转向告一段落的一天。如果还没有完全转过去的，希望以更大的努力来完成这个转向。"吴玉章在《历史研究工作的方向》的讲话中所说的四条，一是认识人类社会的历史就是劳动生产者自己发展的历史，不是什么帝王将相豪杰英雄活动的历史；人类社会除原始共产主义没有阶级以外其余都是阶级斗争的历史，要用唯物史观才能认识人类社会发展的规律。二是注重现实，近百年史要研究，近三十年激烈的阶级斗争与伟大的民族解放斗争相结合的历史更应当首先很好的研究。三是要把爱国主义与国际主义结合起来，从两个营垒的高度研究历史与现实。因为帝国主义阶段的阶级斗争已经冲破了国界。四是反对党八股，要实事求是地对历史材料作科学研究，以正确的方法研究现代史和古代史。

新史学会的"新史学"，其实是将此前除唯物史观以外的所有史学，包括近代以来的各种新史学全部划入旧史学的范畴，并与之分清界限。从中国史学会的建立开始，史学研究就应当完全在新史学的框架之下进行。按照陈翰笙的说法："这个成立会，表现着中国真正史学工作已在开始进行。……本会的工作不仅在中国学术史上有划时代的意义,在整个史学史上也要展开一个新阶段。"不过,关于新史学是否已经建立,以什么为标准,建立的程度如何,具体内容如何,各位大家事先并没有充分交换意见,其表述在基本方向一致的大同之下,还有不少小异。例如研究的重点时段,多数认为在近代史,也有主张在当代史,陈翰笙则认为应当集中研究封建社会的历史,中国"要担负这研究封建社会史的责任,而有所贡献于全世界"[①]。

无论差异如何,进入新的时代应有新的史学成为人们的共识,而且这种新史学只能以唯物史观史学为基础,不符合这一方向的学人应当转向这一方向。这等于否定了其他各派的新史学,将原来各派之一的新史学变成新史学的整体。但这未必能让所有的学人心服口服。因为此前唯物史观内部意见不一,各派的努力及其所取得的成就,虽然引起越来越广泛的关注和认可,毕竟还存在不少带有共同性和普遍性的问题,为学界存疑。1946年,童书业在上海《中国国民》杂志第1卷第4—6期连载《"新史学"批判》的长文,对当时流行的"科学的史学"和"以社会科学方法治史"的新史学进行系统的理论性批判,他说:

> "科学的史学"和"以社会科学治史"的呼声,近年来是愈喊愈高了。不但是一般公式主义者是这样呼喊着,就是过去已负盛名的史家和许多有志的青年,也有在这样呼喊着的。

---

① 郭沫若、吴玉章、范文澜、陈翰笙等人的讲话,均见中国史学会秘书处编:《中国史学会五十年》,第6—15页。

"科学的史学",这个名称是多么冠冕好听,"以社会科学治史",也是多么时髦有劲。我们并不反对"科学的史学"和"以社会科学治史"的口号,但我觉得一切事总须名符其实,既称为"科学的史学",则其实质也必须是"科学的""史学的";既称为"以社会科学治史",则其实质也必须是"社会科学的""史的"。无奈现在一般公式主义者所称的"科学的史学",其实只是"科学"其名而"公式"其实,"史学"其名而"宣传"其实。他们所谓"以社会科学治史",其实也只是"社会科学"其名而"主义"其实,"治史"其名而"鼓吹主义"其实。这样名不符实的口号,是我们所坚决反对的!

童书业将民生史观与唯物史观进行比较,认为二者的显著异点在于,一、唯物史观太看重物质,把活的人类历史的发动力看作是死的物质,近于一种机械论。民生史观同样看重物质,但把人类求生存看作历史的重心,人类求生存是一种活的动作。二、唯物史观认为社会上各集团经济利益相冲突,于是发生斗争,有斗争社会才有进步。民生史观不否认斗争的必要,但认为是不得已的手段,揭示人类互助的必要,主张为大多数谋利益才是社会进化的动力。三、严格的唯物史观多不承认地理对于历史的限制力量的伟大,以及种族性对于历史的限制,民生史观则相反。四、唯物史观有一套固定的社会进化公式,被视为放之四海而皆准,民生史观则没有公式主义的流弊。

毋庸讳言,童书业写这篇长文有一些特殊背景,据说当时因生活所迫,经人介绍,"为国民党写'新史学批判'反动著作",

还为一些国民党团刊物写了不少反动文章①，因此文中出现了一般学术论文少见的恶意攻击唯物史观的话，以及将学人普遍鄙视的国民党正统的民生史观抬得很高。他指责公式主义用宣传欺骗方式来统制思想，使五四时代的进步精神完全消灭，使中国的学术走上绝路。尤其是史学，统制得最厉害，因为史学能使人智，而他们要使人愚，要以主义的公式统制中国的历史，使中国成为无史的国家，并把这些"新史学家"称为"毁灭中国历史学的恶魔"，要与之抗争。他称社会分期为"新'五德始终说'"，亚细亚生产方式的讨论是"经学上的问题"，无疑都超出了学术的范围。

不过，除了政治上的攻击，文中的一些意见在学界也普遍存在。如对唯物史观的中国社会史研究相当肯定的齐思和评郭沫若的《十批判书》，一方面称赞郭为当代大文学家，想象力之富与著述之勤，均极可佩。其研究范围之广博，尤足惊异，另一方面则批评"郭氏本为天才文人，其治文字学与史学，亦颇表现文学家之色彩，故其所论，创获固多，偏宕处亦不少。盖其天才超迈，想象力如天马行空，绝非真理与逻辑之所能控制也。……吾人阅毕郭氏之书，颇难得新见，而郭氏之所矜为新见者，如以孔子为乱党，亦多非哲学问题，且多有已经前人驳辨，而郭氏仍据以为事实者。故是书于先秦诸子之考证，远不及钱穆《先秦诸子系年》之精，论思想则更不及冯友兰氏之细。二书之价值，世已有定评，而郭氏对之皆甚轻蔑，亦足见郭氏个性之强与文人气味之重矣"②。

安志敏评翦伯赞《中国史纲》第2卷，对其治史精神不胜

---

① 王学典：《顾颉刚和他的弟子们》，第228页。
② 《燕京学报》第30期，1946年6月。

钦佩,"而于其内容,则觉错误累累,触目皆是,不禁大失所望。……著者用力之勍,固令人佩服,惜依据资料太少,未能充分利用考古资料,兼以个人主见甚深,致歪曲事实颇多,对中外学者研究之结果既未充分利用,而个人之见解又多无所根据,遂致虚耗精力,徒费篇幅,此古人所以深戒'不知而作'欤"?[1]须知齐、安二人并非带有偏见,专门针对郭、翦所著苛言相责,这两期《燕京学报》刊登的评论陈寅恪、陈安仁、徐炳昶、陈恭禄、童书业、劳榦、金毓黻等人的著作,也是态度鲜明,标准一致。此外,朱自清看过翦伯赞的《中国史论集》,认为"具有新的立场,但深度不够"。而对翦氏的《杜甫研究》则指出:"彼强调杜甫之社会因素,但作为一位学术研究者,其学术性不足。"[2]在他们所指出的缺陷未得到适当解决的前提下,用理论的先进性来勉强统一,很容易导致掩盖存在的种种问题,而难以令人信服。况且,新史学五大家的水平参差,同一人在所涉及的领域和方面程度各异,得到的肯定自然有所分别。

在目标一致的要求下,"新史学"内部的一些不同意见不免变成牺牲品。郭沫若宣布中国建成新史学之后的20余年间,史学发展的状况显然不尽如人意,所以才会有后来的"史学危机"之说。改革开放后,欧美的新史学重新涌入中国大陆,尤其是20世纪70年代末第三代年鉴学派学人重新倡导的新史学(或新新史学),对中国学人产生了相当广泛的影响。20世纪90年代起,特别是进入新世纪以来,人们总希望新的世纪有新的史学,或者说希望自己与20世

---

[1] 《燕京学报》第32期,1947年6月。翦伯赞的《中国史纲》后来颇受好评,尤其是取材得当,当得到他人的帮助,并已吸收相关意见。
[2] 朱乔森编:《朱自清全集》第10卷,第360页。

纪的史家所从事的工作有所不同。①中国的新史学百年之际，召开了专门的学术研讨会，近来更有标名《新史学》的刊物问世，至少从队伍的组成看，已经相当新颖。在新史学的大旗之下，各自的主张千差万别，大都希望独领风骚，而最多只能百家争鸣，那种争相趋新、唯新是求的景象，使得后学者目不暇接，而令原来的"新史学"家不免有落伍之感。

海峡对岸稍得风气之先，20世纪90年代已经创刊了《新史学》，虽然发起人对"新史学"名号的倾向性有所顾虑，明确表示不要创造某一新学派，而要尝试各种方法，拓展各种眼界，不特别标榜社会、经济、思想或政治的任何一种历史，而要培养一种不断追求历史真实和意义的新风气，创造21世纪中国的新史学。②不过，因为有意无意地要与国际沟通对话，无论研究的领域、方法还是路径，多少给人以别人的今天就是我们的明天的感觉，而且"别人"的标准究竟如何确立，不无可议，未能真正解决是否用外国的间架条理中国的材料或事实就可以称之为新的问题，更无法面对中国人治中国史与外国人治中国史应否一律的尴尬。

七 结语

纵观近代中国新史学发展的历程，以及各种主张起伏变化的

---

① 关于西方新史学的历史和近年来中国大陆的新史学，可参考孙江《阅读沉默：后现代主义、新史学与中国语境（代序）》，孙江主编：《事件·记忆·叙述》，第9—26页。
② 参见罗志田：《前瞻与开放的尝试：〈新史学〉七年（1990—1996）》，《二十世纪的中国思想与学术掠影》，第386—410页。

脉络，不难发现，除梁启超外，后来各种新史学的抨击对象基本不是所谓传统的旧史学，而是以我划线的前面的新史学。而且标榜新史学，大都是学人少壮时的反叛与自期，待到他们步入成熟，一般都不再一味趋新，而是试图将借助新史学所开拓的疆域巩固转化为各自的领地。其实际目的，主要还在动摇前人，抬高自我。也就是打倒旧权威，树立新权威。各家的所谓新史学，背后都有外来新史学或其他社会人文学科的影响，往往是将史学的一个部分或分支扩张为史学发展的整体，造成一个时期的史学在研究领域、研究方法和视野上的偏蔽。更有一些学人，凭着对中外学术的一知半解，尚不掌握史学的基本知识和方法，就急于在教科书的层面批判前人的"旧史学"，以无知为超越的前提，真的以为一张白纸可以画最新最美的图画，其面向浅学后进所倡导的"新史学"，往往是舶来的陈货或前人的唾余，甚至是早已被纠正的谬论。

史无定法，即使在新史学的大旗下，也不可能一统江山。但治史要志向高远，避免盲人摸象，防止以偏为新。创新的前提是温故，不必以眼空无物颠覆前人，不能以凿空蹈隙填补空白。一味趋新往往浅薄，所以趋时者容易过时。虽然偶有盲人摸象似的附庸蔚为大国，更多的却是短暂喧闹过后即销声匿迹。要想创新史学，首先要掌握史学的基本与大体，史学不好，创新的努力必然南辕北辙，充其量只能是欲辟蹊径而蹈覆辙。

提倡新史学甚力的何炳松1939年撰文指出：清季以来中国史学先后受日本东洋史和欧美史学的影响，逐渐发生变异，形成与以往史学不同的体系。新体系的史学或简称新史学，虽然还没有形成和以往史学（简称旧史学）显然分期的典型，但在历史哲学、研究方法、著述体制，即章学诚所谓"史意""史识""史学""史法"上,已与旧史学迥然不同。新旧史学的异同,消极方面是脱离旧有经典的羁绊,附庸蔚为大国,积极方面则由侧重个人、英雄转向民族、社会,由偏重政治、战争转向全部文化。不过,"新史学的最后目的自然在要求产生一部'尽善尽美的'全国国民都应该也都能够阅读的通史。但是这巨大的文化工作,在今日从事史学研究的人,都知道不是一个人的力量与短促的时期内所能产生。所以近二十余年来,中国史学家或努力于史料的搜集与整理,或埋头于专史的计划与撰写,而且也都已有不少的成绩继续地向社会呈献。这些基础性的打桩工作显示了中国史学的进步和民族精神的向上"①。

认识到整理中国史的工程浩大与艰巨,需要学人分头努力,不可能短期内实现,应该是学术进步的体现。现代西洋史学界"从来没有大胆的人敢负起研究英国史或美国史全部分的责任,因为他们知道一个人的能力和时间都是很有限的。他们现在所以能够有各国通史甚至有世界史纲,并不是一个人的力量,实在因为已经有许多专篇著作可备参考,可备取用的缘故。所以我们要想整理中国史,要想做一部理想的中国通史,应该从研究小规模的问题着手,先产出许多专篇著作来做基础才行。如果大家都抱着一手包办的野心,那末这部中国通史永远没有成功的希望"②。

史学的社会功能始终存在,近代社会变动日新月异,迫切需要适合时势的通史,在动荡的局势下因陋就简也是迫不得已,情有可原。由此形成的风气,难免影响到后来,以分扰乱相的心态,为承

---

① 何炳松:《〈中国历代天灾人祸表〉序》,《何炳松文集》第2卷,第703—704页。
② 何炳松:《历史研究法》,《何炳松文集》第2卷,第263页。

平安定的学术，所得自然有限。时间又过去了大半个世纪，中国史学的变化不可谓不大，各种各样的成果也不可谓不多，可是，新史学的总体成就，不要说取鉴于外国，即使参照新史学所批判并大力改造的旧史学，也未可乐观。以新史学的最后目标通史而论，各种标名为通史的著作林林总总，但要想与《通鉴》媲美，至少目前还不易取得共识。而断代史方面，《史记》《汉书》固然望尘莫及，就是要超越备受争议的《清史稿》，也并非轻而易举。其间的问题，究竟出在个人包办还是琐碎无系统方面，抑或新史学的立意本身就存在偏差误导，值得所有学人（无论主张新史学与否）认真反省。

近代学人努力求新，大多源于对史学的不同理解，而那些对史学认识较深的学人，则似乎并不受中西新旧的困扰束缚。这昭示后人应该超越中西新旧的分界，集中精力向着史学的高深境界探寻。治史必须先因而后创，就此而论，能够"新"史学的前提是掌握前人的已有知识，其后仍有余力余兴，才能从事新史学的创造。也就是说，无论整体还是个别，治史都应是先旧而后新。近代中国学人的新史学之路却大体反是，少壮时附会趋新，待到读书渐多，深入堂奥，反而倾向守成，悔其少作。换言之，"旧"史学越高明，"新"史学才能越有实效。所有的实际贡献，都将是新史学的有机构成，而那些针对前人浅见、一味求新的喧闹，虽然可能一段时期内吸引众多浅学者的注意，最终留下的不过是一堆容易过时的口号。就此而论，年鉴学派在布罗代尔之后的新史学，也面临同样问题。天赋与功力不足，难以整体达到布罗代尔的高度，于是各承一艺，不断扩张，后布罗代尔时代五花八门的新史学在一定程度上成为整体史被肢解的遁词以及力有不逮的掩饰。将局部放大为整体的

"新"史学,虽然极欲成为史学发展的总趋向,格局却至多只能补偏救弊。至于在以西为新的过程中,究竟是固有学术的确不好,还是用西式滤色镜难以欣赏品味,如果是后者,那么受此支配又如何能够写出好的中国史书,更应该仔细检讨。

第二章　中国思想学术史上的道统与派分

晚近研治中国学术史者，好以派分。除以各个学术流派为对象的专题研究之外①，在一般综合或分科的学术史著述中，学派也往往是条贯的脉络而成为论述的中心。而在学术发展史上，名目繁多的流派是否实有，如何形成，如何判断其主体与边际或内涵与外延，按照学术流派来研究学术史，其高下良否、利弊得失究竟如何，这一系列问题，前贤与时人议论纷纷，莫衷一是。专文讨论清代学术流派的有异域学人艾尔曼（B.A.Elman），香港饶宗颐教授所作《中国史学上之正统论》，不仅论及史统、治统与道统的关系，还辑录了历代重要的相关史料。按照学术流派来探寻学术发展变化的渊源脉络，固然有简便易行的好处，但也的确存在看朱成碧、倒述历史、以偏概全、简约而不能准确展现复杂事实及其联系

---

① 如文学史有钟林斌、李文禄主编的"中国古代文学流派研究丛书"，已列出的书目包括性灵派、桐城派、公安派、山水田园诗、婉约词、新乐府、豪放词、边塞诗、唐宋派和前后七子。

纠葛的种种弊端。治学须破除门户之见，而破除的前提是能够分别门户。如果分不清而不分，就并非超越而是识浅。鉴于学派问题至少是近代和当下学人看待中国学术史的重要观念，与其先验地将学派作为研究的前提对象，毋宁探讨这些对象的由来以及研究的路径和方法。也就是说，立意不在编织学派的谱系或论证其内涵外延，而是依照时序探究学派的谱系及其内涵外延如何被不断丰富完善的历史进程。

一　道统与派分

1903年10月5至6日，上海的《国民日日报》连载了一篇题为《道统辨》的文章，其结语断言：

> 中国自上古以来，有学派，无道统。学派贵分，道统贵合；学派尚竞争，道统尚统一；学派主日新，道统主保守；学派则求胜前人，道统则尊尚古人；宗教家有道统，学术家无道统也。吾非谓宋儒之无足取，吾非谓理学之不足言，不过发明宋儒之学为学派，而不欲尊宋儒之学为道统耳。[①]

清季激进知识人议论学术，多如王国维所批评的，主要是借学术话题表达政治理念，《道统辨》的作者也不例外。他说："中国学术所以日衰者，由于宗师之一统也。宗师之统一，即学术之专

---

① 1903年10月6日《国民日日报》。

制也。统一故无竞争，无竞争故无进步。溯其原始，孰非异学消亡之故乎？故道统之名立，始也排斥周末之子书，继也排斥汉儒之考证，又继也排斥魏晋之词章，是则道统未立之先，仅为孔教统一，道统既立之后，更为宋学之专制矣。至宋学之专制成，而凡立说之稍异宋学者，悉斥为事杂言庞，于是更缘饰经传一二语曰：'攻乎异端，斯害也已'，曰：'道不同不相为谋。'"清代思想学术，虽然方镇大员力持朴学考据，理学始终是朝廷确定的官方正统意识。而道统论本来与正统论密不可分。"圣贤在上，政即道也；圣贤在下，言即道也。"[①]"君师本于一人，故为统。"孔子以后，君师分为二人，道统与治统分离[②]。反道统其实就是反对清朝统治的正统性依据，为各种反清的思想学说公开登台鸣锣开道。

不过，道统说不止可以发明宋儒之学为学派，中国学术史上有所谓学派，与道统论关系甚大。陈寅恪《论韩愈》表彰其在唐代文化史上之特殊地位，第一条就是"建立道统，证明传授之渊源"。原因在于"华夏学术最重传授渊源，盖非此不足以征信于人，观两汉经学传授之记载，即可知也。南北朝之旧禅学已采用阿育王经传等书，伪作付法藏因缘传，已证明其学说之传授。至唐代之新禅宗，特标教外别传之旨，以自矜异，故尤不得不建立一新道统，证明其渊源之所从来，以压倒同时之旧学派"。

陈寅恪称许韩愈，主旨是想说明"退之自述其道统传授渊源固由孟子卒章所启发，亦从新禅宗所自称者摹袭得来也"。韩愈扫除章句繁琐之学，直指人伦，目的是调适佛教与儒学的关系。"盖天

---

① 梁廷楠：《正统道统论》，引自饶宗颐《中国史学上之正统论》，第235页。
② 费密：《统典论》，引自饶宗颐《中国史学上之正统论》，第356页。

竺佛教传入中国时,而吾国文化史已达甚高之程度,故必须改造,以蕲适合吾民族、政治、社会传统之特性,六朝僧徒'格义'之学,即是此种努力之表现,儒家书中具有系统易被利用者,则为小戴记之中庸,梁武帝已作尝试矣。然中庸一篇虽可利用,以沟通儒释心性抽象之差异,而于政治社会具体上华夏、天竺两种学说之冲突,尚不能求得一调和贯彻,自成体系之论点。退之首先发见小戴记中大学一篇,阐明其说,抽象之心性与具体之政治社会组织可以融会无碍,即尽量谈心说性,兼能济世安民,虽相反而实相成,天竺为体,华夏为用,退之于此以奠定后来宋代新儒学之基础"①。

陈寅恪推崇新儒学,是因为"新儒家之旧途径""一方面吸收输入外来之学说,一方面不忘本来民族之地位",在中国"真能于思想上自成系统,有所创获"②。宋儒"皆深通佛教者。既喜其义理之高明详尽,足以救中国之缺失,而又忧其用夷变夏也。乃求得两全之法,避其名而居其实,取其珠而还其椟。采佛理之精粹,以之注解四书五经,名为阐明古学,实则吸收异教,声言尊孔辟佛,实则佛之义理,已浸渍濡染,与儒教之宗传,合而为一。此先儒爱国济世之苦心,至可尊敬而曲谅之者也"③。这与清季革新人士抨击道统论的立意截然不同。后者由其当时的感触立论,并不说明道统论的实际历史地位与作用,但是同样看到,道统论的出现,其实是为宋儒之学的新学派张本。建立新道统的目的,就是为了压倒同时的旧学派。

---

① 陈美延编:《陈寅恪集·金明馆丛稿初编》,第319—322页。饶宗颐教授对此说存疑。
② 《冯友兰中国哲学史下册审查报告》,《陈寅恪史学论文选集》,第512页。
③ 吴宓著,吴学昭整理:《吴宓日记》第2册,第102页。

不仅如此，道统论的出现，甚至是中国学术史上产生学派意识的重要因缘。如近代学人所指出："汉学讲家法，有今文家法，有古文家法，有讲训诂声韵者，有讲典礼制度者，有讲经籍义例者，若不通家法，便非汉学。宋学讲宗派，有程朱学派，有陆王学派，有种种学派，若不守宗派，便非宋学。"①道统论的出现，反映出宋学的门派意识日渐明确，不仅与此前的章句繁琐之学立异，其内部门派分立的倾向也渐趋强烈。历史顺序表明，道统论之后，中国出现了学派的概念。"隋、唐之前，无道统之说也。唐、宋诸儒，以为天不变道亦不变也，于是有传道之人；又以吾儒之道异于异端也，于是有道统之说。"②而道统论有孔孟前之道统与孔孟后之道统的分别，前者即韩愈《原道》所说："斯吾所谓道也，非向所谓老与佛之道也。尧以是传之舜，舜以是传之禹，禹以是传之汤，汤以是传之文武周公，文武周公传之孔子，孔子传之孟轲，轲之死，不得其传焉。"其后中断甚久，到了韩愈，才重新接续。

韩愈"原道"，实际上建立了传授的渊源脉络，却并未正式提出"道统"，照清代学人的看法，也就是有道而无统。"夫愈之《原道》，举其实而辟其浮，守其中而贬其杂，未尝及统。"③将韩愈作为道统论的发端，更多的是宋儒的追溯。据钱大昕考，道统二字始见于宋李元纲《圣门事业图》④，此后正统观念进入学术史。"统者，即正宗之谓，亦犹所为真谛之说也，要之不过天理二

---

① 柳诒徵：《汉学与宋学》，东南大学南京高师国学研究会编辑：《国学研究会演讲录》第1集，第84—90页。
② 《道统辨》，《国民日日报》1903年10月5、6日。
③ 费密：《统典论》，引自饶宗颐《中国史学上之正统论》，第360页。
④ 《十驾斋养新录》卷十八。

字而已矣。"①讲道统就有纲纪法度,是非正邪,所以"论道统之所自来,必曰宗于某,言文脉之所从出,必曰派于某"②。费密论述宋儒讲道统的由来:"独言孟轲之传,开于唐儒韩愈。至宋蔡京遂以王安石上下孟轲,程颐又以程颢为孟轲后一人,而尚无道统接传之论也。南渡后朱熹与陆九渊争胜门户,熹传洛学,乃倡立道统,自以为曾氏独得其宗,而子思,而孟轲,而程颢、程颐接之。"③

梁启超等人将学派的历史上溯到先秦,严格说来是后人的附会。李审言《论桐城派》称:"《说文》有'辰'无'派'。辰'从反水',谓'水之衺流别也',即今派之正字。夫衺流别赴,异于正源,本非雅词。古有师法,无所谓派者。有之,自宋吕居仁《江西宗派图》始。然一祖三宗之说,山谷、后山、简斋,尚在人口,其下则蔑如也。可见一时之好尚,未为定论。"④文学史研究者以为:"派""流派"两个词在中国典籍中很早就出现了,而用"派"来概括文学创作的派别,大约在北南宋之交才开始,并以吕本中《江西诗社宗派图》、杨万里《江西宗派诗序》和刘克庄《江西诗派总序》为文学流派自觉认识的标志。这样江西诗派成为古代文学史上第一个自觉结成的诗歌流派,后续各派,均"昉于宋朝之江西诗派"⑤。至于学派一词,以宋黄仲元《四如讲稿》卷一提及

---

① 熊锡履:《学统序例》,引自饶宗颐《中国史学上之正统论》,第363页。
② 饶宗颐:《中国史学上之正统论》,第363页。
③ 饶宗颐:《中国史学上之正统论》,第359—360页。
④ 李稚甫编校:《李审言文集》下,第887页。
⑤ 钟林斌、李文禄:《编者前言》、钱仲联:《〈桐城派研究〉序》,均见周中明《桐城派研究》。

的江西学派,用法与今义较近。①

不过,研究者还发现,古代文学流派,包括所谓自觉型的流派,其名称都不是当事人自己标榜的,其命名以及人们对它的认识往往晚于流派本身的形成。也就是说,流派实体先已形成,然后人们才为它命名并对其有所认识。换个角度看,这样的逻辑恰好说明流派是由后来人的认识逐渐定型的,而人们的能动性并不仅仅是发现流派的实体,还会参与流派形成的主观进程,亦即编织流派的谱系。

宋代的学术流派就是在这样的双重进程中发展和完善起来的。虽然宋儒门户之见甚深,宋代已经出现了学派的概念,并且至少在后来人的眼中,还有了为数不少的学派,但仔细检讨相关史料,宋代学派的分界与脉络在清人的著作中才变得明晰起来。这种清晰化同样与道统论有着密切关系。所谓"孔孟后之道统,则孙夏峰《理学宗传》所列周子元公、程子纯公、程子正公、张子明公、邵子康节、朱子文公、陆子文安、薛子文清、王子文成、罗子文恭、顾子端文是也"②。而强调道统,必然分别宗派。

清代各种宗传、学案,为数甚多,形成梁启超所谓专史中"惟学术史一部门,至清代始发展"的局面。③康熙时熊赐履著《学统》五十三卷,其《序例》云:"夫道也者,理也;理具于心,存而复之,学也。学有偏全,有得失,而道之显晦屈伸,遂从而出于其间。有志者,是乌可不为之致辨乎?辨其学,所以晰其理,而道以明,而统以尊。呜呼!此固吾儒事功之决不容已者也。三代以

---

① 感谢李广健教授和谢小强博士生指示相关资料。
② 《道统辨》,《国民日报》1903年10月5、6日。
③ 梁启超:《中国近三百年学术史》,第359页。

前尚矣。鲁、邹而降,历乎洛、闽,以逮近今二千余年,其间道术正邪,与学脉绝续之故,众议纷拏,讫无定论。以致标揭门户,灭裂宗传,波靡沉沦,莫知所底。予不揣猥,起而任之。占毕钻研,罔闻宵昼,务期要归于一是。爰断自洙、泗,暨于有明,为之究其渊源,分其支派,审是非之介,别同异之端。位置论列,宁严毋滥。"

熊自谦为"鄙儒","粗通章句,辄搦管为此,则夫谫陋之诮,僭逾之辜,极知在所不免。然而生平卫道之苦衷,自谓可以对越往哲,昭示来兹而无愧"[1]。作者是否鄙儒,自有公论,其卫道心切,则显而易见,因此所分宗派主观意识极强。而黄宗羲、全祖望等人撰写《宋元学案》,"有宋各派学术——例如洛派、蜀派、关派、闽派、永嘉派,乃至王荆公、李屏山派——面目皆见焉",被梁启超许为"洵初期学史之模范矣"[2]。

清儒讲宋学史,虽然各种宗传、学案事实上已在编织学派的谱系,可是直接标名学派的并不多见。万斯同的《儒林宗派》和李清馥的《闽中理学渊源考》与众不同,前者叙述整个儒学史,南北朝以前以人分,此后则以宗师姓氏加学派,冠名为某氏学派,如刘献之为刘氏学派,其下系以门生传人。照此办法,宋代分为程子(二程)、胡氏(瑗)、张氏(载)、邵氏(雍)、朱子(熹)、林氏(光朝)、吕氏(祖谦)、张氏(栻)、陆氏(九渊)、叶氏(适)、陈氏(傅良)、陈氏(亮)等学派,元代分为金氏(履祥)、吴氏(澄)、许氏(衡)、刘氏(因)等学派,明代则分

---

[1] 饶宗颐:《中国史学上之正统论》,第363—364页。
[2] 梁启超:《中国近三百年学术史》,第360页。

为宋氏（濂）、薛氏（瑄）、吴氏（与弼）、章氏（懋）、蔡氏（清）、王氏（守仁）、刘氏（宗周）等学派。个别在人派之下再以地域分，如朱子学派下又有朱氏建安学派和朱氏建阳学派。不能纳入派分者则每代设"诸儒博考"。也有记门人而不称学派者，如陈白沙。李清馥的《闽中理学渊源考》则专讲一地的理学流别，除按人分派外，因为地域限制，家传即为谱系，故多用家世学派。这两种分法均出现因宗师同姓而学派同名的现象，容易混淆，而且过于琐碎，不易得到公认，后来学人很少沿用。

二　宗派的研究法

尽管梁启超认为"有清一代学术，初期为程朱陆王之争，次期为汉宋之争，末期为新旧之争"[1]（后者亦有今古文之争之说），而且清儒在将宋学谱系化方面的确是浓墨重彩，可是并不等于说清儒的门户之见特深。相反，"其实清儒最恶立门户，不喜以师弟相标榜。凡诸大师皆交相师友，更无派别可言也"[2]。所以梁启超说，清中期以前，虽然有新学派、旧学派和新旧学派之过渡者，但"皆彼此忻合，未尝间然。其始标门户以相排诋者，自陆陇其、熊赐履辈始"[3]。仍然是理学大系统内部的纷争。

---

[1]　梁启超：《中国近三百年学术史》，第130页。
[2]　梁启超：《清代学术概论》，第5页。
[3]　梁启超：《论中国学术思想变迁之大势》，《饮冰室合集·文集》之七，第78页。

至于朴学，虽有家法，却不立门户。①直到江藩作《国朝汉学师承记》和《国朝宋学渊源记》，不仅将汉学、宋学门户显然区别，在汉学内部，也划分吴、皖两派。汉宋之争的展开，使得清代学人的门派意识明显加强，一些前此已经有人描述议论的派分更加凸显，与此相关的桐城派、扬州学派、常州学派、阳湖派、浙东学派，等等，成为认识清代学术脉络越来越重要的概念。张之洞《书目答问》附《国朝著述诸家姓名略》，也是因为"读书欲知门径，必须有师，师不易得，莫如即以国朝著述诸名家为师"。清代整理历代学术，故"知国朝人学术之流别，便知历代学术之流别，胸有绳尺，自不为野言谬说所误，其为良师，不已多乎！"②这番话换一角度，也可以理解为历代学术都经过清人依据清代意识的条理和谱系化。

江藩被指为门户之见过甚，其实只是取舍方面主观成见较多，而且完全按照派分归纳学人，很难安置得当（尤其是顾炎武和黄宗羲）。他批评"经术一坏于东西晋之清谈，再坏于南北宋之道学。元、明以来，此道益晦。至本朝，三惠之学，盛于吴中；江永、戴震诸君，继起于歙。从此汉学昌明，千载沉霾，一朝复旦"③。并且以惠、戴两支组织全书，却并未具体标出吴派、皖派等等名目。所以梁启超说："吴皖派别之说，出自江氏《汉学师承记》，而章氏辨之尤严。"④章太炎是这样说的：清前期经术虽时有硕儒，

---

① 所谓"讲实证的学术，分科繁而派别少，尚玄思的学术则相反"。曹伯韩：《国学常识》，第6页。
② 范希曾编：《书目答问补正》，第302页。
③ 江藩等著：《汉学师承记（外二种）》，第8页。
④ 梁启超：《论中国学术思想变迁之大势》，《饮冰室合集·文集》之七，第94页。

"然草创未精博,时糅杂宋明谰言。其成学箸系统者,自乾隆朝始。一自吴,一自皖南。吴始惠栋,其学好博而尊闻。皖南始戴震,综形名,任裁断,此其所异也"①。虽仍未标名吴派皖派,吴皖派分的确由此而得到强化。

江藩的述学引起方东树的极大不满,专门写了《汉学商兑》,其动机和目的,学人另有解释②,读者自可判断。有意思的是,方东树陈述江藩所罗织的宋学罪名以及他对受江藩的影响而鼓吹汉学之士的批评,都有门户问题,前者是三条罪名之首,所谓"讲学标榜,门户分争,为害于家国",后者则是"标宗旨,峻门户,上援通贤,下慑流俗,众口一舌,不出于训诂、小学、名物、制度。弃本贵末,……名为治经,实足乱经;名为卫道,实则畔道"。万斯同的《儒林宗派》认为,自朱熹《伊洛渊源录》出,《宋史》遂分道学、儒林为二传,讲学者递相标榜,兀自尊大。"明以来,谈道统者,扬己凌人,互相排轧,卒酿门户之祸。"方东树不以为然,认为朱书"本以考实前辈师友学行,不没其真,以为来者矜式。逮其后声气攀援依附,分立道学门户,此末流之敝,古今类然。只可因时救正,而不得恶莠乱苗,并追咎于教稼者也"③。因此,这次汉宋之争的结果,反而是沟通汉宋或汉宋不分的调和论渐成风尚。

由好讲学派而论,傅斯年所说清代"所谓汉学,大体直是自紫阳至深宁一脉相衍之宋学"④,确有道理。而章太炎的例子表明,

---

① 章炳麟:《訄书》重订本清儒第十二,《章太炎全集》(三),第156页。
② 参见朱维铮《汉学师承记(外二种)》导言。
③ 方东树:《汉学商兑》,《汉学师承记(外二种)》,第235、249页。
④ 傅斯年:《性命古训辨证》,岳玉玺、李泉、马亮宽编选:《傅斯年选集》,第71页。

晚清讲学术史的学派意识进一步强化。只是最喜欢用学派来讲述学术史的还不是章太炎，而是梁启超本人。如果没有这位新史学的发端者撰写的一系列著作，中国的学术史很可能不会以目前这种派系纷呈的景象展现。

张荫麟悼念梁启超时，对其在近代中国学术史上的贡献做了归纳，其中之一是以新观点批评中国学术，为我国学术之第一次重新估价，尤其在论周秦诸子、王安石、孔教佛教方面，"皆一扫传统观念，而为今日吾人大多数对于此诸家之观念所基"。而作为其"批评中国学术之结晶"的《论中国学术思想变迁之大势》长文，"实第一部有系统之中国学术史"。① 该文计划写16章，1902年发表了前6章，只到六朝隋唐的佛教，1904年续写第八、九两章，改题《近世之学术》，时间为明亡至清季。而重要的宋明时期未能写成。作文的目的在于求学术的进步和思想的统一，但是"统一者为全国民之精神，非攘斥异端之谓也"。梁启超的宗旨立意，在"儒学统一时代"的开篇表达得最为明确：

> 泰西之政治，常随学术思想为转移，中国之学术思想，常随政治为转移，此不可谓非学界之一缺点也。是故政界各国并立，则学界亦各派并立，政界共主一统，则学界亦宗师一统。当战国之末，虽有标新领异如锦如荼之学派，不数十年，摧灭以尽，巍然独存者，惟一儒术。而学术思想进步之迹，亦自兹凝滞矣。夫进化之与竞争，相缘者也，竞争绝则进化亦将与之

---

① 素痴：《近代中国学术史上之梁任公先生》，《大公报》1929年2月11日，引自夏晓虹编：《追忆梁启超》，第106页。

俱绝。中国政治之所以不进化，曰惟共主一统故。中国学术所以不进化，曰惟宗师一统故。而其运皆起于秦汉之交。秦汉之交，实中国数千年一大关键也。抑泰西学术，亦何尝不由分而合，由合而分，递衍递嬗，然其凝滞不若中国之甚者，彼其统一之也以自力，此其统一之也以他力。所谓自力者何？学者各出其所见，互相辩诘，互相折衷，竞争淘汰，优胜劣败，其最合于真理，最适于民用者，则相率而从之，衷于至当，异论自息。泰西近日学界所谓定义公例者，皆自此来也。所谓他力者何？有居上位握权力者，从其所好，而提倡之，而左右之，有所奖励于此，则有所窒抑于彼，其出入者谓之邪说异端，谓之非圣无法，风行草偃，民遂移风，泰西中古时代之景教，及吾中国数千年之孔学，皆自此来也。由前之道，则学必日进，由后之道，则学必日退，征诸前事，有明验矣。故儒学统一者，非中国学界之幸，而实中国学界之大不幸也。

以此为主旨，梁启超将中国数千年学术思想史分为胚胎、全盛、儒学统一、老学、佛学、儒佛混合和衰落七个时代，并以其所处的当时为复兴时代，也就是第八时代。从后来梁启超将第七时代改题为近世学术看，他似乎已经不以这一时期的中国学术为衰落。只是认为"有清一代之学术，大抵述而无作，学而不思，故可谓之为思想最衰时代"。

梁启超讨论中国学术史，和他提倡新史学一样，有着明确的现实政治关怀，即反对专制，鼓吹自由，因此其评判学术的眼光，自然倾向于反对一统，主张派分。他以春秋末及战国为全盛时代，列举了七条原因，即蕴蓄宏富、社会变迁、思想言论自由、交通频繁、人材见重、文字趋简和讲学风盛,尤其重视思想言论自由,认为政权之聚散影响学术思想特甚,由于周末权力四散,学者各称其道,不能容于一国,则去之而他,所以能够横行天下。因此,他十分重视先秦派别千条万绪与学术极盛的关系。他以《汉书·艺文志》所本刘歆《七略·诸子略》《史记·太史公自序》《荀子·非十二子篇》《庄子·天下篇》为"专论学派"或"实为学派论之中心点",将各篇提及的"家""流""说"均视为学派,并据以编制"先秦学派大势表",将整个先秦学术分为南北两派,南派下又分正宗与支流,北派下则分为邹鲁(正宗)、齐(北东)、秦晋(北西)、宋郑(北南)四派,各派之下再分为若干派系。此外,又以孔、老、墨三大宗为系统,孔学下分为小康、大同、天人相与、心性、考证、记事六派,老学下分哲理、厌世、权谋、纵乐、神秘五派,墨学下分兼爱、游侠、名理三派。前者以地域分,后者以宗旨分。复按时间顺序列一时期变迁表,第一期南北两派,第二期孔、老、墨三宗,第三期儒、墨、名、法、阴阳、道六家,第四期为分裂混合。并以后一时期为"全盛中之全盛",将其时学界大势的内分、外布、出入、旁罗四种现象统统视为"进步之证验"。他批评后世曲儒以本派分裂为道术衰微,是"不知学派之为物,与国家不同,国家分争而遂亡,学术纷争而益盛。其同出一师而各明一义者,正如医学之解剖,乃能尽其体而无遗也"。各派后学从其所好任意去就,为思想自由达于极点,并不株守一先生之言;各派大师也往往兼他派之言以光大本宗。

梁启超不仅着眼于古代中国,还试图放眼古今中外,他将全球学术分为中国、希腊、印度三大派,"以地理论,则中国、印度同为东洋学派,而希腊为西洋学派;以人种论,则印度、希腊同为阿利扬族学派,而中国为黄族学派;以性质论,则中国、希腊同为世间学派,而印度为出世间学派"。进而比较先秦学派与希腊、印度学派的长短。即使在儒学统一、老学、佛学等时代,梁启超也好用派分的观念来看学术史,他认为汉儒流派繁多,可大别为说经之儒与著书之儒两种,并将各经传授本师列表,再分为口说、经世、灾异、训诂四家;老子之教遍天下之时,其中亦有派别,为玄理、丹鼎、符箓、占验四派;佛学则有十三宗,且各宗派多由中国自创。尤其是对清代早中晚三期学术的派分及其流变的概括,虽然一些派别的名称并非由其首创,但是整体的叙述格局却由此而基本成形,对后世学人影响甚大。关于中国、印度、希腊三大学派的分类与描述,以及列表比较南北学派的差异,宣称北派崇实际,贵人事,明政法,重阶级,喜保守,主勉强,畏天,言排外,贵自强,而南派崇虚想,主无为,贵出世,明哲理,重平等,重创造,喜破坏,明自然,任天,言无我,贵谦弱等等两极化的比较对应,在五四新文化时期的东西文化论战中也可以找到影子。①

梁启超流亡日本后,所提倡的许多新思想新概念都受明治日本的影响,好讲学派则不然,相当程度上是他本人少年时的兴趣,后来又得到乃师康有为教育强化的结果。梁启超早年为学海堂专课生,汉宋之争与汉宋调和,均与这里的人脉关系密切。流风余韵,令其耳濡目染。梁启超曾撰写过一篇万余言的《汉学商兑跋》,可惜文已不存②。改投康有为门下,后者尤其好讲古今学术源流,且多用派分眼光,其门人张伯桢据1896—1897年间于万木草堂听讲笔

---

① 梁启超:《饮冰室文集》之七,第1—104页。
② 丁文江、赵丰田:《梁启超年谱长编》,第20页。

记整理而成的《南海师承记》,可见康有为讲述汉魏六朝、宋元、明儒及清代学术,均标明学派,实际按学派寻求渊源脉络。①其具体派分及源流与梁启超间有出入,而以学派为条理的做法则相当近似。

梁启超一生,无论在政治还是学术上,都是流质嬗变,而好讲学派却始终一贯,从未动摇。他后来写《清代学术概论》《中国近三百年学术史》《近代学风之地理的分布》《老孔墨以后学派概观》《中国历史研究法(补编)》《儒家哲学》等著作,均强调派分之于学术史研究的重要,并进一步归纳为系统化的方法。他在《历史研究法(补编)》讲述文化专史及其做法,关于学术思想史分为道术史(即哲学史)、史学史、自然科学史和社会科学史四部,着重讲了第一部。他提出将几千年来的各种道术分为主系、润系、旁系三类,所谓主系,是中国民族自己发明组织出来,有价值有权威的学派,对于世界文化有贡献的;润系是继承曾做主系的学派做整理解释的工作,如汉唐和清代;旁系则是外国思想输入融合,然后演化成第二主系,如佛学。面对浩如烟海的典籍和纷纭错乱的表象,只要集中于主系,又抓住派分,便可以提纲挈领。例如"做道术史做到先秦,最要紧的是分派"。派分的主张各人不同,在梁启超看来,只分儒道墨三家就够了,最多加上阴阳家和法家。而叙述润系,"第一要紧的事,就要把各家的脉络提清,看他如何各自承受以前的学风,如何各自解释本派的学说,如何本派又分裂为几派,如何此派又和彼派混合"。研究外来旁系的佛教,也要用研究先秦各家的方法去研究各宗派。至于第二主系,虽然因许多家

---

① 姜义华、吴根樑编校:《康有为全集》第2集,第530—552页。

数所讨论的不过小问题，不可多分派别，还是要分成程朱、陆王二派，其余各小派则可择要叙述。①

《儒家哲学》一书，更以专章讨论儒家哲学研究法，梁启超主要分三种，除问题的和时代的研究法外，就是宗派的研究法。每种方法各有长短，宗派法的长处"在于把各派的起原变迁流别，上下千古，一线相承，说得极其清楚；这派与那派，有何不同之处，两派交互间又有什么影响，也说得很明白。我们研究一种学说，要整个的完全的了解，当然走这条路最好"。而其短处"在于不能得时代的背景和问题的真相。……一个时代的这一派，我们虽然知道，但这派以外的学说，我们就很茫然。一个问题的这种主张，我们虽然清楚，但这种主张以外的议论，我们也许就模糊了"。从讲演的便捷出发，梁启超以时代法为主，以问题和宗派法为辅，但在每一时代，还是努力说明问题和宗派。事实上，梁启超在用两章讲述二千五百年儒学变迁概略时，通篇还是以派分为条贯。②即使清学部分，在江藩、章太炎等人论述的基础上，梁启超也更加明确地分割汉宋，并使用吴派、皖派的概念。后来支伟成编撰《清代朴学大师列传》，进一步条理和谱系化，关于清代学派的划分遂告定型。

三　家派与分科

民国以后，梁启超仍然坚持以派分看学术，但是早年借学派反

---

① 梁启超：《中国历史研究法（补编）》，《饮冰室专集》之九十九，第143—150页。
② 梁启超：《饮冰室专集》之一百三，第11—70页。

专制倡自由的目标，已然失去效用。而五四新文化运动中，中国传统思想文化整体成为批判的对象，不仅道统，所有的学派均不能幸免，按照外来的科学观念分科治学成为学人新的取向。

1918年4月，傅斯年在《新青年》第4卷第4号发表了《中国学术思想界之基本误谬》一文，针对英国杂志有文章指东方学术病在根本，不可能产生近世文明的说法，剖析中国学术思想的根本误谬，以求进而扫除，以便探寻"西洋学术思想界之真域"。所谓根本误谬，总共开列了七条，其中第一条就是："中国学术，以学为单位者至少，以人为单位者转多，前者谓之科学，后者谓之家学；家学者，所以学人，非所以学学也。历来号称学派者，无虑数百，其名其实，皆以人为基本，绝少以学科之分别，而分宗派者。纵有以学科不同而立宗派，犹是以人为本，以学隶之。未尝以学为本，以人隶之。弟子之于师，私淑者之于前修，必尽其师或前修之所学，求其具体。师所不学，弟子亦不学；师学数科，弟子亦学数科；师学文学，则但就师所习之文学而学之，师外之文学不学也；师学玄学，则但就师所习之玄学而学之，师外之玄学不学也。无论何种学派，数传之后，必至黯然寡色，枯槁以死；诚以人为单位之学术，人存学举，人亡学息，万不能孳衍发展，求其进步。学术所以能致其深微者，端在分疆之清；分疆严明，然后造诣有独至。西洋近代学术，全以科学为单位，苟中国人本其'学人'之成心以习之，必若枘凿之不相容也。"

傅斯年对中国历代学派的批评，与清季革新人士提倡学派以打破道统的取向大相径庭。清季民初学派观念的变化，似乎印证了钱穆对革新派史学的分析：即清季为政治革命，将现实一切问题，归罪于二千年来的专制制度，因而将一切史实，以"专制黑暗"一语抹杀。继起者为"文化革命",目光由政治转向学术思想,将中国社会发展停滞的原因,归于思想文化落后,要扫除二千年思想之痼疾。①

傅斯年的看法,至少代表了北京大学那批对于中国文史之学有着共同爱好而又迫切希望革新的同学的观念,顾颉刚也有着相似的意见。1916年,顾颉刚为计划编辑的《学览》一书作序,"其义在博学明辨,故不以家派限",而要"是非兼收,争论并列"。他进而批评道:

> 古来诸学,大都崇经而黜子,崇儒学而黜八家,以至今古文有争,汉、宋学有争,此亦一是非,彼异一是非。欲为调人,终于朋党。盖不明统系之争,则争之者无有底,解之者无可藉。使之明之,则经者古史耳,儒者九流之一家耳,今古文者立学官异耳,汉、宋学者立观点异耳,各有其心思,各有其面目,不必己学而外无他学也,不必尊则如天帝而黜则如罪囚也。……旧时士夫之学,动称经史词章。此其所谓统系乃经籍之统系,非科学之统系也。惟其不明于科学之统系。故鄙视比较会合之事,以为浅人之见,各守其家学之壁垒而不肯察事物之会通。夫学术者与天下共之,不可以一国一家自私。凡以国与家标识其学者,止可谓之学史,不可谓之学。执学史而以为学,则其心志囚拘于古书,古书不变,学亦不进矣。为家学者未尝不曰家学所以求一贯,为学而不一贯,是滋其纷乱也。然一贯者当于事实求之,不当于一家之言求之。今以家学相高,

---

① 钱穆:《国史大纲·序》,第5—6页。

有化而无观，徒令后生择学莫知所从，以为师之所言即理之所在，至于宁违理而不敢背师。是故，学术之不明，经籍之不理，皆家学为之也。今既有科学之成法矣，则此后之学术应直接取材于事物，岂犹有家学为之障乎！敢告为家学者，学所以辨于然否也；既知其非理而仍坚守其家说，则狂妄之流耳；若家说为当理，则虽舍其家派而仍必为不可夺之公言，又何必自缚而不肯观其通也。①

后来顾颉刚还反驳时人为学不能不由家派入门，将来深入之后再弃去的主张，认为从前各种学问都不发达，研究学问又苦于没有好方法，不得不投入家派以求得到一点引路的微光。现在则应当凭借各种分科的学问直接接触事实。

傅斯年和顾颉刚都以分科治学为科学，并且基于那一代人对科学的崇拜相信分科治学为天下的公理。后者宣称："是书（即《学览》）之辑，意在止无谓之争，舍主奴之见，屏家学之习，使前人之所谓学皆成为学史，自今以后不复以学史之问题为及身之问题，而一归于科学。"②其实，分科治学在欧洲的历史也并不长，其起因究竟如何，迄今为止有限的说法也不统一，而且深受不同民族、不同文化系统甚至不同学派的影响，在许多部分纠缠不清，不了解背后的渊源流别，看起来清晰的分界与边际具体把握起来却往往似是而非，出入矛盾。而中国固有的统系，也绝非只是经籍的统系，其中蕴含着已有的知识分类。一旦按照名为天下公理实则西洋传统

---

① 顾颉刚：《古史辨》第一册《自序》，第30—32页。
② 顾颉刚：《古史辨》第一册《自序》，第32页。

的系统对中国的知识重新分科，不仅不能恰当把握西学的分科，更重要的是以后来外在的分科眼光来看待中国的固有学问，难免格义附会，曲解抹杀，愈有条理，去古人真相愈远。而诸如此类的问题，要等这些新进少年有机会远渡重洋并且因缘巧合，才能有所察觉和认识。清季好以分科眼光比附以成新的系统者，如刘师培等人，后来均不免悔其少作。

此外，分科治学将原有的联系割裂，破坏了历史的整体性，在日后专业化不断加强的趋势下导致学人的局限性日益明显，其责任虽然不应由倡导分科治学的前贤承担，毕竟反映了当时崇拜分科，以为可以根绝误谬弊端的盲目性。分科治学的不断细化以及加冠某某"学"或某某"史"之名目的日益增多，表面是强调方法、取向或领域层面的不同，实际上试图高扬派分的旗帜，分门别类成为划派的界线，而以客观科学的名义出现，所谓派分以人、分科以学，不过是近代新潮学人的一厢情愿而已。

在"学史"的层面，顾颉刚并不抹杀学派，他表示对于古往今来固然有许多可以佩服的人，但都没有偶像，而用活泼的理性作公平的裁断，因此在学问上不肯加入或是偏向任何家派，要尽量用客观的态度和平等的眼光去观察种种不同的派别。"至于我们要了解各家派在历史上的地位，不免要对于家派有所寻绎，但这是研究，不是服从。"① 顾颉刚在北京大学读书期间，鉴于"古来学事偏于注疏考据，而目录平议之学所以振纲挈领者乃至寡极短，坐使学术散乱，大旨难明"，有意编辑《周秦篇籍考》《清代著述考》和《书目答问解题》，并提出："目录条最之事当备四要：一寻其学

---

① 顾颉刚：《古史辨》第一册《自序》，第82页。

派,二述其作意,三评其优劣,四考其版本。"①他首先从清代做起,以《书目答问》的《国朝著述诸家姓名略》为底,进行增补,"依学术的派别分作者,在作者的名下列著述,按著述的版本见存佚"②。顾毕业后到北大图书馆就职,欲改编中文书目,提出的办法当中就有编辑"学派书目"一条。③直到1930年代《古史辨》第4册出版,顾颉刚所作序言表示自己想编四个考,其中之一还是"道统考",以"辨帝王的心传及圣贤的学派"④。

为了避免产生自己欲立门户的误解,顾颉刚反复强调研究学派的目的正是要打破定于一尊和门户之见。经他修改的《禹贡》发刊词称:"以前研究学问,总要承认几个权威者做他的信仰的对象,……在这种观念之下,自然会得分门别户,成就了许多宗派。我们现在要彻底破除这种英雄思想,既不承认别人有绝对之是,也不承认自己有绝对之是。……我们绝对不需要'是丹是素'的成见,更无所谓'独树一帜'的虚声。"⑤《古史辨》第5册自序针对有人指其为"新今文家"的说法反驳道:

> 抱这种态度的是只会因袭传统的见解而不肯自动天君的人,或是但会耳食而不能用目视的人,现在我们应该起来打破他们的成见。无论如何,今古文问题总是一件悬案,悬案是必须解决的。这个问题所以闹了好久而不得解决,固然有一部

---

① 1915年5月与叶圣陶函,顾潮编著:《顾颉刚年谱》,第38—39页。
② 顾颉刚:《古史辨》第一册《自序》,第29页。
③ 1920年9月15日与履安信,顾潮编著:《顾颉刚年谱》,第55页。
④ 《顾颉刚古史论文集》第1册,第223页。
⑤ 《禹贡》第1期,1934年3月。

分是因从前参加讨论的人以为家派门户应当存在,他们感到离开了家派就没法解经,所以自己只得偏袒一方面做立足点,而另一部分则因这问题麻烦,恐怕把是非落到自己头上,相率袖起手来,仿佛没有这件官司似的,以致只有让家派色彩浓重的人去干。现在我们所处的时代和他们截然不同了,我们已不把经书当作万世的常道,我们解起经来已知道用考古学和社会学上的材料作比较,我们已无须依靠旧日的家派作读书治学的指导。家派既已范围不住我们,那么今文古文的门户之见和我们再有什么关系!我们所以在现在提出今古文问题,原不是要把这些已枯的骸骨敷上血肉,使它们重新活跃在今日的社会,只因它是一件不能不决的悬案,如果不决则古代政治史、历法史、思想史、学术史、文字史全不能做好,所以要做这种基础的工作而已。①

仅仅从破除门户的角度看,钱穆与傅斯年、顾颉刚也是同道,而且实际做法更加彻底,他以《刘向歆父子年谱》打破经学今古文的界限,又以《中国近三百年学术史》打破汉宋的门户。钱穆并非无视历史上的学派,只是认为不可截然分割,全用派分眼光看学术。他批评近代学者每分汉宋疆域,而主张"不知宋学,则亦不能知汉学,更无以平汉宋之是非"②。不过,钱穆在力图回归学术本原与历史本相之时,确有矫枉过正之嫌,为了破除门户而有意淡化甚至抹杀派分的存在及其影响,未能梳理派分意识成形并不断得到

---

① 《顾颉刚古史论文集》第1册,第245页。
② 钱穆:《中国近三百年学术史·自序》,第1页。

强化,从而影响后来学人的观念行为的历史过程。

钱穆对于同时代的各种学派亦有全面的批评,其《国史大纲·引论》对清季以来史学领域的传统、革新、科学各派大张挞伐,而《〈新亚学报〉发刊词》更将近代学术史上的主流各派统统痛加批评。钱穆的本意,并非全盘抹杀各派的贡献,而是指摘揭示各派的偏蔽,主张综合、全面与沟通,回到学术及其研究对象的本来意义上。可是,与其论清代学术基本不以汉宋分界眼光有别,主张考据义理并重,中学西学兼容的钱穆在论述清季民国学术时不能不正视:"此数十年来,中国学术界,不断有一争议,若追溯渊源,亦可谓仍是汉宋之争之变相。一方面高抬考据,轻视义理。其最先口号,厥为以科学方法整理国故,继之有窄而深的研究之提倡。此派重视专门,并主张为学术而学术。反之者,提倡通学,遂有通才与专家之争。又主明体达用,谓学术将以济世。因此菲薄考据,谓学术最高标帜,乃当属于义理之探究。此两派,虽不见有坚明之壁垒与分野,而显然有此争议,则事实不可掩。"①

尽管如此,反对学派的傅斯年和顾颉刚,都不免被指为某一派系的旗手或主将,只有钱穆的不立门户,似乎得到学术界的认可,虽然主流派的一些人常常对其白眼相向,却很少有人将他归于特定的派系。近代学术史上,成名的学人能够保持特立独行而不被误解或强分派系的,的确并不多见。

五四新文化时期的思想学术界日新月异,但仍不免受到清学流风余韵的影响甚至制约,经今古文和汉宋问题,一直是学人议论的中心。而学界的派分,除了清季的延续(如桐城派)之外,与时

---

① 钱穆:《〈新亚学报〉发刊词》,《新亚学报》第1卷第1期,1955年。

政的关系越来越密切，如北大的新文化派，梁启超的研究系，以及稍后的"现代评论派"等等。至于学术本身，最多只能以新旧笼统分别。这并不等于说以派分看学术真的已经被反对派分的主张所压倒，很大程度上不过因为新学术的内在分别在一定时期还比较模糊。到了1930年代以后，对于民国学术的派分意见逐渐增多，梁启超的方法得到进一步发挥。周予同即好以派分谈学术的学人之一，他关于经学史和史学史的一系列文章，在清季以前的部分进一步强化了前人的派分壁垒，在民国部分则开启了后来的学派划分格局，影响相当深远。

在中国原有的学术观念中，经学与史学没有明显的界限，所以周予同将经学分成汉学、宋学、新史学三派。[①]近代史学成为各学科之总汇以及各种科学方法的汇集[②]，其地位与古代经学颇为近似。周予同关于古代经学学派的论述，与前人间有异同，大抵是在原有框架内进一步明确和清晰化，而他关于新史学的派系划分，却基本奠定了后来的框架。

最能体现周予同关于新史学派系划分的著作，当属1941年撰

---

① 周予同：《中国经学史讲义》，朱维铮编：《周予同经学史论著选集》（增订本），第861页。周予同的分法，因为角度不同，前后有所调整，开始他主张分成经古文学派、经今文学派、骈文学派和新古史学派（《殭尸得出祟——异哉所谓学校读经问题》，1926年），后来去掉骈文学派，归为西汉今文学、东汉古文学和宋学三大派（《经学史与经学之派别》，1928年）；1932—1933年间撰写《群经概论》，再加入"新史学派"，共分四派；其间在汉学部分又分出"通学派"，宋学部分则分成"归纳派""演绎派"和"批评派"（《"汉学"与"宋学"》，1933年）。但有时也依据一般说法，只分为汉宋两派，然后汉学分今古文，宋学分程朱、陆王或更多（《怎样研究经学》1936年、《关于中国经学史中的学派问题》1961年）。各文均见朱维铮编《周予同经学史论著选集》（增订本）。

② 参见桑兵《教学需求与学风转变——近代大学史学教育的社会科学化》，《中国社会科学》2001年第4期。

写的《五十年来中国之新史学》，其中的一些基本观点和认识架构，至少在1936年的《治经与治史》一文中已经呈现。他说："放眼中国现代的史学界，大致可分为二大派：一可称为'史料派'，注意于史料的搜集与整理；一可称为'史观派'，根据旧的或新的史料，对于中国史的全部或某一部门加以考证、编纂与解释。"在他看来，"史料派学者工作的本身是烦琐的、畸零的，而他的成绩是可感谢的，因为新的历史的著作需要新的史料作它的柱石呢！不过史料究竟只是史料而不是史，中国现代社会所企求于史学界的是新的史学的建立与新的史籍的产生，而决不仅仅满足于史料的零碎的获得"。他进而将史观派分为新旧两派，旧派又叫做"儒教史观派"，新派又叫作"超儒教史观派"，下分左中右三翼，依次为"史的一元论派""遗物考证派"和"记载考证派"，并且特别指出左翼史学不以搜集、考证、编排史料为尽了史学的职责，进而要尝试解释史实。

《五十年来中国之新史学》基本延续了上述分析，只是将儒教和超儒教史观派分别再加以经典派和超经典派的名头，而将超经典派的左中右冠以释古、考古、疑古的派名。周予同说："所谓转变期的新史学，可分为两类：一是偏重'史观'及'史法'方面的，一是专究'史料'方面的。史法每原于史观，或与史观有密切的关系；为行文简便起见，前者可称为'史观派'，后者可称为'史料派'。换言之，中国现代的新史学家可归纳为两类，即'史观派'与'史料派'。"这种本来为图行文简便的派分，却深深影响了后来学人的思维与眼界。尽管人们提出过种种批评或修正，也有不少学人根本反对用这样的观念来看待近代史学和史家，但还是有相当多的学人接受或基本认可这样的划分。①尤其在史学史论著中,坚持用史料派与史观派的消长沉浮构成整个20世纪中国史学变动的观点作为基本叙事线索②,或明或暗地普遍存在。有的论著虽然有所调整补充,大体仍不出其范围。

四　后设与解析

周予同的二分法对后来学人的影响甚大,许冠三即鉴于其文因篇幅所限,"未能尽量叙述",而续写《新史学九十年》,宣称主旨在于:"以历史门径叙各派新学术的发生、流变与兴衰;以比较手段显各家意旨的异同、深浅;以世界设准评各类义例的得失、长短;以客观态度考察新史学的大同,并测其未来走势。核心关注则在:透过各学派所持理论、所用方法与所采原料的比勘对照,以明辨其所立轨范的大小精粗,俾便后之来者领会学术进化之曲折艰难,并得从而通其同,会其异;取其精,用其宏,但择其最普遍意义者加以继承、发扬。"③该书全按学派组织学人,展示学史,考证学派系以王国维、陈垣,方法学派系以胡适、顾颉刚,史料学派系以傅斯年、陈寅恪,史观学派系以李大钊、朱谦之、常乃惪、雷海宗、郭沫若、翦伯赞、范文澜,所分理据虽间引自说,主要还是他人或后人意见,与前贤自许相去甚远,与事实亦不尽吻合。尤其

① 余英时:《中国史学的现阶段:反省与展望》,杜维运、陈景忠编:《中国史学史论文选集》(三),第517—524页。
② 王学典:《近五十年的中国历史学》,《历史研究》2004年第1期。
③ 许冠三:《新史学九十年》,第1—2页。

在史建派下凸现殷海光和作者本人,自期固然不低,要得到学界的认可却并非易事。前贤所谓专讲史法者史学往往不甚高明,可惜近代以来学人常常重蹈覆辙。

仔细揣摩,周予同的重心显然在史观派方面,关于史料派的论述多少有些闪烁其词。他在《治经与治史》中举例说明史料派,"如因仰韶遗物的发掘而探求中国新石器时代的文化,因小屯遗物的发掘而探求中国青铜器时代的文化,因西陲简牍和敦煌石室遗物的发见而探求中国汉唐时代的文化,因西汉文字、辽碑、南明史料以及内阁档案的发见而探求中国近世宋、元、明、清诸朝的史实",应该都是遗物考证派乃至其他史观派研究历史的依据,很难说是史料派的独占,更不能把物的史料指为人的史料派。《五十年来中国之新史学》同样以物代人:"至于'史料派',自清末以来,因国内外学者陆续发现、搜集、整理、研究,现在上自数十万年前的周口店文化,下至近百年来的外交史料,其材料的丰富,以及对于史学影响的重要,颇有'附庸蔚为大国'之观,致蔡元培有'史学本是史料学'的论调。"众所周知,史学即史料学的名言出自傅斯年之口,周予同偏偏抬出蔡元培,可能的解释,一是有意避开傅斯年,二是暗中将傅斯年作为史料派的代表。

与其他学人的划分相比,周予同的分法也有些怪异,他所说的考古派与史料派,钱穆即统称为考订派。周予同也承认考古派与史料派关系密切,"但比史料派前进了或深入了一步。史料派只注意史料的发现、搜集与整理,至于整理后的史料应如何与中国已有的史学配合或如何修正中国史学,他们可存而不论。至于考古派,他不仅注意新的史料与旧的史学的关联,而且因而建立他们的历史方法论,因而建立他们的史观"。他把李济作为由新史料产生新史观的学人,并且和王国维一起,分别作为考古派前后期的代表。照他看来,史语所的殷墟发掘田野考古报告,归于史料派,而李济根据这些报告的材料进行解释,才是史观派中的考古派。尽管傅斯年有意耸动人心的口号引起许多误解,也的确偏颇,但称之为考订派、考证派或实证派的学人,并不完全抹杀傅斯年正是主张科学方法,而且所谓史学就是史料学,正是由欧洲近代史学的方法改进而来,本意还在"史料学便是比较方法之应用"①。他不是根本反对解释,只是不满于脱离材料的任意解释,而用比较方法处理材料,本身就包含揭示真相与联系两方面。一般评判傅斯年,多据其故意偏激的《历史语言研究所工作之旨趣》,很少细读其详细阐释的《史学方法导论》,更不及其生前未曾发表的《中西史学观点之变迁》,误解甚至曲解之处不少。

这一事例表明,用条理太过分明的派分法看待学术史,只不过是后人的心术而非历史的实情,过度的简约化在提供清晰得近乎虚假的脉络和泾渭分明的界线的同时,牺牲了大量错综复杂的事实,对于知之不多的浅学者或不明真相的后来人,这样的简约明快或许因为容易把握而变得易于流行,但对于研究者而言,如果循此途径认识历史,结果不免南辕北辙,误入歧途。

虽然近代学人好以派分论学术,可是关于如何分派以及如何研究学派,却很少严格的阐述,更多的是沿用成说。梁启超明确提出过宗派研究法,而他关于方法的说明只有"在时代之中稍为划分清楚一点"②一句模糊的话,其余便是经验性的描述。周予同一直

---

① 傅斯年:《史学方法导论》,岳玉玺、李泉、马亮宽编选:《傅斯年选集》,第192—193页。
② 梁启超:《儒家哲学》,《饮冰室专集》之一百三,第13页。

以派分看经学和史学，但直到20世纪60年代，才对学派作出明确界定："中国经学史中的学派问题，实质上是思想体系的阶级性和继承性的问题。"所谓阶级性，即"经学史中的学派，基本上是中国封建地主阶级在不同历史时期中通过某些经学问题反映出来的具有一定共同点的思想体系，基本上是历代封建地主阶级中不同阶层和集团的不同意识形态在'经学'范围内的反映和斗争"。所谓继承性，即学派是指具有特点大体相同的一些经学家而言，其"对经书阐释重点的基本一致性及其前后的师承关系"[①]。这种带有明显时代烙印的解说，虽有其合理性，偏宕处也显而易见。

美国的艾尔曼教授专文讨论过《清代的学派》，后来又专书研究常州学派，他意识到界定清代学派的困难，"传统意义上的'派''家''家学'的内涵及界线要比传统学者及现代中国学者力图界定的范围模糊得多。有些时候，一个学派可能是拥有共同的文献学传统、地域上的接近、个别党社思想主张的一致、风格的相似，或这些因素的综合。在许多场合，一个'学派'仅仅是指为某种组织所作的辩护，这种序列化为某一地区特有的学术活动的中心内容准备谱系或使之系统化"。当然，学术宗旨不同和师承关系也是界定的重要依据。艾尔曼还引述了席文（N.Sivin）教授的定义：学派"为某一大师特有的学说或技术的传授过程，这些技术或学说通过私人传授由其信徒代代相传"。因此，"学术的谱系不是固定的历史实体，然而，党派在字面意义上反映出某些个体或群体要

[①] 周予同：《关于中国经学史中的学派问题》，朱维铮编：《周予同经学史论著选集》（增订本），第665—667页。

与他们的先辈建立联系的要求"①。应当说，这些至少是所谓"学派"形成的条件和后人指认的依据。学派多为后认而非凭空杜撰，道理在此。

梁启超不对学派作明确定义，当是因为他知道派分与事实的差距始终存在。谈到先秦的九流十家，他说："严格论之，诸家学说，交光互影，必以某氏限隶某家，欲其名实相适应，盖戛戛乎难。虽然，学派既分，不为各赋一名以命之，则无所指目以为论评之畛畔。"②"夫对于复杂现象而求其类别，实学术界自然之要求，马、刘之以流派论诸子，不可谓非研究进步之征也。虽然，分类之业，本已至难，而以施诸学派则尤甚。盖前此一大师之兴，全思想界皆受其影响，不必其直传弟子而始然也。后此一大师之兴，虽渊源有所自承，而其学说内容，决不尽同于其师，苟尽同焉，则不能自成一家矣。故谓后此学派与三圣有渊源则可，谓其为三圣所包含则不可；谓某派与某圣因缘较深则可，谓某派为某圣之支与流裔而截然与他圣无关则不可。"③即使关于清代学派，梁启超虽然赋名甚多，但也知道："所举派别，不过从个人学风上，以地域略事区分。其实各派共同之点甚多，许多著名学者，也不能说他们专属哪一派。"④

由于具有上述自觉，所以梁启超还算注意分派的相对与流动，他借黄宗羲《明儒学案》讲"著学术史有四个必要的条件：第一，叙一个时代的学术，须把那时代重要各学派全数网罗，不可以爱憎

---

① 艾尔曼著，赵刚译：《经学、政治与宗族——中华帝国晚期常州今文学派研究》，第2—3页。
② 梁启超：《汉书艺文志诸子略考释》，《清代学术概论》，第183页。
③ 梁启超：《老孔墨以后学派概观》，《饮冰室专集》之四十，第1—2页。
④ 梁启超：《中国近三百年学术史》，第27—28页。

为去取。第二,叙某家学说,须将其特点提挈出来,令读者有很明晰的观念。第三,要忠实传写各家真相,勿以主观上下其手。第四,要把个人的时代和他一生经历大概叙述,看出那人的全人格。"他还一再指出:"好持主观之人,实不宜于作学史。"①

梁启超的《清代学术概论》借用佛说四期讲学术思潮的流转,很可以看作其心目中的中国学派兴衰律。启蒙期着力于破坏,建设精神虽已孕育,但条理未确立,研究方法正在间错试验中,弃取未定,著作驳而不纯。全盛期思想内容日以充实,研究方法日以精密,门户堂奥次第建树,"一世才智之士,以此为好尚,相与淬厉精进;阘冗者犹希声附和,以不获厕于其林为耻。"蜕分期因境界国土已为前人开辟殆尽,学者多取局部问题作窄而深的研究,或取其研究方法应用于别方面,"于是派中小派出焉",往往附庸蔚为大国,新衍之别派与旧传之正统派形成对峙,甚至越而上之,遂转入衰落期。"凡一学派当全盛之后,社会中希附末光者日众,陈陈相因,固已可厌。其时此派中精要之义,则先辈已浚发无余,承其流者,不过捃摭末节以弄诡辩。且支派分裂,排轧随之,益自暴露其缺点。环境既已变易,社会需要,别转一方向,而犹欲以全盛期之权威临之,则稍有志者必不乐受,而豪杰之士,欲创新必先推旧,遂以彼为破坏之目标。于是入于第二思潮之启蒙期"②。这样的描述,对于学术未必恰当,对于派分现象则颇为贴切,至少梁启超以后学派纷呈的现象大体不出此范围。

关于学派的形成,梁启超后来在《儒家哲学》中还有进一步

---

① 梁启超:《中国近三百年学术史》,第58、361页。
② 梁启超:《清代学术概论》,第2—3页。

讨论。他认为凡一种大学派成立后，必有几种现象：一注解、二分裂、三修正。注解将丰富的内容变为固定，而解释不同导致派分，面对他派的反抗，则又发掘固有学说以补充或修正。"地不论中外，时不论古今，所有各种学派，都由这几种现象发动出来。"①

与梁启超相比，后来的学人似乎更加自信。研究者将古代文学流派分为自觉型和非自觉型两类，前者指在某一历史时期有某一杰出作家，不但以自己的创作实践影响着同时代的追随者，而且发表创作纲领和文学口号，加以引导；领袖人物与追随者之间往往同声相应，同气相求，书札往来，唱和切磋，衣钵相承，不但产生了一批风格近似的作品，而且结成了文学见解相接近的创作群体。后者则是由于历史的、时代的以及创作主体的诸多原因，有一批作家同前辈（或同辈）某一天才作家之间，在精神上产生共鸣，心灵上达到契合，从创作题材选择到审美趣味、表现技法等方面有所效仿和师承，从而形成在审美取向和艺术风格上同中有异、异中见同的作品系列，这样的系列往往有相当长的时间跨度，但从中仍可以发现作为流派的脉络和特征。他们注意到学人关于流派界说的争议，也知道即使自觉型流派亦非当事人的自我标榜，其命名及人们对它的认识往往晚于流派本身的形成，仍然认为这些流派实际存在，不能先看它们在形成的当时是否挂起"招牌"，而是要更加注重它们的"货色"，即是否够得上一个流派。②

问题是，判定这些实际存在的流派的标准，包括宗师、学说、方法、师承与传人的谱系化、流变以及地缘关系等等，大抵都是他

---

① 梁启超：《饮冰室专集》之一百三，第22—23页。
② 钟林斌、李文禄：《"中国古代文学流派研究丛书"编者导言》，《桐城派研究》，第1—3页。

人或后人的指认，而且见仁见智、五花八门。其宗师往往并无绝对分界，弟子信徒取其偏，夸大分歧，误解前贤，误导后学。包含此类指认的著述可以当作后人的心路看，但不一定能当作所谈论的历史看，亦即可以反映作者自己的理念，而不能说明取为对象的实事。宋人的道统论不完全反映唐人的意识，却可以表明宋人的心思。同样，清人的宗传更多的不是反映宋代学术的现实，而是清人的关怀。晚清乃至民国学人的学史派分主要也是表明他们的倾向。在寻找流派实体的过程中，或者说在将以前的流派谱系化的过程中，难免加入后人的意识甚至附会。如果将后来的认识当作流派的实情，必然倒述历史。若悬此为的，很容易先入为主，看朱成碧，则古今中外，无所不能成为证据。如果以这样的观念治学术史，所谓寻找实体，就成了谱系化或再谱系化的代名词，实在是创造历史而非研究历史。也就是说，探究历史实情变成凭借历史的纷乱影像加上主观取舍，在观念中形成研究对象，而主观取舍的标准，大都是反复经过上述过程而定型的观念。

截然分派以及全用派分看学术，流弊匪浅，其一，将彼此联系的人事人为割裂并使之对立，如史料史观，本来是史家所应兼备，虽有侧重，并无偏废。派分不仅误解各自的真实主张，甚者还将同一人肢解，戴震被"腰斩"即其显例。其二，无视多数不能纳入派分的学人，关注的目光过分集中于横逸斜出的极端偏宕，而忽略卑之无甚高论的大道正途与中间部分。其三，忽略对学术本身的理解和把握，陷入门户之见和分科的狭隘而不自觉，甚至于如日暮时分盲人骑瞎马行险道而自以为条条大路通罗马。其四，以主观的认识乃至杜撰造成历史的幻象或假象，又宣称为历史真相，迷惑并误导后人。

上述流弊，只要用派分看学术史，即使有所自觉的学人也在所难免。如梁启超明知戴震的《孟子字义疏证》"盖轶出考证学范围以外，欲建设一'戴氏哲学'矣"，而且戴震本人极以此书自负，许为生平著述之大的第一，却因为戴门诸子看法不一，宗戴之人亦不加注意，长期不得反响，所以"论清学正统派之运动，遂不得不将此书除外"。他还断言："清代学派之运动，乃'研究法的运动'，非'主义的运动'也。"①戴震作为清学正统派的宗师，被人为劈成两半，影响至今，几乎已经扭曲为历史事实。许冠三也承认"各派的宗主虽各有所偏，或重方法，或贵材料，或尊理论，但彼此对立之情况，实与其历史形象相去甚远"。如经济史观派与史料学派都标榜"科学的史学"；实验主义的方法学派与唯物史观派都认定理论与方法不可分割，并互相影响，都肯定历史进化观；1928年胡适发表《方法与材料》一文后，方法与史料学派的差别开始逐渐模糊。②其实，深究起来，被许氏划分到各派的学人，有谁主观上要强分义理、考据、词章？又有谁治史只讲材料不讲方法？研究历史的方法首先在于解读材料，而解读史料的目的是要弄清史实，揭示表象背后的复杂联系。其取径程序的轻重缓急各有不同，见识亦有高下，这正是研治学术和学人的历史应当着力梳理澄清的要项。强分使之简化，无助于事实的解析，反而愈治愈棼。

因此，研究学派的历史，或是从学派来看学术发展史，更应当看学派如何在当时及后来人们的观念世界中形成的过程及其变化，并充分注意不同时期以及同一时期不同人士观念差异的复杂纠葛，

---

① 梁启超：《清代学术概论》，第35—39页。
② 许冠三：《新史学九十年》，第3页。

不以后来形成的条理系统吸收史料,判别史事。循着这样的变化上溯其主张与所依据的学说之间的异同,以为入手门径,然后顺时序以合本子注法排列比较所有相关史料,使得观念的进程也成为史实的组成部分,可以避免全用后人眼光看古人言行的格义附会与"横通"之论,收到由俱舍宗把握俱舍学之功效;而整体眼界之下再看各派错综复杂的关系,则可防止陷入门户之见而任意谱系化。

1923年9月,郭绍虞致函顾颉刚,"论孔门学风只有务外主内两派"。后者答复道:"分别两派只是我们居于后世的评论之词,而不必是当时的实在情状。……为学之道,不是求之于本心,便是求之于事物,势固不能出此两端,……不徒孔门学风而已。至于学派的分歧,或因于地域,或因于事实,固不必尽关于宗旨。"①从经验和事实看,学术史上林林总总的学派得名有如下依据:1. 地缘,学派因地缘关系而得名的相当多,范围较大的如南学、北学,其次如洛、蜀、关、闽、江西、浙东、岭南,再次如吴、皖、桐城、扬州、常州、阳湖、泰州。2. 时代,如汉宋、乾嘉。3. 典籍,如今古文经学,公羊学派。4. 宗师,如太谷、颜李、阳明学派。

晚清以来,传媒发展,导致学派的指认出现两种新现象,其一,即时他认。近代各种传媒如雨后春笋,成为学人表达意见、贡献成果的重要园地。由于传媒的时效性高,能够同时吸引社会的普遍关注,因此虽然自称的学派仍然罕见,但当时即被公开指认者却明显增多。其二,由于上一原因,主张的不同成为派分的重要渊

---

① 顾颉刚:《答郭绍虞先生〈论孔门学风只有务外主内两派〉书》,《古史辨》二,第255页。

源，而同人性质的书刊往往成为定名的凭借，如国粹派、学衡派、古史辨派、现代评论派、食货派、战国策派等等。随着大学科研的学院化程度提高，聚集同好，也容易形成派分，如北大新文化派、南高学派等。此外，近代中国的思想学术，受外来影响甚大，来源背景不同，观念取径各异，各种以"主义"相标榜的派分，层出不穷。受此刺激，重新检讨固有学术资源，意见也不一致，往往导致派分，大者如新旧，具体如疑古、释古、泥古、考古、史料、史观、革新、科学、方法、考订，等等。加上派分被视为科学发达的条件，一些学人也有意树立学派的旗帜以相号召。①

　　套用一句时髦话，以派分看学术犹如一柄双刃剑，虽有简便易行之效，但使用不当，则淆乱视听；可是又无法忽略，沟通汉宋的前提是能够分清汉宋。若处理得当，则可从各派关系的比较中获得理解各自学术的钥匙并把握其利弊得失。鉴于上述，研究学术流派的历史，并非简单地将各派分章集合，为了避免以往学术史研究以某人某派为对象，即偏好某人某派，甚至以其是非为是非的偏蔽，尤其应注意于以下方面：

　　其一，所谓学术流派，往往不是这些学人的自称，而是他人后来不断模式化的指认。因此，不仅不能以后来的观念削足适履地强分派系，也不宜直接沿袭前人的指认为范围，以被指认者的著述和活动来先入为主地条理编织学派历史。首先须按时间顺序考察该学

---

① 据说陶希圣当年就有建立宗派的想法，只是没有公开。直到20世纪80年代，还有学人认为学派是人才的精华，是代表一个民族理论思维的重要标志，对于促进科学技术发展，推动人类社会进步起着很大的作用，因而主张采取有效措施，振兴学派，建设学派文化，使之成为实现科技现代化的强大力量（邓伟志、林明崖著：《学派初探》）。这样的认识，使得一些学人再度认为没有学派是中国学术不能日新月异的重要原因，而热衷于鼓吹建立学派以推动学术繁荣。

派如何被以不同观念指认出来的历史过程,以及这些内涵外延各异的指认如何逐渐被后来人用于描述该派学人的学行和编织谱系。

其二,即使当时就被指认的学派,考虑到并非团体,没有任何组织形式或手续,应当考察其人员和主张的构成,尤其是围绕核心逐层外扩的松散梯次结构,进而把握该学派的内涵与外延。

其三,由于各学派的非自认与非团体性,应当在与其他各派学人的联系和区别等相互关系中考察把握其特性。对于派分及其边际灵活处置,不宜全用派分眼光看待学人的所有学行,强分界线,只重极端的对立,忽略普遍的联系,人为构筑观念的壁垒森严。尤其要注意派内差异和派外联系,派分的相对性导致派内的差有时甚至大于派外的同。

其四,以整体的眼光考察个别,在近代学术发展变化的来龙去脉中理解和把握每一学派的历史位置,不以一时一地一人的判断为基准,不要以固定的眼光模式为古人贴标签。对于学派这样的集合概念,在不同时期以及同一时期的不同学人心目中,渊源流别、内涵外延差距甚大。这些差异作为派分成形过程的要素,成为历史意义的学派史的重要探究对象,并不断沉积为学派观念的有机组成部分。通过逐层解析,可以还原历史进程的复杂面相。

其五,不要因为关注学派而忽略多数不在派分系统的学人。由于派分往往是占据主流主导地位者后来叙述的架构,所关注集中于两极,其平常与异常的判断,或与事实正相反对。不以派分标准思维观察行事,或不受派分界线的左右,应是当日一般学人的常态。

其六,派分的眼光虽然不一定能说明其指示时段的事实,却实在地影响着派分意识产生之际人们的观念及其行为,也就是说,清季或民初学人所论历代学术派分,与各时代学人的观念行为不一定吻合，但清季民初的部分学人用这样的眼光审视历代学人，则毫无疑义是历史事实。此即经书多伪可以澄清三代以上，无法说明两汉以下之意。因为尊经主要是两汉以后的事，对两汉以后的社会影响重大。近代学人的派分意识明显增强，所指事实与能指事实之间的时差缩短，界线模糊，有时甚至互相重叠，如汉宋学、今古文等。仔细分辨，可以借由其论学术派分的著述言论，探察其派分的观念以及对待现实学术派分的态度。

最后，由学派看学术史，深入门户的目的在于打破门户之见，因此要进得去，出得来，站在高处，把握学术发展的大势。通过研究近代学术流派，达到超越学派看学术变动以及超越学术看学人与思想界及全社会的关系，以便更好地理解古往今来的较高境界。

第三章 从眼光向下回到历史现场
——社会学人类学对近代中国史学的影响

晚清以来，中国的知识系统大体已经按照西学模式重新组装，而条理的形式各异，或是完全新增，如政治学、经济学、社会学、人类学等等，或是保留形式而改变内容，如史学，或是基本替换，如经学。其中史学是为数不多的中西均有的学科分类。尽管中国有着悠久的历史和发达的史学，在进化论观念的笼罩下，国家的强弱与学术文化的优劣似成正比，各种学科都被视为造成列强强势的基因，因此西方的整体优势还是令趋新的学人将目光转向外部，寻求借助先进的外力来改变落后的固有。在经历了翻天覆地的变化之后，如何能够摆脱文化与学科差异所导致的扭曲或偏向，真正借鉴外来别科的方法深入认识中国的历史文化，对于中国学人而言无疑是相当严峻的考验。从眼光向下到走向历史现场，社会学人类学影响中国史学的历程①,提供了一个相当有意思的案例,可以借此了解过往的利弊得失并进而探测发展的潜力和趋向。

一 创新史学

讲到近代中国史学的变化,大都会以梁启超的《新史学》为开端。虽然不能说西方的各种学术分科至此才开始影响中国的史学,但梁启超的确用进化论框架树立起一个与传统史学完全不同的"新史学"的概念模式。除了学界前贤已经讨论过的各种问题外,"新史学"明显是用学术分科的眼光来看待中西史学的差别以及史学与其他学科的关系。梁启超开篇就指出:"于今日泰西通行诸学科中,为中国所固有者惟史学。"在批评从前史家之蔽时,又强调其中之一,是"徒知有史学而不知史学与他学之关系也。夫地理学也,地质学也,人种学也,人类学也,言语学也,群学也,政治学也,宗教学也,法律学也,平准学也(即日本所谓经济学),皆与史学有直接之关系,其他如哲学范围所属之伦理学、心理学、论理学、文章学及天然科学范围所属之天文学、物质学、化学、生理学,其理论亦常与史学有间接之关系"。因为历史是要通过"叙述人群进化之现象而求得其公理公例者也",各种相关学科均为主观所当凭借,"取诸学之公理公例而参伍钩距之,虽未尽适用,而所

---

① 19世纪后半期至20世纪前半期,欧洲大陆和英美的社会学、人类学、民族学、民俗学等等学科,由于渊源流派的关系,彼此存在着复杂的联系与纠葛,或名同而实异,或名异而实同,或看似相同而争议分别甚大。详情参见《杨堃民族研究文集》和《社会学与民俗学》所收录的有关各文。而考古学的归属,同样因地而异。

得又必多矣"①。

《新史学》发表于1902年,而梁启超关注泰西的分科治学早在前一世纪末。戊戌政变流亡日本后,梁启超集中阅读了大批日文书籍,尤其是日本翻译的各种西书,"畴昔所未见之籍,纷触于目,畴昔所未穷之理,腾跃于脑,……日本自维新三十年来,广求智识于寰宇,其所译所著有用之书,不下数千种,而尤详于政治学、资生学(即理财学,日本谓之经济学)、智学(日本谓之哲学)、群学(日本谓之社会学)等"。所得"于最新最精之学,虽不无欠缺,然其大端固已粗具矣。中国人而得此,则其智慧固可以骤增,而人才固可以骤出"②,所以大声疾呼有志新学者学习日本文。

梁启超的上述表述,很可能是为了强调学习日文的好处,却容易造成其到日本之后才知道西学分科的错觉。实际上,他在国内时已经接触到西学的分类。1897年康有为编辑《日本书目志》,付梓前梁启超曾阅读一过,并撰文为之鼓吹。他认为:"泰西于各学以数百年考之,以数十国学士讲之,以功牌科第激厉之,其室户堂门,条秩精详,而冥冥入微矣。吾中国今乃始舍而自讲之,非数百年不能至其域也。"为了追赶泰西,梁启超主张以日本为媒介,因为"泰西诸学之书,其精者日人已略译之矣,吾因其成功而用之,是吾以泰西为牛,日本为农夫,而吾坐而食之,费不千万金,而要书毕集矣"③。与后来的《论学习日本文之益》相比,只有通过翻译与直接学习语言的差别,而借道日本,则如出一辙。

---

① 梁启超:《新史学》,《饮冰室合集·文集》之九,第1—11页。
② 梁启超:《论学日本文之益》,《饮冰室合集·文集》之四,第80—81页。
③ 梁启超:《读日本书目志书后》,《饮冰室合集·文集》之二,第52—54页。

梁启超虽然提出要"创新史学",关注的重心其实并不在学术本身,而是史学的社会政治功能。其时梁启超改信国家主义,认为"史学者,学问之最博大而最切要者也,国民之明镜也,爱国心之源泉也。今日欧洲民族主义所以发达,列国所以日进文明,史学之功居其半焉。然则但患其国无兹学耳,苟其有之,则国民安有不团结,群治安有不进化者"①。他重视泰西的各种学科,目的首先也在于改造社会。所以他批评此前治西学者偏重于兵学艺学,而忽略更具本原性的政学,并希望农夫学农学书,工人读制造美术书,商贾读商业学,士人读生理、心理、伦理、物理、哲学、社会、神教诸书,公卿读政治、宪法、行政学之书,君后读明治维新书,以强国保种。

不过,梁启超重视史学,仍有其学术上的考虑。在他看来,"历史者,普通学中之最要者也。无论欲治何学,苟不通历史,则触处窒碍,佽佽然不解其云何。故有志学问者,当发箧之始,必须择一佳本历史而熟读之,务通彻数千年来列国重要之事实,文明之进步,知其原因及其结果,然后讨论诸学,乃有所凭借。不然者,是犹无基址而欲起楼台,虽劳而无功矣"②。而历史虽然与各种社会人文乃至自然科学关系密切,还是有轻重之别和缓急之分。梁启超主张创新史学,原因是他对旧史学极为不满,批评旧史学有四大病源,即知有朝廷而不知有国家,知有个人而不知有群体,知有陈迹而不知有今务,知有事实而不知有理想,而最为关键的,还在历

---

① 梁启超:《新史学》,《饮冰室合集·文集》之九,第1页。关于《新史学》与晚清政治思想界的关系,参见王汎森《晚清的政治概念与"新史学"》,《中国近代思想与学术的系谱》,第165—196页。
② 梁启超:《东籍月旦》,《饮冰室合集·文集》之四,第90页。

史究竟以少数人为中心,还是以多数人为关照。"盖从来作史者,皆为朝廷上之君若臣而作,曾无有一书为国民而作者也。"历史固然是英雄的舞台,但"善为史者,以人物为历史之材料,不闻以历史为人物之画像;以人物为时代之代表,不闻以时代为人物之附属。"而中国历代史书,不过是合无数之墓志铭而成。"夫所贵乎史者,贵其能叙一群人相交涉相竞争相团结之道,能述一群人所以休养生息同体进化之状,使后之读者,爱其群善其群之心,油然生焉。"

梁启超重视群体,是从进化论的观念出发,"欲求进化之迹,必于人群,使人人析而独立,则进化终不可期,而历史终不可起。盖人类进化云者,一群之进也,非一人之进也,……然则历史所最当注意者,惟人群之事,苟其事不关系人群者,虽奇言异行,而必不足以入历史之范围也"。中国作史者,"不知史之界说限于群"①,人物传记于人群大势毫无关联。在1901年发表的《中国史叙论》中,梁启超详细论述了"史之界说"。他说:"史也者,记述人间过去之事实者也。虽然,自世界学术日进,故近世史家之本分,与前者史家有异。前者史家,不过记载事实,近世史家,必说明其事实之关系,与其原因结果。前者史家,不过记述人间一二有权力者兴亡隆替之事,虽名为史实,不过一人一家之谱牒。近世史家,必探察人间全体之运动进步,即国民全部之经历及其相互之关系。"以此为据,梁启超甚至断言"中国前者未尝有史",从而引发了一场中国有史无史的争论。按照梁启超的标准,中国不仅没有史学,甚至连史料也相当缺乏。"今者欲著中国史,非惟无成书之

---

① 梁启超:《新史学》,《饮冰室合集·文集》之九,第3—10页。

可沿袭，即搜求材料于古籍之中，亦复片鳞残甲，大不易易。"①

如何改变上述状况？梁启超已经有所注意，在《东籍月旦》评介市村瓚次郎等人的《支那史》时，他特意指出该书"稍注意于民间文明之进步，亦中国旧著中所无也"②。不过，梁启超更主要的还是寻求其他学科的援助。从新史学后来的发展看，其中值得注意的一是考古学，二是社会学。

《中国史叙论》第七节"有史以前之时代"论及黄帝以前的远古历史，因为没有文献记载，必须依靠其他学科的发展所提供的人类共例。梁启超了解到，1847年以来，欧洲考古学会专派人发掘地下遗物，于是史前古物学遂成为一学派，订定而公认史前分为三期，即石刀期、铜刀期和铁刀期。而石刀期又分为新旧二期。"此进化之一定阶级也，虽其各期之长短久暂，诸地不同，然其次第则一定也。……中国虽学术未盛，在下之层石，未经发见，然物质上之公例，无论何地，皆不可逃者也。故以此学说为比例，以考中国有史前之史，决不为过。"

除了借助于考古学，梁启超还从社会学所总结出来的人群公例，推断中国远古社会的发展状况。当时社会学的一般原理认为，"凡各人群，必须经过三种之一定时期，然后能成一庞大固结之团体。第一为各人独立，有事则举酋长之时期；第二为豪族执政，上则选置君主，下则指挥人民之时期；第三为中央集权，渐渐巩固，君主一人专裁庶政之时期"③。一群之中，自然划分三类，一为最多数之附属团体，将来变成人民之胚胎；二为少数之领袖团体，将

---

① 梁启超：《中国史叙论》，《饮冰室合集·文集》之六，第1—2页。
② 梁启超：《东籍月旦》，《饮冰室合集·文集》之四，第99页。
③ 梁启超：《中国史叙论》，《饮冰室合集·文集》之六，第9—10页。

来变成豪族之胚胎；三则最少数之执行事务委员，将来变成君主之胚胎。三类人逐渐分离，权力也由民主而封建，最后进到中央集权的君主制度。

梁启超着重介绍考古学和社会学，只是针对史前社会，而且主要是借助浮田和民翻译的《史学通论》《西洋上古史》等书①，也许他并没有预见到这些学科后来对于中国史学的发展变化所产生的巨大冲击。不过，这些学科在欧洲的发展也是日新月异，许多方面还在形成的过程之中，学科之间的分界受历史渊源的制约，相互纠葛，错综复杂，对于研究人类历史的影响力正在逐渐释放的过程之中。梁启超显然和当时新进的中国知识人共同感觉到这些学科的不同凡响。此外，梁启超还以进化论的观念，将这些学科依据其他人群的研究所揭示的若干规则视为人类社会的通则，断言"此历代万国之公例"必然适合于中国，而研究缺乏甚至完全没有文献记录的上古社会，与研究同样缺乏文献记录的下层群体历史有着某种共性，这种共性预示着可以将研究远古社会的方法移植到对社会民众历史的研究方面。

梁启超创新史学的呼吁激起了不同的反响。尽管对于其"中国无史"的过激之论颇有争议，但是关于重视历史的中国历来缺少群体性民史的看法，却引起普遍的共鸣。《新世界学报》《政艺通报》以至后来的《国粹学报》《东方杂志》，陆续刊发了不少文章，讨论中国有史还是无史的问题，无论是主张无史还是坚持有史，都"同意'历史'应该是国史，是民史，是一大群人的历史，

---

① 石川祯浩：《辛亥革命时期的种族主义与中国人类学的兴起》，中国史学会编：《辛亥革命与20世纪的中国》（中），第1006页。

是社会的历史,同时历史叙述应该从宫廷政治史解放出来,而以宗教史、艺术史、民俗史、学术史作为它的主体"①。

清季知识人的当务之急是社会政治变革,至于学术方面,因应时势的需要,这时编撰的历史教科书大都翻译模仿日本各书而来,其中自然也吸取了新的成分。尽管新进学人普遍同意应当以民史为主,但如何才能修出民史,认识并不一致。有人主张"修史必自方志始,方志者,纯乎其为民史者耳"②。刘师培则认为原来的方志不足以供国史之采择,因而要另行编辑乡土志。③总体而言,清季知识人在创新史学方面各自作过不同程度的努力,新编各史较旧史确有很大改观。不过,仔细分别,他们的努力更多的体现在利用历史教育民众方面,即开民智鼓民气,也就是章太炎所说"贵乎通史"的两个方面,"一方以发明社会政治进化衰微之原理为主","一方以鼓舞民气、启导方来为主"④。至于如何表现民的历史,既无成果,又缺史料,不知如何下手。因此主要还是借鉴泰西和日本史学的体例,改变旧史以政治史为中心,以王朝世系为线索的格局,从典章制度等方面观察社会面相和进化因果,而未能真正深入各个历史时期民众生活的层面,做到以民为历史的中心加以展现。

后来进京师大学堂任史学教习的陈黻宸,对于民史的缺乏和撰写的困难感受深刻而具体。他虽然感叹"今之谈史学者辄谓中国无史之言之过当",所编《京师大学堂中国史讲义·读史总论》还是开宗明义:"史者天下之公史,而非一人一家之私史也。史学者,

---

① 王汎森:《晚清的政治概念与"新史学"》,《中国近代思想与学术的系谱》,第193页。
② 《方志》,《新世界学报》第7期,1902年11月30日。
③ 《编辑乡土志序例》,《国粹学报》第2年第9期,1906年10月6日。
④ 《致梁启超书》,汤志钧编:《章太炎政论选集》上册,第167页。

凡事凡理之所从出也。……是故史学者,乃合一切科学而自为一科者也。"他认为分门别类的历史,只是史家之分法,"读史而首重政治学、社会学者,史家之总法也。"关于政治与社会的关系,陈黻宸有如下表述:

> 非社会不足以成政治,非政治不足以奖社会。政治之衰败者,断不容于社会文明之世。社会之萎落者,即无望有政治振起之期。社会兴于下,政治达于上。有无限社会之权力,而生无限政治之举动。有无限政治之举动,而益以表明无限社会之精神。转辗相因,其果乃见。政治决定于社会,"故言史学者,必以能辨社会学为要"。

据此反观中国的现实,学者"往往识足以动天地无尽之奥,而不足以知民俗之原,辨足以凿浑沌七窍之灵,而不足以证闾里之事"。而欧美各强国,"于民间一切利病,有调查之册,有统计之史,知之必详,言之必悉,如星之罗,如棋之布,如数家人米盐,厘然不遗铢黍。彼其所以行于政治者,无一不于社会中求之。而我国之社会,究不知其何如矣。总之,社会学之不明,则我中国学者之深诟大耻也。以是言史,夫何敢"!虽然陈黻宸称许"力学有识之士,发愤著书,往往有得于父老之传述,裨乘之记闻,大率支离烦琐,为荐绅先生所不言。采其遗文,加之编辑,反足激发性情,入人肝肺,东西南北,类聚群分,歌泣有灵,按图可索,言史学者不能无意于社会学矣",却不得不承认:"且我中国之史之有关于社会者甚少矣。今试发名山之旧藏,抽金匮之秘籍,与学者童而习之,屈指伸而论其大概,亦若条流毕具,秩然可观,然不过粗识故事,无与纲要。即择之稍精,而有见于古今治乱盛衰之故矣,然于其国之治之盛,不过曰其君也明,其臣也贤,于其国之乱之衰,不过曰其君也昏,其臣也庸。于此而求实事于民间,援辕轩之故典,亦徒苦其考据无资,虽华颠钜儒,不足以识其一二。故无论人之不知有社会学也,即令知之,而亦心不能言,言之而亦必不能尽,尽之而亦必不能无憾于浩渺杳冥,泛然如乘不系之舟,莫穷其所自之,而社会学乃真不可言矣。"①他本人所编撰的《京师大学堂中国史讲义》,在民史方面也很难有所建树。

清季是中西学乾坤颠倒的时期,趋新学人宁可附会西学,很少敢于提出异议。与梁启超一样,在文献记载不到之处,同时期的学人也将目光转向泰西新起的学科,考古学便是社会学之外他们公认可以补远古历史不足的重要领域。刘师培认为,欲考古政,厥有三端,即书籍、文字、器物,尽管他心目中的考古学主要还是金石器物,毕竟对地下发掘寄予希望,惋惜"中国不知掘地之学,使仿西人之法行之,必能得古初之遗物。况近代以来,社会之学大明,察来彰往,皆有定例之可循,则考迹皇古,岂迂诞之辞所能拟哉"②。章太炎也表示:"今日治史,不专赖域中典籍,凡皇古异闻,种界实迹,见于洪积石层,足以补旧史所不逮者;外人言支那事,时一二称道之,虽谓之古史,无过也。亦有草昧初起,东西同状,文化既进,黄白殊形,必将比较同异,然后优劣自明,原委始

---

① 陈德溥编:《陈黻宸集》下册,第675—681页。
② 《古政原始论》,《刘申叔遗书》上册,第664页。刘师培曾撰文《论考古学莫备于金石》,掘地的目的也是获得遗物。近代中国人对于考古学的理解,长期受固有学问的制约,与欧美不尽相同,主要关注在于考订古器、考订解读文字和以器物文字考订古史(尤其是文献可征的古史)方面。详情另文论述。

见,是虽希腊、罗马、印度、西膜诸史,不得谓无与域中矣。若夫心理、社会、宗教各论,发明天则,悉人所同,于作史尤为要领。"①

清季学人的无奈,显示出他们向往的民史并非简单地可以借助西学条理系统而成形。如果没有后来学人的努力,民史大都只能停留在理想的层面。正如今人所指出的,这时的重心是重新厘定"什么是历史",至于"如何研究历史",则是民国以后学人的任务。至少从主流派的眼界看去,民史的建立是如此展开的。

二 眼光向下

重在民史和寄望掘地,都可以说是"眼光向下"的表现。民国学人创新史学的努力,仍然沿袭前贤指示的路径。这与其说是清季学人的眼光敏锐,毋宁说是时代的潮流和必然趋势。不过,民国时期史学的建树,开始是包含在门类甚多、取径不一的整理国故之中,而整理国故最初由胡适的用西方系统条理中国材料和提倡科学方法抢了风头。胡适对于民史的开发似乎不够热心,加上不满于经济决定论有过于武断之嫌,使其对于唯物史观相当怀疑,也是明确表示过不能苟同唯物史观的少数学人之一。稍后顾颉刚提出"层累地造成的中国古史",引起一场关于中国旧籍与上古历史的讨论,主要取向还是继续胡适的理念,要用科学方法整理中国史料。因此

---

① 《訄书》重订本《哀清史》附《中国通史略例》,《章太炎全集》三,第331页。

一度民史的建立似有被忽视甚至被遗忘之嫌。

1926年初,魏建功撰写了《新史料与旧心理》一文,对顾颉刚、钱玄同、柳诒徵等人关于古史的争论发表意见,虽然他站在顾、钱一边,对柳诒徵的观点和态度不以为然,但他的结论却超越了争论的主题,重提民史建树的方向。他说:

> 我的结论:中国的历史,真正的历史,现在还没有。所谓"正史",的确只是些史料。这些史料需要一番彻底澄清的整理,最要紧将历来的乌烟瘴气的旧心理消尽,找出新的历史的系统。新历史的系统是历史叙述的主体要由统治阶级改到普遍的民众社会,历史的长度要依史料真实的年限决定,打破以宗法封建等制度中教皇兼族长的君主的朝代为起讫;历史材料要把传说、神话、记载、实物,……一切东西审慎考查,再依考查的结果,客观的叙述出来。如此,我们倒不必斤斤的在这个旧心理磅礴的人群里为新史料的整理伴他们吵嘴,把重大工作停顿了![①]

魏建功批评"国故"能叫人钻不出头,与顾颉刚的看法不尽相同。他的意见,显然是希望后者跳出"国故"的纠葛,回到社会学和考古学所指示的眼光向下的轨道上去。其实,在这方面,顾颉刚与胡适的看法也有所分别。师生二人都重视国学与中国历史的关系,具体而言,则侧重不同。胡适认为(或者至少同意):"国学的使命是要使大家懂得中国的过去的文化史;国学的方法是要用历

---

① 《北京大学研究所国学门周刊》第15、16合期,1926年1月27日。

史的眼光来整理一切过去文化的历史。国学的目的是要做成中国文化史。国学的系统的研究，要以此为归宿。"因此他所设定的总系统是一部包括民族、语言文字、经济、政治、国际交通、思想学术、宗教、文艺、风俗、制度等十项专史的中国文化史。①这虽然可以说几乎等于一部新的横向通史，却并不着重于民史。

顾颉刚的看法在所撰《北京大学国学门周刊》的《一九二六年始刊辞》中有明确表述："国学是什么？是中国的历史，是历史科学的中国的一部分，研究国学，就是研究历史科学中的中国的一部分，也就是用了科学方法去研究中国历史的材料。"乍看上去，这与胡适的意思并无太大区别，不过顾颉刚是在回答近来常有人说"我们应当研究科学，不应当研究国学，因为国学是腐败的，它是葬送青年生命的陷阱"的批评时做这番表述的，他强调"在故纸堆中找材料和在自然界中找材料是没有什么高下的分别的"。可是就在这一年，胡适面对陈源等人的批评，却部分改变了原来对整理国故的看法。1919年，胡适在回答毛子水关于整理国故益处不大，世界上许多学术比国故更有用的议论时说："学问是平等的。发明一个字的古义，与发现一颗恒星，都是一大功绩。"②而这时胡适却"深深忏悔关于研究国故的话"，呼吁青年离开国学这条死路，去走科学的生路。③这也是1928至1929年后师徒二人渐行渐远的潜因之一。此事后来两人都主要从疑古和信古的分别来理解，其实深究起来，应该还有另外一面。

---

① 《国学季刊发刊宣言》，《国学季刊》第1卷第1号，1923年1月。
② 《论国故学》，《新潮》第2卷第1号，1919年10月30日。
③ 《研究所国学门第四次恳亲会纪事》，《北京大学国学门月刊》第1卷第1号，1926年7月。

顾颉刚的《一九二六年始刊辞》，首先是针对社会上对于不同类型的材料所表示出来的偏见。1925年12月，北京大学举行27周年校庆纪念会，国学门开放供人参观，参观者先到考古陈列室，很感到鼎彝的名贵，再到明清史料陈列室，也感到诏谕的尊严，最后到风俗和歌谣陈列室，很多人则表示轻蔑的态度。顾颉刚认为："我们对于考古方面，史料方面，风俗歌谣方面，我们的眼光是一律平等的，我们决不因为古物是值钱的骨董而特别宝贵它，也决不因为史料是帝王家的遗物而特别尊敬它，也决不因为风俗物品和歌谣是小玩艺儿而轻蔑它。在我们的眼光里，只见到各个的古物、史料、风俗物品和歌谣都是一件东西，这些东西都有它的来源，都有它的经历，都有它的生存的寿命，这些来源、经历和生存的寿命，都是我们可以着手研究的。"①

顾颉刚虽然强调材料的平等，毕竟受个人训练的约束，对于考古心有余而力不足。他的研究古史计划，只是准备研究古器物学，而未及真正的考古发掘。胡适、傅斯年等人在这方面比他要彻底。胡适在赞同顾颉刚疑古之初，即主张先把古史缩短二三千年，"将来等到金石学、考古学发达上了科学轨道以后，然后用地底下掘出的史料，慢慢地拉长东周以前的古史"②。对此顾颉刚没有正面回应。他无疑"知道要建设真实的古史，只有从实物上着手的一条路是大路"，但他立志首先要"破坏伪古史的系统"③。所以当李宗侗提出研究古史载记不足征信，"要想解决古史，唯一的方法就是

---

① 顾颉刚：《一九二六年始刊辞》，《北京大学研究所国学门周刊》第2卷第13期，1926年1月6日。
② 顾颉刚：《自述古史观书》，《古史辨》一，第22页。
③ 顾颉刚：《古史辨》第一册《自序》，《古史辨》一，第50页。

考古学。……要努力向发掘方面走"①时，顾颉刚同意这是极正当的方法，应当极端注重发掘，却还是认为其论断"颇有过尊遗作而轻视载记的趋向"。他的理由是，"无史时代的历史，我们要知道它，固然载记没有一点用处；但在有史时代，它原足以联络种种散乱的遗作品，并弥补它们单调的缺憾。我们只要郑重用它，它的价值决不远在遗作品之下"②。

顾颉刚的意见涉及考古学与中国史料之于上古历史的关系，相当复杂。值得注意的是，此前他已认为"经籍器物上的整理，只是形式上的整理；至于要研究古史的内部，要解释古代的各种史话的意义，便须应用民俗学了"。他并且坦承："老实说，我所以敢大胆怀疑古史，实因从前看了二年戏，聚了一年歌谣，得到一点民俗学的意味的缘故。"③由于当时所讨论的古史，大都在商周以降的有史时代，顾颉刚实际上更加注重载记。只是他力图摆脱经学正统对于古史的解释，决心致力于"（一）用故事的眼光解释古史的构成的原因；（二）把古今的神话与传说为系统的叙述"④。

顾颉刚的学术理念与志向，虽然不是直接地创建民史，而是借助民俗学的某些经验和感悟来理解上古的材料，以破坏伪史，为重建古史开辟通道，可是却使其学术上自然地眼光向下，以对当时社会的领悟为理解上古历史的凭借。其实，顾颉刚研究中国社会历史的志向在同学和朋友中已经是众所周知，1920年初傅斯年出国留学时，将一部《元曲选》送给顾，上面题道："颉刚要研究中国社会

---

① 《古史问题的唯一解决方法》，《现代评论》第1卷第3期，1924年12月27日。
② 《答李玄伯先生》，《现代评论》第1卷第10期，1924年2月14日。
③ 《我的研究古史的计划》，《古史辨》一，第214页。
④ 《答李玄伯先生》，《古史辨》一，第274页。

历史，这本书是研究中国社会历史的最好资料。"①1922年顾颉刚作《中学校国史教科书编纂法的商榷》，批评从前的教科书只搜集政治社会的材料，对其他方面极端忽视。要弄清各时代的大势，应从向来沉埋于史书下层的记载与器物中寻出各种社会事实与心理。旧教科书只有名人造时势，且名人的产生是天纵的，而不谈其社会背景，"我们总先得把大多数人的意志说明，把时势的由来看定，然后名人的事实始有一个着落"。至于揭破上古伪史和黄金时代的旧观念，只是第三项任务。②

《古史辨》一定程度上掩盖了顾颉刚研究中国社会历史的倾向，尽管他在此期间也致力于民间传说、歌谣、神道和上古神话的研究，并取得了令人瞩目的成果，但主要还停留在借助民俗学的材料去印证古史的层面上，是作为历史研究的辅助，而没有直接着力于民史的重建，也就是魏建功所主张的，"历史叙述的主体要由统治阶级改到普遍的民众社会"这样的"新历史的系统"。

魏建功的批评显然起了作用，此后顾颉刚对于民史的主张逐渐加强。本来北京大学研究所国学门就有以考古与民俗辅助史学的传统③，1926年，北大国学门一批同人移席厦门大学国学院，继续组织风俗调查会，"调查各处民情生活习惯，与考古学同时并进"④。12月底，顾颉刚为《国学研究院周刊》作《缘起》，提出

---

① 顾潮编著：《顾颉刚年谱》，第83页。
② 顾潮编著：《顾颉刚年谱》，第71页。
③ 魏建功说："本学门开办以来，一面注重'考古'，以便求得较为真确的文化史实，一面也留心'考今'，好在活材料里找出我们民族的生命之厄运和幸运的事迹，我们的歌谣研究会、方言学会以至于风俗学会，无一不是为这现代的横方面材料整理的组织。"（《通信》，《北京大学国学门月刊》第1卷第2号，1926年8月）
④ 《国学研究院成立大会纪盛》，《厦大周刊》第159期，1926年10月16日。

只有了解现代社会才能认识古代社会，"所以我们要掘地看古人的生活，要旅行看现代一般人的生活"①。1927年1月，顾颉刚、容肇祖等人到福州，以厦大国学院名义与协和大学国学系共同恢复闽学会，其宣言称："国学的研究，自受了新史学和科学的洗礼，一方面扩大了眼光，从旧有的经史子集中打出一条'到民间去'的血路，一方面绵密其方法，用统计学、社会学、人类学、地质学、生物学、考古学种种科学的方法，来切实求人文的真相，而予以簇新的解释。……新史学的眼光渐离了政治舞台'四库'式的图书馆，而活动于实事求是之穷荒的探险或乡土的研求"②。这可以说是顾颉刚到民间去求新史学的重要表述。

厦大国学院解体，原北大同人再转到中山大学，顾颉刚建立新学问的意向日趋明显。他为《中山大学语言历史研究所周刊》所写的《发刊词》宣称："我们要实地搜罗材料，到民众中寻方言，到古文化的遗址去发掘，到各种的人间社会去采风问俗，建设许多的新学问。"这表明顾颉刚对民俗学的关注已经不仅仅是要印证古史。不久，顾颉刚就在所编《孟姜女故事研究集》第一册《自序》中提出："我们立志打倒这种学者的假史实，表彰民众的真传说；我们深信在这个目的之下一定可以开出一个新局面，把古人解决不了的历史事实和社会制度解决了，把各地民众的生活方式和意欲要求都认清了。"

顾颉刚所说的建设新学问和开出新局面，已经不限于古史范

---

① 《厦门大学国学研究院周刊》第1卷第1期，1927年1月5日。感谢陈以爱博士寄赠此项资料。
② 陈锡襄：《闽学会的经过》，《国立第一中山大学语言历史学研究所周刊》第1集第7期，1927年12月13日。

围,这在《民俗》周刊《发刊辞》中,表达得更加清楚。他说:历来的政治、教育、文艺,都给圣贤们包办了,容不得小民露脸,经史百家只有皇帝士大夫、贞女僧道的故事和礼法,而且大半是虚伪的,占人间社会绝大部分的农工商各类民众无穷广大的真实生活完全看不见。时代既然已经改变,"我们要站在民众的立场上来认识民众!我们自己就是民众,应该各各体验自己的生活!我们要把几千年埋没着的民众艺术,民众信仰,民众习惯,一层一层地发掘出来!我们要打破以圣贤为中心的历史,建设全民众的历史"!稍后到岭南大学演讲《圣贤文化与民众文化》,再度强调:"我们研究历史的人,受着时势的激荡,建立明白的意志:要打破以贵族为中心的历史,打破以圣贤文化为固定的生活方式的历史,而要揭发全民众的历史。"①与在此前后其他民俗学的刊物相比,顾颉刚以史学为中心而不是以文学或文艺为中心的取向显得相当特别。②所以有学人指出:这篇发刊词很像是一篇新史学运动的宣言,"这个民俗学运动原是一种新史学运动,故较北大时期的新文学运动的民俗学已经不同,已大有进步,这是代表两个阶段亦是代表两个学派的"③。

对于顾颉刚的民俗学研究兴趣,傅斯年、蒋梦麟等人都曾表示不以为然,胡适则态度暧昧。傅斯年并非完全排斥民俗学,后来他组建历史语言研究所,计划要成立的各组,也包括人类及民物。④

---

① 均见顾潮编著:《顾颉刚年谱》,第145—151页。
② 参见苑利主编《二十世纪中国民俗学经典·学术史卷》。
③ 杨堃:《我国民俗学运动史略》,《杨堃民族研究文集》,第218页。此文原载《民族学研究集刊》第6期,1948年8月。
④ 《历史语言研究所工作之旨趣》,岳玉玺、李泉、马亮宽编选:《傅斯年选集》,第182页。

傅斯年主要是反对顾颉刚等人编辑出版民俗学丛书太过随意，不少浅薄无聊，缺乏学术水准。但他将此类工作视为下等材料，还是不免有所偏见。傅斯年虽然同意史学成了一切科学的总汇，他认可的主要还是自然科学和语言文献学，至于社会科学，则认为主观太甚，尤其是马克思主义影响下的社会科学，与历史的客观性要求不相吻合。①他的《中西史学观点之变迁》，更对唯物史观有直截了当的批评。②民俗学研究对于新文学的积极作用，主张平民立场的胡适肯定较多，至于历史学方面，胡适却很少表示意见。在这背后，他和傅斯年都对建设民史缺乏热情，至少反映出部分联系。其中之一，就是两人都不以唯物史观为然。胡适主张科学方法，傅斯年宣称史学就是史料学，都强调拿证据来，尽管他们呼吁尽量扩充材料，并且不受书本的局限，用历史主义的眼光来看，能够支撑民史的材料毕竟有限。

胡适等人的学术取向引起唯物史观的影响日益广泛的中国学术界的批评，陈钟凡强调治学要工具齐备且先进，"有少数人他也知道应用科学方法，他唱着以科学整理国故的口号，他的方法：1. 搜集材料；2. 排比；3. 评判，这种方法清人早已做过了。……胡适所著《哲学史大纲》，用杜威的论理学五段法，在中国书中已算很精到的了，……这种方法治古书很可得到新见解，可是于社会学上的贡献尚少。我们所谓科学方法，乃是用科学研究事物得到确证，评判出那时社会状态和思想，而得到公

---

① 傅斯年很少对社会科学表示意见，可以参考的一篇文章是《国立台湾大学法学院〈社会科学论丛〉发刊词》（欧阳哲生编：《傅斯年全集》第三卷，第367—369页）。因为对象的关系，傅斯年说得比较客气，意思还是相当明确的。
② 欧阳哲生编：《傅斯年全集》第三卷，第157—158页。

理公例。如只以甲乙相较得丙,丙丁相较得戊,求同求异,同异交得辨证,终不切于事实的。但在思想史上自有他不可忽视的价值。"而郭沫若的《古代社会之研究》,将上古史划分出阶段,为社会学上莫大的成功。①

陈钟凡对郭沫若的推许,未必能够得到普遍赞同。尽管唯物史观强调民众在社会历史发展中的作用,但首先还是坚持生产力决定生产关系和经济基础决定上层建筑,因此侧重于讨论中国社会的性质以及由此决定的历史分期。至于民众对于历史发展的作用,主要是通过生产活动和生产方式来表现。此外,历代农民的反抗斗争开始进入研究视野,尤其是近代史上的太平天国和义和团运动,成为后来盛极一时的农民战争研究的先声。唯物史观影响下的学人,比较流行的做法是从社会经济史的路径来建设民史,而这一取向并不限于信奉马克思主义的学者。特别值得提出的是吴晗等人组织的史学研究会,在所主编的天津《益世报·史学专刊》的《发刊词》中宣称:"帝王英雄的传记时代已经过去了,理想中的新史当时属于社会的、民众的。"该专刊在后来一年里所发表的论文,大都是研究农民战争和下层群众方面的。②吴晗撰写的《明代之农民》一文,重点在于起义暴动等非常状态之前的常态之下,农民的生存状况,这无疑是史学界努力接近民史的体现。

民众要真正成为历史的主体,就不能仅仅通过物质生产来间接体现,或是只关注农民战争之类的非常状态。前者不能深入了解民众的思维和行为,后者则往往更多地看到民众受圣贤影响的一面。

---

① 陈钟凡:《求学与读书》,《读书月刊》第2卷第1期,1931年4月1日。
② 苏双碧、王宏志:《吴晗学术活动编年简谱》,夏鼐、苏双碧等:《吴晗的学术生涯》,第154页。

历史学在不断呼唤民史的同时，似乎感到有些力不从心。这时人类学者独辟蹊径，树立了可资借鉴的典范。费孝通的《江村经济》，以常态的中国农民生活为研究对象，乡土社会的普通农民，真正成了研究的主体。颇能发人深省的是，顾颉刚呼吁"打破以圣贤为中心的历史，建设全民众的历史"的中山大学，正是中国的民俗学转向人类学和社会学的基地。这似乎显示民史的建立，历史学需要从人类学和社会学取得新的动力。

而在1920—1930年代，人类学也面临着重大的转机。按照亲自参与其事并且处于中心位置的费孝通教授的看法，"当时的社会人类学事实上是一门研究殖民地土人文化的学科，明确提出可用人类学的方法研究所谓'文明'社会，应当说是第二次世界大战前夕，大约是20世纪30年代的事"。"从人类学本身来说，当时正在酝酿一个趋势，要扩大它的范围，从简单和落后的部落突入所谓'文明社区'，就是要用深入和亲密的观察方法来研究农村、市镇，甚至都市的生活。在地区上讲，过去人类学家研究的范围大都是在非洲、大洋洲和北美，新的趋势是想扩大到亚洲和拉丁美洲，而这些地区主要是文化较高的农民。"[①]中国学人的努力，不仅地域适逢其会，方向上也合乎潮流。有趣的是，抗战后费孝通和吴晗联手研究中国的社会结构，结集出版的《皇权与绅权》，可以视为社会学、人类学与史学的合流。

人类学对史学产生重大影响，主要还在第二次世界大战之后。而在这一时期的中国，人类学这门学科的"出身"不好，又过于新颖，与中国的文化习惯有些不相凿枘，影响的范围和幅度有限。由

---

① 费孝通：《师承·补课·治学》，第170、25页。

唯物史观所带动起来的社会经济史以及农民战争研究，在阶级斗争推动历史发展的观念主导下，则越来越受到重视。

三　回到历史现场

考古学和人类学对近代中国史学的影响，体现于以眼光向下推动了建立民史的取向。不过，由于学科背景的不同，也产生了一些令史家困惑的倾向。有的在人类学范围内已经有所讨论，有的则是超越人类学范围才显示出来。就史学而言，其中重要的一点，便是史学以史料为依据，以往的史料大都为文献记录，在西方近代社会科学的影响下，不仅文本的史料类型大幅度增多，各种实物、图像和口述资料也进入史料的范围，而考古学和人类学却先天的有着离开文献的趋向。考古学和人类学的研究对象，本来都是所谓初民社会，基本没有自己的文献记录，因而两个学科共同强调实地作业。考古学，尤其是史前考古，基本是脱离文献的研究。人类学在开始阶段虽然依靠文献，但那是各种外来人的记录。正如费孝通所描述的英国新旧两代人类学者的差别，弗雷泽（James Frazer）很像中国旧式的冬烘先生，高坐在书斋的太师椅里，伏案终日博览群书，阅读一叠叠从英国当年旅居在广大殖民地上的官吏、商人和传教士寄回的书札杂记，用进化论构筑海外各地土人生活的理论。马林诺斯基（B.Malinowski）则反对用异样的眼光将土人的行为和思想看得乖僻离奇，主张实地和土人们一起生活，从内部真实体验和了解他们的文化。所以他呼吁人们从关闭的书斋走出来，到人类学的田野里去吸一下清新的空气。①

中国早已脱离初民社会，数千年的文化历史一以贯之，有着极为丰富的文献资料，考古学的文明史部分，不仅不能摆脱文献和器物，而且在很大程度上就是要印证文献的古史记载。傅斯年针对李宗侗所说古史的定夺要待后来之掘地的看法告诉顾颉刚："诚然掘地是最要事，但不是和你的古史论一个问题。掘地自然可以掘出些史前的物事，商周的物事，但这只是中国初期文化史。若关于文籍的发觉，恐怕不能很多。（殷墟是商社，故有如许文书的发现，这等事例岂是可以常希望的。）而你这一个题目，乃是一切经传子家的总锁钥，一部中国古代方术思想史的真线索，一个周汉思想的摄镜，一个古史学的新大成。这是不能为后来的掘地所掩的，正因为不在一个题目之下。岂特这样，你这古史论无待于后来的掘地，而后来的掘地却有待于你这古史论。现存的文书如不清白，后来的工作如何把他取用。偶然的发现不可期，系统的发觉须待文籍整理后方可使人知其地望。所以你还是在宝座上安稳的坐下去罢，不要怕掘地的人把你陷了下去。"②

关于不同国度史料与史学的关系，章太炎有过整体性的评论。他指责"今人以为史迹渺茫，求之于史，不如求之于器"是"拾欧洲考古学者之唾余也。凡荒僻小国，素无史乘，欧洲人欲求之，不得不乞灵于古器。如史乘明白者，何必寻此迂道哉"？中国即是"明明有史，且记述详备"，可以器物补史乘之未备，而不宜以器

---

① 费孝通：《师承·补课·治学》，第132—133页。
② 《与顾颉刚论古史书》，岳玉玺、李泉、马亮宽编选：《傅斯年选集》，第147页。

物疑史乘，或作为订史的主要凭据。①李宗侗误以为欧西古史资料多，其实不然。葛兰言（Marcel Granet）当年试图研究欧州的古代民史，因为缺乏资料，不得不转而研究中国。中国古史文献繁多的特点，一直制约着中国考古学的发展。王国维的二重证据法，虽有地上与地下之分，仍然是以文献证文献，而不是以古器订古史，更不是以发掘重建古史。1930年代成立于北平的考古学社，对于掘地和金石学同样看重，其所谓考古，主要还是考证文献记录的古史系统。所以社会人类学者抱怨道：欧州的考古学包括古地理学、古动物学、古植物学、先史人类学、先史考古学、古文字学与古语言学，而我国现代学者往往仅知在文字学一方面努力。②直到20世纪90年代，一批新锐考古学人对于中国考古学与文献的密切关系依然感到困惑。对夏文化的期待成为中国学人的重要情结，背后也受此制约。

考古学与人类学有一共同概念，即田野，考古学讲究田野发掘，人类学则强调田野调查。窃以为考古学和人类学的所谓田野，译自field，其本来意思应该是"实地"，强调离开单纯的书斋，进入研究对象活动的实地，共同感受实际的生活。相对于封闭的书斋，这些实地固然大都是野外，但田野容易使人误解为乡村的田园，而实地则不仅仅指乡村，也包括市镇乃至都市。因为考古学和人类学都未将本学科的研究对象和范围局限于乡村。人类学虽然渐渐将研究领域由初民社会下移到农业社会，乡村也只是关注的重点

---

① 徐一士：《一士类稿·太炎弟子论述师说》，荣孟源、章伯锋主编：《近代稗海》第2辑，第105—108页。
② 杨堃：《葛兰言研究导论》，杨堃：《社会学与民族学》，第124页。该文原载《社会科学季刊》第1卷第3、4期和第2卷第1期，1943年出版单行本。

而非全部。

将field译为田野，容易导致误解其本意，而改变其应有的指向。就史学而论，迄今为止考古学和人类学的田野发掘或田野调查，虽然引起眼光向下的重建民史努力，仍然没有充分发挥其潜力。尤其是"文明社会"已经改变了初民社会的浑一，多数史料并不直接反映民众的思维行为。一味眼光向下，反而会忽略历史的整体性或以初民社会的观念来理解中国。所以不赞成农民战争史的人往往说要将历史研究的重点从国王和战争转移到普通人民身上，只有篡改历史证据才可能办到。①

人类学者在处理历史问题时，常常会将调查材料直接作为史料来运用，或是以调查的体验作为理解史料的钥匙，其假设前提，无疑是认为下层社会的变动比较缓慢，可以长时间为衡量单位，或者所关注的多属文化习俗，本来就没有什么变化。顾颉刚由对现代民俗学的意味而解释古代的各种史话，主要也是循着这一路径。这样的相似极易导致看朱成碧的先入为主，去古代社会的真实依然相当遥远。而费孝通与吴晗合作时，态度更像是社会学家。反之，人类学者进入异文化系统之中共同生活的设身处地，以及调查时更加重视如何回答而不是回答什么的临场体验，对于理解和认识历史人物（无论个别还是群体）的思维行为乃至社会的制度习俗，具有极其重要的借鉴意义。如果在空间的"实地"之上，再加入时间的成分，通过对各种史料的了解把握达到亲临现场的效果，则有助于回到当时当地的"历史现场"，其应用范围可以大为扩展，而不仅限于民史的建立。

---

① 杰弗里·巴勒克拉夫著，杨豫译：《当代史学主要趋势》，第221页。

所谓回到历史现场，不仅要回到一定的空间位置，回到事情发生的那个时代或那段时间，而且要设法回到当时当地，回到事情正在发生的过程之中。考古学后来的发展，更加重视观察地层形成时发生的情形，以达到亲临现场，身历其境的效果。回到历史现场，就是要和历史人物一起经历其事，而且不是作为旁观者，也不仅仅是参与者之一，而是和所有亲历者一起经历他们各自所经历的全部过程。人类学的实地调查，严格地说并不是外来者的调查，而是通过参与实地生活，成为文化内的一分子，用由此获得的体验和感悟来理解当地人的思维和行为，而不是借助于外来者的猎奇记录品头论足。犹如上演一出戏剧，研究者如场记，知道每一位角色做什么和为什么会这样做。不过他只是客观地再现实情，而不必导演剧情。

何以要回到历史现场？史学的首要在于求真，主张历史无所谓真相者，大都不是讨论历史问题。而史实有多面，史料有多种，记述不一，均反映历史真相的一面。即使有心作伪，其有心亦为历史真相。学人往往强调史料的一手二手主料辅料直接间接之分，实则任何史料，哪怕是当事人的记录，也只能反映其相关的一面，而且还会受到相关人事利害关系的制约。四面看山均为真，不宜以某一面否定其他各面。这还只是对客观景物的描述，虽有主观，并无利害。而历史事件、人物言行等等，则存在复杂的社会关系和具体的相关联系，只有亲临现场，尽可能全面地了解所有当事人全部有关言行，并将各种不同的记录相互印证，从而揭示言行的所以然，才有可能整体把握错综复杂的历史事实，通过人物心路历程之真逐渐接近历史真相。换言之，历史真相就在于对所有相互纠葛甚至相互矛盾的相关人事了解之同情的基础之上。而要达到这样的深度，只有回到历史现场,和所有的相关者共同经历他们各自所经历的一切,知道其思维行为的一般规则或习惯,并且了解每一位当事人一言一行的具体原因、对象和目的。

如何才能回到历史现场?考虑到这一概念的时空双重意义,不能指望仅仅通过实地作业来获得穿越时空隧道所必需的全部信息,从而达到临场的效果。如葛兰言、顾颉刚等人研究现代民俗旨在理解古代社会,就只能起到参照比较的作用。治史的主要依据还在于史料,人类学提倡田野调查而反对依赖文献,恰恰是由于他们所使用的外来者的记述无法令他们亲临现场,始终只能站在一个旁观者的立场。而中国虽有大小传统之分,并存互渗已久,所有文献仍为内部的记录,小传统的记录反而更难验证。傅斯年强调史料之于史学的极端重要性,提倡上穷碧落下黄泉,动手动脚找材料,突出扩张新材料的意义,并且区分了直接史料与间接史料,官家记载与民间记载,本国记载与外国记载,近人记载与远人记载,不经意记载与经意记载,本事与旁涉,直说与隐喻,口说史料与著文史料等八对范畴,但史学的资料形态,除实物和口说外,主要还是文献,包括图像和文本。不论何种形态,"必于旧史史料有工夫,然后可以运用新史料;必于新史料能了解,然后可以纠正旧史料。新史料之发见与应用,实是史学进步的最要条件;然而但持新材料,而与遗传者接不上气,亦每每是枉然。从此可知抱残守缺,深固闭拒,不知扩充史料者,固是不可救药之妄人;而一味平地造起,不知积薪之势相因然后可以居上者,亦难免于狂猖者之徒劳也"[①]。

---

① 《史学方法导论》,岳玉玺、李泉、马亮宽编选:《傅斯年选集》,第216—217页。

治史既然不能脱离史料，史料的详略多寡及其真伪优劣，必然制约着史学的发展。历史已经过去，不可能像人类学那样，通过实地调查，即可获得正在发生的所有事情的各种信息。能否回到历史现场，以及能够在何种程度上重返，不能不受制于史料的遗存状况及其开发潜力，不可能在任何时段任何领域任何层面同等程度地回到历史现场。对此，上古、中古和晚近的史料遗存详略有别，凭借史料能够回到历史现场的方面和程度大不相同。上古史料留存有限，所以陈寅恪在《冯友兰中国哲学史上册审查报告》中说：

> 凡著中国古代哲学史者，其对于古人之学说，应具了解之同情，方可下笔。盖古人著书立说，皆有所为而发。故其所处之环境，所受之背景，非完全明了，则其学说不易评论，而古代哲学家去今数千年，其时代之真相，极难推知。吾人今日可依据之材料，仅为当时所遗存最小之一部，欲藉此残余断片，以窥测其全部结构，必须备艺术家欣赏古代绘画雕刻之眼光及精神，然后古人立说之用意与对象，始可以真了解。所谓真了解者，必神游冥想，与立说之古人，处于同一境界，而对于其持论所以不得不如是之苦心孤诣，表一种之同情，始能批评其学说之是非得失，而无隔阂肤廓之论。否则数千年前之陈言旧说，与今日之情势迥殊，何一不可以可笑可怪目之乎？但此种同情之态度，最易流于穿凿傅会之恶习。因今日所得见之古代材料，或散佚而仅存，或晦涩而难解，非经过解释及排比之程序，绝无哲学史之可言。然若加以连贯综合之搜集及统系条理之整理，则著者有意无意之间，往往依其自身所遭际之时代，所居处之环境，所薰染之学说，以推测解释古人之意志。……

其言论愈有条理统系,则去古人学说之真相愈远。①

陈寅恪熟悉经书而自称"不敢治经",即是鉴于上述危险。

至于近代,常人往往误以为晚近文献解读较为容易,其实不然。尤其是经历过戊戌到新政时期的知识与制度体系转型,国人的精神世界与行为规范发生了重大变化,一系列新的事物和概念与固有事物及其概念相互缠绕,使得今人对于近人的言行相当隔膜,要想通过变动后的概念进入当时人们的世界,相当困难。而时代相距不远,近人的言行又似曾相识,反倒使今人缺乏应有的警觉,以所受变化后的教育为知识背景,去理解揣度前人的言行,误读错解,不在少数。只有设法"去熟悉化"②,回到历史现场,才能体察接近其言行的本意。

所谓回到历史现场,既然不宜神游冥想以表同情,则史学还需另辟蹊径。即使如上古史,如果办法得当,在某些方面,也可以一定程度地重返,去理解古人的微言大义。治上古经史,"非通经无以释金文,非治史无以证石刻。群经诸史,乃古史资料多数之所汇集,金文石刻则其少数脱离之片段,未有不了解多数汇集之资料,而能考释少数脱离之片段不误者"③。杨树达用司马光长编考异法作《论语疏证》,"汇集古籍中事实语言之于《论语》有关者,并间下己意,考订是非,解释疑滞",为治经者开辟新途径,因为"圣人之言,必有为而发,若不取事实以证之,则成无的之矢

---

① 陈美延编:《陈寅恪集·金明馆丛稿二编》,第279—280页。
② 王汎森:《中国近代思想文化史研究的若干思考》,《新史学》(台北)第14卷4期,2003年。
③ 《杨树达积微居小学金史论丛续稿序》,陈美延编:《陈寅恪集·金明馆丛稿二编》,第260页。

矣。圣言简奥，若不采意旨相同之语以参之，则为不解之谜矣。既广搜群籍，以参证圣言，其言之矛盾疑滞者，若不考订解释，折衷一是，则圣人之言行，终不可明矣"①。以事实证言论，以文本相参证，继以考订解释，可以明圣人之言行。当然，上古史料遗存不足，使得这一途径并不易行，因而回到历史现场的程度也有限。

晚近史料繁多，记述不一，虽然立论不难，反证也容易，但可通过对罗生门式的历史记录的大量细节进行实证，以此为铺垫，还原相关人物的相互关系和众多事实的相互联系，使得研究者凭借对错综复杂的事实的把握，让历史人物的关系和性格随着细节的丰富而逐渐显现，全方位地重现历史场景，研究者因而由局外人变成参与者，实现与历史人物的共同生活，真正获得对研究对象的了解之同情。这时重新观察历史人物的言行和事件的进程，就能够不仅是对史料的主观解释，而是成为各个当事人的同行者，亲历事件的全过程和各方面，达到知其然亦知其所以然的境界。在这方面，对社会科学似乎兴趣不大的陈寅恪②，反而异曲同工，其晚年著述《柳如是别传》，可以视为通过解读史料努力回到历史现场的有益尝试。而领悟此书要旨，能够追寻前贤探索穿越时空隧道的方法和路径，达到临场的妙境。

回到历史现场，应该成为考古学和人类学影响史学发展的重要取向。

---

① 《杨树达论语疏证序》，陈美延编：《陈寅恪集·金明馆丛稿二编》，第262页。
② 陈寅恪早年留学巴黎，是否系统学习过社会科学，资料记载不一，难以确证。

第四章　20世纪前半期的中国史学会

中国的史学会组织，清季已经出现。①民国时期的学术，延续晚清以来的趋向，受到外来学说的影响，由经入史，名家辈出。在昌明史学的同时，由于人数众多以及对外交流的增加，日益感到自我组织的必要，曾经多次尝试建立全国性的专门学会。不过，与国学会及其他学科的学术团体相比，无论就组织的稳固或影响的大小而论，史学会都不免相形见绌。这反映了当时史学界的学术派分难以协调，以及各人对于学术团体的功能作用看法的分歧。等到全国性的史学会终告成立之日，又不可避免地陷入了政治的旋涡，开始成为党派斗争的工具。更为有趣的是，近代史家治史，首在求真，可是对于自家的历史，似乎不够重视，有关史事，鲜有论及，即使

---

① 参见俞旦初《中国近代最早的史学会——湖北史学会初考》，《近代史研究》1986年第6期。另外，贵州也组织过历史研究会。参见拙著《晚清学堂与社会变迁》，第337页。不过，这些以学会为名的组织，与后来专门从事学术研究或学人联谊的团体，分别不小。

有所论列，也是人言言殊。当事人的回忆于时间人物难免有误，后来者所写的传记，于相关史事也常有混淆，甚至近人所编各种年表，错漏也不在少数。清理这一时期学人建立中国史学会的历次努力，对于深入认识史学的流变趋向，学人的派分取径，无疑具有重要的补充作用，同时也有助于了解后来学术变化的种种因缘。

一　南北中国史学会

民国时期，有过多少次组建中国史学会的尝试？亲历其事者说法各异。傅振伦称："中国史学会的组织凡三次。1929年春，北大教授朱希祖，北师大王桐龄，辅仁大学陈垣诸先生等发起于北京。1942年徐炳昶、金毓黻、郭沫若、马衡等又组织于抗日战争的陪都重庆，编印了《中国史学》年刊四期。解放后，重新组织。"①1943年顾颉刚在中国史学会成立大会上致开幕词则称："中国史学会曾于民国七年及民国廿三年两度在北平发起组织，均告中止。此次系第三次组成。"②仔细检讨，两说均有所误。

顾颉刚所说民国七年即1918年在北京发起过中国史学会，很可能是记者误听，所指当为1929年朱希祖等人组建中国史学会一事。傅振伦《朱希祖先生传》记："1928年，先生仍回北大为史学系主任，兼清华大学等教授。先生以史学范围广博，乃于是年秋发起中国史学会于北平。参加者有北大、师大、清华、燕大、辅仁等校历

---

① 傅振伦编著：《七十年所见所闻·中国史学会》，第120页。
② 《中国史学会昨开成立大会》，《新华日报》1943年3月25日。

史系师生。"①关于此次中国史学会成立的时间,傅氏两说不一,均欠准确。

齐家莹编《清华人文学科年谱》将此事系于1929年1月13日,记为:"中国史学会在北平大学第一师范学院召开成立大会,到会者百余人,清华大学史学会会员均出席。由历史系教授朱希祖报告筹备经过,并印发了由其起草的《发起中国史学会的动机和希望》一文。通过了罗志希、朱希祖、张星烺共同起草的简章,选举了罗志希等委员9人。"②此说于与会人数仍有小歧。据《朱遏先先生年谱》:"到会者有北京大学、清华大学、师范大学、燕京大学、辅仁大学、女子师范大学六校教授学生共九十四人。"③

中国史学会的正式成立,虽然在1929年1月,筹备却是从1928年底开始。12月3日,朱希祖即拟发起中国史学会,从事筹备。12月30日,召开了首次筹备会,由朱希祖担任主席。1929年1月7日,朱希祖草拟了《发起中国史学会的动机和希望》一文。10日,又与张星烺、罗家伦共同拟定中国史学会简章。④

据朱希祖称,发起中国史学会,出于三种动机,寄托七种希望。所谓三种动机,一是要打破孤独讲学的旧习。"现代的学术,非闭户读书可以做成功的,更非专靠书本可以做成功的。就史学而论,闭户读书,一切史料,个人不能齐聚;一切历史的辅助科学,一人不能尽知,人类的历史,世界各国多有关联,多有记载,一人不能尽识。所以孤独讲学,虽有所著作,必不能完备。专靠书本,

---

① 傅振伦:《傅振伦文录类选》,第606页。
② 齐家莹编撰,孙敦恒审校:《清华人文学科年谱》,第78页。
③ 《朱希祖先生文集》(六),总4229页。
④ 《朱遏先先生年谱》,《朱希祖先生文集》(六),总4228—4229页。

不但有史以前无书可据,就是有史以后,一切遗迹遗物,也有非书本所能说明的。至于现代史料,更非实地调查不可。所以历史这一种学问,决非一手一足所能做成功的。"

动机之二,是要打破专靠学校来讲史学的旧习。以前各大学史学系大都有史学会,并且办一个史学杂志,以为学校显扬声誉。"然而这种史学会,至多不过请名人讲演几回,所办的史学杂志,或史地杂志,大都办了两三回,就完了事。因为史学这一件事,决非一校的教员学生所能发达进步的;而且学校的变迁太多,往往使学术受其影响,不能继续进行。"靠一校发达史学,与个人孤独讲学相似,力量不够。"历史是人类全体的总过程,要合全世界人来公共合作研究,方能真实发达,国界且不可有,何况乎学校等等界。"

动机之三,是要打破史学为政治的附属品,而为社会的独立事业。"政治有党派,学术无党派,讲史学的,尤应超出于政党以上,乃能为客观的公平观察,不为主观的偏私论著,方合于科学的史学精神。近来学校方面,大都有政党的牵制,因此同时研究史学的,而有彼此不能合作之心,而不能超然为真正之学者。"

至于七种希望,也就是应办的七项事业,1. 办一史学杂志(月刊或季刊),发表研究论著,"使国内国外的同志,相互考校批评,以求进步;一方面介绍世界各国现代的史学家学说,及其著作,或其他史学消息,以求了解现代世界史学的趋势"。

2. 发展会员,扩大组织,先从北平发起,将来吸收各大学史学系毕业生、教员和在校学生、以及社会上研究史学的专家,分别调查全国的史料以及古迹古物,互相咨询报告。

3. 分组进行不同层次的工作,如编辑人名地名词典、历史索引、史料采集和编目；继续清代学者的事业，搜集已引各史；翻译外国记载的中国史事和各国历史名著等。

4. 改良史学教育，对中小学史地教科书进行比较批评。

5. 推动高深的史学研究，会员各认定一种史学，如本国断代史、各国史、分科史、历史辅助科学、中外通史、历史哲学等，专门研究数年，然后著述。

6. 北平的史学家尤其应当重视重修清史、倡修民国十七年史、以及整理利用故宫博物院所藏清代和民国档案，供给史材。

7. 改良地方史志。利用毕业生散处各省，从事教育和服务公家的便利，汇集全国地方志，编集详明目录和提要，罗列各种体例，批评其利病，以最新最良之方法，定一最适宜体例，以改革各处地方志，使之不专属于地理，而属于历史，以为一切社会科学和史学最丰富的材料。①

从朱希祖所谈的动机，可以进一步了解其背景。治史不能单打独斗，已经成为当时一般学人的共识，从北京大学研究所国学门到中央研究院历史语言研究所的组建，表明这种意识的日益增强。1928年10月出版的中研院《历史语言研究所集刊》第1本第1分所刊傅斯年的《历史语言研究所工作之旨趣》，即强调"历史学和语言学发展到现在，已经不容易由个人作孤立的研究了，他既靠图书馆或学会供给他材料，靠团体为他寻材料，并且须得在一个研究的环境中，才能大家互相补其所不能，互相引会，互相订正，于是乎孤立的制作渐渐的难，渐渐的无意谓，集众的工作渐渐的成一切工作

---

① 朱希祖：《发起中国史学会的动机和希望》，《清华周刊》第30卷第11、12合期，1929年。

的样式了"。有了这样的共识,除固定的研究机构外,学会组织也日渐增多。

朱希祖称各大学史学系几乎都有史学会的组织,并不夸张。北京大学史学会成立较早。1922年朱希祖曾说:"我们在两年前已经发起组织史学会,办史学杂志。因为学校常有罢课的事情,欲成立而停止的已数次。"①同时叶瀚提及此事的背景:蔡元培长校时,国史编纂处附属北大,提倡共同收集材料,"以后国史馆迁移了,就想组织一个史学会的办法来继续他,可是没有成功"②。国史编纂处脱离北大,在1919年9月③,则1920年以前北大已经有过筹建史学会的尝试。

1922年4月,该校史学系学生鉴于"史学范围广大,图籍繁多,纵贯古今,横极中外,非群策群力广为稽考,而以一人驰骋其间,若涉大海,茫无津涯,欲其周遍综贯,盖亦难矣"。发起组织史学读书会,其目的有二,一、"当今史学以溥遍史为归,融合人类全史,观其会通,固为要事,然不有分国之史,亦[无]以凭借",集合同学之中学习英法德俄日本诸国语文者,各出所学,广为搜罗翻译,则对外俨如开辟疆土,对内势同输给粮饷。二、文明各国史家,类能应用最新史法整理其国史。中国史料宏多,散无纲纪,非分代整理,汇为通史,或分科精研,各成专史,实不足以有济。同学对社会科学习之有素,于本国通史亦略闻纲要,"正宜分

---

① 《朱遏先教授在北大史学会成立会的演说》,《北京大学日刊》第1116号,1922年11月24日。
② 《叶浩吾教授在本校史学会成立会的演说》,《北京大学日刊》第1119号,1922年11月28日。
③ 《呈教育部呈报国史编纂处移交清楚》,北京大学档·全宗号(七)·目录号1·案卷号60,王学珍、郭建荣主编:《北京大学史料》第2卷,中册,第1516—1517页。

代分科，各精探讨，散之则各启疆宇，合之则互输材料。"该会由史学系学生张国威、张爱松、李正奋、魏江枫、王光玮、张庚乾、秦志壬、安世徽、傅汝霖、陈友揆、杨丰沛、卢政鉴等人发起，依据简章草案，哲学、文学、政治、经济、法律各系学生有愿研究各项专史者，亦可入会；公举干事若干人，负责总务、调查、文牍、会计等事；会员分为本国史、外国史、科学史三组，有必要时可以添设；每人划定范围，专精一史，克日读书，如有心得，则报告演讲或发表论文；随时请北大教员或校外名人指导讲演，并与国内外史学家通信研究，调查史料①。

在此基础上，经过数次集议，1922年11月15日，北京大学史学会正式成立，是日午后4时，在北大第三院大礼堂召开成立大会，蔡元培、朱希祖、蒋梦麟、胡适、马衡、叶瀚、杨栋林等以及史学系在校和毕业学生40余人出席，由姚㨗让报告筹备经过，韩树模为临时主席，蔡元培、朱希祖、叶瀚、杨栋林和学生王光玮、滕统昔发表演说。因时间紧迫，议定简章三条，选出委员16人，即行散会。选举结果，魏江枫、韩树模任庶务，姚㨗让、王光玮任文牍，冯文启、李振邦任会计，陈友揆、傅汝霖任交际，杨汝璋、滕统昔、赵仲滨、刘濂任调查，张步武、张国威、秦志壬、赵维桢任出版②。11月29日，该会举行第二次大会，逐条通过简章的余下部分。研究科目分为本国史、外国史、科学史、历史学、考古学数种，较史学读书会有所扩大。

---

① 《发起史学读书会意见书》，《北京大学日刊》第1004号，1922年4月19日。
② 《北京大学史学会成立报告》，《北京大学日刊》第1115号，1922年11月23日。

越小越好。其实，对于学生选题而言，时间的长短固然重要，更为关键的当是能力的高低。

北大虽然占尽天时地利之便，这一时期的史学系及史学会在培养人才方面却显得不尽如人意。1925年11月26日，朱希祖以系主任名义召集史学系全体学生开会讨论定期讲演和分级研究等事，学生代表谭慕愚便提出，要想在研究方面取得好结果，在历史领域发现新大陆，学校方面要供给材料，指示方法，对学校缺少欧战后的新书以及本系各教授的教法提出批评，希望能给历史以系统的原因和结果的说明，加强外文训练；请导师和讲演者，不应含有党派的色彩，并特意提出梁启超。请名人演讲，本来也在史学会的计划之内，只是执行得不理想。史学系教授会议决定，从1925年12月1日起，每两周举行一次学术演讲，分为中国史、外国史和史学的基本科学三组，讲演者均为本系教授。[1] 也许是接受了学生的意见，后来开始邀请校外学人演讲。

在此前后，北京其他大专院校相继组织史学会或史地学会。北京高等师范学校的史地学会1920年即告成立，并创办了《史地丛刊》。1927年5月12日，清华大学史学会由清华国学研究院学生姚名达等人发起。先是，姚名达"感于中国史之范围过大而材料特丰也，非通力合作，则人自为战，永无成功之希望。若在外国，则国虽小而学会林立，所以裨益学问者无所不至，而史学会之为用尤显。吾国则他学容有学会，史学会独无闻焉，抑可怪也。间尝语之我师友，以谓吾院治史者众，又得梁、王、陈、李诸先生为之师，益以大学部史学系师生，不下四五十人，苟能联络组织，分工合

---

[1] 《史学研究会开会记事》，《北京大学日刊》第1818号，1925年11月30日。

作，其为功效，宜有可期。……今年夏，更言之于刘寿民先生（崇鋐，史学系主任），适史学系同学亦有斯意，双方接洽，史学会遂以成立"①。当日梁启超、王国维、陈寅恪等人出席，各致己见于众。

其时正值国民革命，各种政治势力重新组合，清华研究院亦受波及，参与各种党派活动者不在少数。同学中的周传儒、方壮猷等人还想"自组织一精神最紧密之团体，一面讲学，一面作政治运动"②。不愿参与民国政治的王国维因而对成立史学会一事"颇用怀疑，以为斯会别有用意"，主张"宜多开读书会，先有根柢，而后可言发展"③。党派渗入学术，由来已久，1925年北大史学系学生向系方所提意见，重要的一条便是"大学的史学研究，关于导师或讲演者，似乎不应该含有党派的色彩。国内的著名史学家，如梁任公辈，不管他对于历史的见解怎么样，但他于史学上实在用过功的。学校常常请这类人来校讲演，把他们所研究的方法与心得，拿出来给我们作个榜样与参考，那是于我们有利益的"④。王国维只是怀疑有人利用学会的组织形式从事政治活动，他本人并不排斥以学会组织学术活动的做法。清末民初，来华的外国人士聚居北京，各有所好，成立了不少学会，如中国古物保存会、政治学会、文友会等，其中就有历史学会，长期住在

---

① 姚名达：《哀余断忆》，《国学月报》第2卷第8、9、10合刊，1927年10月。其时北京一些大学虽有史学会，同为研究机构，并设立多个学会的北大研究所国学门，却没有史学会。
② 丁文江、赵丰田编：《梁启超年谱长编》，第1118页。
③ 姚名达：《哀余断忆》，《国学月报》第2卷第8、9、10合刊，1927年10月。
④ 《史学研究会开会记事》，《北京大学日刊》第1818号，1925年11月30日。

中国，好金石古物的福开森（Ferguson, John Calvin），曾担任该会会长。这类团体开始往往只是外侨的聚合，民国以后，中国学术渐渐展开，也吸收中国学人参与。1924年，梁启超曾在"欧美人所设"北京万国史学会演讲，并译成英文刊登于外报。①1926年11月27日，王国维到北京历史学会演讲《宋代之金石学》，并与福开森晤面。②因为该会并非中国学人组织，所以姚名达不以其存在为中国已有史学会。

上述组织，很可能与一个中外人士联合组成的"中国史学研究会（The China Historical Research Society）"有渊源。该会1913年成立于北京，由陆征祥任会长，北京大学华人外籍教授周慕西（Dr. Moses Chiu）任名誉干事。其目的是：中西学者合作，进行古老国家民族历史的比较研究；培养对古老中国的热爱和尊敬，在年轻一代心中植根深厚的爱国主义。1916年3月，中国社会与政治学会（The Chinese Social and Political Science Association）成立，仍由陆征祥任会长。他认为在现有条件下难以达到史学研究会的目的，建议和中国社会与政治学会合并。经过两会干事的协商，中国史学研究会决议并入中国社会与政治学会，并为后者所接受，史学会会员全部成为社会与政治学会的会员。③

各校史学会的组建，长远目标也是联合全国同行。姚名达倡组清华史学会，便预期"若更扩之于北京，充之于全国，以大规模之

---

① 丁文江、赵丰田：《梁启超年谱长编》，第1010页。
② 袁英光、刘寅生：《王国维年谱长编》，第494页。1926年12月1日王国维函告马衡："弟上星期六曾至历史学会演讲一次，晤福开森"（吴泽主编：刘寅生、袁英光编：《王国维全集·书信》，第448页）。
③ Editorial Notes,*The Chinese Social and Poliyical Science Review*,Vol.1,no.2,July,1916. 感谢孙宏云副教授提供此项资料。

团体，作有计画之事业，则不出十年，中国史学，必当一变昔日之偏蔽而为昂进之发展"①。国际史学界发展变化的趋势，对中国学人产生了很大的冲击和影响。朱希祖在《发起中国史学会的动机和希望》一文的结尾处大声疾呼："我们中国的历史，在全世界中发达较早，我们中国的史学会成立已觉太迟，东西洋各国这种会年纪已经老了，史学杂志，已经出到几十几百期了！我们到了现在，方始开端集会，开端预备出杂志，真是可愧到极点！我们再不进行，实在要给外人笑我们太没出息了！深愿大家共同努力，积极工作，以发达我们中国史学会的事业！"

朱希祖这番话并非泛指，其具体刺激显然是1928年8月14日至27日在挪威首都奥斯陆举行的国际历史学会（International Congress of Historical Science）第6次大会。该会1900年首创于巴黎，1903年在罗马召开了第2次大会，决定以后每5年开会一次。1908和1913年，分别在柏林、伦敦开会。第一次世界大战爆发后中断了会期，直到1922年4月，才在布鲁塞尔举行了第5届大会，并决定组织一个永久性的国际历史学委员会，负责联络和安排两次大会之间的日常事务，以适应国际学术界分工合作日趋增长的需求。②1928年的第6届大会，有40余国的千余人出席，其中正式代表500余人，除欧洲各国外，美国、智利、南非、日本均有代表。国际史学委员会的代表国家也达到30个。大会还决定1933年在华沙召开第7次大会。③

对于国际史学界的动向，以南京为中心的学人似乎更为关

---

① 姚名达：《哀余断忆》，《国学月报》第2卷第8、9、10合刊，1927年10月。
② 《国际历史学会第六次大会》，《史学杂志》第1卷第1期，1929年3月。
③ 陈训慈：《国际历史学会第六届大会记》，《史学杂志》第1卷第2期，1929年5月。

注。五四新文化运动以来，北大新文化派与南高学派就一直明争暗斗。后人往往从中西新旧的角度看待双方的分歧，其实，仅仅从对西学关注的程度看，南高学派甚至在北派之上。1920年5月，南高文史地部学生成立了史地研究会，发刊《史地学报》，会员中王庸、范希曾、张其昀、陈训慈、景昌极、束世澂、向达、郑鹤声、刘掞藜等，各有建树。他们十分注意国际史学界的动向，陈训慈等人翻译发表了不少有关消息，如1922年的国际美术史公会大会，维也纳的东方古物展览会，在布鲁塞尔召开的国际学术联合会（Intern. Research Council）和国际地学联合会（Intern. Geographical Union），1923年4月的国际历史学会第5次大会，国际人种学大会等。其主要目的，就是推动中国成立学会组织，参与国际性的学术活动，而组建中国史学会，更是首屈一指的努力目标。

1922年，陈训慈在《史地学报》第1卷第2号发表文章《组织中国史学会问题》，公开呼吁组建中国史学会。他依据百科全书列举了欧美各国的史学会数目及其成立的最早时间[①]，认为学会发达是学术发达的表现，并能推动学术。组织史学会，可以促进实学研究，将新文化以来的浮泛学风引向笃实，使中国文化得以正确表白于世界，增加和保存史料；并列举了史学会的主要任务，即整理旧史，编订新书，探险考察，保存古物，组织图书馆博览室，参与近史等，希望各大学史学教授及专门史家联合发起，聚集同志，募集经费，建筑会所。

---

① 具体为：英：28/1572；法：26/1701；德（含奥地利）：38/1820；美：19/1792；俄：9；意：8；西班牙：4；英属殖民地：7；比利时：7/1839；荷兰：3/1846；瑞士：7；瑞典：2；挪威：2；丹麦：4；土耳其：1；希腊：1。另外日本也有史学会。

组建史学会，旨在"务使吾国学术研究之精神，并驾西国，携手共进，作远大之企图"。当务之急，则是推举代表参与相关的国际学术团体活动。其时中国政府对于学术活动态度冷漠，国际美术史公会开会时，法国方面主动邀请中国赴会，政府开始漠然不理，经法国公使再三催促，才由教育部和外交部合派观象台长出席。而维也纳的东方古物展览会，大部分陈列中国古物，竟没有中国史学家演讲中国文化。[①]1923年，教育部曾将本年度的国际学术会议列表，通告各省"得自由出洋与会"，敷衍了事。"学术荒堕，甘自屏弃，替前哲之令业，贻并世之大讥；坐使公共之学术，只闻列邦之讨论研究，而吾国并分内之务，无人整理；世界学术上之集会，往往阒焉无吾族之迹，而中国遂以无学闻于世。斯则邦家之奇耻巨辱，庸非国人对于学术所负之大罪欤！"[②]为此，中国学者必须组建学会，才能参与国际学术会议，与各国学者联络。1922年8月的国际地质学会，中国因为早有地学会，派代表出席，并被举为副会长。其时中国的自然与社会人文学科出现了不少全国性组织，如中国科学社、自然科学研究会、中国化学会、中华全国电气学会、中华工程师学会、中国工业会、中华矿学研究会、教育研究会、农学会、林学会、中华森林会、中华农学求新会、中央商学会、中国速记学会、中华民国医药学会、中华民国法政研究会、中华博物学会、中国天文学会、中国地学会、中国哲学社、中国社会学研究会、中华心理学会、文学研究会等，唯独缺少史学会。

1926年，移席北京女子大学的柳诒徵与向达、张其昀等成立中

---

① 《国际学术团体与吾国》，《史地学报》第1卷第4号，1922年8月。
② 叔谅：《中国之史学运动与地学运动》，《史地学报》第2卷第3号，1923年3月。

国史地学会，发刊《史学与地学》。1928年，张其昀创办《地理杂志》，本来如孪生兄弟的史地之学，终于分离，"盖孪生之子自毁齿而象勺，虽同几席而各专其简策之通轨也"。1929年1月，与北京的中国史学会几乎同时，中央大学的缪凤林、范希曾、陈训慈、郑鹤声等人又与张其昀一起发起成立中国史学会，并于1929年3月创刊《史学杂志》，标明南京中国史学会编辑。这样，中国同时出现了南北并立的两个史学会。其背景显然与国民政府统一后，政治中心南移所引起的文化中心变动有关。柳诒徵为《史学杂志》撰写《发刊词》，还不忘将双方的异旨揭出："世运日新，浅化者或张皇震惊而莫测其始因及归趣，……近世号称史学魁宿者，目涑水通鉴为帝王教科书，无裨于今之新制。嗟乎！斯特皮相之论耳。……根据前事，因应方今，其为术可以尤富。阁束不观，徒以自窒神智耳。"①抗战期间，中央大学历史学会重新组织，金毓黻还特意指出中国古今学术的南北派分，认为史学方面，廿载以来，南北两派桴鼓相闻，比于诤友，极一时之盛。虽然后来共济一堂，风雨商量，但学术以互竞而猛进，"夫学问之道，以求是为归，何必尽同。本系诸君应勿忘往日史学南派之历史，以共树卓然自立确乎不拔之学风，因而相激相荡，与以有成"②。

南京中国史学会的人脉与做法，基本延续史地研究会，《史学杂志》创刊号就报道了国际历史学会第6次大会以及美国史学团体开会的消息，第2期陈训慈还专门译载了《国际历史学会第六届大会记》，作深入报道，并在译文前后加入自己的意见："此次盛

---

① 该发刊词写于1929年1月，文中提及当年史学会成立一事。
② 金毓黻：《静晤室日记》第6册，第4629—4630页。

会，中国虽未有代表参与，然史学研究之国际合作近况，与各国研究之趋势，当为国内研治史学者所注意。……吾人以中国人之地位而言，尤望国内学术界得循政治之渐趋安定，而有健实之进步，届时国内史学界再不致如此次之漠视此会，而能由学术团体与政府之合作，推定代表前往参与也。"

  国民政府迁都南京后，政治中心南移，南北两京的学人为争夺文化中心地位，不断有所磨擦。发起中国史学会，朱希祖等人似有努力维持北平作为学术文化中心，与南京新都抗衡的愿望。在1月13日的成立会上，朱希祖被推为主席，并以最高票74票当选为首席委员，其余8位委员依次为陈垣60票，罗家伦49票，钱玄同43票，王桐龄41票，张星烺39票，沈兼士33票，陈衡哲31票，马衡30票，候补者还有陶孟和、袁同礼、萧一山、刘崇鋐、翁文灏等5人。1月20日，中国史学会召开第一次委员会，朱希祖当选为主席和征审部主任。①该会计划整理旧史，编辑人名、地名、年代、历史等辞典，印行刊物，举行学术演讲。②不过，从后来的实际情形看，南北新旧两京的中国史学会均无大的作为，很快便不了了之。

二　北平史学会与群雄并起

  南北两家中国史学会的成立，虽然不能达成联合全国史学界的目的，毕竟反映了各校史学系师生对于专业学术团体的向往和需

---

① 《朱遏先生年谱》，《朱希祖先生文集》（六），总4229—4230页。
② 傅振伦：《傅振伦文录类选》，第606页。

求。本来成立中国史学会，是想打破各校分别组建史学会的局限，可是中国史学会昙花一现，一些大学的史学会却将活动开展得有声有色，甚至能够长期坚持，成效卓著。

国民革命期间，政局动荡，北京大学史学会实际上停止了活动。中国史学会成立后，1929年3月29日，北京大学史学系同学召开大会，成立新的"北大史学会"，所通过简章的基本精神与此前大体相同，但也有若干变动。如会名由"北京大学史学会"改为"北大史学会"，宗旨由"联络同志研究史学"改为"研究学术，促进文化及联络感情"，会员资格的取得也由原来北大史学系毕业及肄业者、本校他系同学及教职员有志研究史学者，以及由本会两名会员介绍的国内外有志研究史学者，变为"凡本校史学系同学及教员皆为当然会员"，他系同学则须两位会员介绍，主体增加了教员，范围却有所缩小。5月1日，史学会召开职员会，决定若干重要议案，如每三周举办一次月讲；推举傅振伦、余逊、师茂材、高业茂组成委员会，议决分组研究，每月举行一次学术讨论会；拟办刊物等。①

不过，在接下来的几年中，北大史学系师生一直备受各种派系纷争的困扰，人事变动频繁，学术活动难以正常开展。在此期间，能够持之以恒，并且成效卓著的反倒是燕京大学的历史学会。该会成立于1927年，当时人数不多，精神涣散，成立不到一年，无形消灭。翌年秋，因校中各种学会纷纷出现，历史系同学"为联络师友感情计，为研讨学术计，为辅助史系发展计，佥以为史学会有重新

---

① 《北大史学会通告》《北大史学会简章》，《北大日刊》第2161号，1929年5月7日。

组织再张旗鼓之必要,于是积极进行,赖师友之热忱,不一周即告成立,师友会员计二十余人",推举主席1人,文书1人,财务兼庶务1人,后来又增加演讲、参观、研究三股,每股各1人,合称职员会;聘请顾问2人,另设出版委员会。①同年发刊《史学年报》,得到系主任王克私(Philipe.de.Vargas)、教授王桐龄、张星烺等人的热心指导。此外,还举行系统演讲,请校内外学者主讲。②以后,陆续来校任教的顾颉刚、洪业、张尔田、邓之诚、容庚等人亦积极予以多方面支持,使得该会及其《史学年报》持之以恒,在当时的史学界堪称异数。③该会按例每年秋季改选,因而人员流动甚大,但能够坚持不懈,涌现了不少著名学者,仅以担任过职员者论,就有翁独健、齐思和、赵丰田、冯家昇、朱士嘉、邓嗣禹、王育伊、周一良、张维华、蒙思明、王钟翰、侯仁之、王伊同、谭其骧等。④

燕京大学历史学会的突出成就,使之在北京(平)史学界的一系列组织努力中扮演重要角色。该会的工作重心之一,就是致力于联合他校史学会创办中国史学会于北平。⑤中国史学会的筹组过程中,王桐龄、张星烺等积极参与。该会无形解散后,1932年10月16日,由北平各大学史学系的教授和学生发起,经过两个月的筹备,在中山公园水榭召开大会,成立北平史学会,史学名家和各校

---

① 《历史学会之过去与将来》,《史学年报》第1期,1929年。齐思和《史学年报十年来之回顾》(《史学年报》第2卷第5期,1938年12月)称该刊创刊于1928年7月,疑误。
② 《燕大历史学会一年来工作概况》,《史学年报》第2期,1930年。
③ 齐思和:《史学年报十年来之回顾》,《史学年报》第2卷第5期,1938年12月。
④ 《历史学会十年来职员名录》,《史学年报》第2卷第5期。
⑤ 《历史学会之过去与将来》,《史学年报》第1期,1929年。

学生百余人到会,"颇极一时之盛"。10月26日下午2时,该会假座北海公园五龙亭召开第一次执行委员会,由谭其骧主席,朱士嘉记录,会议议决执行委员会组织法,文书股由谢兴尧(北大)、谭其骧(燕京)、丁迪豪(北师大)担任,事务股由柴德赓(北师大)、陈均、张德昌(清华)、戴邦伟担任,出版股由吴晗(清华)、朱士嘉(燕京)、邓嗣禹(燕京)、李树新担任。决定出版会刊,拟聘请陈寅恪、陈受颐、陈垣、顾颉刚、邓之诚、陶希圣、陆懋德、洪业、胡适等18人担任编辑委员会委员,由执委会派邓嗣禹、吴晗二人为代表,出席编委会,计划于1933年元旦出版会刊的创刊号。①从职员的情形看,燕京大学历史学会的成员在其中起了重要作用。纲领性的《北平史学会缘起》,事先曾经顾颉刚修改。②

和此前的中国史学会不同,北平史学会的主体是各校的学生(包括研究生)而非教师,但同样未能将故都的史学界同学聚拢起来,有计划有组织地展开学术活动。关于该会的记载相当罕见,对于各位参与者似乎没有留下深刻印象,以至于在他们的学术发展历程上很少痕迹可寻,有关的传记年谱几乎未提及此事,各种学术编年甚至专门的史学编年,也没有提到该会。这一现象,反映了1930年代中国史学界的日趋多元化③,学人在推动史学研究的共同目标之下,更加重视治学途径或领域方面的志同道合,以期创造出自己

---

① 《北平史学会成立》,《北平晨报》1932年10月27日。引自《读书月刊》第2卷第1号,1932年10月10日。这一期的实际出版日期较晚。
② 顾潮:《顾颉刚年谱》,第204页。
③ 周予同认为:1927年以后,中国学术思想界,尤其是史学界,渐趋复杂(《五十年来中国之新史学》,朱维铮编:《周予同经学史论著选集》增订本,第547页)。

认可的新史学，因而对于这种联谊性的大团体反而不大看重。北平史学会成立后的数年内，一些主要成员纷纷组建各自的学术小团体。

丁迪豪参与的国立师范大学研究所历史科学研究会的组建与北平史学会几乎同步进行。1933年1月25日，该会创刊了《历史科学》杂志。从该会及其刊物的标名，即可窥见其宗旨主张。《历史科学》第1期的《创刊之辞》声言："本刊纯系公开的研究历史的刊物，站在新兴科学底立场，以客观的切实的精神，作深入的研究。我们无所企求，但愿始终拥护真理，追求真理，掀起一个科学的历史研究的运动。"

自清末梁启超揭出"新史学"的旗号以来，将历史研究科学化，一直是众多中国学人努力的目标之一。五四新文化运动以后，随着科学主义的渐趋流行，无论尊奉还是盲从，各派学人都主张或不敢违背科学化，尤其是一代代以建设"新史学"为职志的学人，尽管其中也有人认识到历史的人文与艺术的一面，不能完全以科学化来涵盖。① 不过，对于史学发展的状况，主编《历史科学》的丁迪豪等人显然很不满意。他们认为，民国以来的历史研究表面看来异常勃兴，仔细分析，实在是"不景气"。他们针对有关现象，分别批评了三类人：

其一，"许多人还未认清历史是什么，把古书当作是历史，寻章摘句的埋头作考证，结果，离开了历史的本身是十万八千里。

---

① 关于近代中国新史学与科学化的历史联系，前人已经有所论及（参见王晴佳《论二十世纪中国史学的方向性转折》，《中华文史论丛》第62辑）。但新旧各派学人就史学的科学与艺术性质而展开错综复杂的关系，尚可再作探讨，另文详论。

照这样，充其量而言之，也只能比三家村上的老学究高明一点，除了熟读几句老古书外，还能加上一些标点符号，其余还有什么"？这显然是指当时已经跃居主流地位的所谓"史料学派"，甚至包括疑古辨伪的古史辨派和提倡整理国故的胡适。京派学者与青年学生之间的精神差异，亲历其事的陶希圣有过典型的概括：到1930年代初，"五四以后的文学和史学名家至此已成为主流。但在学生群众的中间，却有一种兴趣，要辩论一个问题，一个京朝派文学和史学的名家不愿出口甚至不愿入耳的问题，这就是'中国社会是什么社会'"①。分歧的严重，甚至到了面对学生的学术演讲中不谈及此类话题就很可能被轰下台的地步。这一派人，后来大抵被归入实证主义史学思潮的范围。

其二，"另有一种人，把历史当作是他们玄想的注脚，拾来一些江湖卖艺的通行语，也拿来比喻中国历史的发展的过程，在他未尝不以他是俏皮巧妙，其实正表示他粗鄙浅薄与理论的贫弱。历史之有合法则性，这一点自由意者是根本不懂的。以自由意志来高谈历史，是有产者灵魂的跳舞"。这一种人成分相当复杂，就主张自由意志而论，晚年的梁启超首当其冲。本来梁启超信奉进化论，主张治史要求因果关系，但在读了新康德主义弗赖堡学派的主要代表人物李凯尔特（Heinrich Rickert）的著作之后，其认识根本改变，认为过去主张建设新史学，要循着由归纳法产生出来的现代科学之路，其实完全错误，归纳法只能整理史料，不能研究历史。因为"史迹是人类自由意志的反影，而各人自由意志之内容，绝对不会从同。所以史家的工作，和自然科学家正相反，专务求'不共

---

① 陶希圣：《潮流与点滴》，第129页。

相'"。"历史现象最多只能说是'互缘',不能说是因果。"①梁启超之后,成为新一代"新史学"代表的何炳松也主张史学纯属主观,不可能像自然科学那样成为真正的科学。被划入相对主义史学思潮的人物,大抵在此范围之内。②当时主要就史观立论的官方史学,也被囊括。

其三,"便是一些从来未摸着历史之门的,而偏要赶时髦的作家,把活的历史填塞在死的公式中,在他们那种机械的脑袋里,凡是马克思、恩格斯的文献中有着的历史发展阶段的名词,中国便就有了。所以各人都努力向这里找,找着一个时髦的名词便划分一下历史发展的阶段。然而,他们这种猜谜似的论战虽是像煞有介事的,可是,这样瞎猫拖死老鼠的乱撞,便由于缺乏高深的研究"。社会性质与社会史论战,使得唯物史观风云一时,但弊病却也显而易见。参与论战者当中相当多的人既非治史出身,也无相应研究,这种不学而能的事,虽然是清末尤其是五四新文化以来,学人耸动大众的惯常,但在学院化的1930年代,学术界有太多的理由予以质疑。

《历史科学》的批评将此前各派史家一网打尽,以证明其"不景气"的总体评价,等于将已有的学术成就全盘否定,其目的是为了标树新的。该刊向青年大声疾呼:"以上这些我们是没有半点满意,我们虽也站在历史的唯物主义方面,但我们要由历史发展的本身作深入的探究,从而以为历史之判断;我们虽也留心史料的时代价值,但我们要以新的科学来阐明历史,充实历史;而我们更要努

---

① 《研究文化史的几个重要问题》,《饮冰室合集·文集》之四十,第1—4页。
② 张书学:《中国现代史学思潮研究》,第5章《相对主义史学思潮》。

力于历史之传授——历史教育之研究，以作历史大众化之准备。总之，我们决［心］不断的努力，从工作中得来自己真正的乐趣。来哟！青年的史学同志们，这里才真正是我们研究学问的园地。共同努力吧，终会有着胜利的果实。"①

在创刊号的《编辑杂记》中，该刊还宣布准备在日、法、美各聘特约通信员一人，以沟通欧美史学的消息，"使本刊能逐渐成为新史学知识底总汇"。为了达此目的，该刊决定"一面介绍新史学之理论与研究作品，一面在鼓励吾人以新方法作成有价值之新著"②，具体做法是：在一年里打定科学的历史理论的基础，出版下列专号：1. 科学的历史理论。2. 历史与各种科学的关系。3. 世界史学界鸟瞰。4. 现代中国各派历史方法论批判。5. 满蒙史研究。6. 西北历史研究。为此，编者再次呼吁："我们必定要打破学术上的关门主义，每个读者也就是历史科学的培植，也就应该站在历史之科学的运动的尖端叫着前进。"③

《历史科学》的呼吁，在部分青年中的确激起了一阵波澜。留学东京文理大学的臧光恩来函赞道：中国输入科学已经二十余年，一切仍是老古董，"贵会唱出历史科学化口号，将来对于中国史学前途，必会有切实功献"④。署名"次晨"者由郑州来函称："在这沉寂的学术空气中，你们忍不住来冲破这万籁无声的幽静，鼓动着奔腾的年青火一般的热血，勇敢揭起了科学的历史运动之旗，这是学术界一个火星的发现。虽然几个青年人的血与热，要和腐烂的

---

① 《创刊之辞》，《历史科学》创刊号，1933年1月25日。
② 编者（丁迪豪）：《编余》，《历史科学》第1卷第2期，1933年3月30日。该刊从第2期起编辑单位改为"北平历史科学研究会"。
③ 《告读者诸君》，《历史科学》第1卷第2期。
④ 《通讯三则》，《历史科学》第1卷第2期。

中国史学者交锋，外面看来这些昏庸老朽们，都是占据要津，已经树立了卑污得说不上口的威权，而几个青年人在喊着新史学的口号，无异是只枪匹马在和他们在挑战，但你们不要怕，这些老弱残兵是敌不过新的科学的武器，最后的胜利是属之你们的。迪豪兄，盼你和诸同志加倍努力，腐败的中国史学者，才是你们的建设新史学的障碍物，非根本拆除不可。希望兄等以科学的史的唯物论之方法，积急的作些批判的工作，只怕没有凿空辟地之勇和犀利的刀斧，……具有了勇气和方法，还怕什么不成。则现今史坛上的牛鬼蛇神，一经批判，哪有不原形毕露。"①

《历史科学》在海外也博得响应。东京帝大文学部学生武田泰淳来函称："我认为一向中国没有进步的物观史，很是一个遗憾。郭沫若先生的《古代社会史研究》与张霄鸣先生的《太平天国革命史》等固然是很漂亮的著作，但还不是真正唯物辩证法的研究。"武田提出两项建议，其一，加强近代史研究。中国史家治近代史者少，日本亦寥若晨星。只有近代史，才是中日史家当前紧要的研究对象。他本人即准备研究外国资本的侵入与革命势力的勃兴，以及由此而引起的打倒清朝封建专制政府的过程。其二，加强中日两国史家的沟通联系。"虽然中日现在正在战争，但进步的科学者是要在国际上握起手来。"并告以日本的《历史科学》为马克思主义激进杂志，《历史公论》则为大众自由主义杂志，允诺今后报告日本进步的历史科学研究给该会会员。②丁迪豪等人接受了武田的意见，决定致力于下列问题的研究：1. 亚细亚生产方法之探检。

---

① 《历史科学》第1卷第5期，1933年9月。
② 《读者通信》，《历史科学》第1卷第3、4期合刊，1933年6月。

2．专制主义之诸问题。3．明郑和下南洋与商业资本及殖民。4．鸦片战争史。5．太平天国革命史。6．义和团运动史。7．中国资本主义发展史。

《历史科学》把现状当作传统一概推翻的偏激做法，与晚清以来的激进倾向如出一辙。所要打倒的史坛上的牛鬼蛇神，"次晨"毫不掩饰地指名谩骂："不管陈垣老狗怎样在那儿托庇于上帝之灵，肚皮吃得肥肥的，雇用了几个血肉之躯的书记为他抄写赶制有利于基督教宣传的史料，欺骗中国民众而取媚于他的恩人——帝国主义榨取殖民地劳动大众的先锋队：神父、牧师。然而，只要我们坚决的站在为护拥无神论斗争的基点，仔细批评他的著作，这老狗一定会给你们打得抱头鼠窜，也可以说是打落水狗。不管美帝国主义骄养惯的小宝贝胡适怎样在那儿扬眉吐气，目瞪口呆看着纽约、芝加哥的洋楼出神，喊着奉天承运，大美帝国诏曰，接受西方文明，可是这帝国主义的说教者的放屁胡说——文存一集二集三集这样出下去，但也是不堪一击的。即便那些无耻的喽罗走卒怎样的喊破嗓子的说：'胡适圣人也'（章衣萍著《枕上随笔》，满篇是胡圣人曰），然而你们要用科学的照妖镜，也究竟是能分别出人妖。呜呼！圣人吾不得而见之，斯乃小毛狗也。还有整天抬着王国维死骸念经的遗少们也在高谈历史，其实是历史被他们侮辱不堪；以及那些一窍不通而只知用锄掘地的考古学大博士和多如牛毛般的小卒，也都在一心一意的涂改历史。"

这些乍看以为"文革"遗风的语言，刚好表明"文革"风气渊源有自。除了被点名的陈垣和胡适，陈寅恪、李济等人显然也在被攻击之列。而上述各人正是一代新史学的代表。次晨对于《创刊之辞》的横扫一切依然感到不够痛快，进而呼吁道："朋友！你们果真是要努力于中国史学之改造吗？那么我说的这些碎铜烂铁，要根本把他一扫。迪豪兄，凤昔我佩服你的勇敢，现在你倒谨慎了，奋斗吧，不要怕。我愿意竭我个人的微力，贡献给这神圣的清算运动！"①

不过，尽管《历史科学》自封"本刊为唯一主倡新史学的有价值之刊物"②，似乎并未得到学界的公认。那些成名的权威学者对于此类狂言司空见惯，不会太过在意；同样立志为建设新史学而奋斗的青年同道也不以为然。1934年5月，参与北平史学会的吴晗和其他九位青年学人（汤象龙、夏鼐、罗尔纲、梁方仲、谷霁光、朱庆永、孙毓棠、刘隽、罗玉东）一起组织了"史学研究会"，其目的是经常聚会，交换心得，"以便能对中国新史学的建设尽一点力量"。他们不像《历史科学》那般偏激，既"不轻视过去旧史家的努力"，又"尊重现代一般新史家的理论和方法"。而对于新史学的理解，正如后来主办《益世报》史学专刊时由集体讨论形成的《发刊词》所称："帝王英雄的传记时代已经过去了，理想中的新史当是属于社会的民众的。"希望通过10年20年的努力，做出一点成绩。③这基本是延续梁启超"新史学"的精神，要写出社会民众史。至于具体做法，汤象龙回忆为编撰一部社会经济史。④这多少受到其专业和后来局势变动的影响，民众史与社会经济史之间显然存在差异。在共同信奉新史学之下，该会的宗旨，与丁迪豪等人一味主张科学化的历史科学研究会明显有别，而被后来史家认为尚未

---

① 《历史科学》第1卷第5期，1933年9月。
② 历史科学研究会发行部：《征求基本定户启事》，《历史科学》第1卷第3期，1933年6月。
③ 苏双碧、王宏志：《吴晗传》，第36—37、65—67页。
④ 冯紫梅著，曾越麟等译校：《时代之子吴晗》，第210页。

跳出旧史学的窠臼。

与丁迪豪、吴晗等人泛举新史学的大旗有所不同，谭其骧等人在细分化的基础上走了更加专门化的路线，与顾颉刚一起组织禹贡学会，致力于历史地理学的研究。由谭其骧撰写、顾颉刚修改的《禹贡·发刊词》，宣示了他们的学术思想和研究计划。治史须通舆地，本来是一般准则，研究地理沿革，清代盛行一时，但后来衰落，无人讲求，以至于学人很容易开口便错。"在这种现象之下，我们还配讲什么文化史、宗教史，又配讲什么经济史、社会史，更配讲什么唯心史观、唯物史观！"研究地理沿革，就是要"使我们的史学逐渐建筑在稳固的基础之上。……不能但凭一二冷僻怪书，便在发议论。我们一方面要恢复清代学者治《禹贡》《汉志》《水经》等书的刻苦耐劳而谨严的精神，一方面要利用今日更进步的方法——科学的方法，以求博得更广大的效果"。该会计划编写中国地理沿革史、地理沿革图、历史地名大辞典，整理历代地理志和辑录各种史料，"绝对不需要'是丹是素'的成见，更无所谓'独树一帜'的虚声"。以平等的精神打破门户宗派，共同合作，开辟新境界。①这种治学态度与吴晗等人的史学研究会颇为近似，只是取径和领域有所不同。

三　南方各大学的史学会

与此同时，南方各大学的史学会持续活动，如中央大学的史学

---

① 《禹贡》第1卷第1期，1934年3月1日。关于谭其骧与禹贡学会，参见葛剑雄：《悠悠长水·谭其骧前传》，第67—75页；顾潮：《历劫终教志不灰·我的父亲顾颉刚》，第158—172页。

会，基本继承了东南大学的学风，与北平隐然对峙。广州的中山大学也组织了史学研究会，发起所谓"现代史学"运动。此事原委，朱谦之后来回忆道："我来中大第一桩事就是组织史学研究会和提倡现代史学运动。这时文学院院长吴康（敬轩），是我北大旧友，约我为史学系主任。那时史学系学生人数不多，教授有萧鸣籁、陈定璠、陈安仁几位，我为着联络感情与研究学术起见，在史学系的行政机构之外，更与本系同学谭国谟、黄松、戴裔煊等提议设立史学研究会。史学系各年级生均为当然会员，而我和各教授则隐然居于领导的地位。这史学研究会在过去十二年中，贡献不少。……史学系自有了这个学术团体，系务乃大见发展。尤其惹国人注意的。就是我和一班青年史家所合力倡导的'现代史学运动'。我那时的经济情况，允许我把《历史哲学大纲》所得的稿费，移作提倡现代史学之用，我很热心地在这一年（1932年）12月，以自费创刊《现代史学》，但仍用史学研究会的名义，创刊号由陈啸江主编。"①

朱谦之的回忆与事实略有出入，尤其是隐去了至关重要的人物朱希祖。后者因为北大史学系学生再三反对，被迫辞去系主任职位，并最终离开北大，经黎东方介绍，被中山大学聘为史学系主任。但朱希祖迟迟未能到任，学校开课已久，一切课程等规划，需人主持，于是再聘请朱谦之担任系主任。而校方担心朱希祖因此不肯来校任教，秘而不宣。朱希祖于1932年10月15日到校后，只好改任教授，后来又受聘为文学院文史研究所主任。②该所由傅斯年、顾颉刚等人创建的语言历史研究所演变而来，受北京大学研究所国

---

① 《奋斗廿年》，《朱谦之文集》第1卷，第75页。
② 《朱逷先先生年谱》，《朱希祖先生文集》（六），总3829—3897页。

学门的影响，所内除事务委员会及其下设办事机构外，学术活动主要以学会为单位展开，先后成立了民俗、考古、历史、语言等学会。历史学会的成立较晚，到1929年11月2日，才由事务委员会决定，请沈刚伯负责筹备。1932年夏，因人事变动，文史研究所的所务中断。朱希祖接任后，重新恢复①，并于1933年3月23日聘请朱谦之为文史研究所史学会主席，拟增办《史学季刊》，得到后者的允诺。②

至于史学研究会，与朱谦之的回忆更是相去甚远。该会1930年5、6月间即由史学系学生唐棨明、葛毅清、黄松等人发起组织，以互助精神、科学方法和研究中外历史为宗旨。凡史学系同学为当然会员；如离校后仍愿继续加入研究者，得为特别会员；别系同学如赞同宗旨，得为普通会员，但须经入会手续。设全体会员大会，辖执行委员会，下分文书部、事务部、研究部委员会。文书、事务两部设正副主任各一人，研究部委员会下分史料搜集、专史研究、历史教学三组，每组设委员3人，由执行委员互选任之。③

该会拟定的1931年度研究计划规定：会员每学期初须报名参加研究部委员会下辖三组，择题研究，每人每学期至少交论文一篇；每月开学术讨论会一次；每学期商请史学系或其他科系教授及校外史学专家，至少举行一次以上的学术演讲；每学期至少举行一次以上的修学旅行，随时调查风俗习惯方言和搜集史料；每学期出期刊一次，以史学系各教授和会员论文为基本稿件。史料搜集组旨在设

---

① 参见黄义祥：《中山大学史稿（1924—1949）》，第182—189页。
② 《朱遏先先生年谱》，《朱希祖先生文集》（六），总4037页。
③ 《史学研究会业准备案》，《国立中山大学日报》，1930年4月28日。本段关于中山大学史学研究会，参见杨思机《朱谦之与"现代史学运动"》，中山大学未刊学士学位论文。

法搜集、保存和整理各项史料,具体分为确定和预定计划两种,前者包括整理近代两广外交史料、两广秘密结社之调查、编辑近代丛书目录、翻译各国有关中国近代史资料等,后者包括编印史料丛书、登报征求各项史料实物、设立史学书库保存各项材料、派专人调查两广内地非汉族语言(最好同时注意风俗、习惯、宗教、信仰)、购买必要书籍等。专史研究组规定研究员从经济、思想、政府组织、人类本身等方面着手,依材料选定题目,请史学系或校外学者指导。历史教学组以研究历史教学法为目的,介绍国内外史学家的主张及方法于本国学术界,尤其注重原文译读。① 由于中山大学语言历史研究所下设历史学会有计划而无活动,学生组织的史学研究会,实际上很想承继其事业。1934年,史学研究会将执行委员会下属组织改组为出版部(下设编辑部和校对股、发行股)、总务部(下设文书、事务、考察三股),各设部长一人;校对股股员3人,其余各股2人。②

《现代史学》发刊于1933年1月,虽然朱谦之用了史学研究会的名义,其实不仅开始经济上由他本人承担,编辑事务也未能发挥学会的组织功能。史学研究会成立10周年纪念时署名"乐水"所写的《〈现代史学〉的回顾》称:"时中国社会史研究的风气,弥漫全国,中大致力历史的同人,自亦不甘落后。朱先生乃联络校内青年学者多人提议创办本杂志,第一第二期的印刷费,并由朱先生独力担承,经详细的磋商后,便开始集稿,编辑方

---

① 《史学研究会本学年研究计划》,《国立中山大学日报》1931年1月21—24日。
② 《史学研究会定期召开会员大会》,《国立中山大学日报》1933年10月7日。

面，公推陈啸江先生负责（王兴瑞先生亦帮忙不少）。凭着青年人作事的热诚和敏捷，在三星期的短短时间中，创刊号便呱呱坠地了。"①没有提及史学研究会与《现代史学》的关系。当时任教于中大史学系的朱希祖，与朱谦之、谭国谟、戴裔煊等人联系不少，又曾为《现代史学》供稿，后来还为《现代史学》第3、4期合刊捐款50元，却始终未提到史学研究会的活动。在他看来，《现代史学》不过是朱谦之自己的刊物。②而陈啸江被推为主编，是因为他在厦门大学时曾经组织过史学会，并出版过史学会专刊（附于《厦大周刊》）。

　　文史研究所史学会的《史学季刊》后来未能出版，而《现代史学》与史学研究会的名字却联系在一起，据说"史学研究会主编之《现代史学》月刊，自创刊号出版后，即引起学术界重大之注目"③。抗战期间，《现代史学》又先后收归学校，作为中大学术刊物，以及作为文科研究所历史学部和史学系合办的刊物④，以至于人们容易混淆史学会和史学研究会的关系，以为史学研究会是系办的团体。其实前者并非单纯的学会组织，而在一定程度上发挥正式的学术机构的作用。

　　与中山大学文史研究所史学会相似者有北平研究院的史学研究会。该院成立于1929年，分甲乙两组，甲组为行政，下设总务、出版、海外三部，乙组为学术部，分为天算、理化、生物、人地、群治、文艺、国学七部，每部设研究所或研究会，还设有

---

① 《现代史学》第4卷第3号，1941年8月10日。
② 《朱遏先生年谱》，《朱希祖先生文集》（六），总3926页。
③ 《〈现代史学〉月刊出版后之影响讯》，《国立中山大学日报》1933年1月20日。黄义祥《中山大学史稿》已引及此则史料。
④ 《奋斗廿年》，《朱谦之文集》第1卷，第79页。

由国外专家组成的学会。史学研究会成立于1929年11月，共有会员20人，除正副院长李石曾、李书华外，还有张继、朱希祖、马衡、马廉、陈垣、徐炳昶、沈尹默、沈兼士、白眉初、陆鼎恒、吴敬恒、李宗侗、肖瑜、汪申、翁文灏、刘慎谔、齐宗康、乐均士。到1931年，举行第一次全体会议，计划编辑《北平志》《北方革命史》《清代通鉴长编》①。该会会员时有变动，1935年3月，北平研究院史学研究会聘请顾颉刚为历史组主任，后又聘洪业、许地山、张星烺、陶希圣、闻宥、孟森、吴燕绍、钱穆、吕思勉、聂崇岐为会员，并出版《史学集刊》②。据说因为出版丰富，一度声势超过中央研究院史语所，负责其事的顾颉刚，在北平学术界能够与有权有钱的胡适、傅斯年鼎足而三。③到1937年，才改会为所。

现代史学无疑就是新史学，具体主张却与故都北平的新史学有所不同。本着克罗齐（Benedetto Croce）的学说，朱谦之认为"一切历史原来就是现代的历史"。他在为《现代史学》所作的发刊辞中，特别强调现代史学的三大使命，其一，"现代性的历史之把握"，即将一切历史看成是现在的事实；其二，"现代治史方法之应用"，即社会科学之下的历史进化法与历史构成法，稍后朱谦之又称现代史学的方法是考证考古（正）和史观派（反）之后的合；其三，注重现代史及文化史之下的社会史、经济史、科学史。自动代表"愿为转型期史学的先驱"的"青年史学家"立论的朱谦之，主张对于一切现代史学要广包并容，对于过去的史学则不惜批判，

---

① 　《故宫博物院创始人李石曾》，《傅振伦文录类选》，第586—588页。
② 　顾潮：《顾颉刚年谱》，第232—234、245页。
③ 　顾潮：《历劫终教志不灰：我的父亲顾颉刚》，第178—179页。

"努力摆脱过去史学的束缚，不断地把现代精神来扫荡黑暗，示人以历史光明的前路"①。

不过，其所谓过去的史学，主要不是传统史学，而是指由中山大学发端，已经跃居中国学术主流地位的傅斯年一派的主张。1935年朱谦之代理文科研究所主任时，提出历史学部与从前的语言历史研究所有三点不同，一、语史所以为史料学即史学，现在只认为是史料整理。二、语史所将语言与历史连成一气，为文献言语学派，现在将二者分开，历史独立，以研究整理历史文化为目的，为文化学派。三、文献言语学派其弊流于玩物丧志，现在则具有浓厚的讲学精神。②抗战期间，朱谦之为《现代史学》第5卷第1期（1942年6月）《中国现代史专号》撰写的卷首语，再度对抗战前纯粹考古的史风提出尖锐批评，认为现代史学更应注重"考今"。

《现代史学》宣言式的发刊词，是否如史学研究会同人所自认的那样，"尤足使关住象牙塔内的太史公吓一大跳"！当然难免见仁见智。该刊先后编辑出版了中国经济史和中国现代史两期专号，文化评论和史学方法论两期特辑，至少在编辑同人看来，成效不错。其表现于三方面：

1. 专号、特辑影响广泛，如经济史专号刊出后，改变了以前谈社会史者牵连到政治文化方面的漫无边际，"明白提出作为社会核心的经济史加以研究"，并且注意材料的搜集和专门精深的探讨，改变论战时漫骂的态度。后来《中国经济》《食货》等杂志的

---

① 《现代史学》第1期，1933年1月。经过补充修改，该文收入朱谦之著《现代史学概论》，为第一章。
② 《中山大学日报》1935年1月13日。见《奋斗廿年》，《朱谦之文集》第1卷，第80页。

风格有意无意地受其影响。

2. 专题论文在各自的领域多有创见，如史学方法提倡史的论理主义与心理主义之综合，历史为独立的法则的科学；文化学提倡南方文化运动，文化人类型说；社会经济史提倡佃佣社会说，解释中国不能走上资本主义道路。在婚姻史、文学史、艺术史等方面，贡献亦不少。

3. 作者发表的论文多已扩展为专书，如朱谦之的《文化哲学》《现代史学概论》《中国思想对于欧洲文化之影响》《中国音乐文学史》，陈安仁的《中国文化演进史观》，陈啸江的《两汉社会经济研究》《三国经济史》《中国历史何以不能发生产业革命》，全汉升的《中国行会制度史》，王兴瑞的《中国农业技术发展史》，朱杰勤的《龚定庵研究》《中西文化交通史料译粹》，梁瓯第的《书院制度研究》，岑家梧的《史前史概论》；董家遵的《中国婚姻史论丛》，关燕祥的《中国奴隶制度史》[1]。

此外，该刊作者还有杨成志、罗香林、容肇祖、郑师许、周谦冲、黎东方、徐家骥、吴宗慈、萧鸣籁、姚卖猷、陈定璠、戴裔煊、谢富礼、陈翊湛、容杰英、江应梁、丘陶常、黄福銮、梁钊韬、区宗华、罗时宪、彭泽益、黄庆华、李肇新。[2]既有成名学者，也培养了一些新人。

---

[1] 乐水：《〈现代史学〉的回顾》，《现代史学》第4卷第3号，1941年8月10日。
[2] 《奋斗廿年》，《朱谦之文集》第1卷，第79页。

四　参加国际历史学会

1930年代的中国史学界，进入了新的多元化时代，群雄并起导致诸侯割据，各自放大，却又难以吞并其他。尽管能够稍微坚持的学会组织和刊物，多少都起到养育人才，推出作品的作用，但整个史学界在盲人摸象似的互相攻讦的热闹之下，不免乱了章法。在力图创造新史学的过程中，各派学人纷纷将有用夸大为唯一，在努力发展专门化的同时，往往陷入由专而偏的陷阱而难以自拔，统一与协调组织全国史学界的意识和要求变得模糊起来。

对外学术交流再度强化了成立全国性史学会的迫切性。1933年在华沙召开的国际史学大会，中国依然没有代表参加。1936年底，国际历史学会会长、剑桥大学教授田波烈（H.Temperley）教授应沪江大学教授会常务委员康选宜的邀请来华，"康氏以中国至今无历史学会之成立，对于史学之研究亦不甚注意，故特约田氏来华讲学，以提高国人对史学之注意，并促进中国历史学会之成立"①。11月中旬，康选宜陪同田波烈由日本抵达北平，"田氏这次来中国的目的，除了游历和讲学外，还负有联络中国史学团体参加国际历史学会的重大任务"②。

在平期间，田波烈曾到北平欧美同学会发表题为"国际历史学会之经过及组织"的演讲，据其介绍，组织国际历史学会的

---

① 《康选宜发起组织中国历史学会》，《图书展望》第2卷第6期。
② 萧远健：《中国史学团体应加入国际历史学会》，《历史教育》第1期，1937年，第18页。

目的,在于"促进世界各国历史学家之国际合作的计画,及创设共同工作之学者的任务也"。国际历史学会除大会外,还设有事务会,为推行会务起见,经常召集会议。先后于1926年在哥廷根(Gottingon),1927年在巴黎,1930年在伦敦牛津和剑桥,1932年在Hague,1934年在巴黎,1936年在Bueharest等地举行过会议。国际历史学会设会长一人,秘书长一人,执行委员八人,由各国代表选出。其最高权力机构为委员会,凡是国际历史学会会员国,各有两位代表出席,委员会在每次事务会和五年一届的大会中召集。事务会开会,会员到会人数约80—90人,大会到会人数则为1000—1200人。

各国要加入国际历史学会,必须由委员会决定许可。成为会员国须交纳会费,仿国际联盟办法,多少视国家大小轻重而异,欧美各大国每年各出300瑞士法郎,约合20余英镑。田波烈表示:"曾有人提议增加会费,但余意以为如中国入会,其每年会费亦不至多于此数。中国必被视为与法德及其他大国同等,固无可疑。凡在五年大会及事务会开会之期,其开会地点所在之国家,对于本会,无不表示优礼待遇,及供给费用。但此项开会地点,皆出于各关系国家之约请而定。然即如本会会员各国,亦无自己必须约请在其本国开会之义务。若以个人意见言之,如有一日使本会开一次会议于中国,则所甚望也。"希望中国加入该会的意图相当明显。

根据国际历史学会的规定,要成为会员国,应在国内组织全国性的史学会,其责任即推举最适宜的史学家代表本国,出席国际历史学会的事务会及大会,预备演讲及讨论,筹划组织本国代表团,推举国际各委员会的代表。各国史学会的组织,依据各国的情况,而与各国政府保持不同程度的关系。

该会的最初目的，是使各国选出史学家在五年大会上向全世界史学家演讲其本国史学的状况及目的，此事仍为历次大会最重要的内容。"而对于本会远东之演讲讨论，中国史学家向不能到会参加，余必以此为可注意而抱遗憾之事。其实除此之外，对于欧战以后之国际的共同事业，至今中国未尝参加任何部分也。"该会下属各委员会，负责预备各国工作的联合报告，各国代表分别负责本国部分，内容涉及各国的历史出版品、年代研究、历史教法、探险旅行、专家发明、地理沿革、图像艺术等类，皆甚重要，"在此类报告中，关于中国者竟无一种，而中国的重大贡献，最为欢迎，实甚显明也"。该会正在编辑关于各国宪法之著作及其注解、关于各国外交人才之记录、以及关于各国每年史学著作之编目，"以上各种工作，如有中国代表参加，则吾等之欢慰如何，自不待言。其实中国及其史学与国际的科学组织合作之利益，此不过表示其一端而已。自余游览中国以来，此为本会事务会各代表最注意之事也"[①]。田波烈的演讲合谈话，表明国际历史学会对于争取中国加入该会的态度相当积极，这对中国史家重视全国性史学会的组织，无疑具有激励推动作用。

中国方面，学人的反应同样积极，但因为此前未经协调，彼此还有些竞争。"康氏抵平后，与平方历史学者研讨结果，认为确有从速组织中国历史学会之必要，并决定由北京大学历史系主任姚士鳌先生及清华大学历史系刘主任负责在平联络发起，中央大学罗校长负责在京联络发起，上海方面则由康氏南返后进行，务期赶速

---

① Harold W.V.Temperley著、左秀芝译：《国际历史学会之经过及组织》，《历史教育》第1期，1937年，第20—22页。

成立，并希望派代表出席一九三八年在瑞士举行的国际历史学大会。"①

12月1日，燕京大学历史系主任顾颉刚、北京大学政治系主任陶希圣以及连士升等人到田波烈下榻的北京饭店拜会，商议组织中国历史学会以便加入国际历史学会的事宜。会谈显得颇为正式，顾、陶分别以系主任名义出席，连士升担任临时文书，会谈结果还写成纪要，公开发表。双方讨论了中国入会问题，入会后中国政府之援助与中国的财政负担，中国历史学者即时开始史学工作之条项等问题。关于入会，中方可先与国际历史学会秘书长通信联系，初步接洽，进行方式有三种：1. 由中国政府申请；2. 由一代表全国的研究院申请；3. 由一代表全国的历史学者委员会申请。入会问题将在1938正式年8月于苏黎士举行的42国大会正式决定。田波烈返欧后，该学会行政部将于1937年5月在巴黎开会，其间极愿得知中国的意向。田波烈负责写成函件致顾颉刚，促请中国历史学者对此事之注意，并表示愿意为此到南京谒见国民政府的外交部部长、教育部部长以及中英庚款委员会主席。

关于经费，田波烈表示，中国唯一的正式负担，为由国家交纳会费每年最少20镑，最多40镑，希望由中国政府拨付；其他包括派一位代表每五年参加大会，每两年参加小会，相关费用也希望中国政府负担；组织中国史学会的费用，照常规均由本国政府津贴或补助。至于应当立即着手的工作，主要是与国际历史学会秘书长联系，表明中国立场，并向国际历史学会的各委员会提供下列材料：1. 1936年度的史学书目；2. 中国宪法发展概述及书目；3. 中国

---

① 《康选宜发起组织中国历史学会》，《图书展望》第2卷第6期。

争取加入国际历史学会的新闻简报；4. 中国大学历史教学的临时报告；5. 1873年以来的中国外交人物及外交事务。

会谈最后田波烈称："顾、陶二教授已将中国观点完全阐明。他深信中国的历史学术业已达到能和其他国家相为媲美的阶段，目前极需要与他们作有计划或有系统的交往。似乎各方面都同意，除世界历史学会以外，更无较善的途径可循。该会顿然成为诸种历史观念的澄清所在，也即是在广大的国际范围内合作的历史事业中唯一的组织。"另外允诺凡中国学者或图书馆订购《世界历史学会公报》，优惠三分之一。

次日，按照事先约定，田波烈致函顾颉刚，表示："你知道我已经和许多中国历史学者讨论中国加入世界历史学会的事。直到现在并没遇到一个人不赞成此举的。所以我想中国加入这个组织的时机已经成熟。敝会现已有四十二国为会员（日本在内）。为达此目的，第一步，先要组成一个中国历史学协会。中国入会可取三种方式：（一）由中国政府请求；（二）由一个公认的国家团体请求，如中央研究员之类；（三）由一个代表全国历史学者的委员会请求。无论如何，第三点总得成立。我愿意并且希望你能领袖着把它组织起来。我诚挚地相信，中国本国历史和教育的发展，若不发生更多国际的关系，不会完善。并且在中国以外的学术界中也总不会被人认识——除非立即采取目前的步骤。贵国的加入，对贵国本身和敝会都具有最崇高的历史意义。我相信中国的史学业已达到一个可以与举世并立的阶段。我也相信没有人比你更有资格来辅助这件伟大的工作。"①顾颉刚本来有心于学术组织工作,一生发起组建了不少学术团体,从此对组织中国史学会一事不能忘怀。他与郑振铎、罗家伦等人计划筹组中华史学会作为中国史学的最高学术团体,决定设总会于北平,在上海、南京、广州等地设立分会。②并准备向教育部接洽进行办法。

顾颉刚以中国史学界代表人的姿态与田波烈接触,似未得到普遍认可,而且此事原来与之关系不大,所以在康选宜阶段,参与者有北京大学的姚从吾、清华大学的刘崇鋐、中央大学的罗家伦,而没有燕京大学和顾颉刚,陶希圣虽然好社会经济史,毕竟不是史学正宗。从会谈情形看,此时康选宜可能已经离开北平,南下落实联络组织史学会之事。据燕京大学历史系《史学消息》的报道:"经二氏(即田波烈和康选宜)与平方史学界研讨结果,认为中国历史学会有从速组织之必要。并决定由燕京大学历史系、北京大学历史系、及清华大学历史系,负责在北平联络发起。中央大学校长罗家伦负责在南京联络发起。康选宜氏则负责返沪联络发起。务期从速成立,并希望出席一九三八年在瑞士举行之国际历史学大会。"③

与前引《图书展望》的《康选宜发起组织中国历史学会》相比,燕京大学和顾颉刚的主导性角色作用不仅是后来附加,而且取代了康选宜的位置。《图书展望》的消息系根据康选宜本人的谈话,据北平《世界日报》1936年11月20日报道:"据康选宜先生

---

① 《中国历史学会积极组织》,燕京大学历史学系史学消息编辑委员会编:《史学消息》第1卷第3期,第27—29页;顾潮:《顾颉刚年谱》,第264页。
② 《中华史学会将成立》,《图书展望》第2卷第6期。吴忠良《南高史地学派与中国史学会》(《福建论坛》2005年第2期)已引及上述三则史料。
③ 《中国历史学会积极组织》,燕京大学历史学系史学消息编辑委员会编:《史学消息》第1卷第3期,第27页。

的谈话，中国方面正预备组织史学团体，从速加入，并希望出席一九三八年在瑞士举行之国际历史学会大会。同时决定由北京大学历史系及清华大学历史系负责，在北平联络发起，中央大学校长罗家伦在南京和康氏本人在上海，分头负责联络发起，务期赶速成立。"① 则田波烈与中国学者的洽谈，在11月20日以前已经确定基本方向，而这时顾颉刚尚未介入，后来田波烈给顾颉刚的正式函件，无异于按照预先商定的口径，给了后者一柄尚方宝剑。尽管有些小的枝节，加入国际历史学会仍然引起中国学人极大的关注，并且抱有极大的热情，有评论道：

> 我们很希望他们赶快把史学团体成立起来，去加入国际历史学会，因为这个意义是非常重大的。我国史学，发达很早，而且可称相当的完备，这是中外学者一致承认的。但是，西洋的史学，自近百年来，经各学人的努力，突飞猛进，使史学已由附属的地位而进步到独立的科学。反顾我国，最近一二十年来，虽说慢慢地脱离旧史学的死圈而走向新史学的途径，然距我们的理想还远得很哩！中国的史学为甚么不能有长足的进展？原因固然很多，而没有和国际学术机关取得联络，却是一个重要的因素。这是一点。
>
> 其次，凡是一国的文化，都应有民族的与国际的两方面，每个民族必有所贡献于世界，并有所获于此世界。……集世界普遍科学之大成，每个民族都与国际社会发生极其密切的关

---

① 转引自萧远健：《中国史学团体应加入国际历史学会》，《历史教育》第1期，1937年，第18页。

系。中国在学术上,贡献于世界的,诚然很多,但这还不够。我们应该很精审的勇敢地采取西方更进步的方法,来改造、充实我们固有的文化,使之发扬光大,成为世界学术的主力军。

第三,国际历史学会,每年出版《世界历史学名著书名汇编》一册,其中关于中国书名部分,均由会中选定,大会因无中国会员,选择很不方便。同时该会的学报,发表多数国家之报告,类多关于新闻出版史、宪法史、与学校及大学之历史教学,中国也因无会员,丝毫没有表现。无疑的,现在中国的史学,已有相当进步,而且也有不少的发明。只因没有参加国际历史学会,使我们艰苦缔造的一点成绩,不能公表于世界。诚如田氏所说,这是中国史家的失败,而非无远识之西方史家的失败。我们为了补偿过去的损失,和发展将来学术大业,实在有从速组织史学团体参加国际历史学会的必要。我们热烈的盼望各个学术机关和著名史家,注意此事!①

抗日战争的爆发,打断了中国学术的常规进程,组织中国史学会一时间变得无从谈起。但国内外形势的变化,反而使中国学术界暂时搁置以往的纷争。卢沟桥的炮声,令中国学人同仇敌忾,学术风气也为之一变,重视史学的民族主义教育等社会功用,前此的学派分歧变得较为次要,容易形成共识。迁徙到大后方的各校纷纷组织了历史学会、文史学会或史地学会。而1938年召开的国际历史学会第八届大会,多数论文报告反映出"现代史学研究的趋势,在努

---

① 萧远健:《中国史学团体应加入国际历史学会》,《历史教育》第1期,1937年,第18—19页。

力使研究工作与现代问题及兴趣发生密切之联系，即在较远古之时代研究上亦然"①。据说国际历史学会方面称，第8届大会中国曾推举胡适、傅斯年、陈寅恪等三人为代表。②而实际到会者应当只有胡适一人。③

关于此事的来龙去脉，傅斯年先后有两函谈及：其一为1938年6月14日致陈立夫、张道藩等人：

> 关于史学会议事，去年本院曾与大部接洽多次。其原委大略如下。先是，国联中组织一史学委员会，此史学委员会主持每四年一开之国际史学会议。前年末，其会长Professor Harold Temperley来华，并在北平小住，鼓动中国史学界加入。弟本早有加入之意，但中国史学界分门别类，欲组织一个National Committee或引纠纷，唯如以敝所加入，则又恐人以为包揽，故未决（照章，加入资格非一个National Academy，即一个National Committee【不可】）。及此公来国，一鼓吹，所有惟物史观者、抱残守缺者，大动兴奋，遂有不可不办之势。当时以求避免由惟物史观者作为中国史学正统起见，与教育部商洽，仍用本所名义（或本院名义，记不清矣）去请，该委员会已决定同情考虑，其最后决定权在本年八月底大会（四年一次）。此事本由该会会长来约，故无问题，本年大会，必可决

---

① 《国外史学消息》，《史学季刊》第1卷第1期，引自《考今》，《现代史学》第5卷第1期，1942年6月。
② 据中国史学会前会长金冲及教授告知此信息。
③ 胡颂平编著《胡适之先生年谱长编初稿》称：据张贵永先生见告，胡适是以普鲁士科学院的通讯研究员的身份被邀请参加的，这是中国唯一的代表，也是中国出席国际历史学会的唯一的一次（校订版第5册，第1645页）。

定中国加入也。

惟请求加入时曾附一条件，即中国在此会中，必得最优待遇，即英、法、意、德诸国之待遇是也。中国历史最长，不可在此会中仍为二等国，故必求其有此权利，该会会长业已口头允许矣。①凡此经过，贵部均有案可稽，乞一检（敝所者在箱子中）。于是而有去年代表问题。此会乃初次加入，且须争权力，故其人选不能不慎重，必须在中国史学界有地位，在国际有声望，而英国话（或法【国话】）说得好，然后可以胜任也。想来要备此资格，无过于胡适之先生，敢请大部惠予同意，派胡先生为代表，于本年八月前往出席，并争待遇，诸希夺复为幸。

又，胡先生前往，又有一便利，即旅费甚省也。胡先生于七月十三日赴英，自英赴Zurich，往返百镑足用，此款由大部与敝院分担，何如？若用不到此数，则更便矣。

此会系国联所主持，是一郑重的国际学术会议，未可轻视。且其中包括近代外交史、远东史、此皆日本人指鹿为马、淆惑视听之处，吾国不可略过也。

此会办事人当请中国他人（弟亦其一，由Temperley及Otto Francks〔Frankes〕约请），然以此时国家困难，无此多钱，胡先生一人足矣。又，入会后，如享头等待遇，当有一批年费，其确数一时记不清，大约须五、六千元。前与大部亦有此约（原卷此地查不出），届时本院总担任一部分也。……

---

① 本行行首空白处有附语："该会会长非常热心，近日来信不断，催我国派代表。"

以后此事可组织一个National Committee办理，本年则只能如此，以组织来不及也。

其二，1938年6月20日致胡适：

国际史学会VIII.Congress International des Sciences Historiques于八月二十八至九月四日在Zurich开会。此会是由国联会文化合作部之Comité International des Sciences Historiques所主持。本年之大会则由瑞士总统作主人。此会因其会长Prof. Horald Temperley, Peterhouse, Cambridge来华，运动我们加入。以雪艇诸人之热心，去年由本院以代表中国名义请求加入了，但形式的决定，应在本年大会。此次承先生允许去，感激之至，实在再好也没有了。我敬代表本院致极感谢之意。下列各点，分别奉陈：

一、此会一切，请与其会长接洽Temperley，我已电告他了。

二、到会费用，即由英至瑞士来回，及会期中各费，乞示知，由本院及教部分任，当即汇上（此数想来不多，因由英算起也，虽然研究院穷，亦无请先生枵腹从公之理，请开示，至感）。

三、在会中，我们要求其最优待遇，此事请先与Temperley接洽。如此则我们也许要出最多会费也，也只得担任。在历史上我们总是头等国也。

四、公事即由此径电该会。一切俟先生到英与Temperley面谈耳。

五、先生能在会中谈谈论文,或报告国内史学情形最好,不然也就算了,无大关系。

所谓为了防止组织中国史学会造成由唯物史观者作为中国史学正统的情形,以及避免引起纠纷,根据前述情形,可能还是针对顾颉刚,最后则由中央研究院出面申请。会议代表的确还有包括傅斯年在内的其他人选,限于战时经费紧张,只有胡适一人前往赴会。其余则大抵遵循与田波烈商定的程序内容。尤其是组织全国性的史学会一事,虽然申请加入国际历史学会暂时由中央研究院出面,但正因为入会,根据国际历史学会的通则,中国史学会的组建反而更加必要。

最晚到7月17日,胡适已经决定出席8月底在苏黎世举行的第八届国际历史学会大会。7月30日,胡适函告傅斯年:"Zurich我必须一去,已允读一论文,题为'Newly Discovered Material for Chinese History',注重中国史家如何运用此材料。"[1]8月24日,胡适离开英国,前往瑞士,25日抵达苏黎世。27日,胡适出席了国际历史学会的远东委员会。次日大会开幕,在当天下午举行的国际历史学会理事会上,增补中国、梵蒂冈、爱尔兰为新会员。30日上午,胡适排在最后一位即第4的位置宣读论文。开会期间,胡适几乎每天出席,听取各国代表宣读论文。9月3日,国际历史学会第八届大会闭幕,选举Walds G.Leand为新会长,并于次日召开了新一届理事会。[2]中国史学家与国际历史学会的联系,就此正式开幕。

---

[1] 耿云志、欧阳哲生编:《胡适书信集》中册,第751—753页。
[2] 曹伯言整理:《胡适日记全编》第7册,第160—166页。

五　抗战期间的中国史学会

　　经历了战乱的颠沛流离，待形势稍微稳定下来，中国学人再度对国际学术界的动向和发展趋势表示关注。而战争使得民族主义情绪高涨，史学教育的作用受到普遍重视。1940年4月，国民政府教育部成立史地教育委员会，吴俊升、张西堂、黎东方为专任委员，陈东原任秘书，吴俊升、颜树森、陈礼江、张廷休等七人为当然委员，吴稚晖、张其昀、蒋廷黻、顾颉刚、钱穆、陈寅恪、黎东方、傅斯年、胡焕庸、徐炳昶、金毓黻、雷海宗等19人为聘任委员①，拟从编撰断代史入手，次及分类史，为大学教科书。②并设整理处，由顾颉刚任主任。

　　在此情形下，顾颉刚与蒙文通、萧一山、吕思勉、黄文弼、金毓黻等74位史学界同人发起创办《史学季刊》。1940年6月25日，顾颉刚为该刊作《发刊词》，为战前分歧争议甚大的史料与史观作一辩证协调，认为两者在史学研究中相辅相成，"无史观之考据，极其弊不过虚耗个人精力；而无考据之史观，则直陷于痴人说梦，其效惟有哗惑众愚，以造成不幸之局而已"。"史学领域既随新观念而扩大，其方术又随新方法而精密，……迄今尚不见有中国史学会之产生，岂惟深憾，实为大耻。抗战以来，大学多迁西南诸境，加以旧有，其设置史学系者且十数，同人等夙具此怀，爰创斯刊以

---

① 陈力：《20世纪中国史学学术编年》，罗志田主编：《20世纪的中国：学术与社会——史学卷》（下），第780页。
② 金毓黻著：《静晤室日记》第6册，第4527页。

为中国史学会之先声。"①

9月，顾颉刚与萧一山商议成立中国史学会事。1941年1月，国民党中央党部拟在重庆创办一份文史半月刊，"以左右一时风气"。时任中央组织部长的朱家骅商得叶楚伧同意，拟聘顾颉刚到重庆主持其事。②开始顾颉刚借故推脱③，后因朱家骅一再坚持，顾颉刚又与萧一山商议，"中国各种学术俱有学会，惟史学会尚付阙如，拟即着手组织，俾作文史半月刊之后援"。请朱家骅协助。④朱家骅对于组织史学会以作文史半月刊后援一事深表赞同，力助其成；作为代价，则要求顾颉刚"常川驻渝，襄助一切"⑤。1941年7月4日至6日，教育部史地委员会召开第2次会议，会上顾颉刚与缪凤林、金毓黻、黎东方等人提出《由本会辅助设立中国史学会案》，正式提出发起中国史学会。⑥

时间过去了一年多，组建中国史学会之事杳无音信。到1943年春，国民政府教育部决定趁史地委员会第三次会议召开之机，邀集散处大后方各地的高校史学界学人，在重庆开会，成立中国史学会。2月28日，傅斯年、郑鹤声、卫聚贤、金毓黻等人曾在重庆上清寺卡尔登饭店开会，金毓黻称为"参加史学会之集议"，"颇极一时之盛"⑦。此会应是为中国史学会的成立而召开的筹备会议。据当日"中国史学会在渝发起人谈话会摄影"，参加者为黎东方、

---

① 顾潮：《历劫终教志不灰：我的父亲顾颉刚》，第199—200页。
② 1941年1月7日朱家骅致顾颉刚函。
③ 1941年1月11日顾颉刚致朱家骅函。
④ 1941年2月25日顾颉刚致朱家骅函。
⑤ 1941年3月1日朱家骅致顾颉刚函。
⑥ 顾潮：《顾颉刚年谱》，第301、306页。
⑦ 金毓黻著：《静晤室日记》第7册，第5157页。

李济、缪凤林、金毓黻、傅斯年、方觉慧、张圣奖、侯堮、罗香林、卫聚贤、徐文珊、陈训慈、蒋复璁、张金鉴、徐家骥。

稍后，教育部史地委员会向各大学史学系发出通电，告以开会计划以及时间地点，请各校派代表出席会议。各校对此相当重视，开会议定代表名单和相关提案，尽可能做好准备。如中山大学史学系决定由陈安仁、杨成志、朱谦之、郑师许、雷荣珂、陈啸江、王兴瑞等赴会，并通过提案14条，以备在大会上提出。① 西南联大则由第253次常委会议决，由郑天挺、雷海宗、姚从吾、王信忠赴重庆参加中国史学会成立大会。② 对于一些重要学人，教育部还分别函请，以保证参加者的权威性和代表性。如对发起中国史学会出力甚多的顾颉刚，教育部累函见召，顾开始"欲不出席，商诸朱（家骅）先生，渠力劝我参加，乃决往"③。

3月23日，参加中国史学会的主要代表大都抵达重庆。中午，国民政府教育部部长陈立夫宴请与会代表刘国钧、方豪等数十人。下午5时许，在中央图书馆召开了中国史学会筹备会，由黎东方主席，出席者有徐炳昶、傅斯年、顾颉刚、陈叔谅、张金鉴、姚从吾、雷海宗、王迅中、郑天挺、陈安仁、金毓黻、郑鹤声、侯堮、蒋复璁。次日下午1时半，在中央图书馆再次召开筹备会。3时，中国史学会举行成立大会，各大学代表及会员到会者120余人，政府

---

① 陈安仁：《赴渝出席史学会观感记》，《现代史学》第5卷第3期，1944年6月1日。
② 齐家莹：《清华人文学科年谱》，第273页。该年谱记西南联大第253次常委会于3月28日举行，而4位代表与3月23日已经出席史学会，则或者时间有误，或系追认。另外据报道，陈雪屏也作为西南联大代表出席了会议（《中国史学会昨开成立大会》，《新华日报》1943年3月25日）。
③ 王煦华：《抗日战争期间的中国史学会》，上海图书馆历史文献研究所编：《历史文献》第4辑，第218页。

主管机构教育部部长陈立夫和社会部代表马仁松也到会。①大会先由黎东方为临时主席，推举顾颉刚、徐炳昶、金毓黻、蒋复璁、陈衡哲、傅斯年、黎东方、黎锦熙、雷海宗等9人为主席团，由顾颉刚任总主席，并致开幕词。顾颉刚称："组织史学会之议，过去曾一再发动，卒于今日在教育部及各大学协力之下成立，实感欣幸。……我国史料之多，单论明清档案，北京大学所保管者，据估计，如编制目录提要，即需六十年。其他若甲骨文抄本之类，更多至不可数计。盖今日研究历史范围，已放宽于二十四史之外，若地方志书、家谱、碑帖之类，均在研究之列。只以困于经费，致若干能做的事不能做。今者史学会既告成立，希望永远不停地做。"他希望"获得教育部永远的帮助，俾能在国家出钱大家出力之下，做出成绩来"。

继由黎东方报告该会筹备经过，"谓本会自前年'七七'发起，邀得各方赞助，经过两年筹备，得于今日成立。现名列发起人者，已达二百余人。"社会部代表马仁松致词后，大会通过向国民政府主席林森、委员长蒋介石以及前方将士的致敬电。接着逐条讨

---

① 关于与会者人数，各种记载不一，此据《中央日报》1943年3月25日的报道《中国史学会昨日成立选定职员》。据顾颉刚日记，出席者有陈立夫、黎东方、姚从吾、傅斯年、徐炳昶、吴敬恒、胡焕庸、缪凤林、金毓黻、陈衡哲、雷海宗、王迅中、郑天挺、陈安仁、方豪、谭其骧、张西堂、侯堮、朱文宣、曾世英、徐文珊、邹树椿、罗根泽、郑鹤声、蒋廷黻、陈训慈、顾实、黎锦熙、何兹全、张贵永、沈刚伯、丁山、贺昌群、张圣奘、曾祥和、黄秉钧、刘廷芳（女）、刘衡如、方觉慧、蒋复璁、朱延丰、王芸生、张金鉴、刘熊祥、马仁松、卫聚贤、罗香林、陈东原、荆三林、李树桐。另外，西南联大陈雪屏，武汉大学吴其昌，蓝田师范学院廖世承，成都金陵大学刘国钧等人也出席了会议。

论通过《中国史学会会章》，选举理监事，①并决定于26日召开第一次理监事会议，讨论今后会务进行；各会员的论文因时间仓促不及宣读，将作公开讲演或付发表。②本来还打算请蒋介石到会训示，刚好蒋飞去贵阳，大会结束后才返回重庆。③

由大会选出的中国史学会职员，有理事二十一人：顾颉刚、傅斯年、黎东方、雷海宗、徐炳昶、陈寅恪、金毓黻、钱穆、朱希祖、吴其昌、胡适、缪凤林、柳诒徵、姚从吾、沈刚伯、黎锦熙、卫聚贤、萧一山、张其昀、陈安仁、陈训慈。候补理事九人：罗香林、陈衡哲、王芸生、方豪、贺昌群、陆懋德、丁山、张西堂、向达。监事七人：吴敬恒、方觉慧、张继、蒋廷黻、吴俊升、蒋复璁、邹鲁。候补监事三人：陈东原、王迅中、蒙文通。3月26日下午2时，如期召开中国史学会第一次理监事联席会议，选举常务理监事，共选出常务理事九人（照章只应五人）：顾颉刚、傅斯年、黎东方、朱希祖、缪凤林、陈训慈、卫聚贤、金毓黻、沈刚伯；常务监事三人：吴敬恒、方觉慧、蒋复璁④，并推定黎东方兼任中国史学会秘书。会上还讨论了各地代表的提案，除已办者外，通过移交下次理事会商讨办理。⑤

中国史学会成立大会上，曾决定从3月27日开始，举行学术演

---

① 《中国史学会昨日成立选定职员》，《中央日报》1943年3月25日。此则消息为中央社3月24日电讯，《云南日报》3月25日的《史学会在渝成立》，文字稍有不同。
② 《中国史学会昨开成立大会》，《新华日报》1943年3月25日。
③ 陈安仁：《赴渝出席史学会观感记》，《现代史学》第5卷第3期，1944年6月1日。
④ 王煦华：《抗日战争期间的中国史学会》，上海图书馆历史文献研究所编：《历史文献》第4辑，第219—221页。朱希祖因病未出席会议。
⑤ 陈安仁：《赴渝出席史学会观感记》，《现代史学》第5卷第3期，1944年6月1日。

讲周，让与会学者宣读论文。3月26日的监理事联席会议对此作出修订，决定改在北碚大礼堂举行，采取公开演讲的形式，从3月28日起，每日一讲，依次为：卫聚贤：敦煌石室；陈安仁：印度文化输入后中国社会经济形态之变革；雷海宗：先秦国际政治；郑天挺：清初礼俗；王迅中：甲午以前之中日外交；吴其昌：历史上大学生之卫国与建国；罗香林：国父家世源流考；傅斯年：明太祖之建国与立制（在重庆中央文化会堂举行）。此外还议定发行月刊一种，由各大学会员轮流主编；并共同校点廿四史和《资治通鉴》，希望短期内有新本飨世。①考虑到一些远道而来的代表奔波不易，又增加了几场演讲，如雷荣珂的"百年来中国之外交"，郑师许的"明清两代之军器与政治"，陈国治、王兴瑞的"清末之革命党与保皇党"，据说"听众甚为踊跃"。3月27日，部分与会代表还游览了北碚温泉。

根据大会通过的《中国史学会章程草案》，该会"以联络全国历史学者共同促进史学之研究及史学知识之传布为宗旨"，"会所设国民政府所在地"，可以在各省市和各大学设立分会，会员分甲乙两种，研究院所助理员以上的研究人员、专上学校讲师以上的教员、其他学术机关相当于上述资格的人员以及有历史专著的人士可为甲种会员，研究生、助教、史学及史地系毕业生、以及大学毕业后连续担任中学历史教员五年以上者，可为乙种会员。章程规定会员大会每年举行一次，理监事会每三个月开会一次，常务理监事会

---

① 《中国史学会讲演周昨日起在北碚举行》，《中央日报》1943年3月27日。标点廿四史为顾颉刚在3月26日的监理事会上提出，其初衷是"将齐大标点之廿四史由中国史学会审查"，获得通过（王煦华：《抗日战争期间的中国史学会》，上海图书馆历史文献研究所编：《历史文献》第4辑，第220页）。

每月开会一次，将进行沟通国内外史学研究、整理史料、出版史学书刊、协助会员从事专门研究等事项。①表面看来，这是以政府名义促成中国学人长期以来的共同心愿，标志着中国史学界同人的团结一致，实则此事背后隐伏着不少玄机。

组建中国史学会以统一学界，推动学术，原是顾颉刚的宿愿，然而，当这一天终于来临时，他却感到极其不快，在日记中写道："此次中国史学会之召集出于教育部，电滇黔粤各校教授前来，花费殆十余万，说教部提倡学术，殆无此事。有谓延安正鼓吹史学，故办此以作抵制，不知可信否？予与今教长恶感已深，本不想参加，又恐其作强烈之打击而勉强出席，然开会结果，予得票最多，频作主席，揭诸报纸，外人不详其实，遂以为我所倡办矣。使教部肯出钱，许作事，则我担负其责固无不可，若只为挂牌子计，并不想作事，更不许我作事，则我代人受过亦何必。观黎东方此次为抢做秘书，致演笑柄，真使我寒心也。以我猜测，此事恐系蒋委长发条子与教部办者，条子上举我之名，故彼辈不能不推我出来，俾好向委长报销。观于史地教育会部发新闻，不列我名，可知部中仍排斥我。"②

顾颉刚的不满，有与陈立夫不和的背景，固然是一面之辞，但也反映出当时学术团体存在着成为党派政治工具和个人争权夺利的砝码的危险，为后来学界的演变开启恶端。国民政府重视历史教育，据说起于蒋介石的一项训示："革命爱国教育，应以史地为中

---

① 王煦华：《抗日战争期间的中国史学会》，上海图书馆历史文献研究所编：《历史文献》第4辑，第221—225页。
② 王煦华：《抗日战争期间的中国史学会》，上海图书馆历史文献研究所编：《历史文献》第4辑，第221页。

心。"因此特组织史地教育委员会。媒体报道称:"三年以来,关于充实各级学校史地教育设备,改进史地教育内容,中央党部考核委员会曾加考核,认为尚著成效。"①不过,参与其事的顾颉刚感受完全不同,1943年3月24日至25日,他出席史地教育委员会第三次全体大会,谓此会"四年中开了三次,决而不行,大家无精打采。故此次议案极少,议一天即毕,且杂以嘻笑"②。

所谓与延安方面重视史学相抗衡之说,不无依据。中共在延安建立起稳固的根据地后,为总结经验教训,统一思想,即重视现代史的功用,尤其是中共党史和革命史。一些著作的出版,不署个人姓名,而以学术团体的名义。如1937年冬延安解放社印行的张闻天所著《中国现代革命运动史》,出版时署为"延安现代史研究会"③。1941年,为加强对中国现状和历史的研究,将原来的马列学院(马列研究院)改名为中央研究院,下设九个研究室,其中包括由副院长范文澜为主任的中国历史研究室。该室分为近代史、农民土地和民族三个组,计划撰写中国通史和多种专门史。是年9月延安新华书店出版范文澜主编的《中国通史简编》上册,署为"中国历史研究会编"④。这两个专业学术团体,应该是虚构,实际上并未真正组建过。此外,在大后方活动的郭沫若等人,不仅创作了许多历史剧,宣传抗日,反对投降和分裂,而且利用文化工作委员会的舞台,邀请左翼学者在城乡大倡讲学之风,受邀请的历史学者有翦伯赞、侯外庐、周谷城、吕振羽、杜国庠等,演讲题目包括:

---

① 《教部史地教育委员会昨亦开会》,《云南日报》1943年3月28日。
② 顾潮:《顾颉刚年谱》,第314页。
③ 马金科、洪京陵:《中国近代史学发展叙论(1940—1949)》,第381页。
④ 陈力:《20世纪中国史学学术编年》,罗志田主编:《20世纪的中国:学术与社会——史学卷(下)》,第783页。

中国人种之起源、前氏族社会、氏族社会、中国通史、中国思想史等，造成广泛的影响。周恩来充分肯定其做法和所取得的成绩。①这两方面对国民政府和国民党造成相当大的压力。

对于在极其艰苦的环境下坚持教学和研究的中国学人而言，政府肯花费资金来推动学术团体的组织，无疑是一件好事，因而怀着高度热情予以积极响应。散处西南、西北各地的各校学人，克服重重困难，从四面八方聚集重庆。如昆明西南联大的雷海宗、姚从吾、陈雪屏、王迅中，嘉定武汉大学的吴其昌，城固西北大学的黎锦熙，蓝田师范学院的廖世承，成都金陵大学的刘国钧，三台东北大学的金毓黻，遵义浙江大学的张其昀等。②其中路途最为遥远的当数粤北中山大学的代表。该校于3月12日接到教育部史地教育委员会常务委员黎东方的电告，次日下午专门开会讨论与会代表和提案等项事宜。决定赴会的5名代表即整装出发，先后于16日到达桂林。由于飞往重庆的机位只能订到一张票，协商结果，系主任陈安仁于22日乘机飞往重庆。其余四位教授雷荣珂、陈啸江、郑师许、王兴瑞，则乘火车转往金城江，再乘汽车赴重庆。这一路线的艰辛，大体同时的郑振铎的《西行日记》有生动的描述。直到26日下午，中国史学会第一次监理事会会议业已结束，雷荣珂等4人才风尘仆仆地赶到重庆，路上整整走了10天。③在重庆的活动结束后，他们乘邮车返回，4月11日出发，21日才抵达坪石，同样走了10天。其艰难远非今日学术研讨会的逍遥可以同日而语。

---

① 龚继民、方仁念：《郭沫若年谱》中，第495—527页。
② 《中国史学会今日成立》，《中央日报》1943年3月24日。
③ 陈安仁：《赴渝出席史学会观感记》，《现代史学》第5卷第3期，1944年6月1日。

抗日战争的同仇敌忾虽然使得国人暂时抛开内部纠纷，但派系之见和名利之争依然存在，学术界亦不例外。黎东方抢做中国史学会秘书一事的内幕，不得其详。此公在教育部史地教育委员会时即好揽事，与同样好做事的顾颉刚不相凿枘，也在情理之中。一个全国性专业学术团体的组建，一方面使得按照什么路径研究学术这类本来相当个性化或属于各派自己的事，背后有了占据要津、分配掌握学术资源份额的利害考虑，另一方面，也为那些企图通过非学术手段提升和扩张学术名声乃至谋取实惠的人提供了活动舞台。此类事情，局外人固然不易察觉，一般参与者也难知就里。而身在其中又相当敏感的顾颉刚，却深有体会。他是中国史学会的主要发起人和推动者，其他列名者虽多，有的不过响应而已。如几次参与联名发起的金毓黻，在日记中对于相关事宜几乎没有记录，很可能并无兴趣，或不过被征求签名。中国史学会成立的下个月，顾颉刚被推为中国史地图表编纂社社长，这是一家纯粹商人的事业，而顾氏感慨道："予被推为社长，辞之不获，从此又多一事。然予自省，在学界中二十余年，在政界二年，学界争名，政界争权，大有蘼之靡所骋之概。今与商人合作，彼不与我争名，我亦不与彼争利，或可作正常之发展乎？"①在那个一般而言对于商人并无好感的时代，由学人口中说出这番话，也算是痛心疾首了。

依照章程规定，1946年5月中国史学会发刊了《中国史学》年刊，也有一些日常事务。1945年2月，该会曾为校订《清史稿》之事召开全体理监事会议，认为该书得失互见，瑕瑜不掩，各大学、

---

① 顾颉刚日记，1943年4月27日，顾潮：《历劫终教志不灰：我的父亲顾颉刚》，第211页。

研究机构均以近代史为必修科或研究要目,《清史稿》为第一位的参考书,而该书曾被国民政府列为禁书。因此,特呈文教育部,要求由中国史学会负责校订和出版,请政府解禁,并给与适当帮助。①抗战结束后,还曾计划在上海设立分会。②但总的来说,该会没有太大的作为,甚至谈不上相衬二字。战后复员,学人星散,中国很快又陷入新一轮战乱。随着政治动荡和经济崩溃,学人不得不为生存与生计奔波,无暇顾及学术研究和学术团体的活动。等到纷乱过去,已经换了人间,学人又面临着新的考验。

六 中国新史学研究会和新的中国史学会

北平和平解放后,全国形势发生了根本变化,新中国的筹建正在紧锣密鼓地进行当中。为了更好地发挥统一战线的作用,迅速打开新的局面,为新中国的成立奠定基础,中共中央在军事政治形势仍然十分紧张的情况下,对学术文化领域的组织工作相当重视,并得到学术文化界人士的积极响应。各界别的代表大会纷纷召开,新的学术团体不断涌现。1949年7月1日,在中华全国文学艺术工作者代表大会开幕的当天,由王冶秋、王重民、王伯祥、尹达、白寿彝、向达、吕振羽、吴玉章、吴晗、吴泽、宋云彬、杜守素、余嘉锡、余兆祥、李则刚、周谷城、周予同、尚钺、金灿然、邵循正、范文澜、侯外庐、马衡、翁独健、梁思成、容肇祖、唐兰、陈垣、

---

① 金毓黻著:《静晤室日记》第8册,第5803—5810页。
② 1945年11月13日顾廷龙致顾颉刚函,《顾廷龙文集》,第783页。

陈家康、陈述、郭沫若、嵇文甫、张云波、华冈、叶丁易、叶蠖生、杨绍萱、杨东莼、楚图南、裴文中、翦伯赞、邓初民、邓以蛰、黎锦熙、郑振铎、郑天挺、齐燕铭、钱杏邨、韩寿萱、罗常培等人发起，要求成立中国新史学会，并于当日在北平正式成立筹备会。

下午3时半，发起人会议在北京饭店举行，到会者有郭沫若、范文澜、邓初民等三十余人，郭、范、邓以及向达、陈中凡等先后发言，"一致表示全国历史工作者应团结起来，从事新史学的建设工作"。会议全体通过了筹备会的组织规程和中国新史学研究会暂行简章，并决定迅速筹备召开全国历史工作者代表会议，选举了筹备会的常务委员会，选出郭沫若、吴玉章、范文澜、邓初民、陈垣、侯外庐、翦伯赞、向达、吴晗、杨绍萱、吕振羽等11人为筹备常务委员会委员，筹备会常委会推选郭沫若任主席，吴玉章、范文澜任副主席，侯外庐、杨绍萱任秘书，负责召开全国历史工作者代表会议的筹备事宜。①

《中国新史学研究会暂行简章》规定了该会的宗旨、会员和组织等一系列重要原则，其宗旨是："学习并运用历史唯物主义的观点和方法，批判各种旧历史观，并养成史学工作者实事求是的作风，以从事新史学的建设工作。"会员须拥护新民主主义革命，赞成本会宗旨，并愿遵守本会会章。该会的最高领导机关为全国代表大会，每年召开一次。由大会选举理事若干人组成理事会，为大会闭幕后的执行机关。理事会设主席一人，副主席二人，由全体理事互选之。理事会下设秘书处，处理日常事务。理事会认为必要时，

---

① 《中国新史学研究会筹备会昨在平成立》，《人民日报》1949年7月2日。

可设立各种委员会，以从事调查、发掘、研究、编辑等工作；可组织各种学习小组，并举办讲习会。省或中心城市成立分会，须经理事会批准。①

逯耀东教授分析《历史研究》创刊时编辑委员会的组成，认为由三种不同类型的史学工作者结合而成：一种是受过封建阶级或资产阶级历史教育，从旧社会过渡来的成名史学家或著名的历史工作者，一种是在白区工作的马克思主义工作者或前进的史学家，一种是从延安（解放区）来的马克思主义史学队伍。②这种格局在新史学研究会筹备会的阶段大体已经呈现。虽然参加筹备会发起人会议的学人当中旧史学出身者相对较多，但在常委会成员中，来自解放区和白区地下工作者则占多数。正副主席人选，完全没有旧社会过渡者。这在当时不仅顺理成章，而且天经地义，因为既然要学习并运用历史唯物主义的观点和方法，批判各种旧历史观，才能实事求是，从事新史学的建设工作，显然不能由旧史学工作者来带领。即使是那些积极要求进步的学人，也必须经过一个学习和改造的阶段，否则难以适应新的形势。

自社会史与社会性质两次大论战之后，唯物史观在学术界引起广泛注意，尤其是在青年学生和学人当中，反响更加强烈。不过，除了马克思主义者外，其他派系的学人也相当注重社会经济史的研究，主张运用唯物史观的理念方法。而在学术素养较深的学人看来，以唯物史观为旗号的学人的著述，还存在生搬硬套、强史料以

---

① 《中国新史学研究会暂行章程》，《人民日报》1949年7月2日。
② 《〈历史研究〉的沧桑》，逯耀东：《史学危机的呼声》，第100页。其中一部分在白区工作的学人解放前夕陆续进入各个解放区。而另一部分旧史学出身的学人则倾向进步。

就我的种种弊端,并不十分信服。在长期的争执之中,马克思主义史学的阵营虽然不断扩大,总体上依然处于弱势。突然之间,形势发生了天翻地覆的变化,不免引起一些人的疑虑和忧郁。新史学会的人脉关系,让原中国史学会的要角顾颉刚顿生猜测。他看到有关报道后,在日记中记道:"报载北平成立新史学研究会,在南方之伯祥、寿彝皆在,而无予名。予甚为新贵所排摈矣。予为自己想,从此脱离社会活动,埋头读书,庶几有晚成之望。畏三儿皆幼,培植需钱,而大中国见予失去社会地位,复将以刍狗土龙视之,生计乃大可虑耳。数月前,君匋亟劝予赴港转平,予以静秋之阻未能应,若予先解放而往,当不至如此也。前数年,予所以不能不接近政府,实以既办大中国,便不得不与政治发生关系,不虞即以此使人歧视。"①

顾颉刚的揣测,不无多疑之嫌。原来中国史学会的职员中,参与发起新史学会者只有向达和黎锦熙两人,尚在南方或已经出走的学人大都并未参与。而个别南方学人参与其事,当是北上参加全国文代会或新政协顺便附和,或通过一些关系与有关人员发生联系,未必真的事先有所选择取舍。不过,对于原来与国民党稍近的学人有所疑忌,在当时的政治环境之下亦属正常。

依照章程规定,新史学研究会开展了一系列工作。1949年12月,中国新史学研究会上海分会召开筹备会,周谷城、李亚农、金兆梓、周予同、李平心、顾颉刚等人参与。次年3月,设置了机构

---

① 顾潮:《历劫终教志不灰:我的父亲顾颉刚》,第239页。

和职员。①按照总会规定,南京、杭州归入上海分会活动。②此后两年间,中国新史学会总会会员达289人,河南、广东等15个省市设立了分会和分会筹备会,全国各地会员达606人。③

在北京,新史学研究会和其他史学团体一起,召开了多次会议,传达和宣传新史学研究会的精神。1949年10月11日下午3时,中国新史学研究会与北京六大学(北大、师大、清华、辅仁、燕京、中法)史学联合会在师大文学院历史学会举行联席会议,师大历史系主任侯外庐、机器改进协会编审处长杨绍萱、留校史学会代表出席,师大历史系同学四十余人列席,主席侯外庐报告召开联席会议的意义与中国新史学研究会筹备成立的经过,着重指出:新史学的研究为实行共同纲领中文教政策的一项重要任务,尤其对新民主主义的学习,是个打头阵的工作。会议就今后如何有计划、有步骤地召开新史学座谈会和讲演会,与中学历史教员取得密切联系等问题,充分交换了意见。留校代表一致建议新史学研究会出版专门的历史书刊和通俗刊物,编定优良的中学历史教材,对古代史迹作进一步的考证,把全国各地研究历史的人组织起来,运用历史唯物论的观点和方法,批判旧的历史,养成实事求是的工作作风,以便充实新史学的建设工作。④

在统一部署下,新史学会举办了一系列讲演会,主要目的即在

---

① 顾潮:《顾颉刚年谱》,第339—341页。
② 1950年3月7日董每戡致函陈中凡:"新史学研究会成立,上海分会筹委会已开过两次,南京、杭州归入上海分会(总会如此决定),拟请先生加入。"(姚柯夫编著:《陈中凡年谱》,第67页)其实陈中凡已经参与了新史学研究会的筹备会,并且发言。
③ 郭沫若:《中国历史学上的新纪元》,《进步日报》1951年9月29日,第5版。
④ 《开展新史学研究工作 首都两史学团体昨开会》,《人民日报》1949年10月12日。

宣传历史唯物论。如1950年9月曾邀请徐特立主讲《历史在社会科学的地位》[①]。此外，新史学研究会还就历史研究机构的设置、大学历史系通史课程的教学，以及一些断代史的研究召开会议，进行讨论。[②]

在学术研究方面，新史学研究会的主要工作是组织北京的北大、清华、师大、辅仁、燕京等校的史学教师，编辑大型资料丛书《中国近代史资料丛刊》，以提供中国近代史研究的资料，配合大学课程的改革。据1951年2月11日《人民日报》关于近期出版动态的报道，其编辑方针为：1．编到旧民主主义革命完结为止。2．只提供资料，不作分析和论断。3．所录资料必须能反映近代史上的某一运动的主要内容或某一侧面。4．所录资料，一律保存原型。其中由翦伯赞主编的《义和团》已经排竣，当年3月可以出版。[③]在当时的环境下，这套数千万字的资料丛刊的编辑，能在较短时期内完成，汇集了大量珍贵资料，实属不易，为近代史的研究提供了很大的便利。同时，尽管编辑方针确定不加分析判断，但依照时间顺序分为12个专题，等于建立起一套体系框架，对后来的近代史研究产生了深远的影响。

依照规则，新史学研究会应在全国历史工作者代表会议召开之时正式成立。可是由于种种原因，代表会议一直未能召开，所以新史学研究会一直还在筹备之中。1951年7月28日上午，筹备了两年之久的新史学研究会终于修成正果，中国史学会成立大会在北京

---

① 金毓黻著：《静晤室日记》第9册，第6940页。
② 刘乃和、周少川、王明泽、邓瑞全著：《陈垣年谱配图长编》下，第579—585页。
③ 引自刘乃和、周少川、王明泽、邓瑞全著：《陈垣年谱配图长编》下，第580—581页。

召开。郭沫若主持了大会并且致词，他阐述了新中国成立以来史学工作者摸索出的新方向，即：由唯心史观转向唯物史观，由个人研究转向集体研究，由名山事业转向群众事业，由贵古贱今转向研究近代史，由大汉族主义转向尊重和研究少数民族历史，由欧美中心主义转向注重亚洲及其他地区历史的研究。这正是两年来新史学研究会努力的结果。出席大会的有吴玉章、范文澜、翦伯赞、郑振铎等人。①由于学会理事由各地推举，而选票尚未集中，因此没有宣布理事会名单。直到1954年，中国史学会才公布了第一届理事会名单，共有理事43人，候补理事9人，主席郭沫若，副主席吴玉章、范文澜。②这基本维持了新史学研究会的格局。

近代中国学术界，在不断地通过不破不立的史学革命实现代际兴替之后，借助政治革命再度移形换位。从此，中国史学界形式上实现了统一，进而通过各种组织调整和思想运动，希望努力达到精神上的一致。从当时的立场看，这样的统一和一致，无疑最有利于学术研究的正确发展及其社会功能的实现。组建全国性学术团体的初衷，从一开始就是为了改变老师宿儒与新进学者各不相谋，以及各地学者因地域暌隔不能互通声气的局面，广集全国同行，以共谋

---

① 龚继民、方仁念：《郭沫若年谱》中，第826页。
② 刘乃和、周少川、王明泽、邓瑞全著：《陈垣年谱配图长编》下，第592、656页。得票最多者：郭沫若、吴玉章、范文澜各169票，徐特立168票，郑振铎167票，陈垣163票，向达161票，陈寅恪161票，翦伯赞157票，侯外庐、汤用彤、裴文中各156票，陈翰笙151票，陶孟和149票，潘梓年147票，邓初民、嵇文甫、翁独健各145票，叶蠖生144票，徐炳昶142票，邵循正141票，白寿彝140票，马衡、金毓黻各139票（傅振伦：《七十年所见所闻》，第120页）。张传玺《翦伯赞传》（第246页）称：1949年9月，中国史学会成立于北平，郭沫若为会长，吴玉章、范文澜为副会长，翦伯赞为常务理事兼秘书长，疑误。

学术之促进①。然而，中国史学界是否能够通过这样的形式达成统一，或者说这样的统一是否有利于学术研究的开展，历史的发展进程似乎不能提供肯定的答复。

20世纪前半期中国学人组建全国性史学会的努力，只是搭建舞台，让有兴致上台的学人轮番进行表演。斗转星移之际，也不能完全摆脱周期率。新旧交替，一些从旧阵营中过来的学人，凭借其学术经验和生活阅历，对于一些做法已经不大理解。顾颉刚在被推为中国新史学研究会上海分会筹备会干事后说："此会以讨论学术为任务，即是要建设唯物史观的中国史，意思甚好，但大家或为政治而忙，或为生活而忙，而学问之事不是可以随便应付，然则将何以得收获乎？"他甚至预期："我辈在今日固不合时宜，然百年之后，时代骄儿都尽，学术界中所纪念者匪异人任矣。"②参以当下时势，大抵可以验证。

中国史学会正式成立时，原中国史学会的理事有四位进入了新的理事会，而非常热衷于联络组织的顾颉刚仍然未获邀请，这意味着，原来占据史学界主流或主导地位的那些学人，已经变成旁支化的统战对象，需要接受不断的改造了。然而，导致这一变化的某些非学术性因素，如果不能受到抑制，最终不可避免地造成对整个学术界的破坏性影响，连好风凭借力的学人自己，也难免深受其害。

---

① 叔谅：《中国之史学运动与地学运动》，《史地学报》第2卷第3号，1923年3月。
② 顾颉刚日记，1950年3月19日；1950年8月5日顾颉刚致刘节信，均引自顾潮：《历劫终教志不灰：我的父亲顾颉刚》，第241页。

第五章　民国学界的老辈

民国学界，唯新是求，老旧几乎成了腐朽的同义词，所谓老师宿儒，大都被打入顽固保守之列，甚至等同于前清遗老。与之关系稍近的学界后进，也被视为遗少。近代学人所写的学术史，很少将老辈放入视野之内。受其影响，当代学人的目光，似也不及这一社会文化群体或类型。其实，民国时期的老辈在政治和社会生活方面，因为人脉、交游、学术渊源、以及身世习惯等等因素，常常自外于一般社会人群，犹如两个世界，但在学术文化活动方面，则反有较多闲暇来从事玩赏、研究和创作，或是从保守固有文化的立场希望抱残守缺而更加执着，成就不一定高，对内对外的交往联系却依然紧密频繁，有时甚至担当主角。认识民国学界的老辈，可见学术发展，必有传承，虽然后人往往奢望截断众流，横空出世，毕竟不能凿空逞臆。而五四以后的学院化学术建设，不仅渊源于西学和清末的新学，仍然受固有学术文化的制约。同时，新文化派与其他派系群体的关系，也不像他们自己描述的那样非敌即友，至少在整理国故方面，情况相当复杂。从思想史的角度看，新文化派或许已成主流，从学术研究的角度看，新文化派的主流地位不免有许多后来附加的成分，甚至可以说很大程度是新文化派在新文化运动以后所建构起来的幻象。

一　各花入各眼

1920年代末，在中央研究院历史语言研究所筹建前夕，日本对华"东方文化事业"的北京人文科学研究所已在紧锣密鼓地落实之中。两相比较，两所研究机构治学的范围和取向大体一致，用人方针则截然不同。由北京大学研究所国学门、厦门大学国学研究院和中山大学语言历史研究所一脉相承的中研院史语所，不仅精神继承新文化派的衣钵，用人还更进一步，实行傅斯年的"应找新才，不应多注意浮华得名之士"的方针[①]。按照在中国建立科学的东方学之正统的目标所组成的"元和新脚"，非但没有老辈的位置，连同一阵营的太炎弟子也多被排斥。而已经是当时中国学人心目中的汉学中心之一的日本京都大学，对于中国学术界的看法以及用人态度，与此明显有别。

关于日本"东方文化事业"北京人文科学研究所的人事，长期以来只知道所长一职有过争议，其余则不知其详。近年京都大学人文科学研究所披露了小岛佑马旧藏"对支文化事业"关系文书，至

---

① 1934年5月8日傅斯年致蒋梦麟，中国社会科学院近代史研究所中华民国史组编：《胡适来往书信选》下册，第531页。时间有所订正。

少可见日本京都学派主帅之一的狩野直喜的态度。狩野担任"对支文化事业调查会"委员,他建议在中国内地设立中国文化研究所,用优厚条件聘请中国学者参与其事,并且按照学科分类开列了各方面拟聘学者的名单,具体如下:

经学	汉学	古文学派	王国维 江瀚 曹元弼 章门
		今文学派	廖平
		不分古今文派	
	宋学	程朱学派	陈宝琛
		陆王学派	
	小学		罗振玉 王国维
	诸子学	儒家	孙德谦 汪荣宝
		道家	章炳麟门派
		墨家	胡适
		名法家	同
		杂家	叶德辉门派
史学	支那史		
	政治史		柯劭忞
	法制史		董康
	掌故		杨钟羲
	经济史		
	文化史		胡适
	朔方民族史		陈毅 屠寄
	南海民族史		陈垣
	西域史		
	东西关系史		
金石学	附目录学		罗振玉 张尔田 傅增湘 孙德谦
土俗学	附人种学		
文艺	古典文学	古文骈文	郑孝胥
		诗赋词余	陈三立
			陈衍
		制艺	沈尹默
			沈兼士
	俗文学	小说戏曲	王国维
			胡适

文艺	言语学		
	造型美术		
	音乐		
宗教	佛教	杨文会门派	
	道教		
天文历算			
地理			熊会贞
本草	附古代化学（日人）		杜聪明
医学①			

这份名单尚在草拟之中，因而并不完整；起草的具体时间也还须进一步考订，但显然与当时新文化派对中国学人的评价以及后来学人的认识相去甚远。选择的当否姑且不论，突出的分别是，其中在新文化派看来已经过时的旧派人物占了大多数。分科的理据与后来也明显不同，兼顾了中国与"现代"两面。

东方文化事业旗下的北京人文科学研究所，受到官方的干预，实际人选并未完全以学术为凭据，最后中方入所者，为总裁柯劭忞，副总裁王树枏，研究员王式通、王照、梁鸿志、贾恩绂、胡敦复、江庸、汤中、江瀚、戴锡章、姜忠奎、刘培极、胡玉缙、何振岱、章华、徐审义。决定研究项目分为经学、史学、哲学、文学、法制经济、美术、宗教、考古学、语言学等九个部分，实际做法则是按经史子集四部自选，具体为：经部：江瀚、胡玉缙、徐审义、刘培极、姜忠奎、王照、杨策；史部：王式通、戴锡章、江瀚、汤中；子部：刘培极、胡玉缙、江庸、王式通、胡敦复、梁鸿志、汤

---

① 京都大学人文科学研究所：《人文》第46号，1999年11月18日，第43—45页。杜聪明为台湾学人。

中；集部：王式通、戴锡章、江庸、章华、梁鸿志、何振岱。①

民国学术，承继清代而来，民初马相伯、章太炎、梁启超等人曾仿法兰西学院制，发起"函夏考文苑"，目的是"作新旧学"，"厘正新词"。定额40员，最初所拟名单，除三位发起人和严复外，为沈家本（法）、杨守敬（金石地理）、王闿运（文辞）、黄侃（小学文辞）、钱夏（小学）、刘师培（群经）、陈汉章（群经史）、陈庆年（礼）、华蘅芳（算）、屠寄（史）、孙毓筠（佛）、王露（音乐）、陈三立（文辞）、李瑞清（美术）、沈曾植（目录）。其中除一两位太炎门生外，多为老辈。②

两份名单相比较，一为民初国内学人的判断，一为1920年代中后期日本京都学派的意见，时空差异明显，选择标准也间有分别，因而除陈三立外，极少重复，但精神大体一致，分科与用人的标准，均与后来新文化派以及受新文化派影响者的看法大相径庭。

五四以后，新文化派在革新文学，改造思想，输入新知等方面自然占据主导，但在整理国故方面，虽然北京的太炎门生代桐城派而兴，在京畿之地显赫一时，胡适等人更有后来居上之势，逐渐成为主流，毕竟不能覆盖大江南北。中国的学术文化经历了辛亥政治革命和五四思想文化革新的冲击，并未完全断裂。

按照主流派后来的描述，五四以后，新文化运动几乎是一路凯歌，因而近代学术史日益成为新派逐渐放大的历史。其实，在相当长的一段时期内，新派不仅不能包揽一切，如果从地域分布的情形看，还处于明显的劣势。至少到1920年代中期，南方主要仍然在老

---

① 黄福庆：《近代日本在华文化及社会事业之研究》，台北"中研院"近代史研究所1982年，第152—154页。
② 朱维铮主编：《马相伯集》，第126、136—137页。

辈学人的笼罩之下。胡适所谓"南方史学勤苦而太信古",应指老派观念。①江南一带,公开树旗与新文化派对垒的《学衡》,以南高学派为后盾和中坚,而南高学派中除了留美学生外,也有王瀣、柳诒徵等老辈学人。在北大派南下之前,厦门大学的中国文史研究者,主要以陈衍为中心。广东则有古直等人与之声应气求,更有学海堂出身的汪兆镛、朱九江的弟子简朝亮等老辈。在四川,晚清以来的存古学堂一脉相承,入于民国,改国学校,由宋育仁、廖平等人主持,另有所谓"五老七贤",在学界乃至社会上影响极大。云南的赵藩、陈荣昌、周钟岳、袁嘉谷等人与四川的五老七贤相似。湖南的"二王一叶"及皮锡瑞,于晚清独竖湘学一帜,并一直延续到民国。在关外,1920年代东北当局聘请桐城派嫡系传人吴闿生等人任教,后来创办东北大学,所请师资主要也是与北京大学新文化派不和的南北学人。这些地区的新派虽有逐渐扩张的趋势,还不足以与旧派分庭抗礼。更为重要的是,在许多地方,学术上的新旧冲突并不像北京那样激烈,老师宿儒与留学新进之间存在着某种和谐与默契。

其实,即是在北京,学术界也并非新派一枝独秀,老辈学人在相当长的时期内占据重要甚至主导地位。尤其是对外交往方面,1920—30年代老辈学人仍然担当要角。日本组织的对支文化事业委员会固然主要以老辈为联络对象,1932年12月底,法国汉学大家伯希和(Paul Pelliot)访华,抵达北平,法国公使馆为之举办盛大宴会,招待中国教育学术界名流,中方"到会者有前教长傅增湘、蒋

---

① 中国社会科学院近代史研究所民国史研究室编:《胡适的日记》,第438页。

梦麟、翁文灏、李书华,暨学术界名流胡适、沈兼士、马衡、袁同礼、梅贻琦、李蒸、张星烺、李宗侗、黄文弼等五十余人。"①傅增湘在群贤毕至的场合被推为首座,并非官式的客套,次年1月,陈垣等人宴请伯希和,同席者有陶湘、杨钟羲、柯劭忞、孟森、谭祖任、朱叔琦、杨心如、陈寅恪、尹炎武等,主要也是老辈学人。

国际汉学界和新文化派选人准则的差异,反映了双方学术理念的分歧。当海外汉学家力图用中国方式理解中国固有学问的内在条理之时,中国的新进学人正在努力按照外国的分科系统将固有学问重新分解组合。其分别不仅在形式,更在精神。1930年黄孝可在《燕京学报》第8期撰文《1929年日本史学界对于中国研究之论文一瞥》,指出日本的"支那学"派"史学家大率以清朝三百年之考据学为基础,而参用欧美式之科学的研究法,加以前人未睹之新资料相继发见,益助斯学之进步"。伯希和也充分认识和肯定清初以来的学术发展与成就,认为:"中外汉学大师之造就,堪称殊途而同归,尤以清初康熙以来,经雍乾而至道光,名家辈出,观其刈获,良足惊吾欧洲之人。此果何由,亦由理性之运用与批评之精密,足以制抑偏见成说,其达到真理之情形,实与西方学者同一方式,无足怪也。"因此,他对于继承前贤的当代中国学者,"寄有无限敬重与希望"②。本来新文化派学人同样重视清代学术传统,胡适著名的治学十字箴言,就是对清代考据学的总结。不过,新文化派学人的身份及其希望占据学术主流位置的追求,使其可以上溯已经过世的清代学人,而必须与同时代的老辈学者划清界限。

① 《东方学家柏希和抵华 北平中法学者联欢》,《国立中山大学文史学研究所月刊》第1卷第1期,1933年1月,第116页。
② 《法国汉学家伯希和莅平》,《北平晨报》1933年1月15日。

关于新文化派对于传统文化的态度，意见不一。总的说来，所谓新文化派各人，对于本国固有学术文化的看法差别不小，而每个人的态度前后亦往往有所变化。值得注意的是，他们在不同时期的公开表态与实际观念之间，不仅并不一致，甚至有截然相反之嫌。这大概也是导致后来学人评价各异的重要原因。然而，追究新文化派学人的理念固然重要，其他学人的感受也应当顾及，并作为检讨其态度与反响的依据。新文化的倡导者在鼓吹之际，为了扫荡阻碍，引起关注，取代前人，常不免故意说些过头话，容易引起反感。汪东曾特意用白话文批评道：

> 这几个提倡新文化的学者，把西欧学术，顶礼膜拜，自不消说，翻转来，还要把中国原有的文化，看得好象不共戴天似的，提起来便发竖眦裂，甚至说中国学术没一件可以研究，中国书籍没一部可以存留，几乎恨到秦火当时，燔烧未尽。像这种过火的论调，自然就引起一班旧派学者的反抗来了。①

二 老则老耳 何遗之有

受了观念与时势的影响，新文化派学人要想开山，对于同时代人不免存了不破不立的成见和舍我其谁的信念。他们用新的眼光标准来看待和品评人物，真有天低吴楚，眼空无物的感觉。1922年

---

① 汪东：《新文学商榷》，《华国》第1卷第2期，1923年10月15日，第1页。

8月28日，胡适在日记中谈及"现今中国学术界真凋敝零落极了"的状况时叹道："旧式学者只剩王国维、罗振玉、叶德辉、章炳麟四人；其次则半新半旧的过渡学者，也只有梁启超和我们几个人。内中章炳麟是在学术上已半僵了，罗与叶没有条理系统，只有王国维最有希望。"①

胡适说这番话时，正在为撰写《〈国学季刊〉发刊宣言》作准备，因而对清代三百年古学发达史做了一番梳理。在他看来，"近年来，古学的大师渐渐死完了，新起的学者还不曾有什么大成绩表现出来。在这个青黄不接的时期，只有三五个老辈在那里支撑门面。古学界表面上的寂寞，遂使许多人发生无限的悲观。所以有许多老辈遂说，'古学要沦亡了'！'故书不久要无人能读了'"！②

胡适对于中国学术界现状的悲观，由来已久。回国不久，他就写了一篇《归国杂感》，其中谈到在上海调查出版界的情况，这一看，令本来不抱希望的胡适更加失望。他认为民国成立七年来，"简直没有两三部以上可看的书！不但高等学问的书一部都没有，就是要找一部轮船上火车上消遣的书，也找不出"！③胡适的这种看法，颇具代表性，实际上就是认为清代学术到了民国已经停顿甚至中绝，尤其是老辈学人风光不再。1938年3月1日，钱玄同致函郑裕孚时还说："近二十年来，国学方面之研究，有突飞之进步，章刘诸公在距今前二十年至前三十年间，实有重大发明，理宜表彰，但亦不可太过。三十年前之老辈，惟梁任公在近二十年中仍有进

---

① 中国社会科学院近代史研究所民国史研究室编：《胡适的日记》，第440页。
② 《国学季刊》第1卷第1号，1923年1月，第1页。
③ 《新青年》第4卷第1号，1918年1月15日，第22页。

步,最可佩服,其他则均已落伍矣。"①

清代学术,号称极盛,实为对历代学术作一总结,虽然不免于偏,而且越到晚近,越行偏锋,毕竟人才辈出。道咸以后,迭经内乱外患,承平时的盛况,一去不复返。但流风余韵,依然可见。同光两朝,欲图中兴,学术文化方面,延续旧途,开启新轨,出现表面的繁荣。文士学人,虽然成就不及前辈,也还昭昭可观。末代王朝,内外交困,政治上日暮途穷,学术文化亦趋于消沉,可还是不乏其人。胡思敬曾以其在京师面交之人为主要依据,历数宣统初年的朝士:

> 新政兴,名器日益滥。京朝官嗜好不一,大约专以奔走宴饮为日行常课。其稍能自拔于流俗者,讲诗词有福建陈阁学宝琛、陈学部衍、四川赵侍御熙、广东曾参议习经、罗员外惇曧、黄员外孝觉、温侍御肃、潘主事博、湖南夏编修寿田、陈部郎兆奎、袁户部钦绪、章郎中华、江西杨参事增荦。讲古文者有林教习纾、陈教习澹然、姚教习永概。讲汉学者有贵州程侍讲棫林、福建江参事翰、江苏张教习闻远。讲宋学者有湖南吴郎中国镛、浙江夏主事震午、湖北周主事景涛。讲史学者有广西唐尚书景崇、山东柯参议劭忞、江西龙中书学泰。讲国朝掌故学者有浙江汪中书康年、江苏冒郎中广生、刘京卿澄如。讲目录学者有江苏缪编修荃孙、山东徐监丞坊、湖北陈参事毅、王推事基磐、江西雷员外凤鼎、熊教习罗宿。讲六朝骈体文者有江苏孙主事雄、山西王推丞式通、四川宋观察育仁、江

---

① 《钱玄同文集》第6卷,第300页。

西黄主事锡朋、广东梁员外志文。讲笺注考据者有陈参议毅、苏员外舆。讲绘画学者有安徽姜孝廉筠。讲舆地学者有湖南韩主事朴存、谭教习绍裳。讲金石兼工书法者有浙江罗参事振玉、江西赵内翰世骏。讲词章兼通政事、志趣卓然不为时俗所污者有安徽马主事其昶、湖南郭编修立山、江西刘监督廷琛、魏推事元旷、湖北陈员外曾寿、甘肃安侍御维峻；次则贵州陈给谏田、广西赵侍御炳麟、湖南郑侍读沅、郑编修家溉、胡参议祖荫、江西华编修焯、广西廖郎中振矩、四川乔左丞树枬。其人品不尽纯粹而稍具文才者有汪参议荣宝等。其人品学问俱好而文才稍逊者有吴国镛等。其余与余同时在京而不相闻知者盖亦有之，然大概具于此矣。辛亥出京时，访友于马通伯。据云有武昌饶学部叔光、华亭钱征士同寿、潍县陈征士星烂，皆君子人。鲍心增简放莱州时，为予述三士：一广东许主事汝棻，一广东驻防平学部远，一贵州驻防云编修书。唯平学部有一面之交，余皆未之见也。①

由此可见，清季学术不受重视，固然由于名家不著，但政治上鼎革兴替，令人无暇顾及，文化上眼镜变色，视而不见，也是要因。1908年，沈宗畸在京师发起成立"著君吟社"，冒鹤亭与樊增祥、陈衍、胡漱唐、郑孝胥、陈宝琛、梁众异、潘博、杨昀谷、赵熙、曾蛰庵、罗惇曧等20人结成诗社，后来社员发展到百余人。②

---

① 胡思敬：《国闻备乘》，荣孟源、章伯锋主编：《近代稗海》第1辑，第296—297页。
② 《冒鹤亭先生年谱》，第151页；冒效鲁：《冒鹤亭传略》，晋阳学刊编辑部编：《中国现代社会科学家传略》第5辑，第320页。

同年沈宗畸又和一批京师学人发起编辑《国学萃编》杂志（原名《国粹一斑》），参与者有吴仲、刘仰勋、张瑜、沈宗畸、梁广照、陈澹然、孙雄、冒广生、龚元凯、汪应焜、廖润鸿、夏仁虎、王昇远、朱点衣、阿麟、定信、庆珍、陈寅、袁祖光、金葆桢、王侘孙、王在宣、丁傅靖。①其志向也有意传承学术，而不仅仅限于抒发文人雅兴。

民国成立后，政治上天翻地覆，学术文化也斗转星移，在上海、天津、青岛、港澳等地，分别聚集起一批前清的遗老遗民。其中固然有怀抱复辟的政治目的者，但也有不少对于政治尤其是爱新觉罗一家一姓的兴衰无大兴趣之人。这时的所谓遗老遗民，当然与新进少年格格不入，即使未必以遗老遗民自居，甚至不以遗老一词为然者，由于喜好和交往等等原因，与新派也不大来往。探究民初遗老问题者，有意无意会与清初的明遗民相比照。其实，与清初的遗民大都具有反清意识不同，民初被视为遗老者，虽然也以不仕新朝相标榜，真正要推翻民国恢复清王朝统治者为数并不占优。清室既是旧主又是异族的双重身份，令不少老辈不免尴尬，同时也容易混淆他们态度的差别，将守成当作拥清，实则许多人只是从保守固有文化方面，对民国的革新不以为然（其中纲常伦理部分当然也涉及政治）。

不仅如此，他们当中不少人还先后做过民国各种层级的官。如清史馆所招聘者，时人均视为遗老，而他们当中一些人担任过民国政府的各种职位，如吴廷燮任国务院统计局局长十余载，王树枏做过国史编纂处编纂、参政院参政，罗惇曧历任总统府、国务院秘

---

① 《本社职任员表》，《国学萃编》第1期，1908年，第1页。

书，王式通历任司法次长、代理总长、政事堂机要局长、国务院秘书长、全国水利局副总裁等多项要职，金兆藩担任财政部佥事、会计司司长。而且一旦入馆，就食了民国的俸禄，不再执守前朝的臣节。就此而论，除积极参与复辟活动者外，多数应属于文化遗民，与清室瓜葛不深。即使参与复辟活动者，有的也是投机强于理念。正因为他们大都不以复辟清室为目标，反而将精力投向固有学术文化的整理研究，或抱残守缺，或理董旧籍，或教授后进。以新文化派的观念看，这些人不免守旧，学术成就也不高，但是跳出新文化的框架，或许刚好避免了新派以外来观念的附会，为止、反之后合的成立作一铺垫。前节所引两份人选名单中的陈三立、李瑞清、沈曾植、江瀚、陈宝琛、郑孝胥、罗振玉、曹元弼、柯劭忞、傅增湘、陈毅、陈衍、杨钟羲、乃至王国维等，在当时人看来，均在遗老之列。

有些人在文化观念上与所谓遗老相近，但身份尚难以遗老定性，如叶德辉、董康、屠寄、张尔田、孙德谦、沈家本、王闿运、陈汉章、陈庆年、杨守敬、熊会贞等。他们有的本来并非官宦，与清室的关系相当疏远；有的则是老的新学家出身，只是时过境迁，跟不上清季民初日新月异的变化节奏，显得有些落伍；有的年龄不见得大，而精神气质及交游皆与老师宿儒相近。如果身世方面多少有些瓜葛，便会被看作遗少。先后在北京大学和厦门大学教国文的陈衍曾点评他人以遗老入诗道："惟余甚不主张遗老二字，谓一人有一人自立之地位，老则老耳，何遗之有。"①此即公然与清室划清界限。他在福建及全国各地交往之人，多与新派有一定距离，同

---

① 陈衍：《石遗室诗话》（二），第395页。

时也不再北向逊清王室。这种情况使得民国学人对于清季以来的老辈的思维做派相当生疏。北京大学出身,并好与老辈交往的金毓黻曾感叹道:

> 余于清季诸老辈多不相识,《圣遗诗》中所称节庵为梁鼎芬,乙庵、子培、寐叟为沈曾植,伯严、散原为陈三立,病山为王乃征,絅斋为吴士鉴,石甫为易顺鼎,蒿庵为冯煦,审言为李详,一山为章梫,元素为唐晏(一名震钧),疆村为朱祖谋,樊山为樊增祥,积余为徐乃昌,翰怡为刘贞榦,苏戡、太夷为郑孝胥,陶斋为端方,尧翁即尧生为赵熙,仁先、苍虬为陈曾寿,葵园为王先谦,叔蕴为罗振玉,祉宇为荣可民,静安为王国维,沈堪为宝熙,弢庵为陈宝琛,石公为尹炎武,哲如为伦明,纕衡为曹经沅,心畬为溥儒,晳子为杨度,雪斋为溥忻,郁华、意园为盛昱,拔可为李宣龚,释戡为李宣倜,子言为陈诗,多为世人所共知。它如身雩、籀园、孝笙、憎仲、仲云、刚侯、韧叟、钝斋、鲍庵、啸谷、放庵、贻书、贻重、鹤逸、瑾叔、兰生、芷庵、止相、葱石、子修、逊翁、旭斋、涛园、艮麓、子戴、泊园、聘三、毅夫、公穆、鲜庵、藆庵、褧园、景张、兰史、健之、护斋、息存、默存、駬庵、西圃、幻庵、文麓、叔明、幼农、幼琴、黝云、君直、晋安,均不详为何人。韧叟疑为劳乃宣,聘山疑即王病山乃征、默存当为陈槱岑,余俟向熟于旧都故事者询之。《圣遗诗》中多含近代史事,应有人为作笺以明本事及所指。①

---

① 金毓黻:《静晤室日记》八,第6209—6210页。

今人凭借各种工具书和大量参考文献，一一对应自然不算太难，但在当时，曾受教于陈衍、陈汉章等老辈的金毓黻尚且如此，新派对于旧人更不熟悉。1925年10月，支伟成因拟编《近三十年学术史》等事致函胡适，该书自戊戌维新始，至新文化运动止，分类列举学人及其著述，与中国固有学问相关者，如古文经学为孙诒让、章炳麟、刘师培，今文经学为康有为、廖平，古今文兼采为王闿运、皮锡瑞，沟通汉宋为简朝亮，小学为章炳麟、汪荣宝。哲学乙类（古代哲学之整理）列举康有为、谭嗣同、宋恕、夏曾佑、章炳麟、胡适、梁启超。文学的古文学分陈三立、王闿运之古文，严复、林纾之译文，梁启超、谭嗣同之论文，章炳麟之述学文，章行严之政论文，樊增祥、易顺鼎、罗惇曧之诗，朱古微、况蕙风之词。史学为柯劭忞、屠寄、张尔田、柳诒徵、梁启超。地理学为杨守敬。金石学为孙诒让、吴大澂、杨守敬、缪荃孙、罗振玉。校勘目录学为叶昌炽、杨守敬、缪荃孙、孙德谦、刘翰怡、刘世珩。诸子学为康有为、章炳麟、胡适、梁启超、刘文典。另有佛学、艺术、医药学等项，是否单列，应举何人，未有定论。支伟成以胡适为"渊雅博洽"之士，请"逐类约举见告"，尤其希望对于文学、哲学两项，有所发挥。①

胡适如何应对，未见记录。至少从文学的角度看，恐怕难适其意。胡适以文学革命起家，这方面早有一番见解。还在美国留学时，他就对"今日文学之腐败极矣"的状况痛加批评："其下焉

---

① 杜春和、韩荣芳、耿来金编：《胡适论学往来书信选》上册，第321—324页。编者系是函于1923年10月16日，注明为疑似。函中提及支伟成《清代朴学大师列传》已经出版，当写于1925年胡适赴沪之际。

者，能押韵而已矣。稍进，如南社诸人，夸而无实，滥而不精，浮夸淫琐，几无足称者。更进，如樊樊山、陈伯严、郑苏盦之流，视南社为高矣，然其诗皆规摹古人，以能神似某人某人为至高目的，极其所至，亦不过为文学界添几件赝鼎耳，文学云乎哉！"①私下里胡适的看法更加彻底："晚近惟黄公度可称健者。余人如陈三立、郑孝胥，皆言之无物者也。文胜之敝，至于此极，文学之衰，此其总因矣。"②归国后他发表《建设的文学革命论》，对于包括桐城派古文、文选派文学、江西派诗、梦窗派词、《聊斋志异》派小说在内的"现在的旧派文学"全盘否定，认为"实在不值得一驳"③。

几年后胡适撰文评《五十年来中国之文学》，看法依然不变。不过，在为日译本写的序言中，对于王鹏运、朱祖谋等人的翻刻宋元词集，王国维的《宋元戏曲史》《曲录》，刘世珩、董康等人所刻传奇、杂剧，稍加肯定。这些遗漏显示胡适对清季以来中国文学的发展脉络，不仅有新派的成见，而且了解并不深入广泛。1921年8月，胡适读了孙德谦的《诸子通考》，虽然觉得小疵不少，仍认为"孙君当时能主张诸子之学之当重视，其识力自可钦佩"。"此书确有许多独立的见解"，"很有见地的议论"，因而许为"此书究竟可算是近年一部有见地的书，条理略逊江瑔的《读子卮言》，而见解远胜于张尔田的《史微》"④。这与胡适归国时对国内学术界的看法有所不同。

---

① 《寄陈独秀》，《新青年》第2卷第2号，1916年10月1日，"通信"第2页。
② 曹伯言编：《胡适日记全编》2，第376页。
③ 《新青年》第4卷第4号，1918年4月15日，第289页。
④ 曹伯言编：《胡适日记全编》3，第429—430页。

1928年，胡适从叶恭绰收辑清代学人遗像一事可以了解部分延续到民国的清季学人的脉络。由于地位的变化，胡适与南北一些老辈也陆续有所来往，他先后与柯劭忞、傅增湘、郑孝胥、江瀚、杨钟羲、陈三立、章钰、刘世珩、朱启钤、董康、夏敬观等人相识，与董康、杨钟羲、夏敬观等人还有学术方面的联系。不过，胡适"甚感觉此辈人都是在过去世界里生活"①，从后来他提及南菁书院毕业生中有名于时而自认见过者的情形看，其与老辈学人的关系还是相当疏离。

　　民国以后，老辈学人陆续谢世，但也有不少延寿之人。直到1920年代，王闿运、杨守敬、刘师培、劳乃宣、缪荃孙等人虽然已经过世，一代大儒沈曾植则尚在人间，老辈中人如陈庆年、柯劭忞、胡玉缙、江瀚、陈宝琛、廖平、简朝亮、杨钟羲、傅增湘、屠寄、王树枏、章钰、陈衍、陶湘、朱师辙、高步瀛、马其昶、孙雄、陈三立、李详依然健在。至于地方名流更加不胜枚举。其中一些人的学问，以新派观念来看，似乎没有专精，因而够不上学者的资格，但在固有学问的体系内，他们至少承担着承上启下的使命。1923年，胡朴安撰文论述《民国十二年国学之趋势》，南社的背景令他根本否定梁启超的学术地位，而对于清季的学人及其学术，尚能给予肯定：

　　　　中国国学，至清乾嘉时而极盛，道咸以后，迄于光宣之际，日即衰微矣。然而未尝绝也。其矫矫可数者，瑞安孙氏诒让仲容，德清俞氏樾曲园，寻江、戴之坠绪，群经而外，兼

---

① 曹伯言编：《胡适日记全编》6，第410页。

及诸子，参互钩稽，时有精言。四川廖氏平季平，广东康氏有为更生，沿刘、庄之辙迹，变而加厉，掊击东汉，独尊西京，罢黜百家，独尊公羊，大同三世之说，比附礼运，先进后进之说，比附论语，时多怪诞之言，好为新奇之论，然而持之有故，言之成理，虽非通才，足树一帜。长沙王氏先谦益吾，搜讨颇勤，见闻亦富，注史笺子，简明有法，最便初学。湘潭王氏闿运壬秋，文笔健洁，纪湘军尤可观，诗亦优长，惜无独到。所注墨子，浅陋无足论已。吴县吴氏大澂清卿，奔走潘氏之门，颇见三代之器，耳目既广，知识遂多，校其文字，为之排比，虽鲜发明，可资参考。上虞罗氏振玉叔蕴，海宁王氏国维静安，获殷墟文字，识其音义，证之许书，发千古未有之奇，校六书违背之旨，骨甲出土，有造于罗王二氏多也。杭州张氏尔田孟劬，孙氏德谦益安，守实斋之成法，兼治史子，亦可以观。长沙叶氏德辉、吴县曹氏元弼，一则杂不名家，一则拘未宏览，要之一时之好，有足多者。其他诗文词曲卓然成家者，颇亦有之，不悉举也。

不过，在他看来，老辈的学问只能代表过去，不足以开创未来，因而与现在的学术无关。"兹数先生，虽为足当启发学术之任，亦可谓翘然异于众人矣。惟世界息息推移，学术亦时时递变，诸先生之学术，仅足结清室之终，未足开民国之始，其著作之精粹，可供吾人之诵读，其治学之方法，不能为吾人之楷式。虽诸先牛在今日尚有存者，而于民国十二年之国学无与。"①

三　隔代相传

民国时期老辈学人的重要社会功能之一，便是传承固有的中国学术文化，使之不至于失传或变异。自清末教育改革以来，适应社会时势的变化，教育的形式和内容根本改变，这种多少有些不得不然的进步，潜伏着一个相当大的危机，即在西学的整体取代之下，中学很可能不仅丧失其"本"位，而且会以后来外在的条理学说，推测解释古人的意志，最终导致本相真意无人可解的尴尬局面。尤其是在中国固有的学术文化越来越被西化的教科书重新改装，并且被普遍用于学校的教学，而新式学堂毕业生又几乎垄断了各种社会优势职位之后，年轻一代通过正规教育来实现对中国固有学术文化的社会传承，变得越来越似是而非。这种情况很早就引起章太炎的关注，并因此对学校教育提出强烈批评。②张尔田甚至声称："仆有恒言：真学问必不能于学校中求，真著述亦必不能于杂志中求。"③而老辈学人的存在及其参与各种体制内外的教学活动，使得旧学的传承部分得以延续。

1920年代以后，各省纷纷兴办大学，一些老辈学人进入其中，教授弟子，如陈衍入北京大学、厦门大学，袁嘉谷入东陆大学，姚

---

① 胡朴安：《民国十二年国学之趋势》，上海《民国日报·国学周刊》1923年国庆日增刊。
② 参见陈平原《中国现代学术之建立——以章太炎、胡适之为中心》第2章《官学与私学》。章氏同时也批评时人按照外国观念讲解中国学问。
③ 《夏承焘集》第5册，第327页。

永朴入安徽大学,高步瀛入北京师范大学、北京女子师范大学、辅仁大学,朱师辙兼课辅仁大学,李详入东南大学。任鸿隽长川大时,文学院长张颐,中文系龚道耕(向农)讲三礼,林思进(山腴)讲史记,周癸叔讲词,向楚(仙樵)讲楚辞,祝同曾(屺怀)讲资治通鉴,李植(培甫)讲说文,李蔚芬(炳英)讲庄子,赵世忠(少咸)讲广韵,彭云生讲杜诗,庞石帚讲文心雕龙,萧参(仲伦)讲诗经,曾宇康讲文选,后又聘请向承周(宗鲁)讲校雠学、管子、淮南子、陈季皋讲汉书。川大文史学生,大都是老辈的门人或再传弟子。

更多的人则于正规体制之外,另行组建教学机构,如唐文治筹办的无锡国学专修馆,坚持数十年,延聘众多老辈学人讲学其中,造就了不少人才。1928年奉天创办萃升书院,延聘王树枏讲经学,吴廷燮讲史学,吴闿生授古文,高步瀛授文选。被太炎门生和新派学人逐出北京大学,还要穷追猛打、口诛笔伐的桐城末流,姚永朴、姚永概分别长宏毅学舍、正志学校教务。不少老辈在闭门著述之余,也收徒授学。

社会生活中常有隔代容易沟通的现象,学界亦然。民国时期的新派,往往借代际更替之名行派系争斗之实。而要打倒前辈,其捷径就是不破不立,根本颠覆前人。胡适的《〈国学季刊〉发刊宣言》,根本目的还在标明保存国粹等等反动"都只是旧式学者破产的铁证",而对能够补救清代学者缺陷,把握现代古学研究趋势的"我们""抱无穷的乐观",并且断言:"国学的将来,定能远胜国学的过去;过去的成绩虽然未可厚非,但将来的成绩一定还要更好无数倍。"①傅斯年的《历史语言研究所工作之旨趣》,一方面肯定"亭林百诗这样对付历史学和语言学,是最近代的;这样立点便是不朽的遗训",一方面则惋惜"不幸三百年前虽然已经成就了这样近代的一个遗训,一百多年前更有了循这遗训的形迹而出的好成就,而到了现在,除零零星星几个例外以外,不特不因和西洋人接触,能够借用新工具,扩张新材料,反要坐看修元史修清史的做那样官样形式文章,又坐看章炳麟君一流人尸学问上的大权威。"②对太炎师徒尚且不以为然,逊清老辈更加不在话下。

与五四一代新派和老辈之间的水火不容迥异,有心向往文史之学的后五四学人,对老辈反而不大排斥。他们中的一些人,与老辈有着包括血缘在内的种种社会联系,在1920年代后期学术风气逐渐转移的影响之下,对于老辈的学问相当敬重,入校学习的同时,还拜在老辈的门下。从北京大学、清华国学研究院到无锡国学专修馆的学生中,与老辈联系较多或为其弟子之人,为数不少。如金毓黻为吴廷燮弟子,方壮猷为赵启霖弟子,谢国桢曾受吴闿生诗古文辞。至于向老辈求教治学门径和诗文典籍者更加普遍。龙榆生《苜蓿生涯过廿年》记:1928年9月到上海,"先后见过了陈散原、郑苏戡、朱彊村、王病山、程十发、李拔可、张菊生、高梦旦、蔡子民、胡适之诸先生,我不管他们是新派旧派,总是虚心去请教,所以大家对我的印象,都还不错。我最喜亲近的,要算散原、彊村二老"③。

在老辈的熏陶下,这些青年的学术观念自然与五四一代不同。

---

① 《国学季刊》第1卷第1号,1923年1月,第1页。
② 岳玉玺、李泉、马亮宽编选:《傅斯年选集》,第175—176页。
③ 张晖:《龙榆生先生年谱》,第22—23页。

如牟润孙拜入长两辈的柯劭忞（蓼园）门下为最小的弟子，牟、柯两家，姻亲兼世交，牟氏得其亲炙，对于治学门径以及柯劭忞学行的看法，与新派多有不同。他认为"蓼园先生博闻强记，治学方面至为广泛，经、史、小学、诗文、金石、历、算，均有极精深的造诣，为钱大昕后第一人"①。不能仅以《新元史》来衡量其学术成就，尤其不能用新派的所谓科学眼光来看待和评议。清华国学院的姜亮夫在成都高等师范时受教于赵熙、林思进、龚道耕等人，他回忆道："我一生治学的根底和方法，都是和林山腴、龚向农两先生的指导分不开的。他们特别强调要在诗、书、荀子、史记、汉书、说文广韵这些中国历史文化的基础书上下功夫。他们说：'这些书好似唱戏的吊嗓子、练武功。'并形象地指出读基础书就像在大池里栽个桩，桩子栽的稳，栽的深，满堂的浮萍、百草都会同桩子牵上，乃至水里的小动物也属于这杆桩子了。龚先生还说，由博返约这个约才能成器，不博则不可能有所发现。得林、龚二师之教，我在成都高等师范那几年，便好好地读了这些基础书。这点，为我后来的治学，得益确实非浅。"②这与用科学方法整理国故者的取径明显不同。

用新派后来得势的眼光看，新旧之间壁垒分明，实际情形却相异甚至相反。除北京大学"党派意见甚深"，以新文化主义排斥异己之外③，多数学校在1920至30年代，新旧矛盾尚不突出，不少地方不但能够共存，还能协调合作。"学衡"派主将之一的胡先骕

---

① 牟润孙：《蓼园问学记》，《注史斋丛稿》，第535页。
② 《姜亮夫自传》，晋阳学刊编辑部编：《中国现代社会科学家传略》第1辑，第251—252页。
③ 陈智超编注：《陈垣来往书信集》，第209页。

十余年后总结道:"当五四运动前后,北方学派方以文学革命整理国故相标榜,立言务求恢诡,抨击不厌吹求。而南雍师生乃以继往开来融贯中西为职志,王伯沆先生主讲四书与杜诗,至教室门为之塞,而柳翼谋先生之作中国文化史,亦为世所宗仰,流风所被,成才者极众。在欧西文哲之学,自刘伯明、梅迪生、吴雨僧、汤锡予诸先生主讲以来,欧西文化之真实精神,始为吾国士夫所辨认,知忠信笃行,不问华夷,不分今古,而宇宙间确有天不变道亦不变之至理存在,而东西圣人,具有同然焉。"①即使在北京,燕京大学的张尔田、邓之诚等人,与青年学生的关系也相当融洽。燕大以学生为主体的史学会能够持之以恒,人才辈出,他们的影响至关重要。

民国以后,老辈的社会交往和文化观念与现实格格不入,面对西学和新文化的冲击,努力维系旧学,并开展了一些学术活动。主要有以下各项:

一、编纂史志。民国时期,中央和各省重视正史、方志的编修,除少数地方外,均由老辈学人在其中扮演主角。如国史馆以王闿运为馆长,后改设国史编撰处,总纂王树翰,编辑主任屠寄,李经畬、黄维翰、路朝銮、熊国璋、宾玉瓒、陈浏任分纂。1927年秋,张作霖再改国史馆,柯劭忞馆长,王树枏总纂。清史馆"最初总纂为缪荃孙、马其昶、秦树声、吴士鉴、继则为柯劭忞、王树枏、吴廷燮、夏孙桐;纂修为金兆蕃、金兆丰、章钰、俞陛云、吴怀清、协修为张书云、李哲明、戴锡章、奭良、朱师辙,此皆成书时之氏名也。若最初之纂修,尚有姚永朴、张尔田、陈曾则、袁

---

① 《朴学之精神》,《国风》第8卷第1期,1936年10月1日,第15页。

励准、王式通、刘师培、夏曾佑；协修有李岳瑞、朱孔彰、陈敬第、罗惇曧、邵瑞彭、赵世骏，皆一时知名之士也"。①各省新修通志，亦多由老辈主事。吴廷燮总纂《辽宁通志》，沈曾植《浙江通志》、陈衍《福建通志》、傅增湘《绥远通志》，宋育仁《四川通志》，梁鼎芬《广东通志》。各省通志局聘用的撰修人员，也以老辈为主。如浙江通志局聘朱祖谋、吴子修、陶葆廉、章梫、叶柏皋、朱湛卿、金甸丞、孙德谦、王国维、张尔田、刘承幹等人为分纂，福建通志局则以陈元恺为提调，刘瀛、何梅生为协纂，沈觐冕、叶大琛、林苍、陈钜前、林翊、陈敬、王庆湘、郑祖庚、林孝颖、吴炎南、陈耻、陈谦、叶心炯、李苑之、龚惕庵、林雪舟等人为分纂。《奉天通志》以王树枏、吴廷燮、吴闿生、杨钟羲、金梁、许宝衡、许同莘等为纂述，《河北通志》以王树枏、贾恩绂等为纂述，《河南通志》以张嘉谋、蒋藩等为纂述，《云南通志》以周钟岳、由云龙、赵式铭、方树梅为纂述。一些方志学者对民国新修方志颇多微词，实则其中不乏佳作。

二、整理文献，藏书刻书。老辈学人好收书、藏书、校书、刻书，柯劭忞、章钰、傅增湘、董康、陶湘、叶德辉等尤为个中翘楚，因此对于典籍的版本渊源相当熟悉。这在反对"疏通"的新派学人看来或许无大意义，却受到域外学人的重视。王云五《续修四库全书提要序》称：东方文化事业委员会开始聘请仅限于前清遗老。1934年，改由桥川时雄主持，增聘平津一带学者为研究员，并与华中华南及海外若干学者取得联系，实则仍以老辈为主。②金

---

① 《静晤室日记》第6册，第4226页；第9册，第6533—6536页。
② 参见山根幸夫：《近代中日关系の研究——对华文化事业を中心として》，第15—16页。

毓黻这样评价《续四库全书提要》的编撰："主撰者为江瀚、胡玉缙、杨钟羲、伦明诸老辈，皆在北平撰稿，经其事为桥川时雄（子雍），询之岩村，谓成已过半，并将经部提要付之油印，出以示余。此为伟大之事业，中土老儒倡议多年，卒鲜成功，而今则有观成之望，诚无意中之佳觏也。"①

三、结社讲学。中国文人学士，本有结社以相互揣摩玩赏诗文学术之风，民国时期老辈远离政治和社会，彼此交游更加重要。1916年，刘承幹在上海建立淞社，《学樵自订年谱》记："翰怡与周湘舲主淞社，集者艺风、子颂、鞠裳、息存、梅庵、叔问、枯农、元素、聚卿、积余、金粟香、钱听邠、吴仓硕、刘谦甫、王旭庄、刘语石、汪渊若、戴子开、金甸丞、恽孟乐、季申、瑾叔、崔磐石、宗子戴、潘兰史、王静安、洪鹭汀、陶拙存、朱念陶、褚礼堂、夏剑丞、张孟劬、姚东木，迭为主客，与乙庵论文。"②

此后世界文化风向，因为第一次世界大战的惨烈，颇有转向东方主义的趋势，更加引起老辈的共鸣和响应。1921年秋，一批老辈学人在上海成立亚洲学术研究会，计划每月开讲书会两三次，发行《亚洲学术杂志》（原定月刊，实为季刊），理事汪钟霖、邓彦远，孙德谦为杂志编辑人，任稿会员有王国维、罗振玉、曹元弼、张尔田等。该会宗旨愤心时流，攻斥鹜新者不遗余力，欲借此拯救世道人心。③罗振玉看到杂志后，认为其中佳作不少，特嘱咐王国维："深愿同人能合力作，发挥正论，以振狂愚。"该会及其所办杂志引起东南大学史地学会的注意，希望其对于学术有所贡献。

---

① 《静晤室日记》第5册，第3511页。
② 引自袁英光、刘寅生：《王国维年谱长编》，第194页。
③ 《亚洲学术研究会及其刊物》，《史地学报》第2卷第2号，1923年1月。

1923年8月，王秉恩、柯劭忞、陈三立、辜鸿铭、叶尔恺、郑孝胥、朱祖谋、陶葆廉、李孺、章钰、宝熙、王季烈、张美翊、徐乃昌、陈曾矩、陈毅、金梁、刘承幹、王国维、罗振玉等20人联名发起成立东方学会，计划设立董事会和理事会，由柯劭忞任董事长，德国学者尉礼贤（Richard Wilhelm）和日本学者今西龙为董事①，拟定简章10条②，宣称："中国有数千年的没有中断的文化传统。近几十年，欧美人民因饱受战争之苦，认识到在强权和枪杆之外还有一条通向真理之路，因而纷纷注重研究东方文化。本会以研究中华文物制度为己任，研究古代经籍和历史的关系，以图洞悉国家和社会治乱之根源。"③会中拟设印刷局、图书馆、博物馆和通信部，印书数十种。④

在广东，黄任恒、黄荣康谋复举学海堂课，聘请周朝槐、潘应祺、汪兆铨、姚筠俊、何藻翔、汪兆镛、沈泽荣、林鹤年等人为学长。赖际熙等人则在香港创立学海书楼，邀请陈伯陶、温肃、区大

---

① 长春市政协文史和学习委员会编、王庆祥、萧文立校注、罗继祖审定：《罗振玉王国维往来书信》，第517、573页。
② 中国历史博物馆编、劳祖德整理：《郑孝胥日记》第4册，第1959页。
③ Salome Wilhelm：Richard Wilhelm—Der geistige Mittler zwischen China und Europa, Eugen Diederichs Verlag, Duesseldorf Koeln, 1956.（莎珑·卫：《卫礼贤——中国与欧洲之间的精神使者》，第302页。引自张国刚：《德国的汉学研究》，第41—42页。卫书称该会系由卫礼贤发起，后者是参与此事的唯一外国人，也是负责学社具体工作的联络人。而金梁《瓜圃述异·辜博士》条记，参与其事者还有铎尔孟、钢和泰、福开森等（沈云龙主编：《近代中国史料丛刊续编》第24辑之238，第34页）。此事当与日本方面鼓吹所谓日中文化联合有关。该会简章，罗继祖称"今不可见"（《鲁诗堂谈往录》，第12页）。1923年6月26日上海《民国日报·觉悟》刊布一则《东方学会缘起及草章》，从内容判断，当为另一同名组织。
④ 罗振玉：《集蓼编》，《雪堂自述》，第49页。

典、区大原、朱汝珍、岑光樾、何藻翔、俞叔文等讲学授课。①

东方学会成立之时，新文化运动虽已显出种种弊端，声势仍然鼎盛。此后风向有所变化。1932年北平图书馆《读书月刊》发表《考据漫话》，有如下描述：

> 以前中国所谓"新文化运动"，大概可以分为三大类：第一是各种新社会思想与哲学之输入，第二是语体的新文艺运动，第三类是以科学方法整理国故。现在第一第二两种大体多已显示着衰落而集中于社会主义，所以唯物史观的辩证哲学和所谓"普洛文学"，就成为一时流行之风尚。惟有所谓"科学方法整理国故"运动，其"流风余韵"，却还相沿未衰，而且在"古色古香"的旧都，正有"方兴未艾"之势。这不能不算是新文化运动中唯一可"庆幸"的事了！②

对于整理国故吸引了许多青年转向故纸堆，不少人提出严厉批评甚至激烈抨击，而主张或拥护国学研究者的观念和路径也相去甚远，但整理国故激荡起来的国学研究热情，确有形成运动之势。本来中国学人并不强分新旧，即使在新文化运动中心的北京，除新派以外，一般而言，与老辈的关系尚属融洽。1922年5月，由吴承仕发议，尹炎武、朱师辙、程炎震、洪汝闿、邵瑞彭、杨树达、孙人和等8人假座北京的歙县会馆结成"思误社"，每两周会集一次，主要校订古书，以养成学术风气。后改名"思辨"，陆续加入者有

---

① 参见李绪柏《清代广东朴学研究》，第264—265页。
② 《读书月刊》第1卷第10号，1932年7月10日，第1页。

陈垣、高步瀛、陈世宜、席启駧、邵章、徐鸿宝、孟森、黄节、伦明、谭祖任、张尔田等①，其中不乏老辈学人。他们与柯劭忞、陶湘、杨钟羲、傅增湘等人来往密切，虽然与新派学人也有所联系，而学术上自有见解，并不一味以趋新为然。在各地先后组织的国学会中，老辈也受到尊重，如中国国学研究会的《国学辑林》，请刘承幹、徐乃昌为撰述员。②苏州国学会以及章氏国学讲习会，南北耆硕王树枏、陈衍、张其淦、杨钟羲、唐文治、孙雄、周钟岳、张一麐、孙德谦等，加入其中。③1926年，吴宓等人组织读经团讲学会，孙雄参与其事。④在各种国学杂志上，老辈的学术文章和诗文作品占有一席之地。

新文化派的整理国故和史学革命，虽然公开鼓吹打倒老辈，实际进行之际，在文献典籍和史实考订等方面，不能不与老辈有所接触甚至仰仗。尤其是整理国故的兴起，使得原来被新文化派宣布为腐朽、无用、而老辈们擅长的旧学，重新成为社会关注的焦点，乃至青年成名的捷径。尽管新文化派主张以科学方法从事整理，旨在与老辈划清界限，并将后者排除于整理工作之外，实际效果刚好相反。以致有人愤然道："老实说，国学不过是古董罢了！玩这古董的，只该是极少数的考古家历史家，这极少数的考古家历史家，又必须真懂得国学是什么，那末，才渐渐有相当的成绩出来。可

---

① 杨树达：《积微翁回忆录》，第17页；陈智超编注：《陈垣来往书信集》，第130—131页。
② 《〈国学辑林〉撰述员名录》，《国学辑林》第1期，1926年9月，"纪事"第1页。
③ 《国学会会员姓名一览表》，《国学商兑》第1卷第1号，1933年6月1日；《国学会会员姓名一览表》，《国学论衡》第2—8期，1933年12月1日—1936年11月20日。
④ 吴宓著、吴学昭整理注释：《吴宓日记》第3册，第250页。

是现在的国学界乌烟瘴气，瞎闹到十二分，他们的头脑，一提及国学，马上就联想到保存国粹；一提及研究国学，马上就联想到古诗古文。某报国学周刊上，不上三百字的孔子之成人说，孔子之君子说，也算是整理国学了。某校的国学概要，把唐朝刘知几所斥为不可信——学者公认为不可信的史料，也采来充做国学也。上海文丐所做的鸳鸯湖蝶派小说，军阀政客们打出来的四六电报，无非是国学。上海某校教员统计今年招生考卷，做文言的，占了十分之九。无锡某校至今还不准学生做语体文。"

鉴于"国学遗老化的恶影响这么厉害"，整理国故刚刚开始，有人就公开反对，认为"国学的遗老化，真是现在学术思想上一件最可担忧的事"。不仅那些遗老遗少等余孽，就算是新式的科学的国学家胡适，所办《国学季刊》，"除掉《科学的古史家崔述》外，也只看到《述皇》一类古香古色的文字。又在他的《中学的国文教授》里，竟要学生读四史、通鉴……一些大学生不必人人要读的书。在最近手定的《高级中学国语纲要》里，竟要学生大做其古文"。而"我们敬仰的国学老辈"梁任公，又主张对古人要拿出副道学面孔，不许嘻笑怒骂，说俏皮话，对孔子要表相当的敬礼。其《国学入门书要目及其读法》，说《论语》《孟子》《易经》有益道德，要摘记先圣先哲身心践履之言以资修养，"这样的态度，是不是与那些圣人之徒开口夫子，闭口先师一鼻孔出气呢？"国学倘若这样慢慢地遗老化下去，"在国学的本身，一定要减损不少的价值；在政治社会学术思想上，一定要生出不少的恶影响"[①]。

---

① 陈问涛：《国学之"遗老化"》，《学灯》第2卷第10册第16号，1923年10月16日，第1页。

面对接踵而来的批评，胡适虽然辩称整理国故旨在"捉妖""打鬼"，可是国立大学拿整理国故做入学试题，副刊杂志看国故文字为最时髦的题目，线装书的价钱十年内涨了二三倍，凡此种种，都使胡适的辩解显得软弱无力。所以他不得不认真反省，"深深忏悔关于研究国故的话"，断言国学是条死路，希望青年走生路。① 与胡适不同，顾颉刚坚持"国学是科学中的一部分"，并且理直气壮地宣称："我们交往的人，也许有遗老、复辟党、国粹论者、帝国主义者，但这决不是我们的陈旧的表征。我们的机关是只认得学问，不认得政见与道德主张的。只要这个人的学问和我们有关系，或者这个人虽没有学问，而其生活的经历与我们的研究有关系，我们为研究的便利计，当然和他接近。我们所接近的原不是他的整个的人格，而是他与我们发生关系的一点。"②

抗战胜利以后，胡适对于老辈的态度平实了许多，包括他本人在内的新学术界长期仍然深受老辈学人多方面影响的事实，令他不得不正视后者的存在并多少承认其作用。1947年5月22日胡适致函萨本栋、傅斯年，拟推院士名单，"提出三位老辈"：吴敬恒、张元济、傅增湘，并提出杨树达"做一老派古学者的代表"③。虽然胡适的人选并未得到完全认同，老辈的范围与以前也有所差异，至少可以反映他本人的态度变化。

---

① 《研究所国学门第四次恳亲会纪事》，《北京大学国学门月刊》第1卷第1号，第143—145页。
② 顾颉刚：《一九二六年始刊词》，《北京大学研究所国学门周刊》第2卷第13期，1926年1月6日，第3—5页。
③ 耿云志、欧阳哲生编：《胡适书信集》中册，第1101—1102页。

四　门径各异

　　清季民初，社会变动天翻地覆，中西新旧，乾坤颠倒，影响及于学术文化，也日趋信奉不破不立，横逸斜出。1937年，张尔田致函杨树达，谈到治学的方法和途径，他说："凡学之立也，必先循轨道，而后方可以言歧创。……今之缀学，知稗贩而不知深研，知捷获而不知错综。以此求异前辈，而不知适为前辈所唾弃。"杨树达对此颇有同感："先因后创，余虽不克任，然治学次第当如此，则笃论也。余恒谓温故而不能知新者，其人必庸；不温故而欲知新者，其人必妄。亦孟劬此书之意也。"① 两人所说，显然意在批评近代学术发展的偏宕，而这些偏向又影响了学人对近代学术史的认识。中西新旧，截然两分，究其极，西往往意味着新，中则基本等同于旧。不仅新派如此塑造历史，其他学人针对此点立论，观念和脉络也不免为其所囿。

　　钱基博评介晚清至民国的学风转移道："五十年来学风之变，其机发自湘之王闿运，由湘而蜀（廖平），由蜀而粤（康、梁）而皖（胡、陈），以汇合于蜀（吴虞），其所由来者渐矣，非一朝一夕之故也。"这主要是就文学一支立论，所谓"文学之事，每随时代升降变易，代有新趋，成其主流"②。梁启超、钱穆两人先后撰写《中国近三百年学术史》，立意虽然相异甚至相对，于清季

---

① 杨树达：《积微翁回忆录》，第129页。
② 吴万谷：《王闿运》，张其昀等著：《中国文学史论集》（四）现代国民基本知识丛书第5辑，第1183—1185页。

学术的论述都相当简略,而且不离上述脉络。梁氏的《清代学术概论》,亦不脱此范围。

其实,趋新与守旧,都是相对而言,而且不占多数。对于双方的言行,居中的学人早有持平之论。1926年闻宥将研究国学者分为二派,"其第一派之特点曰抱残守缺,凡学之属于古者,不问其精粗美恶,而一切珍视之,甚至其说之已与常识相违背者,亦竟不欲弃置。其第二派之特点曰舍己从人,视我一切学术,皆若为西洋学说之附庸,甚至其说万不可合者,亦竟曲加比附。此两者之态度,适成两绝对,而其误乃相等。由前之说,在乎自视过满,由后之说,在乎自视过卑。自视过满者,固不欲引人以自广,自视过卑者,亦不惮尽弃而从人。自满则国学不能得他山之助,自卑则国学不能立最后之基,而国学之真,于以尽失矣"。①

无独有偶,与此同时,缪钺亦致函《学衡》编者,对新旧两派各走极端提出批评:"居今之世,尊人尊己,举无一当。惟有镜照衡权,撷长弃短,镕冶为崭然之真新文学,兼蓄新质而能存故美,庶几得之。自三五钜子,以肤受末学,投国人嗜奇趋易之心,登高一呼,得名而去,使后生嚣嚣然狂走不已,其敝既为识者所洞鉴矣。而鸿生硕彦,湛溺旧闻,墨守故椠,傲然自尊,于西人之作,一切闭拒,以为绝不可相谋,斯亦未为得也。荀卿有言,万物异则莫不相为蔽。今哗众取宠之士,既蔽于今,蔽于浅矣,而老师宿儒,抱残守缺,又不免蔽于古,蔽于博。闷达不出,孰通其邮。此千钧之责,惟冀诸君子负之,而华夏文运,亦将于斯卜盛衰

---

① 闻宥:《国学概论》,《国学月刊》第1卷第3期,1926年12月10日。

焉。"①"学衡"派虽然被后人指为守旧或守成，主张却是"昌明国粹，融化新知"，"不激不随"，并且实际贯彻其宗旨的。这与不分中西新旧的温故知新大体同道。

胡适和顾颉刚等人在为整理国故辩解反省之时，尽管态度已经有所区别，均仍然不忘与老辈学人划清界限。这也是新文化运动开展以来他们与老辈分歧的延续。本来新派与老辈学术上并非截然对立，似乎新派一味趋新，老辈则一心守旧。但新派不断鼓动新潮，老辈却往往与复古逆流相联系，在接二连三的冲突摩擦中，各自意气用事，易走极端，形成公开对垒。张尔田就曾将陈垣《元典章校补释例》中胡适的序言撕去，并当面向陈垣表示不以其请胡适作序为然。②这种水火不相容的态度使得双方难以平实相待。1923年，汪东针对"新旧两派的争执，往往各走极端"的情形批评道："讲学这件事，应当凭着商量的态度，新文化固当虚心容受，旧文化也断不可以一概抹杀。如果一个人能够新旧兼贯最好，不能便联络两派的学者，通力合作，重在互相引证发明，不要互相诋毁。至于辩论，自然是不可少的，却只要研究过的人，循持条理，破他自成，不要完全不懂的人，立在门外谩骂。"

汪东以为："平心而论，学术也有分别，一种是求是的，只问是非，不论新旧，譬如哲学之类，后人发明，可以补苴或改正古人的地方，固然很多，但是古人有极精确的议论，任是如何，颠扑不破的，却也不少。一种是应时的，斟酌情形，务在可行，譬如政治法律之类，有所建制，必定要适合当时环境的需要，环境既变，旧

---

① 缪钺：《与学衡编者书》，《学衡》第59期，1926年11月，"文苑·文录"第5—6页。
② 陈智超编注：《陈垣来往书信集》，第407页。

的自然不甚适用，至少也要容纳几分新的来修正调和。但是把旧的一刀从根铲了，却换一个簇斩全新的来代替他，这新的是否与环境适合，也自有审慎讨论之余地。从前帝王，凭着至高无上的权力，把学术定于一尊，绝不许人对于钦定的学说，丝毫有所怀疑，那些学者，便也兢兢业业，遵守功令，除了父师相传的几本故书，把其余的一概贬作异端，所以新学家诋诃他是专制，是盲从，是一点不错的。然而，我要问提倡新文化的学者，垄断学籍，排斥异己，俨然有一派顺我者存逆我者亡的气象，是不是专制？一般青年学子对于新文化，若者为是，若者为非，若者为适，若者为否，并没有充分考量判断的识力，一味跟着附和，是不是盲从？我们反对的是专制啊！盲从啊！却不论他是用哪一种学术来专制，盲从的是哪一派的学说。"①

同年，胡朴安论及当时学界风气，也有如下评议：

> 今之学者，新旧互相攻击，夫攻击非治学之弊，攻击之结果，恒有以策学问之进步。……今之互相攻击者，不仅不见进步，且日见退步，于是知其相攻击也，非以诚恳之心，研究学问，徒以利禄之心，标榜声名，相当之战守器具，皆所不问，惟日以攻击为事，此真治学之弊也。

他进而批评道：

---

① 汪东：《新文学商榷》，《华国》第1卷第2期，1923年10月15日，第1—2页。

今之学者不求所以自立，徒为虚憍之气所乘，以盗窃为能事，以标榜为名事，不仅文话白话然也，一切学问，莫不如是。于是不知算学而言罗素，不知生物而言杜里舒，不知经史而言崔东壁，不知小学而言高邮王氏父子，无闭门读书之人，只有登坛演讲之人，无执卷问业之人，只有随众听讲之人。演讲与听讲，非不可行之事。然必演讲者对于所讲之学问，有彻底之了解，听讲者对于所讲之学问，有相当之根基。今演讲者自知学问之未了解也，于是好为新奇之说，以博听者之感情；而听讲者不仅无相当之根基，并无听讲之诚意。……真正为学问之宣传而演讲，与为学问之研究而听讲者，可谓决无其人。至其比较稍善者，亦不能有具体之研究，而求治学之条理，或抽其一二枝枝节节为之。此等治学者，一中于欲速之心，二中于好奇之念，盖具体的研究，非穷年累月不为功，且无新奇可喜之说，足以动人闻听。今摭拾一二事，彼此钩稽，甚且穿凿附会，为之者计日可成，听之者诧为未经人道，于是治学者遂有二途：一曰求中国隐僻之书，以比附西方最新之说；一曰求单文孤证，以推翻前人久定之案。尤以翻案之学说，风行一时。①

汪、胡二人批评的矛头虽然同时指向新旧双方，实际上对采取攻势的新派更加严厉。新文化派中有些人对于上述批评也大体认账。与汪东同门的钱玄同私下反省道："仔细想来，我们实在中孔

---

① 胡朴安：《论今人治学之弊》，上海《民国日报·国学周刊》第14期，1923年8月8日。

老爹'学术思想专制'之毒太深,所以对于主张不同的论调,往往有孔老爹骂宰我,孟二哥骂杨、墨,骂盆成括之风。其实我们对于主张不同之论调,如其对方面所主张,也是二十世纪所可有,我们总该平心静气和他辩论。我近来很觉得要是拿骂王敬轩的态度来骂人,纵使所主张新到极点,终之不脱'圣人之徒'的恶习,所以颇惮于下笔撰文。"①

调整新旧即是非的观念,考察新派与老辈的分歧,至少有相互联系的三点可以重新考虑。其一,中国的固有学术,究竟是安身立命的所在抑或仅仅是单纯客观的学问。其二,考据能否作为治学的旨归。其三,中国固有学术是否只是一堆散漫的材料,能否用西学的系统来重新条理。

在新文化派的学人看来,老辈是将学问作为安身立命的凭借,而不仅仅是用科学方法去研究的客观对象。顾颉刚为《北京大学国学门周刊》所写《1926年始刊词》说:"至于老学究们所说的国学,他们要把过去的文化作为现代人生活的规律,要把古圣贤遗言看做'国粹'而强迫青年们去服从,他们的眼光全注在应用上,他们原是梦想不到什么叫做研究的,当然说不到科学。"胡适对待整理国故,观念前后数变,但始终反对将国学作为安身立命的依据。他以为:"我们所提倡的'整理国故',重在'整理'[两]个字。'国故'是'过去的'文物,是历史,是文化史;'整理'是用无成见的态度,精密的科学方法,去寻求那已往的文化变迁沿革的条理线索,去组成局部的或全部的中国文化史。不论国粹国渣,都是'国故'。我们不存什么'卫道'的态度,也不想从国故里求

---

① 1920年9月25日致周作人函,《钱玄同文集》第6卷,第32—33页。

得什么天经地义来供我们安身立命。北大研究所的态度可以代表这副精神，决不会是误解成'保存国粹''发扬国光'。"①所以他始终批评一些同辈甚至后进学人在研究中国学术之时怀有卫道之心。

此事从新派的立场看，似乎并无问题，实则牵扯甚多，难以一概而论。一些观念与新派有异的学人，至少在两方面态度不同。其一，是否将中国学术仅仅视为研究的客观对象，如此，则中国学人治中国学问与外国学人治中国学问岂非毫无分别？这一在新派看来理所应当的问题，其他学人并不一定首肯。陈寅恪《王观堂先生挽词并序》对于"为文化所化之人"给与充分的了解同情，他以三纲六纪为中国文化之定义，且断言"其意义为抽象理想最高之境"，而以王国维之死为文化殉道之举②，相当程度上表达了他自己的文化理念。胡适批评冯友兰、陈寅恪等人的正统派观点，出发点就是认为后者多少有些卫道之心。其二，国学不仅是学术，还是教育的社会化功能的载体，通过教育，可以潜移默化地让青少年成为中国人。由国学而知国性，显然也无法完全客观。中国人讲中国学问，与外国人研究中国学问，毕竟有所不同。所以不愿治学受感情牵连的陈寅恪推崇宋儒"皆深通佛教者。既喜其义理之高明详尽，足以救中国之缺失，而又忧其用夷变夏也。乃求得两全之法，避其名而居其实，取其珠而还其椟。采佛理之精粹，以之注解四书五经，名为阐明古学，实则吸收异教，声言尊孔辟佛，实则佛之义理，已浸渍濡染，与儒教之宗传，合而为一。此先儒爱国济世之苦心，至可

---

① 《研究所国学门第四次恳亲会纪事》，《北大国学门月刊》第1卷第1号，第143—144页。
② 吴学昭：《吴宓与陈寅恪》，第53—54页。

尊敬而曲谅之者也。"①身在其中，而要超然物外，史家的两难，虽无法两全，却不应片面。

胡适的《国学季刊发刊宣言》发表后，宋育仁公开逐句批驳，其中反复论道的重要一点，正是"古学是书中有学，不是书就为学，所言皆是认书作学，真真庄子所笑的糟粕矣乎。今之自命学者流多喜盘旋于咬文嚼字，所谓旁收博采，亦不过是类书目录的本领，尚不知学为何物，动辄斥人以陋，殊不知自己即陋。纵使其所谓旁收博采非目录类书的本领，亦只可谓之书笼而已。学者有大义，有微言，施之于一身，则立身行道，施之于世，则泽众教民。故子夏曰：贤贤易色，事父母能竭其力，事君能致其身，与朋友交言而有信，虽曰未学，吾必谓之学矣。今之人必欲盘旋于咬文嚼字者，其故何哉。盖即所谓古之学者为己，今之学者为人，此病种根二千年，于今而极。是以西人谓中国之学，多趋于美术。美术固不可不有，不过当行有余力，乃以学文也。今之人不揣其本，而齐其末，不过欲逞其自炫之能力，以成多徒，惑乱视听。既无益于众人，又无益于自己。凡盘旋于文字脚下者，适有如学道者之耽耽于法术，同是一盅众炫能的思想，乌足以言讲学学道，适足以致未来世之愚盲子孙之无所适从耳。吾甚为此辈惜之"。②治学不讲微言大义，不仅无用，而且无学。这也是治学不能纯客观的表述。

既然中国人治中国学问不能也不应纯然客观，学术取径当然有所分别。可是自从新派提倡用科学方法整理国故，并鼓吹清人治学方法以来，学界日益趋重考据，随着新文化派上升到主流位置，当

---

① 吴宓著，吴学昭整理：《吴宓日记》第2册，第102—103页。
② 问琴：《评胡适国学季刊宣言书》，《国学月刊》第16期，1923年。

时的学术中心北平"充满着'非考据不足以言学术'的空气"①。这引起老辈学人的强烈不满。其间的是非曲直，须专文详论，老辈们的意见，也各有不同。晚年好讲王学的唐文治主张："读书须求实用，不必斤斤于考据。鄙人尝谓处今世而言教育，必以尊崇人道为唯一宗旨。在座诸君，孟子所谓必有名世者他日出而救人心救人命，是吾国学会之光荣矣。"②这是从学以致用的角度，不赞成为学术而学术，而欲将学术作为拯救世道人心的工具。

1923年，孙德谦撰文《评今之治国学者》，指好古、风雅、游戏三类固然不算是治国学，以科学方法考据亦非国学，"凡有志于学者，当探索其义理，而寻章摘句，繁称博引，要为不贤识小，所贵乎考据者，岂詹詹在此哉？……夫国学而仅以考据当之，陋孰甚焉。今夫学亦求其有用耳，宣圣赞述六经，为万世治术之本，即周秦道墨诸家，亦何尝空言无用，不足见之行事哉。呜呼！今天下之乱至矣，彼非圣无法者，日出其奇谬之学说以隳弃纲常，铲灭轨物，世风之愈趋而愈下，正不知伊于何底。……使果于国学而深造有得，好古三者之失，宜力戒而弗为，支离破碎之考据，亦无事疲耗其精神，有可得时则驾，惟本此经世之志，以措之事业。倘终其身穷老在下，守先待后，砥柱中流，庶几于名教有所裨益"③。

1827年张尔田致函叶长青，也对以考据为学术的时趋表示异议："以为考据者所以为学之具，而未可即以此为学也。原夫考据之起也，盖以去圣久远，学者无所究索，不得不假此以邮之耳。宗

---

① 《古史辨第四册》书评，《读书月刊》第2卷第7号，1933年4月，第22页。
② 《唐蔚芝先生演讲录·孟子大义》，《国学论衡》第7期，1933年12月1日，"讲坛"第13—18页。
③ 《学衡》第23期，1923年11月，"通论"第4页。

邦文化，开明于周公，而大备于孔子，姬公孔父之书，乃其根柢。考据之所蕲，蕲以明此而已。三百年儒者，则古昔称先王，率崇尚考据家言，然而恒干未亡，故为可贵，末流驰逐，便辞巧说，至今日又几几有违离道本之惧矣。若不揣其本而齐其末，则今之所谓考据者，正可谓之骨董学，不得以冒吾国学。……考据学之创始，厥维顾亭林，而亭林所志，乃在法古涤污，变夷用夏。下逮戴东原，尤今人所称能以科学方法治考据者，而其言曰：六书九数如轿夫然，所以升轿中人也。以六书九数等事尽我，是犹误认轿夫为轿中人也。"①

近人以为，清代考证学末流有三弊，一曰重诂数，忽躬行；二曰舍根本，逐微末；三曰立门户，逞私见。②除了忽躬行之弊外，从治学必先立本的准则出发，老辈学人对于一味考据的学术取径也不以为然。其中张尔田、孙德谦等人反对尤力。1927年张尔田复函叶长青道："三百年考据学末流，至今日已渐离其本质，扶瑕摘衅，名为整理，乱乃滋甚。夫不能揽其弘体，而但指发纤微，即施嫱且无完美，况乎竹帛余文，其为雷同者所排，固其宜矣。辁世学人，若孙籀顾年丈及吾友王君静安，其为学皆有其得力处，皆非毁圣无法者，不容破坏纤儿，得以藉口。"③5年后他致函夏承焘，仍然对学风流弊痛心疾首："亭林生当明季，目睹王学末流之空疏，故归过于横浦向山者甚峻。今考据破碎之弊，甚于空疏，且使人之

---

① 《张孟劬与叶长青社长书》，《国学专刊》第1卷第4期，1927年10月2日，"通讯"第111页。
② 金毓黻著：《静晤室日记》第6册，第4804—4805页。此为潘石禅所讲《清代之考证学》的论点。
③ 《张孟劬复叶长青社长书》，《国学专刊》第1卷第4期，1927年10月2日，"通讯"第113页。

精神，日益移外，无保聚收敛以为之基，循此以往，将有天才绝孕之患，斯又亭林之所不及料矣。"①

其时考据风气弥漫，与新文化派取向不同的学人也好以考据为务。1927年张尔田接到叶长青等人所办《国学专刊》，一方面赞赏其"取材丰备，固不限一族"，另一方面则对"总其大较，要以考据为归"不以为然。希望"贵刊既以国学揭橥天下矣，由此驯而进焉，蕲以践乎其实，姬公孔父之道，吾国学一线之曙光，将惟公等是赖"②。1934年9月，张尔田看过金松岑与陈衍、章太炎等人合办的《国学杂志》，叹道："考据之末流，辞章之颓响，噫！三百年汉宋宗传之绪斩矣。""自考据学行，入室操戈，遂成惯习。"③

王国维的情感世界及政治态度与老辈相近甚至相同，而学术取径和成就却颇得新派推崇。其早年更是一位趋新人物。张尔田《与黄晦闻书》记：王国维早年治哲学文学，"时时引用新名词作论文，强余辈谈美术，固俨然一今之新人物也。其与今之新人物不同者，则为学问研究学问，别无何等作用。……其后十年不见，而静庵之学乃一变，鼎革以还，相聚海上，无三日不晤，思想言论，粹然一轨于正，从前种种绝口不复道矣。……世之崇拜静庵者，不能窥见其学之大本大原，专喜推许其人间词话、戏曲考种种，而岂知皆静庵之所吐弃不屑道者乎"④。

即使对走上经史正轨之后的王国维的学术，老辈学人也有不同意见。孙德谦批评时人好以先秦诸子附会欧美思想以及用遗书取代

---

① 《夏承焘集》第5册，第334页。
② 《张孟劬与叶长青社长书》，《国学专刊》第1卷第4期，1927年10月2日，"通讯"第111—112页。
③ 《夏承焘集》第5册，第318、319页。
④ 《学衡》第60期，"文苑·文录"第4—5页，1926年12月。

正史，并指王国维"睹一古器，获一旧拓，详加考订，弟总嫌其穿凿而无关宏谊，有时独标新解，如释史籀二字，不作字体说，人且据之以推翻许叔重矣。为学而不守亭林'信古阙疑'之旨，一任我之颠倒失实，于人心风俗，亦大有关系"①。张尔田还曾专门致函王国维，提醒其注意："读书得间，固为研究一切学问之初步，但适用于古文家故训之学，或无不合，适用于今文家义理之学，则恐有合有不合。何则，故训之学，可以目睑，可以即时示人以论据，义理之学，不能专凭目睑，或不能即时示人以证据故也。……故弟尝谓：不通周秦诸子之学，不能治今文家言。虽然，此种方法，善用之则为益无方，不善用之亦流弊滋大。"②

太炎门下最得乃师赞许的黄侃所见略同。1928年6月18日，他在日记中写道："国维少不好读注疏，中年乃治经，仓皇立说，挟其辩给，以眩耀后生，非独一事之误而已。始西域出汉晋简纸，鸣沙石室发得臧书，洹上掊获龟甲有文字，清亡而内阁档案散落于外，诸言小学、校勘、地理、近世史事者，以为忽得异境，可陵傲前人，辐辏于斯，而国维幸得先见。……要之经史正文忽略不讲，而希冀发见新知以掩前古儒先，自矜曰：我不为古人奴，六经注我。此近日风气所趋，世或以整理国故之名予之，悬牛头，卖马脯，举秀才，不知书，信在于今矣。"并进而评判："近世之学，沟沈优而释滞拙，翻案出奇更拙。"③

老辈的批评对其他学人有所影响。1923年9月，因《学衡》稿

---

① 《孙益庵论学三书》，《国学丛刊》第1卷第3期，1923年9月，"通讯"第115—116页。
② 《与王静安论今文学家书》，《学衡》第23期，1923年11月，"文苑·文录"第3—4页。
③ 《黄侃日记》，第302、392页。

件缺乏，国学一部，尤形欠缺，吴宓向孙德谦、张尔田等人求助，晤谈之下，感慨良多："不禁为《学衡》前途庆，而益增其奋励图谋之志。且二先生确系学术湛深，议论通达，品志高卓，气味醇雅。其讲学大旨，在不事考据，不问今古文及汉宋门户之争，而注重义理。欲源本经史，合览古今，而求其一贯之精神哲理，以得吾中国文明之真际。其所言类皆条理分明，诂解精当，发人深省，不能一一记。予窃自念，昔恨不早十年遇白璧德师，则不至摸索彷徨，而西学早入正轨。今又恨不早二十年遇孙张二先生，则不至游嬉无事，虚度光阴，而国学早已小有成就。"[①]推崇似有过于陈寅恪。

学问的客观化与崇尚考据相互联系，均与西学影响中国学术有着密切关系。梁启超总结道："总而论之，清末三四十年间，清代特产之考证学，虽依然有相当的部分进步，而学界活力之中枢，已经移到'外来思想之吸受'。一时元气虽极旺盛，然而有两种大毛病：一是混乱，二是肤浅。直到现在，还是一样。这种状态，或者为初解放时代所不能免，以后能否脱离这状态而有所新建设，要看现时代新青年的努力如何了。"[②]

近代中西文化关系，是一个四面看山的问题，这时梁启超已经对晚清以来吸收外来思想的偏颇有所批判，其中也包括自我反省，他在《清代学术概论》中说："启超之在思想界，其破坏力确不小，而建设则未有闻。"[③]1923年，梁启超更针对国故学复活的原因指出："盖由吾侪受外来学术之影响，采彼都治学方法以理

---

① 吴宓著，吴学昭整理：《吴宓日记》第2册，第248、250页。
② 梁启超：《中国近三百年学术史》，第37—38页。
③ 梁启超：《清代学术概论》，第81页。

吾故物。于是乎昔人绝未注意之资料，映吾眼而忽莹；昔人认为不可理之系统，经吾手而忽整；乃至昔人不甚了解之语句，旋吾脑而忽畅。质言之，则吾侪所恃之利器，实'洋货'也。坐是之故，吾侪每喜以欧美现代名物训释古书；甚或以欧美现代思想衡量古人。"①用外来系统条理本国材料，本来是蔡元培等人肯定胡适的《中国哲学史大纲》以及后来学人断言此书转换近代学术范式的关键，而梁启超已经开始反省利弊得失。

对于梁启超回到东方主义，胡适无疑认为是倒退，相当不满。其他学人对于这一复杂问题的态度有所不同。王国维用"知学"的高明者眼光来看，古今中外可以相通，因而断言学无中西新旧之分。陈寅恪则认为："其真能于思想上自成系统，有所创获者，必须一方面吸收输入外来之学说，一方面不忘本来民族之地位。此二种相反而适相成之态度，乃道教之真精神，新儒家之旧途径，而二千年吾民族与他民族思想接触史之所昭示者也。"②

观念各异，标准不同，评价自然难期一致。继清季教育改革后，整理国故再用外来分科及其系统将中国固有学术重新条理，老辈的学术地位根本动摇。新派学人以新式学堂教育出来的青年为受众，其用外国系统条理本国材料的做法，刚好适应了知识系统由读教科书而不是读书形成的青年学生。夏曾佑将古今士类分为经师、名士、举子三个时代，金毓黻道："若自清以迄今二十余年，科举废，学校兴，士子化于欧风，靡然从之，以提倡新思潮为务，故此时代，乃学生时代也。学生者，不拘于故常，不囿于一隅，而为新

---

① 《先秦政治思想史》，夏晓虹编：《梁启超文选》下，第328页。
② 《冯友兰中国哲学史下册审查报告》，《陈寅恪史学论文选集》，第510—512页。

知之是求，故其弊也盲从。"① 盲从的学生最易为半桶水的舶来品所吸引，由此引起近代中国学术范式的大转换。

关于这一问题，陈汉章与胡适先后在北京大学教中国哲学史的反应，最为学人反复引证，以说明近代中国学术范式转换的必然与进步。由于后来学人同样是被各式各样的教科书培养起来，知识系统已被重新组装，所以无论是否赞成胡适的讲法，对胡适的对立面陈汉章，似乎只有讥笑，很少有人试图了解其教法的所以然。人们以为，这类教法连同这类人物所拥有的知识系统，都毋庸置疑的确是过时而且无用，陈汉章教过的学生，即使并非一味趋新，对老辈旧学尚存同情之心，平心论来，也只承认陈氏背的书多，即所谓"两脚书橱"。而陈汉章在京师大学堂时期的业师柯劭忞，在门人中却甚称赏陈汉章，屡次说："当代经学，伯陶第一。"黄侃也以陈为刘师培以外所推重的一人②。其原因决非仅仅由于陈汉章的读书广博且记忆力强，而是贯通的前提必须由博返约。柯劭忞讲经学，把握大体本源，既能通大义微言，又不废考据，颇有所见，而与时趋有异。晚年为弟子讲春秋，先左传，次公羊，最后穀梁，经、传、注、疏，手不持卷，背诵如流。发挥穀梁传义，详尽明白，结语总是说穀梁义最深厚。③

柯劭忞称许陈汉章的本意，从另一事件中可以探知一二。1930年代，在清华讲《汉书》的杨树达被系主任蒋廷黻视为过时，因为杨只能讲版本，释章句，而不知汉代四百年间所发生的重要政治、

---

① 金毓黻著：《静晤室日记》第4册，第2321页。
② 金毓黻著：《静晤室日记》，第4046页。
③ 牟润孙：《蓼园问学记》，《注史斋丛稿》，第540页。

社会和经济变化，所以决定换人。①蒋廷黻以为，中国的史家在分析即考据校勘方面，确有能与西洋史家比拟的人，但在综合方面简直是幼稚极了。②实则杨树达讲《汉书》虽由版本章句起，却并不限于此。蒋复璁曾询问柯劭忞治史应从何书入手，柯让其先读《通鉴》，蒋极不以为然，自认为岂能不知道读《通鉴》。他不明白柯的意思是要寻求《通鉴》的取材来源，以研究其剪裁、取舍、组织、安排。《通鉴》于历朝重大政治、经济、法律各项制度的创立改变，没有漏过一条。所以读《通鉴》为治史学入门阶梯。陈汉章的经学之优，应当从旧学里面看，才能有所把握。

民国时期不少学有成就的后进，曾经受过读书、背书、讲书的私学教育，其知识系统并非全由新编教科书而来。他们对于老辈的学问及其治学态度，似乎领会更加贴切，不再以藐视之心看待固有学术，并从老辈那里逐渐明白了上两代学人的分歧和差别，背经书与讲汉书，自然有了不同的意义，而非愚不可及。用哲学的观念看经学的讲法，当然觉得奇怪，如果回到经学的世界，感受自有不同。宋育仁批评新派认书作学，正是此意。经学原为中国学术之本，破除经学，中国学术便失去系统。就此而论，陈寅恪自谦不观三代两汉之书，只是针砭一味好古的时弊，并有心与时趋立异，而不得视为治中古史事规则。宋育仁批评民国学人"太看重汉后二千年史料，未窥经术门径，故忽却秦前二千年史料"，由此造成的结果是："后学治史而不知经，则眼光视线，到汉唐为止，于春秋以来之三代时间二千余年皆茫然，所以错比；又因中外文字统系不

---

① 《蒋廷黻回忆录》，第129—130页。
② 蒋廷黻：《历史学系的概况》，《清华学报》第35卷第11、12期，1931年。

同，致多错译。"①经学或许的确不能适应近代以来不得不然的社会变动，但要理解此前中国人的精神世界，还是不可废弃的必由之路。疑古可以打破三代为黄金时代的神话以及经书的神圣，却不能解释两汉以下经学的统治及其脉络。

老辈学人一般不大利用影响日渐广泛的传媒来传播学术，在他们看来，读书为己，这方面下过大功夫，很少有人像宋育仁那样，公开正面对胡适和梁启超关于整理国故的主张加以批驳。对于后进，也是只闻来学，不闻往教。其讲学提纲挈领，点出要旨，不愿详细说明，从学者若识力不足，难以领悟。江瀚推崇柯劭忞"为经世致用之学，上绍亭林（顾炎武），薄戴（震）、段（玉裁）、钱（大昕）、王（念孙、引之）而不为。民国初年设地政讲习所，请柯先生批改学员课卷，柯先生往往批上千数百言，指陈历代土地政策的利弊得失，如数家珍，无一字不说中肯綮。足见柯先生的典章制度之学的精湛。若非将历朝史志及通典、通考等书烂熟于胸中，积蕴了丰富的知识，岂能有如此的表现"！柯氏为吴汝纶婿，张濂卿世侄，弟子有陈汉章、戴锡章、胡玉缙、余嘉锡、姜忠奎等。他的讲学与新派差别甚大，其开宗明义："吾人治学，当讲宋人之义理，清人之考据，不可学阮元（芸台）。阮氏全讲错了。"阮元追随戴震，主张训诂明则义理明，但读书要从整部书全篇文章去探讨，绝不能只从其中若干字去追求，更不能从若干字的原始意义去追求。戴震批评宋儒，实际是反对清世宗、高宗以理学统治人民，柯劭忞知道戴震所说以理杀人是指皇帝，而阮元笃信戴氏，专心致志从字的古训去讲求义理，作了性命古训等文章。傅斯年后撰《性

---

① 问琴：《评胡适国学季刊宣言书》，《国学月刊》第16期，1923年。

命古训辩证》,批评阮元,与柯劭忞的意思相通。

蓼园弟子牟润孙知道治旧学的门径,本来是受梁启超的影响,他15岁读《国学入门书目》《清代学术概论》《清代学者治学总成绩》等书。后受业柯氏,问过若干问题,其答问可见老辈治学的态度与识见。如牟润孙因为梁任公很推崇焦循的调菰楼易学三书,就问以清儒讲易的书,是否以焦为最好。柯答称焦氏的学说并不完全合于义理,他的书不算最好。若讲汉易,当推张惠言的《虞氏易》为上乘之作。后牟氏读焦书,知其用比例之法解易,只能解某些部分,若用来贯穿全书,则确有牵强或窒碍难通的地方。张茗柯所讲虞氏消息,虽也不能尽纳全书于虞氏义例之中,但他能阐明虞氏之学,不背汉儒家法。比惠栋的《周易述》条理清楚。《续四库提要·经部》易类的提要出于柯氏之手,其中的评论皆极平允适当。梁启超、胡适推崇章学诚的《文史通义》,牟受其影响,也跟着崇拜章氏,并问柯劭忞讲史学是否应以章学诚之说为准绳。柯不以为然,告以刘知几的《史通》比较恰当。牟后来知道《文史通义》议论多可商榷,六经皆史并非其发明。梁、胡等认为纪事本末之体近似于西洋人写历史的体裁,看到章实斋说记事本末圆而神,立论与西洋人的史书写法相符合,就大力为章氏揄扬。胡适将六经皆史也说成皆史料也,误会其本意,无从分辨误谬。①

外来系统应用之当否,关键在于是否有助于理解中国文献的本意,认识中国社会历史文化的实况。新派学人不能直接进入古人的精神世界,不得不借助外来的系统。对此新派视为理所当然,而老辈却不以为然。从柯劭忞的事例,可以体会老辈理解古籍本意的路

---

① 牟润孙:《蓼园问学记》,《注史斋丛稿》,第535—544页。

径与新派大相径庭，看法和结论也相去甚远。关于这一问题上新旧两派的局限，陈寅恪曾有所评论："以往研究文化史有二失：旧派失之滞。旧派所作中国文化史，……不过抄抄而已。其缺点是只有死材料而没有解释。读后不能使人了解人民精神生活与社会制度的关系。新派失之诬。新派是留学生，所谓'以科学方法整理国故'者。新派书有解释，看上去似很有条理，然甚危险。"① 这虽然仅就文化史立论，实际是理解整个中国历史文化的重要观念。

在世界进入一体化进程之后，对于自己的历史文化，如何能够既解释得当又不以外来系统格义附会，这是后发展民族共同面对的重大难题，而几千年历史文化一脉相承的中国，其难度会更加巨大，同时也提醒世人注意，文化的多样性为人类未来提供可能选择的无可替代的价值。熟悉域外中国研究状况的余英时教授断言："我可以负责地说一句：20世纪以来，中国学人有关中国学术的著作，其最有价值的都是最少以西方观念作比附的。如果治中国史者先有外国框框，则势必不能细心体会中国史籍的'本意'，而是把他当报纸一样的翻检，从字面上找自己所需要的东西（你们千万不要误信有些浅人的话，以为'本意'是找不到的，理由在此无法详说）。"② 对于今日的中国学人而言，体会中国史籍的本意几乎成为虽不能至，心向往之的极高境界，与原来日本京都学派主张按照中国学人治学的办法研究中国学问的追求有些形似。不过，如果还有愿意取法乎上的探索者，老辈学人理解旧籍之道，不失为认识中

---

① 卞僧慧：《怀念陈寅恪先生》，引自蒋天枢：《陈寅恪先生传》，北京大学中国中古史研究中心编：《纪念陈寅恪先生诞辰百年学术论文集》，第4页。
② 余英时：《论士衡史》，第459页。

国历史文化的重要门径。当年宋育仁批评胡适主张用外部的比较参考材料以改变研究范围过于狭小的近视现象道："回到本位，就是治眼，原来近视，本光固在，即应由此循步而进。如治近视，移步插香，还须由本地本光本视线，移远再看再看，不可再觅显微镜把眼光弄坏，就不可医了。今人如是如是，此所谓资料，就是觅得西洋显微镜之比。"①这样的看法，值得后人认真玩味。如此一来，整理国故的前提即断定中国旧籍只是一堆材料，无系统无学理无分类，就不得不重新检讨。

---

① 问琴：《评胡适国学季刊宣言书》，《国学月刊》第16期，1923年。

第六章　章太炎晚年北游讲学的文化象征

　　章太炎研究，在相当长的时期内，显然重在"以革命家现身"的一面。至于"后来却退居于宁静的学者"，因为与时代隔绝，似乎应了鲁迅的预言："也许将为大多数所忘却。"①各种一般的传记、年谱等作品，前后两段的篇幅与时限全然不成比例。不过，历史人物生前身后的炎凉荣辱，常由时势作祟，并不一定体现其固有价值。而"革命家"与"学者"的价值体现，本来大不相同。因此，章氏究竟是作为革命家还是学者的影响更大，学术界从来见仁见智②。从清末到民国，章太炎一直双栖于政坛学林，"以革命家现身"虽然主要在辛亥前后，但即使经过五四新文化运动，其在中

---

① 《关于太炎先生二三事》，《鲁迅全集》第6卷，第546—550页。
② 章开沅教授即认为章太炎在历史上的地位与作用主要并不在于政治方面，其主要事业和对民族的贡献是在学术方面，终其一生可称得上是真诚爱国的大学问家、大思想家（《章太炎思想研究·序言》）。陈平原也认为章太炎不只是政治家，更是近代中国最博学、思想最复杂高深的人物（陈平原：《追忆章太炎·后记》，第579页）。

国的影响力亦未稍减。何况乃师被指为"既离民众，渐入颓唐"之际，弟子们纷纷起而船头弄潮，由众多门生组成的太炎学派，在学术文化界叱咤风云，成为令敌友生畏的一大势力。按照当时和后来的标准，师徒双方已成新旧对立，可是彼此鲜有冲突，不无相互呼应。这种现象显示近代普遍感到两难的学术与政治的新旧关系，并非如常人所见那般非此即彼，势如水火。此外，近年关于民国学术史的研究虽然引起越来越多的学人用力，进展不小，主要还是集中于北方的新学界。而对南方学术，则多以南高学派为代表。①对于老辈及"南学"，则关注不够。1932年章太炎北上，讲学于旧京各校，对于了解民国学术文化界新旧南北冲突离合的种种诡异，颇具象征意义。探究其前因后果和复杂关系，在认识民国时期思想学术文化的风气转移和派分纠葛方面，当可深入一层。

一　太炎师徒

章太炎此番北上，主因是"一·二八"淞沪抗战爆发，民族危机空前严重，一来避祸，二则举国抗日情绪高涨，欲代东南民众呼吁北方将领出兵收复东北失土。其间为待东南局势恢复平静而在平较长时间之勾留，从2月29日抵达北平，到5月末南返，滞留约三个月。他先后在京津拜访了段祺瑞、张学良、吴佩孚等人，政治活动的收效显然不如预期的大，倒是分别讲学于燕京大学、北平师范大

---

① 沈松侨：《学衡派与五四时期的反新文化运动》；彭明辉：《历史地理学与现代中国史学》。

学和北京大学各校，引起风气再度转移之中的故都学界连锁反应，影响所及，相当深远而广泛。

太炎北游，其执教于旧京各校的弟子门生理应招待。据黄侃、周作人、杨树达等人日记，3月1日、2日、4日、28日、4月18日、20日、5月15日、16日，太炎弟子多次以公私名义聚会，宴请乃师，做东及参加者有马幼渔、吴承仕、朱希祖、钱玄同、沈兼士、周作人、刘文典以及先期避难而来的黄侃等人。[①]3月22日、24日、28日、31日、4月12日，民国学院、燕京大学、中国学院、北平师范大学和平民大学分别请章太炎演讲《代议制改良之说》《论今日切要之学》《治国学之根本知识》《清代学术之系统》《今学者之弊》。4月18日、20日和22日，北京大学也请章太炎以《广论语骈枝》为题，连讲三次[②]，演讲地点在松公府研究所讲堂，共设座60个，国文学系占40，研究所国学门占20。1932年11月1日《中法大学月刊》刊登王联曾记录的《广论语骈枝》时附识："《广论语骈枝》一书系太炎先生之近著，尚未刊行于世。本年四月应北京大学国学研究所之请，即以是书讲述三日。该所因讲堂狭小，仅仅坐位六十，限制人数甚严，平市各校学生多未得入内听讲，故亟择要发表。"据说章太炎的这几次演讲是当时北平学术界的盛举，听讲的人有许多已是专家学者。关于演讲的情形，亲历其事的钱穆有如下

---

① 《黄侃日记》，第764—781页；鲁迅博物馆藏：《周作人日记》（影印本）下册，第204—240页；杨树达：《积微翁回忆录》，第61页。
② 在北京大学的演讲原计划为4月18日、20日讲两次，因未能完毕，22日续讲一次（《北京大学日刊》第2806号，1932年4月12日；《北京大学日刊》第2815号，1932年4月22日）。谢樱宁《章太炎年谱摭遗》据周作人日记推断章太炎演讲从4月20日至22日连讲三天（第132页）。实则4月18日的演讲周作人未听，只于是晚7时赴宴。此宴会由马幼渔出面，参与者还有朱希祖、钱玄同、沈兼士、俞平伯、刘复、魏建功、胡适、蒋梦麟，共11人。

描述:

> 太炎上讲台,旧门人在各大学任教者五六人随侍,骈立台侧。一人在旁作翻译,一人在后写黑板。太炎语音微,又皆土音,不能操国语。引经据典,以及人名地名书名,遇疑处,不[时]询之太炎,台上两人对语,或询台侧侍立者。有顷,始译始写。而听者肃然,不出杂声。此一场面亦所少见。翻译者似为钱玄同,写黑板者为刘半农。玄同在北方,早已改采今文家言,而对太炎首弟子礼犹谨如此。半农尽力提倡白话文,其居沪时,是否曾及太炎门,则不知。要之,在当时北平新文化运动盛极风行之际,而此诸大师,犹亦拘守旧礼貌。则知风气转变,亦洵非咄嗟间事矣。①

按照新派和今人的一般看法,此时章太炎已由革命的健将,变成粹然的儒宗,和与时俱进,不断趋新的弟子门生精神上背道而驰。但师徒之间情感融洽,礼数谨然,令旁观者感动于心。这与章太炎早年因为政见不合而"谢本师",公开和俞樾断绝关系形成鲜

---

① 钱穆:《八十忆双亲·师友杂忆》,第182页。张中行称章太炎在北京大学第三院风雨操场还有一次"下里巴人"的公开演讲,"老人满头白发,穿绸长衫,由弟子马幼渔、钱玄同、吴检斋等五六个人围绕着登上讲台。太炎先生个子不高,双目有神,向下一望就讲起来。满口浙江余杭的家乡话。估计大多数人听不懂,由刘半农任翻译;常引经据典,由钱玄同用粉笔写在背后的黑板上。说话不改老脾气,诙谐而兼怒骂。现在只记得最后一句是:'也应该注意防范,不要赶走了秦桧,迎来了石敬瑭啊!'"(《负暄琐话·章太炎》,陈平原、杜玲玲编:《追忆章太炎》,第455页)此事未见其他报道。刘半农为江苏人,章太炎对其学行不以为然,似难担任口译。周作人亦指口译者为钱玄同。章太炎在民国学院、中国学院和平民大学的演讲,则由黄侃担任口译。

明对比。其间的种种诡异，反映了五四以后新旧派系之间错综复杂的关系，以及民国学术文化界风气转移的时势变迁。

自1916年离京南下后，幽囚数年的痛苦回忆与新文化热潮一浪高过一浪的时势，都难以引起章太炎重返故都的兴致。在此期间，因缘浙省人士掌握北京各级教育大权的背景，太炎门生纷纷移席京师，其中多数人又加盟新文化派，鼓动欧化新潮，在输入新知，整理国故等方面成为思想、学术、文化界的要角，一时间"某籍某系"声势显赫，如日中天。①而这时的章太炎，先是发起亚洲古学会，推崇"东方高尚之风化，优美之学识，固自有不可磨灭者"，以欧战的惨烈，"益证泰西道德问题扫地以尽"②，与新文化运动的倡导者坚持西方物质与精神文明均高于中国固有文化的主旨相悖，后来更深悔早年"妄疑圣哲"的"诋孔"之说为"狂妄逆诈之论"③。对于主张或兼容新文化者，如蔡元培、胡适、以及"古史辨"创始人顾颉刚，章氏均指名道姓，加以抨击，确有"渐入颓唐"，拉车向后之嫌。

新文化的浪潮冲击之下，在京的章门弟子出现分化，激进者如钱玄同，鼓吹白话文，提倡拼音文字，主张今文经学，激扬疑古辨伪。稳健者如黄侃，对于同门诸人纷纷趋新大为不满，以"八部书外皆狗屁"斥责谩骂。以至《公言报》撰文报道，将两人列为新旧两派的代表。此事虽经刘师培和《国故》月刊社致函澄清，声明："《国故》由文科学员发起，虽以保存国粹为宗旨，亦非与

---

① 参见桑兵：《近代中国学术的地缘与流派》，《历史研究》1999年第3期。
② 《发起亚洲古学会之概况》，《时报》1917年3月5日。
③ 《致柳翼谋书》，汤志钧编：《章太炎政论选集》下册，第763页。

《新潮》诸杂志互相争辩也"①，双方的对立还是有目共睹的不争事实。②

不过，对于日益趋新的弟子门生，精神上与之渐行渐远的章太炎表现得相当大度，虽不时有所讽谕，公开的批评指责却很少见诸言论文字。章太炎本好讥评显达，只有对于弟子，向来绝无傲态，和蔼若朋友然。其实章门师徒之间的政见及学术分歧较之弟子们的彼此矛盾似乎有过之无不及，而且太炎弟子多持"吾爱吾师，吾更爱真理"的信条，其中还不无故意偏激之人。1920年代，中国政坛及思想文化领域波谲云诡，冲突激烈，章太炎对于新文化运动及国民革命均致不满，而与南北军阀政客颇多联系，"好作不大高明的政治活动"，又参与复古投壶的闹剧，在京的弟子门生大不以为然，周作人甚至效法乃师，在《语丝》第94期（1926年8月28日）发表《谢本师》，宣称："我相信我的师不当这样，这样的也就不是我的师。"鲁迅对于太炎"自藏其锋芒"的言行也"心窃非之"，"以为师如荒谬，不妨叛之"，对其人格却仍然表示极大的尊敬，许为"先哲的精神，后生的楷范"③，不能容忍文侩的奚落，表示"以后如相见，仍当执礼甚恭"④，以守师弟之道。吴承仕后来接受唯物史观，章太炎视为叛逆，吴的精神压力极大，

---

① 《刘师培致〈公言报〉函》，《北京大学日刊》第340号，1919年3月24日。
② 顾颉刚称："孟真在同班中孤立，而《国故》月刊便是他同班所组织，而且他的同班除了他外无不在内。感情学问既相差甚远，偏又刻刻见面，自然有许多微讽托意之词，自然仇怨渐渐的深固了。""他们两人最遭人忌的地方便是办了一卷《新潮》"（1919年6月17日致叶圣陶信，顾潮著：《历劫终教志不灰——我的父亲顾颉刚》，第56页）。
③ 《关于太炎先生二三事》，《鲁迅全集》第6卷，第546—550页。
④ 《鲁迅全集》第12卷，第185页。

但讲课时却对同学说："太炎先生对他的老师表示决裂，写过'谢本师'。我的老师不同意我现在走的路，我不会做出他那样的表示。"①还撰文为章太炎用贵族的文字表达大众的愤慨进行辩护，强调其民族意识与一般复古论者不同。②而谢过本师的周作人，不愿见"行似无赖子"的同门黄侃，却敢于见曾经大不敬的师尊章太炎。而章师也不予追究，应邀赴宴照相之外，又为书陶渊明《饮酒》之十八条幅一纸③，似乎完全不曾听闻其"叛师"的事。

仔细推敲，太炎师徒能够和睦相处，并不完全由于为师的宽容。1934年，吴承仕因为"近日颇泛览译本社会经济学书，闻者群以为怪，交口訾之"。杨树达告诉传言者："君与余看新书，人以为怪，犹可说也；若检斋乃太炎弟子，太炎本以参合新旧起家，检斋所为，正传衣钵，何足怪也？"④此言不单指太炎早年宣传排满革命，也包括其入民国后对待新旧文化的态度。有学者据1919年初章太炎在少年中国学会演讲《今日青年之弱点》，断言五四前太炎在青少年心目中还不是太"古旧"的人。⑤太炎本人的确有意调和新旧。如在"说新文化与旧文化"的讲演中，他便明确表示："近来有人提倡新文化，究竟新文化和旧文化，应该怎样才得调和，今天预备关于这层来说一下。"⑥

---

① 张栩：《永难泯灭的记忆》，吴承仕同志诞生百周年纪念筹委会编：《吴承仕同志诞生百周年纪念文集》，第81页。
② 胡云富、侯刚：《吴承仕传略》，吴承仕同志诞生百周年纪念筹委会编：《吴承仕同志诞生百周年纪念文集》，第209页。
③ 鲁迅博物馆藏：《周作人日记（影印本）》下册，第204、240页。周作人在回想录中引自己的日记有所改动。
④ 杨树达：《积微翁回忆录》，第80页。
⑤ 谢樱宁：《章太炎年谱摭遗》，第103页。
⑥ 汤志钧编：《章太炎年谱长编》下册，第616—617页。该演说收在1921年出版的《太炎学说》上卷。

以调和的态度对待新旧文化,在太炎的言行中一直持续。当新文化运动的倡导者将整理国故引入新潮后,其参合新旧的角色作用更加凸显,这从他对国学的重新解说可见一斑。开始调和新旧文化时,他认为,"我国古学,论其大者,不过是经、史、小学、诸子几种",而以诸子学等于"现在西洋的所谓哲学"①。后来更按经学、史学、哲学、文学的系统讲述国学,这其实是沿袭旧学的四部分类并借鉴西学加以调整。②记录章太炎国学演讲的曹聚仁认为,年轻人研究国学的原因有四,其一,区分精华腐骨,便于取舍;其二,系统整理,便于观察;其三,找出国学的真面目,抵御社会旧势力"借国学做护符"的反动,以利于趋新;其四,找出沟通国学与西方文化的方法,以便"合理的迎纳"。至少在他看来,"太炎先生讲国学,的确是使我们满足求知欲望,并且是适应这四种需求的"③。可见在社会青年眼中,太炎与不配讲国学的腐儒有着天壤之别。

不仅如此,对于新旧两派弟子之间的分歧乃至口角,太炎也以调和的态度息事宁人,内心或有然否,表面则不偏不倚。北游期间,黄侃当面指责钱玄同放弃音韵学而弄注音字母和白话文,

---

① 汤志钧编:《章太炎年谱长编》下册,第617—618页。
② 四部分类,发端于部勒图书,后来逐渐演变为指相应学科,史学、经学成名较早,诸子学稍晚,集部原指文选,因掺入杂书过多,难以独立成学。详情另文专论。
③ 章太炎讲演,曹聚仁记录:《国学概论·小识》,第2—4页。

彼此"一言不合，竟致斗口"①。从清末就反对罗马注音的太炎未作此是彼非的表态，只是急忙从中调停道："你们还吵什么注音字母、白话文啊！快要念'あいうえお'了啊！"意思是日寇入侵，国难当头，应该团结救国。②倒是钱、黄二人从此反面成仇，再无来往。

在倡行新文学和思想改革方面，太炎师徒意旨毕竟两歧，而整理国故的兴起，增强了双方的精神沟通，显示新文化运动与太炎师徒均有重要的正面联系。今人关于北京大学研究所国学门的研究表明，作为整理国故运动的学术宣言，由胡适执笔的北京大学《〈国学季刊〉发刊宣言》，其实是代表全体立论。而不由胡适"自由说话，故笔下颇费商量"的主要人为因素，正是在国学门人多势众的太炎门生。该宣言所正面主张的观念，与太炎学派大抵相通，也是太炎本人的一贯倡导，如对乾嘉诸老治学方法的推崇，以及主张对国故作"系统的整理"等，均包含在章太炎的学术论著之中。而胡适将前此着重强调的疑古辨伪轻描淡写，又主张中立，要"先还古人以本来面目"，然后再评判是非，既是对太炎弟子的妥协，也依稀可见章门师训的影子。③

---

① 钱玄同著：《钱玄同文集·书信》第6卷，第302页。此事发生于3月12日，有关详情，黄侃记为："食罢，二凤至，予曲意询其近年所获，甫启口言新文学三字（意欲言新文学，且置不言），彼即面赤，謷謷争辩，且谓予不应称彼为二凤，宜称姓字。予曰：'二凤之谑，诚属费宜，以子平生专为人取诨名，聊示惩儆尔！常人宜称姓字，子之姓为钱耶？为疑古耶？又不便指斥也。'彼闻言，益咆哮。其实畏师之责，故示威于予，以塞师喙而已。狡哉二凤！识彼卅年，知之不尽，予则浅矣。"《黄侃日记》，第767页。
② 曹述敬：《钱玄同年谱》，第113页。
③ 陈以爱：《中国现代学术研究机构的兴起——以北京大学研究所国学门为中心的探讨（1922—1927）》，第226—253页。

有时故意偏激的钱玄同，在打破家法，疑古，废汉文等方面，与太炎的主张相去甚远。他读章太炎主持的《华国》月刊，认为"他骂提倡新文化、新道德为洪水猛兽，自是指吾辈而言。又他骂李光地、田起膺、朱老爹穷理之说，而研究天文历数为非；又以'学者浸重物理'为率人类以与鳞爪之族比"，则反对研究科学，"旗帜甚为鲜明矣。是则'敝老师'底思想，的的确确够得上称为昏乱思想了。我以为他这种思想，其荒谬之程度远过于梁任公之《欧游心影录》。吾侪为世道人心计，不可不辨而辟之也"①。但钱玄同反对孔教，主张六经皆史料，斥骂桐城谬种和选学妖孽，与章氏的精神一脉相承。②甚至提倡白话文，也有早年与章太炎合办《教育今语杂志》的流风余韵。③至于一生靠文字音韵教书，更是终身受益于老师的教诲。

　　此时章太炎在政治上思想上或有落伍之嫌，讲国学仍是当之无愧的大师。新文化派整理国故，本有捉妖打鬼的目的，希望借以清算传统文化。而另一方面的时势却是欧战以后，欧洲各国鉴于战祸之惨烈，工业革命以来建立在科学理性基础上的自信大为动摇，东方文化流行一时，与中国的情形刚好相反。当以复古为创新的整理国故被视为中国文艺复兴的组成部分时，新旧分界也

---

① 钱玄同著：《钱玄同文集·书信》第6卷，第114页。
② 黎锦熙认为："一般人只看见钱先生并不和他老师一样的反对'今文'经学，而且研讲'今文'，表彰南海，就以为他于章氏的'古文'经学竟无所承，殊不知他在新文化运动中大胆说话，能奏摧枯拉朽之功，其基本观念就在'六经皆史'这一点上。"《钱玄同先生传》，沈永宝编：《钱玄同印象》，第68页。王汎森《章太炎的思想——兼论其对儒学传统的冲击》已经指出钱玄同所受章太炎的影响（第205—207页）
③ 有学者指该刊所发章太炎白话文各篇，均出自钱玄同之手。据近年学者考证，除《中国文字略说》一篇外，其余均为章太炎自作。

就变得模糊起来。1922年江苏教育会邀请章太炎演讲国学,所发布的启事即道出时尚的变化转移:"自欧风东渐,竞尚西学,研究国学者日稀。而欧战以还,西国学问大家,来华专事研究我国旧学者,反时有所闻,盖亦深知西方之新学说或已早见于我国古籍,借西方之新学,以证明我国之旧学,此即为中西文化沟通之动机。同人深惧国学之衰微,又念国学之根柢最深者,无如章太炎先生,爰特敦请先生莅会,主讲国学"①。则整理国故虽由新文化派倡导,拯救国学衰微,沟通中西文化的重任,还须国学最深的章太炎来担负。《中华新报》更加直言不讳:"太炎先生国学泰斗,一代宗匠,……顷者整理国故之说大倡,而率无门径。"所以特请其撰文,"示国人以治学之津梁。此文一出,足使全国学界获一贵重教训"②。这无异于说提倡整理国故的新文化诸先进在这一领域还须章太炎指示门径。

推崇章太炎并非"抱残守阙"的南方学人的一面之词,北方的新文化派也不能不基本同意。众多太炎门生能在人文重心的北京学术界长期称雄,浙人占据教育行政要津的背景之外,乃师的余荫当为主要原因。章门人才辈出,得到大师亲炙,治学由识字始,根柢深,途则正,学问自然较一般同辈为高。但其中一些人既无著述,讲课也不见得精彩,却不仅能够立足于太学庙堂之上,而且地位极尊,究其实,个人学养尚在其次,主要还是有先生这棵大树的庇护,因而风雨不侵。所谓"学有本源,语多'行话',振臂一呼,影响更大",就因为"是旧文学大师章太炎先生的高足"③。据说

---

① 《省教育会通告》,《申报》1922年3月29日。
② 《中华新报》1922年10月10日增刊。
③ 黎锦熙:《钱玄同先生传》,沈永宝编:《钱玄同印象》,第63页。

1920年代在北京学界,"许多老师开口便说'吾师太炎',……国文系教授仿佛不师承太炎则无发言权,不准登大学讲坛"①。

1932年初孙楷第蠡测学界名流品类,其中"渊源有自"一类显然指太炎门生,所谓"关闽不同,扬刘异趣。都分门户,尽有师承。人慕桓荣之稽古,士归郭太之品题,学利可收,清誉易致"②。对于其中一些人学识与地位不相称的情形,旁人纵然心怀不满,无论对手还是同道,不看僧面看佛面,都要礼让三分。当年章太炎谢过本师,政治上固然大放光芒,学术上也能自立门户,超越前贤。而与章太炎思想离异的趋新弟子,一旦失去先生光环的笼罩,学术地位也许会大打折扣。因此太炎弟子对思想大异其趣的乃师依然遥守礼节,很少显露锋芒。另一方面,学术已入守成的章太炎也需要弟子们的拱卫。有人读过章太炎的著述,"深佩先生言简意赅,论断精辟。后来游学北京,见执教于各大学之著名教授,多出先生门下,始知先生在学术界的崇高地位"③。所以,尽管弟子之间因观念、地缘等等而起的矛盾错综复杂,口角不断,师徒之间的向心力却持续不衰。

诚然,章门师徒在整理国故方面不无分歧,其中较明显的便是对日本东洋学和"支那学"者治学成就的看法相去甚远。弟子认为颇可借鉴,老师则嗤之以鼻。但这也是章太炎自革命时代以来一

---

① 臧恺之:《吴检斋先生轶事》,吴承仕同志诞生百周年纪念筹委会编:《吴承仕同志诞生百周年纪念文集》,第104页。
② 陈智超编注:《陈垣来往书信集》,第409—410页。所品之一、三两类,原认为指胡适、陈寅恪,似嫌武断。陈以爱博士认为当指章太炎、胡适。第一类亦可能指梁启超,第三类指胡适则尚有不解之处。各说虽皆有本,孙楷第毕竟是概括归纳,过于坐实,或许反而失真。
③ 汤炳正:《忆太炎先生》,陈平原、杜玲玲编:《追忆章太炎》,第455页。

贯的观念。他从来对西洋及日本的汉学评价不高，反对步其后尘，随风而转。早在1910年，他就指责日本人治汉学"固已疏矣"，而晚近"又愈不如曩昔，长老腐朽充博士者，如重野安绎、三岛毅、星野恒辈，其文辞稍中程，闻见固陋，殆不知康成、子慎。诸少年学士，号为疏通，稍知宁人以来朴学。然大率随时钞疏，不能明大分，得伦类"①。并对中土学人竞相夸赞其学术，引以自重大不以为然，指为学问日益堕落的要因。②直到1920年代，章氏仍然批评新派学人治学路径随外国风气变化，舍本逐末。

章太炎的观念，在新文化运动以及新派整理国故如日中天之时，显然不合时宜，而被视为保守，与门下趋新一派渐行渐远。然而，随着时间的推移，新潮本身的偏弊日益暴露，各方面的批评尤其是更年轻一代的意见令一些人摆脱惟恐落伍的惶惑，自我反省。而且趋新的太炎弟子在人脉上又为更新的学人所排斥，傅斯年"要科学的东方学之正统在中国"，就逐渐将太炎弟子拒之门外。两方面的压力，迫使太炎师徒的情感观念重新接近。

在平的太炎弟子，除钱玄同外，本来相对平和，沈尹默曾附和新文学，留学日本回国后，日趋"笃旧"，"叹息前人给我们留下了无数的绫罗绸缎，只没有剪制成衣，此时正应该利用他，下一番裁缝工夫，莫只作那裂帛撕扇的快意事。蔑视经验，是我们的愚陋；抹杀前人，是我们的罪过"。"中国把自己已有的好东西完全扔掉，去费无益的精力去找反倒不及旧的新的同样的东西，未免太不经济了。我们吸收古典中好的东西，我们接得前人的足迹往前

---

① 《与罗振玉书》，《章太炎全集》第4卷，第171—172页。
② 《教育的根本要从自国自心发出来》，璩鑫圭、童富勇编：《中国近代教育史资料汇编·教育思想》，第630—638页。

去创造。"①这种颇有拒新崇故意味的言论令钱玄同相当不满。吴承仕与浙籍同门本有过节,与新文化派较为疏远。朱希祖还曾与黄侃一起参与《国故》,被视为不新不旧的折中派。甚至连不甚赞成沈尹默"新古典"议论的钱玄同,也变成"中外古今派",表示:"我们以后,不要再用那'必以吾辈所主张者为绝对之是而不容他人之匡正'的态度来作'訑訑'之相了。前几年那种排斥孔教,排斥旧文学的态度狠应改变。"

钱玄同的本意,并非由原来的立场倒退,只是反省以往的绝对。"若有人肯研究孔教与旧文学,鳃理而整治之,这是求之不得的事。即使那整理的人,佩服孔教与旧文学,只是所佩服的确是它们的精髓的一部分,也是狠正当,狠应该的。但即使盲目的崇拜孔教与旧文学,只要是他一人的信仰,不波及社会——波及社会,亦当以有害于社会为界——也应该听其自由。"②他内心以为章太炎对国学的重大发明在清末民初,后已落伍,却毕恭毕敬地为其担任口译,并对太炎手授《丛书续编》,令其梓行一事,尽心尽力,甚至在《制言》发表文章用新式标点也要请示乃师。难怪1929和1932年鲁迅两回北平,反感于现代派得势之外,对于同门的表现也深致不满。

《章氏丛书续编》不取旧作,而更纯谨,无斗争性,表明章太炎"身衣学术的华衮,粹然成为儒宗",却因此而"执贽愿为弟子者綦众,至于仓黄制《同门录》成册"③。鲁迅专门提出编《同门录》一事,或许因为包括自己在内的多名弟子未予列入,坊间传闻

---

① 钱玄同:《敬答穆木天先生》,《钱玄同文集》第2卷,第189、194页。
② 钱玄同著:《钱玄同文集·书信》第6卷,第75页。
③ 《关于太炎先生二三事》,《鲁迅全集》第6卷,第546—550页。

去取颇有微言大义，攀龙附凤者归于儒宗。此事章太炎自称"但凭记忆所及"，绝无深意。①其实他对弟子们的表现还是有所分别。钱玄同主张以罗马文易中土文，太炎深为不怿，对于"笃守师说，翼戴绪论，罔敢或替"②的黄侃、吴承仕，则较为看重，特意指出："前此从吾游者，季刚、絸斋，学已成就。"

章氏好臧否人物，而少许可，对弟子却格外和颜悦色，每多奖掖，期许甚高。不过，后来或许感到几分失望，常引戴震所说："大国手门下，只能出二国手，而二国手门下，却能出大国手。"③在致潘景郑函中明言："每念清世吴皖大师，定宇门下，高材苦少，得一江艮庭，尚非能继承师学者。王西庄亦优于艮庭无几耳。东原以提倡绝业自任，门下鹰若、怀祖、巽轩，可谓智过其师。仆岂敢妄希惠、戴，然所望于足下辈者，必不后于若膺等三子也。……絸斋尚有名山著述之想，季刚则不著一字，失在太秘。世道衰微，有志者当以积厚流广，振起末俗，岂可独善而已。"所以他希望"南徙吴中，与诸子日相磨，若天假吾年，见弟辈大成而死，庶几于心无，于前修无负矣。"④由此观之，章氏对早年一众弟子并不满意，对其中趋新一派尤为不满。北游期间，钱玄同请章

---

① 周作人：《苦茶——周作人回想录》，第430页。
② 《哀启》，吴承仕同志诞生百周年纪念筹委会编：《吴承仕同志诞生百周年纪念文集》，第164页。
③ 汤炳正：《忆太炎先生》，陈平原、杜玲玲编：《追忆章太炎》，第459页。章太炎《菿汉闲话》："东原云：大国手门下，不能出大国手，二国手三国手门下，反能出大国手。盖前者倚师以为墙壁，后者勤于自求故也。然东原之门，即有王、段、孔三子，所得乃似过其师者，盖东原但开门径，未遽以美富示人。三子得门而入，始尽见宗庙百官耳。前世如张苍门下有贾太傅，而贯长卿辈经术不过犹人；梁肃门下有韩退之，而籍湜辈文学去退之已远，则真所谓二国手三国手门下能出大国手，大国手门下不能更出大国手也。"（《制言半月刊》第13期，1936年3月16日）。
④ 姚奠中、董国炎：《章太炎学术年谱》，第452—53页。

太炎书写后者1915年所赠陆象山语录:"激厉奋迅,决破罗网,焚烧荆棘,荡夷汙泽!"章氏即认为这些话过于激烈,不同意写。①吴承仕后来在中国大学国学系改革课程,太炎闻讯,视为叛逆。太炎晚年重新讲学,扫除魔道之外,端正门风当也在考虑之列。

二 国学大师

细究起来,北平太炎门生的大本营原在北京大学,其次是北师大,论关系燕京大学较疏。而邀请章太炎讲学的次序刚好颠倒过来,燕京反而占了头筹。以宴请论,所知除最早3月1日是由吴承仕、朱希祖、马幼渔、黄侃共同作东外,以后分别由吴承仕(3月4日午)、刘文典(3月4日晚)、林损(6日)、尹炎武(7日)、熊希龄、左舜生、王造时(11日)、尹炎武(22日)、黄侃的学生汪绍楹、陆宗达、骆鸿凯、朱家齐、周复、沈仁坚、殷孟伦、谢震孚等八人(29日)作东,然后是4月6日陈垣、尹炎武、伦明、余嘉锡、杨树达等以京都名席公宴于谭祖任家②,谢国桢、刘盼遂(4月13日)、徐森玉(16日)等人亦分别宴请,北大弟子邀宴,已在4月中旬以后。即使考虑到章氏其他方面的应酬或多,有日记为本的黄侃、周作人、杨树达三人未及别的章门弟子的私宴等等可能因素,这种现象即使不能说反常,至少也不够正常。

再以出面邀请讲学的机构看,中国学院、民国学院、平民大学

---

① 魏建功:《钱玄同先生与黎锦熙先生〈论"古无舌上、轻唇声纽"问题书〉读后记》,《中国语文》1961年9月号。
② 黄侃所记做东者无尹炎武而有周叔迦(《黄侃日记》,第773页)。

均为吴承仕联系，北师大为"研究院的历史学科门及文学院的国文系和史学系合请"，北大则为"中国文学系、研究所国学门"，史学系不在其列。①文史两系本来均为太炎门生在北大的基地，由于北大内部长期派系纷争，胡适一派与太炎门生在英美派与法日派、现代评论派与"某籍某系"等等分界下明争暗斗。1930年，长期担任系主任的朱希祖被学生哄闹下台，改组后的北大史学系先由傅斯年代理系务，继而陈受颐接班，实际仍由傅斯年幕后决断，后来胡适又担任文学院院长，太炎学派"把持"北大文史两界的局面就此被打破。章太炎北游之际，只有中国文学系和国学门尚在其弟子的控制影响之下。

1928年傅斯年发起"史学革命"，矛头直指太炎学派，指名道姓抨击章太炎"在文字学以外是个文人，在文字学以内做了一部文始，一步倒退过孙诒让，再步倒退过吴大澂，三步倒退过阮元，不特自己不能用新材料，即是别人已经开头用了的新材料，他还抹杀着。至于那部新方言，东西南北的猜去，何尝寻杨雄就一字因地变异作观察？这么竟倒退过二千多年了"，对于"坐看章炳麟君一流人尸学问上的大权威"②的状况表示难以容忍。在史语所用人方面，也竭力反对太炎学派加盟。③控制了北大史学系之后，还想进

---

① 《北京大学日刊》第2806号，1932年4月12日。关于北京大学的主办机构，谢樱宁《章太炎年谱摭遗》称为"国文研究所"，姚奠中、董国炎从之，实误。
② 《历史语言研究所工作之旨趣》，《历史语言研究所集刊》第1本第1分，1928年10月。
③ 杜正胜：《无中生有的志业——傅斯年的史学革命与史语所的创立》，台北"中研院"历史语言研究所编印：《"中央研究院"历史语言研究所七十周年纪念文集：新学术之路》，第1—34页。傅斯年最初考虑的人选中，还有朱希祖、沈兼士为特约（欧阳哲生编：《傅斯年全集》第7卷，第60、68页）。

一步打击太炎学派在北大国文系的势力。有其作梗，北大史学系当然不会出面邀请章太炎讲学。连北大校方宴请章太炎，也不见傅斯年的身影。

或以为1922年4至6月章太炎在上海的系列"国学讲演"，1923年1月北京大学出版由胡适撰写"发刊宣言"的《国学季刊》，"可以把这作为两代学者交接的象征：此前谈国学者以章太炎为翘楚，此后则是胡适们的天下"①。傅斯年的态度似乎与此说吻合，但其他"胡适们"，包括胡适本人，以及并非胡适一派的其他学人，对于章太炎北上讲学的态度及反应与傅斯年相去甚远。这不仅表明"胡适们"尚在老辈和来者的夹击之中，远不能包揽天下，而且随着时势的变化，新派对于学术文化所作种种偏激的判词逐渐失效，章太炎的学术观念再度引起学人的重视。前引钱穆所说"风气转变，亦洵非咄嗟间事矣"，正是风气人心转移的反映。

对于章太炎的学术，胡适的态度颇有些矛盾，1922年8月28日，胡适在日记中评论当时的中国学人道："现今中国学术界真凋敝零落极了。旧式学者只剩王国维、罗振玉、叶德辉、章炳麟四人……内中章炳麟是在学术上已半僵了。"②这种看法，胡适的弟子顾颉刚乃至与胡适关系最近的太炎弟子钱玄同大概一致。钱玄同称："近二十年来，国学方面之研究，有突飞之进步，章刘诸公在距今二十年至前三十年间，实有重大发明，理宜表彰，但亦不可太过。三十年前之老辈，惟梁任公在近二十年中仍有进步，最可佩

---

① 陈平原：《中国现代学术之建立——以章太炎、胡适之为中心》，第241页。
② 中国社会科学院近代史研究所民国史研究室编：《胡适的日记》，第440页。

服，其他则均已落伍矣。"①顾颉刚后来与鲁迅等人冲突时也说："我岂无争胜之心，但我的争胜之心要向将来可以胜过而现在尚难望其项背的人来发施。例如前十年的对于太炎先生，近来的对于静安先生。"②则在"胡适们"的心目中，章太炎的学术确已过时。

不过，胡适等人所谓"章先生的创造时代似乎已过去了"③，只是从发展的眼光看，后者的学问停滞不前，因而不免落伍，而不是说他已经失去了学术界的权威地位。顾颉刚曾报名听讲民初章太炎北京国学会的讲学，由此得到治学门径。后来他对章氏的极佩服之心渐少，视为"从经师改装的学者"，但条贯材料做学术史的动机还是因此而发生。④所以到1924年6月，他为北大学生讲演国学，分国学研究为考古学、东方古言语学及史学、地质学、学术史、民俗学五派，仍将章太炎与胡适、梁启超一起列为学术史派的代表，认为"这五派学问都是二十年来的新进展，旧式学者梦想不到的。"⑤1922年11月，胡适为上海《密勒氏评论报》（The Week by Review）举办征求读者选举"中国今日的十二个大人物"的活动代拟名单，还是将章炳麟列为学者组的第一人。曹云祥筹办清华研究院，曾与胡适磋商，并请他担任导师。胡表示："非第一流学者，不配作研究院的导师。我实在不敢当。你最好去请梁任公、王静安、章太炎三位大师，方能把研究院办好。"⑥可见至少在国学研

---

① 钱玄同著：《钱玄同文集·书信》第6卷，第300页。
② 1927年7月4日致叶圣陶信，顾潮著：《历劫终教志不灰——我的父亲顾颉刚》，第114页。
③ 《谁是中国今日的十二个大人物》，《努力周报》第29期，1922年11月19日。
④ 顾颉刚：《古史辨·自序》，《古史辨》第1册，第23—30页。
⑤ 1924年7月5日与履安信，顾潮编著：《顾颉刚年谱》，第97页。
⑥ 蓝文征：《清华大学国学研究院始末》，张杰、杨燕丽选编：《追忆陈寅恪》，第79页。

究的领域,发表了革命性宣言的胡适还不敢妄自称雄,对于章太炎也仍然肯定。

诚然,学术史上不乏单靠权势以支撑门面的学阀,不仅观念主张早已过时,学术生命力亦已停止,只是一味把持,妨碍学术的进步。而章太炎的学术地位得以维系,与其学术观念的影响仍然发生重大作用密切相关。胡适起草的《〈国学季刊〉发刊宣言》,作为"新国学"的研究纲领,虽然反映了他本人的某些学术观点,其实是代表北京大学研究所国学门全体说话,而非胡适个人学术见解的表达。其中最明显的,就是考虑和吸收占国学门成员多数的太炎门生的意见,不得不暂时搁置前此竭力主张的"疑古的态度",并且不再急于"评判是非"①。则新国学的纲领本身包含了太炎学派的意见,而这些意见多为得自太炎的真传。

北京大学研究所国学门的定期学术讲演,渊源可以追述到1918年国文研究所时期,由刘复演讲"中国之下等小说",大体是新文化及新国学派的阵地。国学门成立后,除每年一度的恳亲会有学术演讲外,只有林玉堂举办过类似一般课程的"中国比较发音学""标音原则"两种讲演。1927年1月29日国学门第八次会议决议:"每月五日举行专门学术演讲会一次,由本门同人轮流担任,定名为研究所国学门月讲,公推刘复先生担任月讲干事,办理一切关于月讲事务。"②先后演讲者有陈垣(回回教进中国的源流)、刘复(从五音六律说到三百六十律)、马幼渔(戴东原对于古音学

---

① 参见陈以爱:《中国现代学术研究机构的兴起——以北京大学研究所国学门为中心的探讨(1922—1927)》第3章第1节。
② 《研究所国学门通告》,《北京大学日刊》第2045号,1927年2月24日。

的贡献)、沈兼士(求语根的一个方法)等。①后因故中断,直到1930年11月才恢复月讲,时间改为每月20日晚7至9时,先后演讲者有钢和泰(Alexander Wilhelm Baron von Stael-Holstein)(故宫咸若馆宝相楼佛像之考证)、沈尹默(诗人眼中之事物)、黄节(陆象山之学)、马衡(从实验上窥见汉石经之一斑)、许守白(研究宋词之我见)等。

请章太炎到北大国学门讲演,不仅表明章氏仍然被奉为国学界领袖,而且显示新文化派的大本营也承认这一现实。出席4月18日宴会的除太炎门生外,还有蒋梦麟、胡适、俞平伯、刘复、魏建功等人。这种安排并不仅仅出于校方的礼节,也可以视为新派的表态。刘复、俞平伯、魏建功还参与了5月15、16两日分别由周作人、朱希祖做东的宴请。刘复不仅代写板书,还为之摄影留念②,其殷勤甚至令旁观者误认为他也是太炎门生。实则章太炎对刘的印象不佳,曾经当面令其难堪。而刘复作为新文化运动的骨干,又得到主张"科学的东方学之正统在中国"的傅斯年的赏识,获邀加盟中研院历史语言研究所,成为主流派的要角。这在原来北大教师辈学人中可以说是罕见的例外。

至于新文化派以外的学人,章太炎的学问非但从来没有过时,至少在国学研究领域,还是正宗主导。前引江苏教育会和《中华新报》的赞誉,虽有广告色彩,并非一味吹捧奉承的谀词。1927年王国维死后,清华研究院急于寻找新的导师,以巩固学术地位,首先考虑的人选还是章太炎。章氏本是创建之初的人选之一,而遭其拒

---

① 《北京大学研究所国学门"月讲"题目》,《北京大学日刊》第2040号,1927年1月29日。
② 1936年9月1日致潘景郑,《钱玄同文集》第6卷,第308页。

绝，后来梁启超"曾以私人资格托友人往询，章以老病且耳聋辞，不愿北来。"以后该院虽"决拟聘章太炎为教授"，但考虑到校评议会不能通过，没有提出，并委托陈寅恪于赴沪途经天津时向梁启超说明及互商办法。① 清华研究院增聘导师，除章太炎外，其他人选还有罗振玉和张尔田。该院与北京大学研究所精神虽然有异，却也同样主张沟通中外文化，如梁启超所主张"在学术界上造成一种适应新潮的国学"②，聘请教师不仅要求是"国内硕学重望"，而且须具备三种资格："一、通知中国学术文化之全体。二、具正确精密之科学的治学方法。三、稔悉欧美日本学者研究东方语言及中国文化之成绩。"③ 所聘及拟聘各人，既无一味偏激的新进，亦非顽固不化的老朽。

章太炎的学问依然时兴，倒是率先提倡整理国故的新国学派的种种学行，引起新旧各方人士越来越多的不满和非议。1930年钱穆的《刘向歆父子年谱》发表，打破晚清以来经今古文学之争的缠绕

---

① 陈守实：《学术日录》1928年2月8日、22日，《中国文化研究集刊》第1辑，复旦大学出版社1984年；刘桂生、欧阳军喜：《陈寅恪先生编年事辑补》，王永兴编：《纪念陈寅恪先生百年诞辰学术论文集》，第433页。据吴其昌《梁任公先生晚年言行记》：梁"命其昌辈推举良师，其昌代达诸同学意，推章太炎先生、罗叔言（振玉）先生。先师欢然曰：'二公，皆吾之好友也。'……其昌因奉校命，北走大连，谒罗先生于鲁诗堂，南走沪，谒章先生于同孚里第。""初时罗、章二先生均有允意，章先生拈其稀疏之须而笑：'任公尚念我乎！'且有亲笔函至浙报'可'。然后皆不果。罗先生致余书，自比于'爱君入海'，章先生致余书，有'衰年怀土'之语。"（《子馨文在》第3卷《思桥集》，沈云龙编：《中国近代史料丛刊》续编第81辑之808，第449—450页）
② 周传儒、吴其昌：《梁先生北海谈话记》，丁卯初夏《清华学校研究院同学录》。
③ 吴宓：《清华开办研究院之旨趣及经过》，《清华周刊》第351期。

和疑古辨伪风气鼓荡下破坏有余建设不足的偏向。①其1932年完稿的《先秦诸子系年》，也是继王国维之后的建设性著作。次年钱穆为《古史辨》第4册作序，更要打破北平学术界"非考据不足以言学术"的空气，"着眼于中国民族文化之前途"，希望改变缺乏大思想家的现状。

此时中国学术界的风云变幻，大概反映了学术中心由经入史的趋向，而章太炎一直鼓吹"六经皆史"之说，强调治史的重要，尤其主张史学之于国性的至关重要，批评"昔人所谓'专志精微，反致陆沉，穷研训诂，遂成无用'"②。1922年底他在杭州讲学，批评"今浙人之所失者，即在无历史学问"③。1924年章氏应教育改进社之邀，到南京该社年会演讲"劝治史学并论史学利弊"，认为"史学乃对证发药，为补救时弊之良法"。并对中国学校"独于史学徒有虚名，浮浅之讥，在所难免"的状况大为不满，主张读史以"发扬志趣，保存国性"。他进而指陈学校教授史学的五大弊端，即取文舍事，详上古而略近代，详于域外而略于内政，详于文

---

① 详见刘巍：《〈刘向歆父子年谱〉的学术背景与初始反响》，《历史研究》2001年第3期。刘文力辩钱穆本意不及"史学界之疑古派"，并疑钱穆将后起之意附到当年之事，则嫌稍过。钱穆的意思是说傅斯年向人介绍其为《刘向歆父子年谱》的作者，意在破今文学派和疑古派。至于钱穆对古史辨的看法，他自称："顾刚史学渊源于崔东壁之《考信录》，变而过激，乃有《古史辨》之跃起。然考信必有疑，疑古终当考。二者分辨，仅在分数上。如禹为大虫之说，顾刚稍后亦不坚持。而余则疑《尧典》，疑《易传》，疑老子出庄周后，所疑皆超于顾刚。然窃愿以考古名，不愿以疑古名。疑与信皆须考，余与顾刚，精神意气，仍同一线，实无大异。而孟真所主，则似尚有迥异于此者。"（《师友杂忆》，第167—168页）若钱穆真有曲笔，倒是将与疑古派的分歧轻描淡写。其实，与古今中外各家学术一样，古史辨的主张本无大错，但实行中以疑为考，变成一味破坏，疏于建设。变疑为考，正是立异的关键。
② 章太炎著，虞云国标点整理：《菿汉三言·菿汉微言》，第61页。
③ 中国革命博物馆整理，荣孟源审校：《吴虞日记》下册，第75页。

化而略于政治,因古籍之疏漏而疑为伪造,呼吁"去此五弊",以见"史学之功用"①。该演讲的内容包括在同年8月15日出版的《华国月刊》第1卷第12期《救学弊论》一文中,表述略有小异。这些显然针对北平学术界种种弊端而发的议论,其精神要旨在1930年代初得到普遍响应,不能不说具有先见之明。章太炎逝世后钱穆补写《余杭章氏学别记》,即彰显其主张民族主义、平民主义和文化主义史学,"然则太炎论史,三途同趣,曰归一于民族文化是已"②。不仅引章氏为同道,而且以其为针砭。

正是在此背景之下,章太炎在平期间,除弟子外,故都学界同人后进纷纷邀宴或前往问学。杨树达、余嘉锡等多次拜见,当面请益,得其奖掖,以印证学识。本来章、黄二人均好讥评显达,奖掖后进,这时对来访者更是褒奖有加,并借机评点旧京学界人物。章太炎对吴承仕说:"湖南前辈于小学多龃龉,遇夫独精审,智殆过其师矣。"黄侃则附和道:"北京治国学诸君,自吴检斋、钱玄同外,余(季豫)、杨二君皆不愧为教授。其他则不敢知也。遇夫于《汉书》有发疑正读之功,文章不及葵园,而学问过之。《汉书补注》若成于遇夫之手,必当突过葵园也。"③学界的晚生后辈得太炎青睐者受宠若惊,失之交臂者遗憾不已。杨树达呈请求教诸文,

---

① 《新闻报》1924年7月20日。转引自《北京大学日刊》第1526号,1924年9月24日。
② 天津《大公报》1937年6月10日。陈垣1943年11月24日致方豪函谓:"至于史学,此间风气亦变。从前专重考证,服膺嘉定钱氏;事变后颇趋重实用,推尊昆山顾氏;近又进一步,颇提倡有意义之史学。故前两年讲《日知录》,今年讲《鲒埼亭集》,亦欲以正人心,端士习,不徒为精密之考证而已。"(陈智超编注:《陈垣来往书信集》,第302页)此言不足以表明陈垣本人史学思想的变化,却可以反映那一时期学术风气的转移。
③ 杨树达:《积微翁回忆录》,第62—63页。

有难黄侃者，章太炎不以为侮，"进而奖之"，令杨慨叹"先生局度之弘、是非之公如此。"①陆宗达、任化远等还由吴承仕介绍，拜章、黄为师。②傅斯年写于1928年的《中央研究院历史语言研究所工作之旨趣》，之所以要公开将矛头指向章太炎，正是因为直到那时，太炎学派乃至太炎的学术主张仍然掌控着中国南北学术界的大半河山，其国学大师的地位难以动摇。

傅斯年坚决反对"国故"的观念，声称"这层并不是名词的争执，实在是精神的差异的表显"。学理上他认为"整理国故""盘桓于传留的问题，旧题不下世，新题不出生，则结果直是旋风舞而已……换言之，无后世的题目，或者是自缚的题目，遂至于这些学问不见奔驰的发展，只表昏黄的残缺。"③潜在的立意显然欲将太炎学派釜底抽薪，因为非将"国学"打破，太炎学派在学术界的霸主地位无法摇撼。对此，胡适与傅斯年的态度显然有别。胡适并不反对"国学"的观念，直到1929年2月，他还主张按照5年前所拟的办法，将北京大学改作研究院，分为自然科学院、社会科学院、国学院、外国文学院或文学院等四个分院。④不过，后来傅斯年的意见似乎占了上风。章太炎北大讲学不久，1932年7月8日，北京大学校务会议通过《国立北京大学研究院规程》的决议，其第二章规

---

① 杨树达：《积微居友朋书札》，第38—39页。
② 杨明德：《检斋先生在师大》，《吴承仕同志诞生百周年纪念文集》，第113页。陆宗达、刘节、周馥、殷孟伦、戴名扬、朱奂卿等请黄侃讲音韵训诂相关之理。杨树达还让侄儿杨伯峻拜黄侃为师。据《黄侃日记》，其时有九位学生前来听讲，每周两次，"鄢荣爵、谢震孚、沈仁坚、汪绍楹，皆新来者；骆鸿凯、陆宗达、朱家济、周复、任化远，皆昔已从游者。"（《黄侃日记》，第764—765页）
③ 《历史语言研究所工作之旨趣》，《历史语言研究所集刊》第1本第1分，1928年10月。
④ 《胡适日记》（手稿本）1929年2月4日。

定:"本院分设自然科学、文史、社会科学三部,得依本校能力所及,分期先后成立,或一部中先开若干门。"①不仅国学院不见踪影,已有10年历史的研究所国学门也寿终正寝,从而为胡适、傅斯年一派成为主流铺平了道路。

三 晚年讲学

北游对章太炎本人也颇有影响。南归之后,章太炎对于国事大为失望,"知当世无可为"②,"栋折榱崩,咎有所在,英雄特起,恐待后来,若今之统兵者,犹吾大夫高子也。仆老,不及见河清,唯有惇诲学人,保国学于一线而已"③。而北平学术风气的驳杂让他感到义不容辞地应当出面加以纠正。1933年1月,章氏撰写《国学会会刊宣言》,特意提道:"余去岁游宛平,见其储藏之富,宫墙之美,赫然为中国冠冕,唯教师亦信有佳者,苦于薰莸杂糅,不可讨理,惜夫圣智之业而为跖者资焉。或劝以学会正之,事绪未就,复改辙而南,深念扶微业、辅绝学之道,诚莫如学会便。"

所谓"薰莸杂糅",还不仅是"致用"与"求是"之别,因为章氏讲国学,固然针对民族危机日益加剧的时势,但要以学术不绝拯救国家衰亡,首先必须保持民族文化特性,使中国固有学术薪火

---

① 《北京大学日刊》第2875号,1932年7月16日。
② 《〈制言〉发刊宣言》,汤志钧编:《章太炎政论选集》下册,第870页。
③ 1932年10月6日致马宗霍函,汤志钧编:《章太炎年谱长编》下册,第924页。

相传，才有复阳之望。学风偏蔽，无异于自毁长城，所以民国尤其是新文化运动以来章太炎对学术界浅薄偏邪的流弊不断有所批评。他后来总结道："近国学所以不振者三：一曰，毗陵之学反对古文传记也；二曰，南海康氏之徒以史书为帐簿也；三曰，新学之徒以一切旧籍为不足观也。有是三者，祸几于秦皇焚书矣。"①"夫讲学而入于魔道，不如不讲。昔之讲阴阳五行，今乃有空谈之哲学、疑古之史学，皆魔道也。必须扫除此种魔道，而后可与言学。"祛魔为扶正的开端，"欲导中国入于正轨，要自今日讲平易之道始。三十年后，庶几能收其效，否则推波助澜，载胥及溺而已。"②其在苏州讲学，开国学会，以后又独立发起章氏国学讲习会，均由此而来。则章氏北游，虽然得到包括新文化派学人的欢迎，其晚年讲学，实有感于北平学术界风气不正，开学会即针对新文化以来的时趋。

　　清末民初的学术，与《国粹学报》关系甚大。"民国成立，《国粹学报》停刊，然而东南学者，皆受太炎之影响。《国粹》虽停，太炎之学说独盛。"到1923年胡朴安总结《民国十二年国学之趋势》，仍然说："士子信仰其学者，至今不绝。"其间虽经历新文化运动的冲击，胡适等人的以西洋方法整理国故独树一帜，大有取而代之之势，但太炎学说不仅能够通过趋新弟子深入新派内部，而且在外部与之分庭抗礼。"《国故》与《华国》及东南大学之《国学丛刊》，皆《国粹学报》之一脉，而为太炎学

---

① 《〈制言〉发刊宣言》，汤志钧编：《章太炎政论选集》下册，第870页。
② 章太炎：《历史之重要》，汤志钧编：《章太炎年谱长编》下册，第930—931页。

说所左右者也。"①

当新文化派掌控北京学界之际,南方各省也纷纷成立国学教育研究机构或学会组织,如唐文治的无锡国学专修馆、顾实等人的东南大学、南京高师国学研究会、陈衍、叶长青等人的厦门大学国学会,顾实、丁福保等人的上海中国国学研究会、胡朴安等人的中国学会等。这些机构的成员彼此互通声气,遥相呼应之外,也相互支持,参与相关活动。无锡国学馆的师资多由各学会会员担任,各机构的机关刊物刊登各方同好的文字,有的学会前后还有渊源继替关系,如1923年的东南大学、南京高师国学会和1926年成立的中国国学研究会,均由顾实起草宣言章程,精神上后者即有"继昔而有进"②的意向。

以上述机构组织为枢纽,与新文化派有别的南方学人联成一气,一些北方的非新文化派学人也参与其中,在新文化运动大潮震耳欲聋的涛声中逐渐形成异调。其中重要分子如顾实、陈柱、钱基博、高燮、陈衍、孟森、胡朴安、叶长青、冯振等人,章太炎、张尔田、孙德谦、吴梅、陈去病、柳诒徵、古直等,也以各相关刊物为发表文字的阵地,或隐或显地与新文化派立异抗衡。③1928年《学衡》经营困难,留在南京的柳诒徵、胡先骕等人曾商议与《华国》合并,请汪东为经理。④而新文化派显然亦将这些机构组织视

---

① 上海《民国日报·国学周刊》1923年国庆日增刊。
② 顾实:《发刊辞》,《国学辑林》第1期,1926年9月。
③ 参见《〈国学辑林〉撰述员名录》《中国国学研究会会员名录》,《国学辑林》第1期,1926年9月。
④ 《黄侃日记》,第285页。胡先骕也指出《学衡》宗旨"一则必须用文言,二则沟通中西学术,非纯乎保存国粹。"并对《华国》的个别文章表示不满。

为对手，不仅猛攻《学衡》，对东南大学国学院和南方各国学会组织也嬉笑怒骂。

南方国学阵营中的一些人与新文化派或多或少地保持一定的联系，如胡朴安、陈中凡等，但整体而言，与新文化派的精神主旨明显有别。顾实在《国学辑林·发刊辞》中，详细阐述了关于将国学由一校一系"推及全国而陈辞"的"公心"，其主张有四：即自由研究，普及学术，沟通中外，注重精神。所谓自由研究，是鉴于"吾国之人，近虽步武隆规，往往自由其名，不自由其实，非政府专制，即舆论专制，以故旧有学术亦萎缩不明"。所以要"公开破除一切，人人以自由研究为鹄的，不受何等之束缚"。所谓普及学术，是鉴于"学校系统綦严，世每望尘莫及，向隅之士，遍国皆是。矧学校自身，恒苦党派，蛮争触斗，颠倒黑白，翻云覆雨，朝秦暮楚，所好生毛羽，所恶生疮痏，不公不普，学其殆哉"。揭橥普及，就是要"绝不受何系统何党派之挟制"。所谓沟通中外，是鉴于研究学术，非洋学与国学的意气之争，中主西辅、中体西用皆非，"要在阐扬古昔之典籍，昌明世界之公理，而国学公理二者，相与互证而益明"。所谓注重精神，是反对将东西方截然分为精神与物质文明，主张"非吾振作固有之精神，则不足以宰制东西之文明，而吾国吾种亦将不免为某民族之臣虏。故如考据家、性理家、词章家，固皆当认为国学之钜子，然犹有大者，则群经百家之奥义，圣哲英豪之遗型，尤当尊为国学之精华"①。

反对舆论专制，抨击学校为党派挟制，调和中外新旧以及强调本位文化精神的统驭作用，条条都是针对以北京大学为中心的新文

---

① 顾实：《发刊辞》，《国学辑林》第1期，1926年9月。

化派的主张而发，反映了东南学人的共同观念。这即使不是受章太炎思想影响的结果，至少与章的倾向基本一致。①在一定程度上，章太炎可以说是这一国学阵营的精神领袖。所以，苏州开国学会以及章氏国学讲习会时，"颇有少长咸集，群贤毕至的气氛"②。新老弟子如吴承仕、朱希祖、汪东、孙世扬、诸祖耿、王謇、王乘六、潘承弼、马宗霍、沈延国、潘重规等，南北耆硕如王树枏、陈衍、张其淦、杨钟羲、唐文治、孙雄、张一麐、孙德谦等，南方学人如吴梅、陈柱、冯振、吕思勉、高燮、蒋维乔、姚光、金天翮、闻宥、唐长孺、黄云眉、胡朴安、郭绍虞、古直、邓尔雅、叶长青、夏承焘、钱仲联、饶宗颐等，由北方南下者如钱穆、邵瑞彭等，纷纷加盟。杨树达等人也"屡思南行奉手，因循未果"③。

这些人与新文化派不一定针锋相对，但至少在学术文化的主张精神方面分歧不少。南北耆硕不必论，南方学人中如南高学派及南社诸子，与北大新文化派不合甚至公开叫阵，是有目共睹的事实。吴承仕一度与黄侃关系不错，与马幼渔等则时有冲突。④朱希祖在

---

① 陈中凡后来在《自传》中称其在东南大学与同人发起组织"国学研究会"，编辑《国学丛刊》，力求以科学方法"整理国故，增进文化"，是要与盲目复古的学衡派相抗衡（姚柯夫编著：《陈中凡年谱》，第17页）。此说显然受后来时势的影响，与当时语境及本事不尽吻合。陈早年在北大参与《国故》，任编辑（《〈国故〉月刊社成立会纪事》，《北京大学日刊》第298号，1919年1月28日），先后任东南大学、金陵大学、暨南大学国文系主任，李详称其主金陵大学国文系时，"与胡小石先生提倡国粹，声誉昭然，或推或挽，学子日聆绪论，不胜斐然。将继东南而兴，自成一队。"（吴新雷、姚柯夫、梁淑安、陈杰编纂：《清晖山馆友声集》，第32页）

② 汤国梨口述，胡觉民整理：《太炎先生轶事简述》，陈平原、杜玲玲编：《追忆章太炎》，第102页。

③ 《国学会会员姓名一览表》，《国学商兑》第1卷第1号，1933年6月1日；《国学会会员姓名一览表》，《国学论衡》第2—8期，1933年12月1日—1936年11月20日。

④ 吉川幸次郎：《留学时代》，《吉川幸次郎全集》第22卷，第384—394页。

新国学运动中主张新史学，但他参加过《国故》，政治思想方面与新文化派的同门不大同步。邵瑞彭参加的思辨社，其成员在北京自成一系，与新文化派也有相当的距离。钱穆虽然自称与顾颉刚的古史辨精神意气"实无大异"，实则与之主张相近者对于新文化派的种种偏弊多有不满，从1932年浦江清提议办《逆流》杂志，反对欧化，主张建设民族独立文化，到抗战期间钱穆等创办《时代与进步》，借悼念张荫麟批评主流学术，再到1950年代《新亚学报》，这批后起之秀的思想一脉相承，在主流各派之外独树一帜，且渐成引领潮流之势。

　　清华研究院国学科的毕业生有好几位加入了苏州国学会以及后来的章氏国学讲习会，如杜钢百、高亨、蒋天枢、姜亮夫等。清华办国学科，本是为了改变不识中文的形象，实行起来，有心与北京大学立异争雄，又由吴宓具体操办，可以说是南学北上的结果。主持者屡次欲请章太炎出山，不但可以在声势上压倒北大，更能够在新文化派以外聚一营垒。而该国学科"略仿旧日书院及英国大学制度"的主张，与章太炎批评大学新式教育不能胜任中国文史教学的种种议论相通，与无锡国学专修馆、东南大学国学院以及章氏国学讲习会的模式大体一致。其精神既要"对于西方文化，宜有精深之研究，然后可以采择适当，融化无碍"，又要对"中国固有文化之各方面，须有通彻之了解，然后今日国计民生种种重要问题，方可迎刃而解，措置咸宜"①。大致是《学衡》"昌明国粹，融化新知，以中正之眼光，行批评之职事，无偏无党，不激不随"的宗旨的延伸。

---

①　吴宓：《清华开办研究院之旨趣及经过》，《清华周刊》第351期。

清华国学院学生有的本是北大新派弟子，一部分又受新文化派的鼓动影响而与之接近，与北大国学门学生合办学会，甚至将成绩同时交到北大国学门。清华学校当局和教师方面对此颇为不满，不允许相关刊物冠以"清华国学研究院"名义，不准学生向他处提交成绩。①另一部分学生则对新派诸子的学行不以为然，如陈守实便认为胡适"小有才，然绽论甚多，可以教小夫下士，而不可间执通方之士也"②。参加苏州国学会，虽不一定表明他们对新旧两派的取舍，至少显示其对章太炎及其学说的尊信。

章太炎晚年讲学，立意针对学校教育的种种弊端，端正学风，"扶微业，举绝学"。但社会反响及学术界反应，却依听受者的立场态度及知识程度而差若天渊，甚至场景的描述也反差强烈。其在苏州先后于大公园县立图书馆、青年会、沧浪亭等处讲学，推崇者谓：《国学会会刊宣言》刊载后，"全国响应，各地学子，纷纷负笈来苏"，籍贯分布19省，"东及扶桑，南暨越裳，华夏群贤毕至，锦帆路上，车马云屯"。章太炎开讲之日，听者近500人，济济一堂，连窗外走廊也挤满了人。以后每逢太炎主讲，"诸生慕先生名，听课时无一缺席"。章氏则"一茶一烟，端坐讲坛，清言娓娓，听者忘倦，历二三小时不辍"③。反对者却说，听讲者只有寥寥十几人，且听不懂章氏的"土话"，"而章先生安然自在。他是

---

① 刘桂生、欧阳军喜：《陈寅恪先生编年事辑补》，王永兴编：《纪念陈寅恪先生百年诞辰学术论文集》，第33页；孙敦恒：《清华国学院纪事》，葛兆光主编：《清华汉学研究》第1辑，第311页。
② 陈守实：《学术日录》1928年2月8日、22日，《中国文化研究集刊》第1辑。
③ 诸祖耿：《太炎先生〈国学讲演录〉序》，《文教资料》1986年第4期；沈延国：《章太炎先生在苏州》，引自陈平原、杜玲玲编：《追忆章太炎》，第377、452页。

狂傲的人,一切是自私的,以自己为中心的。在演讲台上,他将听众幻成一种意象,以为这意象是他的获得,他的生命之某种关联,而这意象是陌生的,于是以眼光,以笑脸,去粘住它,把它位置在某种精神生活上。这里,我仿佛看见章先生心灵的凄独。"甚至将章太炎与胡适讲学作一对比,"胡适之演讲'儒与孔子',听众有一二千;而一代大师的章先生,只能于不相干的十数人面前,销磨生命的余剩。纵然有狂态,有傲气,也不能不感到悲凉吧"?①

苏州以外,章太炎也曾应邀前往无锡等地演讲,反应同样两歧。署名"碍哥"的"看朴学人师讲学记",记述章太炎在无锡师范演讲的情形。作者听不懂章氏的话,所以是"看"讲学而不知所讲为何物,场面也就颇为滑稽,"演讲两小时缺三十四分,章太炎吸'茄立克'六支,喝茶五杯,微笑三次,大笑一次,起立在黑板上写字两次,一曰'诬徒',一曰'疑疾'。向藤椅上靠去险些儿跌交一次。记录员伸头低说:'时间已到'三次"。并对章太炎指钱玄同、顾颉刚等人"疑古"为"疑疾"反唇相讥,"设此类推,疑古既曰疑疾,则考古家当曰考疾家,读古书当曰读疾书,而如太炎氏本人之终身从事古旧书中者,亦当名之曰'疾学家'矣。今又谆谆以研究'疾书'勖青年,则恐虽有科学之医生亦医不好这许多疾病也"②。"看"完之后,又有署名"老实生"者发表了"听"的感受,虽然没有公开批评,字里行间,同样充满了讥笑与挖苦。③

依照上述情形,章太炎晚年讲学,非但未能达成预期的目的,

---

① 乃蒙:《章太炎的讲学》,《宇宙风》第22期,1936年8月。
② 《论语》第14期,1933年4月1日。
③ 老实生:《听朴学大师讲学记》,《论语》第15期,1933年4月16日。

反而暴露其确已落伍，这似乎印证了几年后他的追悼会"在寂寞中闭幕"的萧条，是由来已久。不过，此事反映出近代学术与时政的复杂关系，是非曲直，不能以及身的效果盖棺论定，须放眼长顾，才能妥当分别。章太炎在苏州讲学，分为星期讲演会讲演和国学讲习会讲演两类，前者较泛，后者略专，讲授的对象虽不尽相同，精神却颇为一致，均针对学风与世风的偏弊，提倡坐言起行，求是以端正学风，致用以改良社会。对国学讲习会学员所讲，旨在培养青年弟子，使其学有所本，走上治学大道。主张求是与致用并重，而依时势变化有所侧重。其针对学校新式教育不适合培养与中国学术文化相关各科人才的局限，这方面的成效有目共睹。与章太炎的观念主张相同或相近的清华研究院国学科以及无锡国学专修馆等机构，也是成效显著。由外国移植而来的近代国民教育体制能否胜任培养高素质的"国学"人才，至今仍然存在不小的争议。章太炎等人的主张，至少有补偏救弊的功用，不能一言以蔽之曰"保守"。

面向社会的普通演讲，因讲题原属小众，并不适合于一般大众，从来效果不佳。有过各种由大众传媒包装的讲坛经验后，学界于此当有深刻体验，而不抱怀疑态度。1922年章太炎应江苏教育会之邀，在沪讲授国学，开始慕名而来者极多，几近千人，盛况空前，需改换大会场，但后来听众日益减少，最后仅剩数十人。[1]而这时章氏仍被奉为国学大师。近代史上，此类鼓动大众的演讲，如果不能追随受众的情绪与喜好，往往得不到呼应。而大众的知识程度有限，情绪又有激进化趋势，鼓动者靠舆论赢得权势后，则须理

---

[1] 汤志钧编：《章太炎年谱长编》下册，第667页。

智行事，结果容易失去受众。被拿来与章太炎作对比的胡适，这时受欢迎的程度也开始降低，常被学生讥讽为"胡博士"。

至于学术方面，凡趋时者本来容易过时，到1930年代，不满新文化派偏弊的新进之士逐渐增多，其中不少人为留学归国，新文化派所拥有的年龄和文化资源优势丧失殆尽，所用以打击反对派的老旧等等帽子统统不适用；同时，随着中日关系日趋紧张，民族主义情绪逐渐抬头，五四以来的反传统倾向遭遇反弹，学术趋向随之变异。章太炎指责讲哲学讲史学者，"恣为新奇之议论"，没有一定之轨范，"足以乱中国"，将新文化派的"空谈之哲学，疑古之史学"视为"魔道"①。其对于当时世风与学风的嘻笑怒骂，虽不免邵力子前此所批评的"好奇""恶新"两种积习②，其中轴却是一以贯之的通方之论，在几经社会转型的阵痛后，许多警句至今看来更是至理名言。

学问在高明处古今中外大体相通，因而王国维断言学无中西新旧之分。章太炎主张求是与致用兼备，讲学问又时时牵扯政治，易于被指为落伍。但他自民国成立以来对思想文化学术界的种种批评，旨在强调为学贵有根柢，否则学无所本，极易过时。早在1922年，黄侃就针对学术界的时弊推崇乃师超越流俗，以为"学术有始变，有独殊。一世之所习，见其违而矫之，虽道未大亨，而发露崇题，以诒学者，令尽心力，始变者之功如此。一时之所尚，见其违而去之，虽物不我贵，而抱守残缺，以报先民，不愆矩蒦，独殊者之功也。然非心有真知，则二者皆无以为。其为始变，或隳决藩

---

① 章太炎：《历史之重要》，《制言》第55期，引自《章太炎年谱长编》下册，第930页。
② 邵力子：《志疑》，章太炎讲演，曹聚仁记录：《国学概论》，第119页。

维，以误群类。其为独殊，又不过剿袭腐旧，而无从善服义之心。是故，真能为始变者，必其真能为独殊者也。不慕往，不闵来，虚心以求是，强力以持久，诲人无倦心，用世无矜心，见非无闷，俟圣不惑。吾师乎！吾师乎！古之人哉"！①

民国尤其是新文化运动以后的学术界，虽然好以守旧责人，以代际名义实现派系更替，结果终不免"暴起一时，小成即堕"②，以致抗战期间钱穆屡屡批评学人无大成就，并且特意强调章太炎为学守平实，认为："太炎之于政治，其论常夷常退，其于民族文化，师教身修，则其论常峻常激。然亦不偏尊一家，轻立门户。盖平实而能博大，不为放言高论，而能真为民族文化爱好者，诚近世一人而已矣。"③由此而论，早已被新文化派宣布为"过时"的章太炎，其学术主张在钱穆等人身上再度体现，倒是新文化派自己，时过境迁，难免"过时"之讥。后来者失察，以新派自我中心塑造的历史为据，又拘泥于一时一事，结果重蹈覆辙，跳不出历史的循环往复。

---

① 《黄侃日记》，第51页。
② 章太炎：《对重庆学界演说》，《历史知识》1984年第1期，第44页。引自罗志田：《再造文明之梦——胡适传》，第199页。
③ 钱穆：《余杭章氏学别记》，天津《大公报》1937年6月10日。

第七章　横看成岭侧成峰：学术视差与胡适的学术地位

胡适在近代中国学术史上的地位，海内外虽有众多学人发表过各式各样的意见，迄今仍然见仁见智。总体而言，海峡两岸近20年来的一般趋势，是对胡适评价的行情看涨，域外诸国亦被带动。当然，其间也有若干异调，如陈平原教授在承认胡适开创近代中国学术的新典范作用的同时，强调须从晚清以来学术转型的全过程，凸显戊戌与五四两代学人的"共谋"作用，并论证了章太炎与胡适的学术主张和"述学"形式的区别联系及其消长的利弊得失，以发掘被埋没的"另一种可能性"。[①]陈以爱博士于《胡适的"整理国故"在20—30年代学术界的反响》一文中，指出抗战前10年间胡适在北平学界的声光已大不如前，这与20世纪80年代以后海内外学界

---

① 陈平原：《中国现代学术之建立——以章太炎、胡适之为中心》，第1—22页。

对胡适著作的评价，两者显然存在着相当落差，并进而追问学术评价的标准以及据以评价的材料，是否影响到评价的准确性。①胡适自称生平抱提倡新文学、思想改革和整理国故三个志愿，其在近代中国思想史上声名鹊起，主要靠前两项志业，而学术史上的人言言殊，则与整理国故关系密切。此事牵涉胡适究竟怎样在近代中国学术史上崛起，风光过后受到怎样的批评，胡适如何回应以及有关争议对于近代中国学术的路径走向产生何种影响等一系列重大问题，波及面相当广泛，以往的研究还有许多曲折未经揭出，值得深入探讨。

一 乾嘉朴学还是西洋统系

五四新文化时期，胡适凭借时势而"暴得大名"，但是到了20世纪20—30年代之交，其一系列"开风气之先"的学术著作引起强烈反弹，无论老辈、新进甚至同道，均或隐或显地予以批评指摘，其光环开始变得暗淡。

从学术路径看，并无联系的批胡阵营大体分为六派，即由汉学正统的经史小学立论的太炎师徒、由会通中西的新人文主义立论的学衡派、反对一味考据的学兼汉宋派、以西学专门立论的留学生、由社会史观立论的社会科学派和由"科学"立论的疑古辨伪再传弟子。其中太炎学派和"学衡"派从来与新文化派立异，并且公开批评胡适，后四派则是新加入的生力军。

---

① 《近代中国史研究通讯》第33期，2002年3月。

尽管新文化运动中在京的太炎门生不少成为胡适的同道，总体而言，太炎师徒与胡适的治学理念分别甚大。太炎治学，以小学为根本，由音韵训诂入手。从这一正统看，胡适"截断众流"的"横逸斜出"之学不仅"无根"，简直就是邪魔外道。太炎首徒黄侃更与新文化派势不两立。从1920年代的《华国》到1930年代的《制言》，太炎一派抨击胡适学行的文章不在少数。"学衡"派历来被视为用新人文主义与新文化派的科学主义分庭抗礼，从《学衡》到《大公报·文学副刊》，刊登过许多从中西文化渊源批评新文化派的文字。由于志向与际遇相近，一度经营困难的《学衡》在1928年曾有意与《华国》合并，改由汪东主持。①

胡适提倡用科学方法整理国故，加上傅斯年的"近代的史学即史料学"，在北平学术界造成非考据不足以言学术的风气，但所谓索引式结账法，以及大胆的假设，小心的求证，与中国治学传统及域外汉学新术均明显不同。王国维主张由细心苦读以发现问题，不要悬问题以觅材料，即与胡适的招数大异其趣。钱穆提倡"非碎无以立通"，"义理自故实生"②，更是反对以考据为史学的偏向，认为沿着主流派的路径走不出新史学的坦途。他们的西学未必如胡适之广，中学则肯定较胡适为深。

胡适的国学素养遭到质疑，其西学水准同样受到毫不留情的批评。"学衡"派的一批留学生从西学渊源揭批胡适，已经令其难以忍受。最有代表性的是金岳麟评论冯友兰《中国哲学史》时毫不留情地指出："西洋哲学与名学又非胡先生之所长。"③留学不仅是

---

① 详见第六章《章太炎晚年北游讲学的文化象征》。
② 钱穆：《古史辨》第四册《钱序》，第4页。
③ 冯友兰：《中国哲学史》，附录第1—8页。

胡适学术成名的重要资本，也是他赖以建立新学术的社会基础，所以他十分看重学人是否有留学经历。抗战期间胡适不满于《思想与时代》杂志，特意指出其中"张其昀与钱穆二君均为从未出国门的苦学者"①。其实除此二人外，该刊的重要成员如冯友兰、贺麟、张荫麟等，均曾留学欧美，而且所学专业与胡适相同或相近。

社会史观派以郭沫若为代表，其《中国古代社会研究》，就是针对胡适的整理国故而作。对此郭沫若毫不隐讳，他指责胡适对于古史未曾摸到边儿，坦言要将胡适等人整理过的东西全部重新批判，并将"批判"的目标定得高于"整理"："'整理'的究极目标是在'实事求是'，我们的'批判'精神是要'实事之中求其所以是'。'整理'的方法所能做到的是'知其然'，我们的'批判'精神是要'知其所以然'。"照郭沫若看来，"'整理'自是'批判'过程所必经的一步，然而它不能成为我们所应该局限的一步"。②超越胡适正是他努力的方向。

胡门再传弟子反噬的典型是顾颉刚在广州中山大学的高足何定生，后者于1929年编辑出版了《关于胡适之与顾颉刚》一书，认为胡适1926年表示对提倡整理国故的忏悔，以及1928年《治学的方

---

① 曹伯言整理：《胡适日记全编》7，第540页。
② 郭沫若：《中国古代社会研究·自序》，第7页。这一派最激烈的是李季。1941年周予同的《五十年来中国之新史学》就指出："胡适《中国哲学史大纲》上卷的出版，恰当着'五四运动'的发展，曾风行一时。过了三年，民国十一年（公元一九二二年），梁启超在北京大学哲学社讲演，曾加以批评，但也不过指出本书的若干缺点，并未能将'疑古派'的史观与方法论的缺陷加以暴露。民国十六年（公元一九二七年）以后，中国学术思想界，更其是史学方面，渐趋复杂。当时批评胡适的文章颇多，而以李季的批判一书最为热辣，然而并未引起胡氏的答辩。"（朱维铮：《周予同经学史论著选集》增订版，第547页）一般史观派认为，动摇胡适命运的还是郭沫若（国立师范大学研究所历史科学研究会编：《历史科学》第1卷第3、4期合刊《读者通信》，1933年6月）。

法与材料》以研究自然科学为唯一生路,而将用科学方法整理国故视为死路,逻辑混乱,观念倒退。①何定生的看法相当程度上反映了顾颉刚的意思,早在1926年元旦,顾就反驳时人应当研究科学,不应当研究国学的责难,宣称:"所谓科学,并不在它的本质而在它的方法,它的本质乃是科学的材料,科学的材料是无所不包的。"②因此在故纸堆中找材料和在自然界中找材料没有高下之分。本来胡适也认为"学问是平等的。发明一个字的古义,与发现一颗恒星,都是一大功绩"③,但后来放弃了这一看法,呼吁青年离开国故的死路走科学的生路。何定生或隐或显地表示,在整理国故方面,顾颉刚已经超过胡适。这令与胡适的关系已经有些微妙的顾氏相当尴尬,不得不忍痛将何逐走。④

由此可见,1920年代后期胡适不仅政治上受到包括国民党在内的多种势力的夹击,学术上也陷入四面楚歌的境地。把胡适当成箭垛,由来已久。

不过,变换角度,成为箭垛也许刚好说明其地位已经升至权威,因而变成后来者努力追赶和超越的对象。余英时教授就认为:"适之先生是20世纪中国学术思想史上的一位中心人物。从1917年因正式提出文学革命的纲领而'暴得大名',到1962年在台北'中央研究院'的酒会上遽然逝世,他真是经历了'誉满天下,谤亦

---

① 定生编:《治学的方法与材料及其它》,朴社,1929年,第25—46页。感谢陈以爱博士寄赠此项材料。
② 顾颉刚:《一九二六年始刊词》,《北京大学研究所国学门周刊》第2卷第13期,1926年1月6日。
③ 《论国故学》,欧阳哲生编:《胡适文集》2,第327—328页。
④ 参见王学典、孙延杰著:《顾颉刚和他的弟子们》第3章《始于爱而终于离——顾颉刚与何定生》,第109—152页。

随之'的一生。在这40多年中,无论是誉是谤,他始终是学术思想界的一个注意的焦点。在许多思想和学术的领域内——从哲学、史学、文学到政治、宗教、道德、教育等——有人亦步亦趋地追随他,有人引申发挥他的观念和方法,也有人和他从容商榷异同,更有人从各种不同的角度对他施以猛烈的批评,但是几乎没有人可以完全忽视他的存在。这一事实充分地说明了他在中国近代史上所占据的枢纽地位。"① 唐德刚教授更推许胡适为中国近代文化史上的正规军,"是学术界十项全能的杨传广",论汉学不让乾嘉,论西学有七整年"长春藤盟校"的正规训练,无论哲学、文学、史学,"如把当代学术著作放在桌子上排排队,我们实在不能不承认胡适之真是'中西之学俱粹!'这样一支有正规训练和装甲化配备的正规大军岂是一些'零星散匪''乌合之众''武装民兵''川军''滇军''辫子兵'以及任何'杂牌部队'可以动摇得了的"?②

批胡各派的意见,或延续发展胡适的路数,或不免抱残守阙之讥,或虽有补偏救弊之用而不足以动摇根本,或欲借新途超越旧轨却因功力不够而重蹈覆辙,的确未能撼动胡适的地位。但是,近代中国并非没有能够批倒胡适的人,也不必等待社会科学或行为科学的充分发展才能将胡适批倒。况且社会科学和行为科学落后,当时应是世界性问题,不仅限于中国,不能要求胡适先知先觉。胡适的学术路径,问题究竟何在,早有人从中西学术的大道着眼,窥破要害。只是近代中国的学术发展不循正轨,后来者又有意无意地视而

---

① 余英时:《中国近代思想史上的胡适》,欧阳哲生选编:《解析胡适》,第76—77页。
② 唐德刚:《胡适杂忆》(增订本),第119页。

不见，加上学术政治作怪，胡适的权威还有愈加膨胀之势。

胡适的开山学术来自中西两面，仅仅攻其一点，即使如章太炎那般深入，也难免给人以门户之见，甚至妒忌之嫌。能够从中西学两面的渊源脉络及发展趋势阐明其症结者，首推陈寅恪。胡适占据近代中国学术界的要津，关键之一，是靠1919年出版的《中国哲学史大纲》（以下简称《大纲》）。陈寅恪的矛头即直指这部成名之作。

《大纲》在近代中国学术史上的地位与作用，已经前人大量论证。余英时教授在20世纪80年代的论断最为经典："《中国哲学史大纲》所提供的并不是个别的观点而是一整套关于国故整理的信仰、价值和技术系统。换句话说，便是一个全新的'典范'。"① 后来复有学人认为以前学术界对该书的价值"一直缺乏清醒的估计。在为数不多的相关论著中，多限于个别观点具体内容的讨论，而对它的整体价值认识不足"。进而通过《大纲》与中国哲学史、中国现代学术史、中西文化比较三方面关系的"全面的审视"，强调《大纲》开创了中国哲学史新学科和中国现代学术的新纪元，并成为近代中国数十年来中西文化论争的总结。②

对《大纲》的重估，有意无意跳过了20世纪20—30年代学人的反省，重新回到五四新文化的语境中去，凸显其划时代的开山意义。而被忽略的民国学人的反省中，已经包含了对《大纲》问世初期积极一面评价的检讨。尤其是这些检讨发生于近代中国学术的学

---

① 余英时：《论士衡史》，第310页。这本书由傅杰摘编，间有删节，但大体得到作者的认可（参见序言）。
② 王法周：《中国哲学史大纲与中国现代学术》，耿云志、闻黎明编：《现代学术史上的胡适》，第28页。

院化进程中,将以前模糊的政治、思想与学术的分界逐渐清晰化。今人高估的依据,大致有四,其一,蔡元培所写序言。其二,胡适的自我评价。其三,胡适门生的看法。其四,《大纲》热销和人人争读的盛况。认真检讨,各点均不无可议。

《大纲》出版之前,蔡元培仔细阅读,并写了一篇分量很重的序言,指出该书具有证明的方法、扼要的手段、平等的眼光、系统的研究等特长。后来的研究者尤其重视前三项,特别是"截断众流"和"平等的眼光",以为因此而对近代中国学术的整体造成革命性的影响。其实,蔡元培所说四项特长,是针对编撰中国古代哲学史的两层难处而言,第一是材料有真伪,需做过汉学工夫;第二是形式无系统,"不能不依傍西洋人的哲学史。所以非研究过西洋哲学史的人不能构成适当的形式"。那时中国学术界"治过'汉学'的人虽还不少,但总是没有治过西洋哲学史的。留学西洋的学生,治哲学的,本没有几人。这几人中,能兼治'汉学'的,更少了"。而胡适刚好二者兼备,既有"世传"的汉学功底,又于西洋哲学史很有心得,"所以编中国古代哲学史的难处,一到先生手里,就比较的容易多了"[①]。胡适对所谓世传汉学将错就错地默认,其实际路径,则与汉学似是而非。当时人感到震撼,后来者用现代学术眼光许为具有开山意义的那一整套关于国故整理的信仰、价值、和技术系统,其实就是用西洋哲学史的系统来条理中国古代思想的材料。

胡适提倡大胆假设,小心求证,走了"新汉学"的路子。[②]唐

[①] 欧阳哲生编:《胡适文集》6,第155页。
[②] 素痴(张荫麟):《近代中国学术史上的梁任公先生》,《学衡》第67期,1929年1月。

德刚教授认为：胡适的治学方法"只是集中西'传统'方法之大成。他始终没有跳出中国'乾嘉学派'和西洋中古僧侣所搞的'圣经学'的窠臼"①。余英时教授也称："胡适的学术基地自始即在中国的考证学，实验主义和科学方法对于他的成学而言都只有帮助的作用，不是决定性的因素。"②这两段话稍可解释，说胡适没有跳出中西学传统的窠臼诚然，是否集大成就值得怀疑；胡适的成学固然以中学为范围，其成名则主要仰仗西学的条理系统。

胡适治学，形式上不脱清代考据学的余绪，实际路数相去甚远。他本人将考据学视为校勘学和训诂学的概括，而唐德刚教授注释为"简言之便是版本真伪的比较，文法的分析，再加上他独具只眼的'历史的处理'"③。不过，乾嘉朴学的典范是"训诂明而后义理明"，其开山顾炎武所谓："读九经自考文始，考文自知音始。以至于诸子百家之书亦莫不然。"④后人的总结则是："以声韵得训诂，以训诂析章句，以章句辨名物，以名物明义理。"⑤章太炎从清学正统派读书须先识字的立场讲治国学要先通小学，并标举治小学的三法：通音韵，明训诂，辨形体。⑥而文法学虽然属于小学的范围，却长期只有零碎知识。胡适自己在《大纲·导言》中陈述其整理史料之法，为校勘、训诂、贯通三端，其中校勘主要是吸收前人尤其是清代学人的成果，训诂的三种方法中，根据古义

---

① 唐德刚译注：《胡适口述自传》，第132—133页。
② 余英时：《论士衡史》，第311页。
③ 唐德刚译注：《胡适口述自传》，第118、132页。
④ 《亭林文集》卷四《答李子德书》。见余英时：《论士衡史》，第303—306页。
⑤ 胡朴安：《论读书法》，雪克编校：《胡朴安学术论著》，第298页。
⑥ 章太炎讲演，曹聚仁记录：《国学概论》，第17—21页。

（包括占字典、笺注、同类印证等）和假借通转，并非胡适所长。他少年时虽曾学过一些音韵学的入门知识，却不能不承认于古声韵之学"完全是门外汉"，"向来毫无研究"[1]。因此原文的校勘和训释，仍是利用清人的积累。

胡适解经，与前人不同是通过文法的归纳。《大纲》问世前，胡适发表过《诗三百篇言字解》《吾我篇》《尔汝篇》等，均用《马氏文通》为途则。他后来自称读《马氏文通》在出国前，此言即便属实，印象也不会太深刻。因此当1911年6月12日他在美国收到友人寄来的《马氏文通》，展读一过，"大叹马眉叔用功之勤，真不可及，近世学子无复如此人才矣。若贱子则有志焉而未之逮也"。其时胡适刚刚读过《诗经》，并于一个月前将有关心得和收集的论据写成《言字解》，"久不作文，几不能达意矣"[2]。《马氏文通》的及时到来，不仅令胡适找到理论依据，更重要的是发现了条贯的脉络。他立即在文章中加入《马氏文通》的观点，每成一说，必引《文通》为据，并且发了一大通议论，"以为吾国文典之不讲久矣，然吾国佳文，实无不循守一种无形之法者。马眉叔以毕生精力著《文通》，引据经史，极博而精，以证中国未尝无文法。而马氏早逝，其书虽行世，而读之者绝鲜。此千古绝作，遂无嗣音。其事滋可哀叹。……是在今日吾国青年之通晓欧西文法者，能以西方文法施诸吾国古籍，审思明辨，以成一成文之法，俾后之学

---

[1] 胡适：《寄夏剑丞先生书》，欧阳哲生编：《胡适文集》4，第188—194页。
[2] 曹伯言整理：《胡适日记全编》1，第93、104页。重注《诗经》，是胡适留学初期便萌发的志愿，当时欲"推翻毛传，唾弃郑笺，土苴孔疏"的办法，还是"一以己意为造《今笺新注》"（曹伯言整理：《胡适日记全编》1，第85页）。

子能以文法读书，以文法作文，则神州之古学庶有昌大之一日"。胡适反对旧日学人"斤斤于汉宋之异同，师说之真伪"，主张"以经解经"，办法便是用"西儒归纳论理之法"①，具体而言，则是以欧西文法解中国旧籍。

胡适一生好以"不通"评论古今诗文，而"通"与"不通"的标准，主要便是依据西式文法。照他看来，"世界文法学发达最早的，要算梵文和欧洲的古今语言。中国的文法学发生最迟"。清代王引之的《经传释词》，只能算是文法参考书，还不到文法学的地位。"直到马建忠的《文通》出世（光绪二十四年，西历1898），方才有中国文法学。"而马建忠能够建立中国文法学的最重要原因，是他能"用西洋的文法作比较参考的材料"②。1922年胡适记其治《诗经》的心得："《诗经》绝对的不可不注意文法上的异点。古人从没有这样下手的。王氏父子比较是最近于这一条路上的人了，然而他们可惜不懂文法。这条路是一条到宝山的山路。"③可见他解经的秘方是文法学，但是胡适也知道，文法学并非乾嘉汉学的正统。

正因为有了成功的经验，1923年胡适才敢于向询问"治国学有何门径"的青年坦白：以前他劝人从小学入手，先通音韵训诂，其实是"学着老前辈们的派头"。虽然他承认音韵训诂可以作工具，只是不能引人入胜，无法为初学者的门径，却同时批评"音韵训诂之学自身还不曾整理出个头绪系统来"，只是"学者装门面的话"，所以"国学在今日还没有门径可说，那些国学有成绩的人大

---

① 曹伯言整理：《胡适日记全编》2，第342—343页。
② 《国语文法概论》，欧阳哲生编：《胡适文集》2，第333—334页。
③ 曹伯言整理：《胡适日记全编》3，第765页。

都是下死功夫笨干出来的"。这等于否定他推许为科学方法的乾嘉朴学行之有效,或者说胡适心中的乾嘉朴学另有一套,与一般所谓乾嘉朴学有别,因为未经传统小学训练者的确无法缘此寻得治国学的门径头绪。胡适进而向与自己同样不能由汉学正途研究国学的青年开出的下手方法是:"用历史的线索做我们的天然系统,用这个天然继续演进的顺序做我们治国学的历程。"①而所谓天然演进的系统,其实是进化论主导下的西方中心世界一体观念。用进化系统涵盖多元文化,正是《大纲》述学并给国人以启发性的要诀。

乾嘉考据学未必如胡适所说即是科学方法,但既经长期积累,也确有其合理适用处,尤其与中国语言文字及学术文化的性质相符,不可轻言取代。章太炎批评五四后的学风道:"凡学先以识字,次以记诵,终以考辨,其步骤然也。今之学者,能考辨者不皆能记诵,能记诵者不皆能识字,所谓无源之水,得盛雨为横潦,其不可恃甚明。"②黄侃等人即讥笑胡适解旧籍读错字,实为不通③。而用外国语文法比较参考,固然是建立中国文法的重要条件,但究竟参照什么时代何种语言的文法,却应遵守一定的规则。在胡适用来"通"旧籍的《马氏文通》,在陈寅恪的眼中就不通之至!1932年,陈寅恪因清华大学入学考试国文科出题引起争议事致

---

① 《一个最低限度的国学书目》,欧阳哲生编:《胡适文集》3,第87页。
② 《救学弊论》,《华国》第1卷第12期,1924年8月15日。
③ 陆敬《黄季刚先生革命事迹纪略》称:"胡适曾在黄季刚面前自诩对声韵学有研究,但谈起《诗经·周南》篇,将'为𫄨为绤'之'𫄨绤'二字读为'希谷',令黄忍俊不禁。"后来章太炎在苏州讲学,曾举此事。(《量守庐学记——黄侃的生平和学术》,第23页注13)柳诒徵《劬堂日记》1946年10月21日条记:胡适阅《水经注》,"读济湿之漯字作骡音,殊可骇叹,大学校长以考证校勘自矜,乃读别字,不亦羞当世之士乎。"(柳曾符:《柳诒徵与胡适》,柳曾符、柳佳编:《劬堂学记》,第188页)

函系主任刘文典，申辩说明之余，即对《马氏文通》痛加批驳：

> 今日印欧语系化之文法，即马氏文通"格义"式之文法，既不宜施之于不同语系之中国语文，而与汉语同系之语言比较研究，又在草昧时期，中国语文真正文法，尚未能成立，……夫所谓某种语言之文法者，其中一小部分，符于世界语言之公律，除此之外，其大部分皆由研究此种语言之特殊现相，归纳为若干通则，成立一有独立个性之统系学说，定为此特种语言之规律，并非根据某一特种语言之规律，即能推之以概括万族，放诸四海而准者也。假使能之，亦已变为普通语言学音韵学、名学，或文法哲学等等，而不复成为某特种语言之文法矣。……故欲详知确证一种语言之特殊现相及其性质如何，非综合分析，互相比较，以研究之，不能为功。而所与互相比较者，又必须属于同系中大同而小异之语言。盖不如此，则不独不能确定，且常错认其特性之所在，而成一非驴非马，穿凿附会之混沌怪物。……由是言之，从事比较语言之学，必具一历史观念，而具有历史观念者，必不能认贼作父，自乱其宗统也。往日法人取吾国语文约略摹仿印欧系语之规律，编为汉文典，以便欧人习读。马眉叔效之，遂有文通之作，于是中国号称始有文法。夫印欧系语文之规律，未尝不间有可供中国之文法作参考及采用者。如梵语文典中，语根之说是也。今于印欧系之语言中，将其规则之属于世界语言公律者，除去不论。其他属于某种语言之特性者，若亦同视为天经地义，金科玉律，按条逐句，一一施诸不同系之汉文，有不合者，即指为不通。呜呼！文通，文通，何其不通如是耶？

这段话的矛头虽然指向马建忠，板子却打在胡适等人的身上，对于后者的国语文法以及用西文文法解中国旧籍，无异于釜底抽薪。陈寅恪还特意指出："此义当质证于他年中国语言文学特性之研究发展以后。今日言之，徒遭流俗之讥笑。然彼等既昧于世界学术之现状，复不识汉族语文之特性，挟其十九世纪下半世纪'格义'之学，以相非难，正可譬诸白发盈颠之上阳宫女，自矜其天宝末年之时世状束，而不知天地间别有元和新样者在。"①将讥讽挟半通不通的西学自以为新潮、实则放眼世界已经过气的新派之意和盘托出。同时陈寅恪致函傅斯年，声明"若马眉叔之谬种尚在中国文法界有势力，正须摧陷廓清，代以藏缅比较之学"，并拟于清华开学时演说，"将马氏文通之谬说一扫，而改良中学之课程"②。他将致刘文典书刊登于吴宓主办的《大公报·文学副刊》和《学衡》杂志，摆明要与新派立异。

至于胡适所说的贯通，"是把每一部书的内容要旨融会贯串，寻出一个脉络条理，演成一家有头绪有条理的学说"。本来"宋儒注重贯通，汉学家注重校勘训诂。但是宋儒不明校勘训诂之学，故流于空疏，流于臆说"。要想贯通，必须于校勘训诂之外，有比较参考的资料。"我们若想贯通整理中国哲学史的史料，不可不借用

---

① 陈美延编：《陈寅恪集·金明馆丛稿二编》，第249—256页。
② 《致傅斯年》二十二，陈美延编：《陈寅恪集·书信集》，第42—43页。胡适认为比较的研究法分两步，一是积聚比较参考的材料，即各种参考文法，约分四类：1. 中国古文文法（至少研究一部《马氏文通》）。2. 中国各地方言的文法。3. 西洋古今语言的文法。4. 东方古今语言的文法。二是用别种语言里同类或大同小异的文法为通则，解决文法难题，或以此为参考，定出新通则（《国语文法概论》，欧阳哲生编：《胡适文集》2，第356—357页）。关于《马氏文通》的利弊得失，参阅张万起编：《〈马氏文通〉研究资料》。

别系的哲学，作一种解释演述的工具。"胡适"所用的比较参证的材料，便是西洋的哲学"。他说："我做这部哲学史的最大奢望，在于把各家的哲学融会贯通，要使他们各成有头绪条理的学说。"这也就是《先秦名学史·前言》所说：最重要而又最困难的任务，"当然就是关于哲学体系的解释、建立或重建"①。胡适自诩其在学术上的革命与开山作用，主要也就体现在这种借助外洋的体系化演述，确是从前一般中国学人闻所未闻。早年在德国研究过世界文明比较史的蔡元培，对这一点印象深刻。

然而，胡适用西方现代哲学条理中国古代思想的做法，同样遭到陈寅恪的批评。一年前刊于《学衡》的《冯友兰中国哲学史上册审查报告》，在提出著中国古代哲学史须对于古人学说具了解之同情后，接着指出：

> 但此种同情之态度，最易流于穿凿傅会之恶习。因今日所得见之古代材料，或散佚而仅存，或晦涩而难解，非经过解释及排比之程序，绝无哲学史之可言。然若加以联贯综合之搜集及统系条理之整理，则著者有意无意之间，往往依其自身所遭际之时代，所居处之环境，所熏染之学说，以推测解释古人之意志。由此之故，今日之谈中国古代哲学者，大抵即谈其今日自身之哲学者也。所著之中国哲学史者，即其今日自身之哲学史者也。其言论愈有条理统系，则去古人学说之真相愈远。此弊至今日之谈墨学而极矣。今日之墨学者，任何古书古字，绝无依据，亦可随其一时偶然兴会，而为之改移，几若善搏者能

---

① 欧阳哲生编：《胡适文集》6，第178—182页、4页。

呼卢成卢，喝雉成雉之比。此近日中国号称整理国故之普通状况，诚可为长叹息者也。今欲求一中国古代哲学史，能矫傅会之恶习，而具了解之同情者，则冯君此作庶几近之。①

这段评语没有指名胡适，但以前此所著中国哲学史作反衬，举墨学为极端事例，又泛指整理国故的普遍状况，胡适均不可避免地首当其冲。所以冯友兰明确指出：陈寅恪和金岳霖的两篇审查报告之所以均将其《中国哲学史》同胡适的《大纲》做比较，"这是因为在当时，这一类的书，只有这两部"②。

与所谓"以经解经"实际上是用西式文法相类似，胡适用来条理和系统化中国古代哲学史的法宝是西方名学。而照陈寅恪看来，这种格义式的著述，其实是将上古的本土资料填充进后起的外来间架。看过陈寅恪审查报告的金岳霖，从哲学家的角度印证其意见，他认为胡适的《大纲》是根据一种哲学主张写出来的，有时简直觉得作者是一个研究中国思想的美国人，于不知不觉间流露出来的成见，是多数美国人的成见，"对于他所最得意的思想，让他们保存古色，他总觉得不行，一定要把他们安插到近代学说里面，他才觉得舒服。同时西洋哲学与名学又非胡先生之所长，所以在他兼论中西学说的时候，就不免牵强附会。……哲学既离不了成见，若再以一种哲学主张去写哲学史，等于以一种成见去形容其他的成见，所写出来的书无论从别的观点看起来价值如何，总不会是一本好的哲

---

① 《冯友兰中国哲学史上册审查报告》，陈美延编：《陈寅恪集·金明馆丛稿二编》，第279—280页。
② 冯友兰：《三松堂自序》，第217页。

学史"①。10年前胡适为中国近代学术开山的法宝，如今却成为其不通中西学问的证据。真不知是时代进步太快，还是当年学者的识见太浅。

把握中西学术文化关系，是近代中国人面临的一大难题。胡适懂得反对荒谬浅陋的简单附会，从《大纲》到《〈国学季刊〉发刊宣言》，提倡"比较的研究"，而不能察觉用外来成见解释古人思想，"其言论愈有条理统系，则去古人学说之真相愈远"的弊端。凡好用外来眼光裁断中国文化的中西比较者大都难逃此厄②，冯友兰本人也在所难免。冯书出版时附录的瞿世英《读冯著〈中国哲学史〉》，肯定书中"与西洋哲学相比较的地方不少，用西洋哲学作比较解说的地方亦不少，并且真是理论上的比较"③。1934年，冯友兰在国际哲学会议上演讲"现代中国哲学"，分为三期，首期为以旧说旧，即以老的思想方法阐述过去的哲理；二期为说明东西方哲理的差别；三期则"是用类比的方法使东西方的哲理更为人所了解"，并以为"我们不久将会看到，中国的哲学思想将用欧洲的逻

---

① 金岳霖：《冯友兰中国哲学史上册审查报告》，冯友兰：《中国哲学史》，附录第1—8页。汪荣祖教授已注意到陈寅恪对胡适推崇《马氏文通》和用西洋哲学条理中国古代思想的批评（汪荣祖：《陈寅恪与胡适》，《陈寅恪评传》，第262—265页）。陈平原教授也对以西学剪裁中国文化有所论列。

② 参见本书第八章《近代中国比较研究史管窥——陈寅恪〈与刘叔雅论国文试题书〉解析》。其时一般中国学人知道比较研究的必要与重要，但是对于怎样进行严格的比较研究，只有极少学人能够清晰分辨。一些人反对附会而不脱格义，有的一面批评"好以各不相谋的西洋哲学相缘附，乃至以西洋哲学衡中国哲学"的弊病，反对以20世纪的欧洲新学术比附纪元前的中国思想，强调采取西洋的科学方法，而不以西洋哲学附会，一面又认为"以中国某一哲学家与西洋某一哲学家相比较，是很好的方法"（罗根泽：《古史辨第四册自序》，《古史辨》四，第9—12页）。

③ 蔡仲德：《冯友兰先生年谱初编》，第103页。

辑和明确的思维加以阐明"①。

对于胡适、冯友兰等人用外来间架条理中国思想可能产生的流弊,早有学人予以批评。1928年,张荫麟撰文评冯友兰《儒家对于婚丧祭礼之理论》,指出:"以现代自觉的统系比附古代断片的思想,此乃近今治中国思想史者之通病。此种比附,实预断一无法证明之大前提,即谓凡古人之思想皆有自觉的统系及一致的组织。然从思想发达之历程观之,此实极晚近之事也。在不与原来之断片思想冲突之范围内,每可构成数多种统系。以统系化之方法治古代思想,适足以愈治而愈棼耳。"②冯友兰《中国哲学史》下册"取西洋哲学观念,以阐明紫阳之学,宜其成系统而多新解",却难以将新儒学的产生和传衍这一大事因缘论述清楚。所以陈寅恪说:"窃疑中国自今日以后,即使能忠实输入北美或东欧之思想,其结局当亦等于玄奘唯识之学,在吾国思想史上,既不能举最高之地位,且亦终归于歇绝者。其真能与思想上自成系统,有所创获者,必须一方面吸收输入外来之学说,一方面不忘本来民族之地位。此二种相反而适相成之态度,乃道教之真精神,新儒家之旧途径,而二千年吾民族与他民族思想接触史之所昭示者也。"③

冯著《中国哲学史》上册既被视为超越胡适之作,自然引起胡适的反应。他对冯著始终耿耿于怀,认为书中的主要观点为正统派的。直到晚年为冯著英译本写书评,重看两遍,觉得"实在看不出有什么好处",仍强调其根本弱点正是所谓"正统派"观点,也

---

① 朱乔森编:《朱自清全集·日记编》第9卷,第322—323页。
② 张荫麟:《评冯友兰〈儒家对于婚丧祭礼之理论〉》,《大公报·文学副刊》1928年7月9日。
③ 陈寅恪:《冯友兰中国哲学史下册审查报告》,陈美延编:《陈寅恪集·金明馆丛稿二编》,第282—285页。

就是"道统"观,即必须以孔子为中国古代思想史开端,"上继往圣,下开来学";秦以后则为经学时代,其思想演变历程"只为一大事因缘,即新儒学之产生及其传衍而已"!①

胡适批评正统派的道统观,强调思想分歧。用三段论看,他与陈寅恪的差别在于对中外文化沟通的态度适为反、合两个阶段。冯友兰承认其著作的观点"尤为正统派的",只是"系用批评的态度以得之者。故吾之正统派的观点,乃海格尔所说之'合',而非其所说之'正'也"②。所谓正、反、合,本意当指"信古""疑古""释古"三个阶段。③周予同评论冯友兰《中国哲学史》的释古,认为其中国思想史分期、以社会史背景说明哲学的产生及演变、用西洋现代思想解释古代中国学说等,与以往解释不同。

抗战军兴,冯的思想论调渐起变化,"而接受——或者接近——陈寅恪的见解,即所谓'一方面吸收输入外来之学说,一方面不忘本来民族之地位',更努力于海格尔历史哲学中所谓'合'的工作"④。则至少在旁人看来,陈寅恪与冯友兰的"合",意思亦不全同,前者重在沟通中外学术思想文化应取的态度。如"宋儒若程若朱,皆深通佛教者。既喜其义理之高明详尽,足以救中国之缺失,而又忧其用夷变夏也,乃求得两全之法,避其名而居其实,取其珠而还其椟,采佛理之精粹,以之注解四书五经,名为阐明古学,实则吸收异教,声言尊孔辟佛,实则佛之义理,已浸渍濡染,

---

① 曹伯言整理:《胡适日记全编》8,第353页。
② 冯友兰:《中国哲学史·自序二》,第1—2页。
③ 冯友兰:《中国近年研究史学之新趋势》,引自郭湛波:《近五十年中国思想史》,第168页。
④ 周予同:《五十年来中国之新史学》,朱维铮编:《周予同经学史论著选集》增订本,第557页。

与儒教之宗传，合而为一。此先儒爱国济世之苦心，至可尊敬而曲谅之者也"①。近代学人中，就对外国学术思想文化了解掌握的广泛与深入而论，罕有能出陈寅恪之右者，而其治学与述学，借鉴运用外来间架方法，不仅没有生搬硬套之弊，而且几乎不着痕迹，甚至有意仿效宋儒先例，发掘本土资源，论比较研究的格义法与合本子注法，即显著一例。

以方法为研究的工具，而非用间架为条贯的脉络，实在是近代学人治学高下之别的一大关键。贯通为中国学术追求的至高境界，为由博返约，由精求通的结果，讲究对所有文献和本事的联系无碍。而所有系统，均为后出，甚至外来，以后出外来的系统为准则，非但不能贯通先有的文献本事，反而导致隔义附会，强事实以就我。陈寅恪虽然自称平生不解黑格尔哲学的三段式，在与刘文典论国文试题书中才与其说暗合，而冯友兰是当时唯一能够通解正反合之说之人，但在如何用外来间架理解本土资料方面，理念做法实较冯技高一筹，令后者反受其影响。借用冯友兰的分期，则以旧说旧为正，以西说中为反，中西相通为合。就此而论，冯友兰的《中国哲学史》虽然力求超越胡适的《大纲》，因为以胡著为的，反而受其束缚，还是不能完全挣脱后者的套路。

二 从十字真言到四字诀

《大纲》初版时，胡适虽然坚持印一千本，底气并不充沛，

---

① 吴宓著，吴学昭整理注释：《吴宓日记》第2册，第102页。

梦想不到两个月内就会再版。正因为"这种出于意料外的欢迎"，使之变得相当自信，敢于将答辩时未能讨好的博士学位论文付印。胡适所加的附注称：《大纲》两年中共印了七次，发行一万六千册，学位论文的主要论点和资料的校勘，都曾得到国内学者的热情赞许。"这表现在他们对于这本书的中文修订版《中国哲学史》第一卷的真诚接受，特别是关于我所认定的每一部哲学史的最主要部分——逻辑方法的发展。"①

国外方面，相继有俄国的柏烈伟（S.A.Polevoy）、日本的饭河、法国的戴密微（Paul Demieville）等人直接或间接向胡适表示愿意译成俄、日、法文，罗素（Bertrand Russell）则为英文本《先秦名学史》写了书评，称该书对于试图把握中国思想的欧洲读者来说，"标志着一个崭新的开端"，胡适"对西方哲学的精通丝毫不逊于欧洲人，而英文写作的功力则可与许多美国教授相媲美，同时在移译中国古代典籍的精确性方面外国人更是无可望其项背"。罗素还特意指出："本书只是作者较早出版的、许多读者认为更为优秀的另一篇幅更长的中文著作的概述。"②尽管《大纲》的一些部分受到章太炎、梁启超等人的指摘，胡适后来也有所修订，并未动摇其基本信念，甚至敢于和梁启超争辩。直到1927年，胡适回应陈源的批评，认为从文人的角度以文章论，《胡适文存》自然远胜于《大纲》，"但我自信，中国治哲学史，我是开山的人，这一件事要算是中国一件大幸事。这一部书的功用能使中国哲学史变色。以后无论国内国外研究这一门学问的人都躲不了这一部书的影响。凡

---

① 欧阳哲生编：《胡适文集》6，第5页。
② 曹伯言整理：《胡适日记全编》4，第97—98页。

不能用这种方法和态度的，我可以断言，休想站得住"①。

胡适这番话说得过于自信，令人感到几分负气和强辩，这很可能是对几个月前在巴黎收到傅斯年一封来函的反应。这位曾为胡适讲中国哲学史能在北大站住脚起过重要作用的胡门弟子，在信中谈到胡著《大纲》，"觉得先生这一部书，在一时刺动的效力上论，自是大不能比的；而在这书本身的长久价值论，反而要让你先生的小说评居先。何以呢？在中国古代哲学上，已经有不少汉学家的工作者在先，不为空前；先生所用的方法，不少可以损益之处，难得绝后"。

听说胡适要重写一部《中国古代哲学史》，傅斯年感到高兴，并表示自己将来可能写"中国古代思想集叙"，而且提出若干要遵守的"教条"，其中包括：1. 不用近代哲学观看中国的方术论，"如故把后一时期，或别个民族的名词及方式来解它，不是割离，便是添加。故不用任何后一时期，印度的、西洋的名词和方式"。2. 研究方术论、玄学、佛学、理学，各用不同的方法和材料，而且不以二千年的思想为一线而集论之，"一面不使之与当时的史分，一面亦不越俎去使与别一时期之同一史合"②。这两条显然是针对《大纲》的弊病而发，与陈寅恪后来的批评立意相近。傅斯年在1924年1月至1926年10月间写的《与顾颉刚论古史书》中，明白说道："我不赞成适之先生把记载老子、孔子、墨子等等之书呼作哲学史，中国本没有所谓哲学。……我们若呼子家为哲学家，大有误会之可能。大凡用新名词称旧物事，物质的东西是可以的，因为

---

① 《整理国故与打鬼》，欧阳哲生编：《胡适文集》4，第117—118页。
② 《傅斯年致胡适》1926年8月17、18日，杜春和、韩荣芳、耿来金编：《胡适论学往来书信选》下册，第1264—1265页。

相同，人文上的物事是每每不可以的，因为多是似同而异。现在我们姑称这些人们（子家）为方术家，思想一个名词也可以少用为是。"①

胡适的回信对傅斯年表示呼应，认为"捆人最厉害的是那些蜘蛛肚里吐出来自己捆自己的蛛丝网，这几年我自己竭力学善忘，六七年不教西洋哲学，不看西洋哲学书，把西洋人的蛛网扫去了不少，自己感觉很痛快。……这一层我很得意，因为我是名为哲学教授，很不容易做到把自己的吃饭家伙丢了"②。这与前此声称只有作过比较研究的人才能真正领会西方哲学在帮助其解释中国古代思想体系时的价值的判断，大相径庭。

不过，胡适的应答未免言不由衷。1926年7月28日，他乘火车进入欧洲时，还在读马森·奥塞（Masson-oursel）的《比较哲学》（*Comparative Philosophy*），觉得"此书主旨甚可玩味，但关于东方（尤其是吾国）材料不多，故结论很多误解"。进而表示："此事非我们来干不可。"他还将此意告诉杜威（Dewey），后者希望胡适继续研究下去，以专题形式发表观点。③所以胡适对于傅斯年"古代思想集叙"的大计划，要留作见面时谈话的资料。④

是年9月，两人在巴黎会面，几日畅谈，胡适"虽感觉愉快，

---

① 岳玉玺、李泉、马亮宽编选：《傅斯年选集》，第159页。傅斯年的这一观念涉及哲学概念及其相关的知识分类进入近代中国的复杂进程，另文详论。
② 《胡适致傅斯年》1926年8月24日，王汎森等整理：《史语所藏胡适与傅斯年来往函札》，《胡适研究丛刊》第3辑，第310—311页。
③ 曹伯言整理：《胡适日记全编》4，第233、384—385页。
④ 《胡适致傅斯年》1926年8月24日，王汎森等整理：《史语所藏胡适与傅斯年来往函札》，《胡适研究丛刊》第3辑，第310—311页。

然未免同时感觉失望。孟真颇颓放,远不如颉刚之勤"①。有关古代哲学或思想史既为谈话的重要议题,则话不投机与此或有关系。傅斯年8月的来函主张治宋明理学"非一个读书浩如大海的人不能寻其实在踪迹",胡适曾加眉批道:"欲我博极群书,万不可能,故于需明物事,偶然有所弄。"②傅斯年懂得治学要工具充足,功底扎实,不能急功近利,当然是留学欧洲的结果,与陈寅恪的交往恐怕也不无关系。③而在胡适看来,却是"所学名目甚多而一无所成"④,难以立竿见影,不免名士派的颓放之嫌了。

不过,聪明如胡适毕竟心有灵犀一点通,只是为名所累,如对中医、文言等事一样,心知过当,口却不服。况且此前还有与梁启超的一段过节。《大纲》出版后,梁启超首先提出批评,其中重要一条,就是认为胡著仅仅从知识论方面论中国古代哲学,"因此总不免怀着一点成见,像是戴一种著色眼镜似的,所以强古人以就我的毛病,有时免不掉"⑤。这是公开指出胡适赖以成就的外来统系,有与中国古史不相吻合之处。胡适对梁启超讲中国哲学史早有不满,认为是"专对我们的","他在清华的讲义无处不是寻我的瑕疵的"⑥,对于和后者意见相似的批评本能地抗拒,也在情理之中。随着胡适关于疑古、整理国故等等观念的变化,他终于承认傅

---

① 曹伯言整理:《胡适日记全编》4,第280页。胡适在日记中对傅斯年有一段异议,后来删去(《胡适日记》(手稿本)1926年9月5日)。
② 《傅斯年致胡适》1926年8月17、18日,杜春和、韩荣芳、耿来金编:《胡适论学往来书信选》下册,第1264—1265页。
③ 余英时、王汎森等人已疑及此事,尽管详情不易知,而且可能有相互影响的情形。
④ 《鲁迅书信集》上卷,第143页。
⑤ 《评胡适之中国哲学史大纲》,《饮冰室文集》之三十八,第51—52页。
⑥ 《胡适致陈独秀》,中国社会科学院近代史研究所中华民国史组编:《胡适来往书信选》上册,第119页。

斯年"是绝顶聪明人，记诵古书很熟，故能触类旁通，能从纷乱中理出头绪来。在今日治古史者，他当然无有伦比"①。这等于部分认可傅斯年的主张。

鉴于"出版后被许多青年学子奉为经典著作的《中国哲学史大纲》，却被学者们从基本意趣、材料考订、写作手法、具体观点各个方面，一一批评得体无完肤，以致胡适在30年代即对外宣称：自己对于这部旧作的见解，已经'全部推翻'了"②。胡适后来自称1929年在上海着手写《中国中古思想史》"长编"时，已决定不用《中国哲学史大纲卷中》的名称，万有文库重排《大纲》上卷，他提议改名《中国古代哲学史》，单独流行，将来写完《中古思想史》和《近世思想史》，"用我中年以后的见解来重写一部《中国古代思想史》"③，而不预备修改《大纲》。可见胡适对这部成名的"少作"已有悔意。

《大纲》是胡适赖以建立学术地位的主要支柱，从"开山"到"推翻"，无疑严重动摇其学界领袖地位。而这时来华的国际汉学界领军伯希和（Paul Pelliot），又屡屡公开表示对胡适的学问不以为然，不能不使其深感刺激。④尽管胡适本人的各种文字，包括有意留作史料的日记几乎不见各方面的批评对他有何影响，但从相关情形看，胡适的反应相当明显。具体表现为：一、开始将治学方法由十字箴言改为四字诀。二、试图为新的治学方法提供论据或范例。可以说，1930年代胡适在并不宽松的环境中积极做出一系列新

---

① 曹伯言整理：《胡适日记全编》6，第485页。
② 陈以爱：《胡适的'整理国故'在20—30年代学术界的反响》，《近代中国史研究通讯》第33期。
③ 欧阳哲生编：《胡适文集》6，第158页。
④ 桑兵：《胡适与国际汉学界》，《近代史研究》1999年第1期。

的学术努力,目的之一,旨在重建其被动摇的权威地位。

胡适自称:"我治中国思想与中国历史的各种著作,都是围绕着'方法'这一观念打转的。'方法'实在主宰了我四十多年来所有的著述。"① 准确地说,范围还要扩大。1921年《胡适文存》出版时,他在自序中就强调:"我这几年做的讲学的文章,范围好像很杂乱——从《墨子·小取篇》到《红楼梦》——目的却很简单。我的唯一的目的是注重学问思想的方法。故这些文章无论是讲实验主义,是考证小说,是研究一个字的文法,都可说是方法论的文章。"② 而胡适早期的方法论,可以"大胆的假设,小心的求证"为最宽泛的概括。

本来这一十字箴言只是胡适对清代学者治学方法的总括,而非对自己治学方法的表述。③《大纲》的研究与表述方法,显然不能以此来概括。不过,后来胡适屡次将十字真言等同于科学方法,又以提倡科学方法自任,其影响也最大,时人便将十字真言视为胡适本人的方法。而《大纲》自然也就成了胡适科学方法的典型表述。随着胡适的各种代表作纷纷遭到各方学人的尖锐批判,十字真言法力大减,胡适不得不尝试总结新的方法。

有学人指出:胡适晚年多讲"勤、谨、和、缓"的四字法而少提十字法。④ 一般以为,胡适讲四字法在1940年代以后。1943年5月30夜,他致函王重民,详细阐述四字法。不过,他自称"十年前曾

---

① 唐德刚译注:《胡适口述自传》,第94页。
② 欧阳哲生编:《胡适文集》2,第1页。
③ 《清代学者的治学方法》,欧阳哲生编:《胡适文集》2,第302页。
④ 郭豫适:《从"十字法"到"四字法"——胡适的治学方法论及其他》,《胡适研究丛刊》第2辑,第228—229页。

借用此四字来讲治学方法"①，则开讲时间早在1930年代。目前可以查实，1937年4月5日，胡适为北大中国文学系一年级讲演"做学问的习惯"，已"用宋人教人做官的'勤谨和缓'四字为纲领"。同月25日，胡适到清华大学廿六周年纪念会讲"中国近代考证学的来历"，自称"与廿三年在辅仁大学讲的稍不同，较稳妥。廿三年我说考证方法出于刑名狱讼的训练，今年我说此种训练养成'勤谨和缓'的习惯，有此习惯，听讼则为好官，治学则有成绩"②。胡适1934年1月在辅仁大学讲演《考证学方法之来历》，尚未提出四字法，则1943年所说的"十年前"稍欠准确。

从十字法到四字法，胡适经历了几年的摸索，其变化在1928年写《治学的方法与材料》时已露端倪。该文虽然再度宣称："科学的方法，说来其实很简单，只不过'尊重事实，尊重证据'。在应用上，科学的方法只不过'大胆的假设，小心的求证'。"但最终说明"单学得一个方法是不够的；最要紧的关头是你用什么材料"。"我们的考证学的方法尽管精密，只因为始终不接近实物的材料，只因为始终不曾走上实验的大路上去，所以我们的三百年最高的成绩终不过几部古书的整理"③。胡适呼吁青年跳出故纸堆，走进科学实验室，主要是回应1926至1927年间一些人批评整理国故影响开新，后来则自认为与傅斯年同年发表的《中央研究院历史语言研究所工作之旨趣》异曲同工，同样注重方法与材料的关系，特别提倡扩大材料的范围，寻求书本以外的新材料。④这实际上已经

---

① 耿云志、欧阳哲生编：《胡适书信集》中册，第903—904页。
② 曹伯言整理：《胡适日记全编》6，第672、678页。
③ 欧阳哲生编：《胡适文集》4，第105—114页。
④ 《治学方法》，欧阳哲生编：《胡适文集》12，第149—150页。

动摇了十字法作为科学方法的基础。胡适本人或许察觉到其间的矛盾，于是开始寻找新的表达方式。

1931年9月，罗尔纲函告胡适："自从我到了先生的府上，家父就训示我'谨慎勤敏'四个字。"①胡适答称："你那种'谨慎勤敏'的行为，就是我所谓'不苟且'。"②此事或许令胡适获得灵感，1932年7月，他到北平青年读书互助会演讲"治学方法"，在第二步"习惯的养成"一节，就包含不要赖，不苟且，要怀疑三条。③1934年3月到河北省立法商学院演讲"做学问的方法"，又提出"科学方法只是不苟且，不懒惰，肯虚心的人做学问的方法"。不懒惰即勤，动手动脚；不苟且即小心谨慎；虚心即扫除成见。6月，胡适将此说纳入所写《科学概论》"结论"的大纲。④1935年演讲《读书的习惯重于方法》，又归纳为"勤、慎、谦"，与四字法极为近似。⑤1936年胡适致函陆侃如、冯沅君，将储皖峰昔年辑《胡适文存》中语为一联"大胆的假设，小心的求证。少说些空话，多读些好书"，与今年他自辑一联"有几分证据，说几句话。要么收获，先么栽"相比对，接着又函告罗尔纲："我近年教人，只有一句话：'有几分证据，说几分话。'……治史者可以作大胆的假设，然而决不可作无证据的概论也。"⑥由此可见胡适讲方法的变化轨迹。

---

① 中国社会科学院近代史研究所中华民国史组编：《胡适来往书信选》中册，第78页。
② 耿云志、欧阳哲生：《胡适书信集》上，第559页。
③ 欧阳哲生编：《胡适文集》12，第478—480页。胡适说分四点来讲，但记录只有三点。
④ 曹伯言整理：《胡适日记全编》6，第343—344、393页。
⑤ 欧阳哲生编：《胡适文集》12，第486页。
⑥ 耿云志、欧阳哲生编：《胡适书信集》中册，第691、700页。

三 再创新典范的努力

胡适论学虽然好讲方法，但也明白学术史上"科学方法不是专讲方法论的哲学家所发明的"，一般专讲方法者所主张的方法，"实行起来，全不能适用"①。所以在提出新方法的同时，必须设法做出新典范。而欲达此目的，既要性之所近，又需技之所长。胡适的努力，至少体现于写《中国中古思想史长编》、撰写《说儒》和《水经注》研究等方面。

《大纲》问世后，蔡元培、刘文典、周作人、钱玄同、朱经农、丁文江、缪金源、雷海宗等人相继希望胡适再接再厉，将中古、近世卷尽早完成。本来在上卷之后续写中、下卷是顺理成章的事，胡适本人也有此计划并着手实施，而且自认为如探囊取物，很快可以完成。1919年后，胡适在北京大学开设中古哲学史课程，并铅印出版了七章讲义，范围限于两汉。次年续讲，延至佛教三期。1921年1月，他函告胡近仁："《哲学史》中、下卷大概夏间可成。"②到1922年，胡适又"拟重编《中古哲学史》，拟分两部，六篇"，甲部为两汉、魏晋，乙部为六朝、唐。是年他还开过近世和近代哲学的课程。③至此，胡适的想法仍是延续《大纲》上卷的方法路径，一口气完成中古和近世卷，成一完璧，因此实行起来相对简单。所写讲义和书稿，吴虞等人曾经借阅，反应不甚积极，出

---
① 《清代学者的治学方法》，欧阳哲生编：《胡适文集》2，第282页。
② 耿云志、欧阳哲生编：《胡适书信集》上，第263页。
③ 曹伯言整理：《胡适日记全编》3，第567、668、689、705页。

版之事便一再搁置；后来更受到傅斯年等人的批评，胡适的自信因而发生动摇，改变观念，同意中国严格说来没有"哲学"，勉强可用"思想史"的意见①，打算另起炉灶，《中国中古思想史》的写作变成要超越《大纲》的尝试，难度自然大大增加。②此后，胡适的哲学史迟迟不能续完，令人怀疑其哲学的根底不厚。③

胡适晚年说："后来我总喜欢把'中国哲学史'改称为'中国思想史'。"有学人推测这一改称大概首见于《中古思想史长编》④。这与胡适的自述相符。但这个至关重要的变化，有一过程。1926年，胡适虽然向傅斯年表示要重写一部《中国古代哲学史》，当务之急还是先将原来《中国哲学史》的中古和近世卷写出。这在胡适已经有了基础甚至成稿。1927年2月，他为了演讲，将中国哲学史分为六个时期，从上古直到近代（1850年），因越写越有趣，决计用心写出来，预备将来修正作一本英文书。他还特意提出："我的《哲学史》上册，先作英文的《名学史》。今又先作英文的全部《哲学小史》，作我的《新哲学史》的稿子，也是有趣的偶合。"⑤这表明胡适虽已有意新写哲学史，观念尚未过渡到标名为思想史的阶段。

1928年汪敬熙问胡适："《中国哲学史》中卷下卷，何日可以

---

① 参见王汎森：《傅斯年对胡适文史观点的影响》，《中国近代思想与学术系谱》，第283—304页。
② 梁漱溟等人指胡适写不出《中国哲学史》卷下是因为对佛教找不见门径，实则这只是其知识障碍之一（梁漱溟：《略谈胡适之》，《自由之师——名人笔下的胡适 胡适笔下的名人》，第4页）。
③ 中国革命博物馆整理，荣孟源审校：《吴虞日记》上册，第619页。
④ 楼宇烈：《胡适的中古思想史研究述评》，《现代学术史上的胡适》，第49页。
⑤ 曹伯言整理：《胡适日记全编》4，第499—500页。

付印？极望此书能早日出版，给近日妄谈中国宋明哲学的人一种棒喝。不打破中国哲学及伦理学说至少能与外国齐驱的邪说，中国学术及教育的进步大难。"①1929年6月，胡适从哲学与科学的关系的角度承认："将来只有思想家，而无哲学家。"②后来又将课程的正式名称改为"中古思想史"，但仍未放弃"哲学史"的标题。1928年11月15日，胡适致函芝加哥大学，以正着手撰写《中国哲学史》第二卷为由，婉辞聘其讲授中国哲学史课程的邀请。1929—1930年，他在日记中屡次将修改或续写的工作称为改《哲学史》稿或续写《哲学史》，还拟过《中国哲学小史》的纲目，并写了第一章的一部分。这很可能是《中国中古思想小史》的发端。③

胡适重写的文稿，仍然沿用《哲学史》的名目。1930年3月20日，胡适致函冯友兰，谈《老子》年代事，顺便提及："近日写《中古哲学史》，已有一部分脱稿，拟先付油印，分送朋友指正。写印成时，当寄一份请教。"④同年5月15日，中国公学校董会致函胡适，其中提到："自从先生把三月十二日开始写定的《中古哲学史》逐篇油印，送给学校中几个朋友，我们才知道先生'五十日写成十万字'，'三、四个月成书两册'。"⑤1930年4、5月间，张元济陆续致函胡适，告以收到所寄《中古哲学史》一至五章的书

---

① 中国社会科学院近代史研究所中华民国史组编：《胡适来往书信选》上册，第488页。
② 《哲学的将来（提要）》，欧阳哲生编：《胡适文集》12，第295页。
③ 曹伯言整理：《胡适日记全编》5，第294、740、759、762、783页、6、90、98、797页。
④ 欧阳哲生编：《胡适文集》5，第107页。
⑤ 中国社会科学院近代史研究所中华民国史组编：《胡适来往书信选》中册，第15页。

稿。①6、7月间，丁文江也先后收到胡适寄来的《哲学史》稿，复函希望其"早早做成一本真的书"②。可见胡适重写的稿子，仍标名为《哲学史》而不是《思想史》。其中或有与冯友兰争胜之意。

1931年2月，胡适重回北京大学，所任课程改称"中古思想史"，而撰写工作仍为《哲学史》。胡适日记显示，到1934年，他已将书稿的标题改为《中古思想史》，而授课的名称又恢复"中国哲学史"③。或许出于巧合，胡适的这些改变适与陈寅恪评冯友兰《中国哲学史》上、下册的时间吻合，至少反映了风尚的变化以及胡适本人的摇摆不定。

胡适的《中古哲学史》油印后送一些朋友看，反应不一。④他

---

① 曹伯言整理：《胡适日记全编》5，第721页；张树年、张人凤编：《张元济书札》增订本中册，第826、828页。其中一函《张元济书札》编者断为1929年5月11日，应为1930年。
② 中国社会科学院近代史研究所中华民国史组编：《胡适来往书信选》中册，第17—18页。
③ 曹伯言整理：《胡适日记全编》6，第55、90、98、105、290、296、397页。胡适在北京大学还讲过"近世思想史"课程（曹伯言整理：《胡适日记全编》6，第388页）。
④ 张慰慈认为其中《淮南》一章的政治思想一节，"颇有把近世思想读进古书去的毛病"（曹伯言整理：《胡适日记全编》5，第767页）张元济则认为："大月分锺一段，揭出吾国二千余年政治之精髓，真千古不磨之论，不胜倾倒。""觉得那里四裔解说来最透澈，最和平，真是有价值的。"（张树年、张人凤编：《张元济书札》增订本中册，第828页；曹伯言整理：《胡适日记全编》5，第721页）伍克建称："胡适之博士这一期的中国哲学史，从'思想混一趋势'说到'统一以前的民族宗教'，不独把诸书的真伪，与诸宗学说的源流派别异同长短都指出来，而且用冷静头脑。批判得了[透？]。假使那几位哲学家再活过来，大约也不得不承认，不会呼冤的。这是何等眼光，何等学力！我敢说，我读过这一期哲学史之后，若再读这一期的子书与历史，我的眼光与印象有大部分几乎会全改变过来，将觉得我所读的好像是新子书历史。这是何等有价值的著作！里头还有几篇论说得很透彻很感慨，真能挽回二千五百年的偏见。我们都不要怪他破坏，因为破坏里头，就有了建筑的趋势啦。"（曹伯言整理：《胡适日记全编》5，第837页）

"改写了几次，始终不能满意，后来就搁下了"①。搁置的外部原因，是九·一八以后政局的变化，以及胡适本人改任文学系课程。而主观原因，当与反馈的意见有关。胡适晚年回忆说：当时油印了几十部，分送汤用彤、陈寅恪、傅斯年、冯友兰、容肇祖、单不庵等人看。②就学术而言，上述诸人的意见无疑最为重要，但迄今未见直接回复的文字。前引陈寅恪等人1930年代初期的评论，或许可以视为间接反应。这使得胡适失去了往日的大胆和自信③，迟迟不敢出手，却又不愿放弃，屡屡鼓其余勇要完成甚至全部改写。1937年胡适再任北大中国哲学史课程，仍然考虑"放大重写"《中古思想史》的有关章节。④1942年9月，胡适从驻美大使卸任，当月便用英文发表《中国思想史纲要》。他被问及将来计划时表示："我想不教书，只想动手写我的'中国思想史'。"⑤

1942年11月，胡适打算开始写汉代思想。他推掉了约20所美国大学的讲学邀请，决计专心写完《中国思想史》全部。这不仅因为相关手稿保存未失，在美国看书方便，更重要的是胡适一直放心不下这部未竟之作。他自称4年前心脏病发作住院，"明知未脱危险，心里毫无惧怕，只有一点惋惜。所惋惜的就是我的《中国思想史》有了三十三年的经营，未能写定，眼里尚无人可作此事，倘我死了，未免有点点可惜"！可见这部著作寄托着他的大期望，不完

---

① 《台北商务印书馆影印本〈淮南王书〉序》，欧阳哲生编：《胡适文集》6，第617页。
② 胡颂平编：《胡适之先生晚年谈话录》，第181页。
③ 陈平原教授认为胡适没能写完《中国哲学史》，主要并非缺少研究时间或工程过于浩大，而是胡适自身有点"怯阵"（《中国现代学术之建立》，第175页）。
④ 曹伯言整理：《胡适日记全编》6，第663页。
⑤ 曹伯言整理：《胡适日记全编》7，第481页。

成则死不瞑目。他准备用一年时间写成包括汉魏和印度化两期的中古部分，再写包括理学和反理学时代两期的近代部分，并重写古代部分。全部计划用两年完成。①次年2月，在重读《两汉书》后，他想开始写定《中古思想史》的第一期两汉、三国部分，并且"为将来计算，颇想收集宋、元、明、清的思想史料书"②。

这时胡适在日记中写下了一段自我反省的话，流露其一直犹疑不决的内因。他说："凡著书，尤其是史书，应当留在见解成熟的时期。我的'中国思想史'，开始在（1915—17），至今足足二十七年了。上卷出版在一九一九，也过二十三年了。但我回头想想，这许久的耽搁也不为无益。我的见解，尤其是对于中古一个时期的见解，似乎比早年公道平允多了。对于史料，也有更平允的看法。我希望这二十七年的延误不算是白白费掉的光阴。"③

胡适的成熟，究竟多大程度上令其觉得可以胜任《中国思想史》，值得疑问。他后来一直声称最记挂的事就是这部书稿，希望用两三年的安静生活完成，却始终未能如愿，《中古思想史长编》也没有正式付梓，政治动荡之外，胡适本人的不自信当是他自觉不便公诸于世的要因。后来胡适谈到《中国中古思想史长编》的写作时，有一番自我开脱的检讨："《长编》的意思就是放开手去

---

① 《1942年12月7日胡适致翁文灏等函》，王汎森整理：《史语所藏胡适与傅斯年来往函札》，《胡适研究丛刊》第3辑，第344—345页。
② 耿云志、欧阳哲生编：《胡适书信集》中册，第875、877—878、885页。
③ 曹伯言整理：《胡适日记全编》7，第491页。同时胡适感慨道："凡读书，要看一个人的经验见解；同是一部书，少年时读，与中年时读，与老年时读，各有所得，各有所喜，往往不相同，因为年纪大了，见解也变了。"（曹伯言整理：《胡适日记全编》7，第518页）见解随研究深入而调整本属自然，但如果不断悔其少作或以今日之我与昨日之我战，毕竟是学术幼稚的表现。

整理原料，放开手去试写专题研究，不受字数的限制，不问篇幅的长短。一切删削，剪裁，都留待将来再说。《长编》是写通史的准备工作；这就是说，通史必须建筑在许多'专题研究'的大基础之上。我在民国十八年到十九年之间，妄想我一个人去做几十篇'中古思想史'里的专题研究，当然是太大胆的野心，当然是不容易成功的。"①以此为标准，《大纲》上卷以及续写的中古、近世和近代部分固然没有经过许多专题研究的必经阶段，基础不稳，改称思想史之后，仍然不免野心太大的痼疾。

近代学术，须中西两面兼通，本为至难之事。而中学动摇，西学主宰，宿儒过时，新人未立，坊间误以为用西学套中学即为学问。学人不察，将治学看得太过容易，等到1920—1930年代规范渐立，才有所收缩。胡适虽然明白不能靠早年的办法重建学术权威，必须开辟新径，但惯性使然，为学还是难以步入正规，以显示其高明。他之所以成为有名的上卷书作者，一方面反映其见识还能与时俱进，另一方面则表明其学问始终未上层楼。随着时间的推移，胡适对续写或重写中国思想史的执着，渐渐有些变味，似乎只是不愿放弃其学术开山与领袖地位，却又显得力不从心了。

撰写《说儒》，与《大纲》地位动摇关系密切，也是胡适重建学术权威努力的重要表现。《大纲》的"特长"之一是"截断众流"，从老子讲起。1922年梁启超到北京大学演讲，评论胡适的《大纲》，认为《老子》成书于战国末期，引起不少讨论的文字，两说各不相下。到1920年代后期，争议趋于沉寂。1930年代初，又

---

① 《台北商务印书馆影印本〈淮南王书〉序》，欧阳哲生编：《胡适文集》6，第617页。

因冯友兰的《中国哲学史》出版而旧案重提。钱穆、顾颉刚等人相继撰文,再指《老子》成书于战国或战国后期。《大公报·文学副刊》第176、178、181—183等期,集中讨论这一问题。胡适除了分别向反对派诸人申述论据,坚持己见外,还专门撰写《评论近人考据〈老子〉年代的方法》,批评各人所用证据不过是"丐辞",主张"在证据不充分时肯展缓判断"①。不过,胡适希望对方提出更有力的证据来,他本人同样需要有更充分的证据,而不能将自己的旧说当作前提。不仅如此,好讲方法的胡适若想再以金针度人,首先必须证明自己确有金针在手。而且由于对象改变,不能旧调重弹,仅仅依靠西学稗贩。

《说儒》的主题是儒的起源与流变,但重要目的之一,仍是论证老子在孔子之前。这可以说是胡适为捍卫其学术权威与后起之秀进行的一场功力较量,他自称写《说儒》的两个月是很快活的时期,"有时候深夜得一新意,快活到一面写,一面独笑"。与陈寅恪写《柳如是别传》有些形似。对于这篇"很用气力做的"文章,胡适颇为自信,他公开表态还有几分含蓄,"《说儒》一篇提出中国古代学术文化史的一个新鲜的看法,我自信这个看法,将来大概可以渐渐得着史学家的承认,虽然眼前还有不少怀疑的评论"②。私下记日记更加恢复到《大纲》时的大胆:"这篇《说儒》的理论大概是可以成立的,这些理论的成立可以使中国古史研究起一个革命。"③可惜与胡适的预期不合,该文发表后,后起之秀多不赞成,尤其是关于老子在孔子之前的论断,反而一些老辈较为肯定,

---

① 欧阳哲生编:《胡适文集》5,第102页。
② 《胡适论学近著·自序》,欧阳哲生编:《胡适文集》5,自序第7页。
③ 曹伯言整理:《胡适日记全编》6,第424—425页。

令胡适颇为意外，也有些尴尬。

这时的胡适，学术上已从"革命"的位置上退下来，成为革命的对象，要想恢复革命的形象诚非易事。郭沫若便撰文指称，胡适的"新鲜的看法"，其实是郭氏十年前的陈说，也就是说，这个命早已被人革过了。胡适写《说儒》之前是否看过郭沫若的《中国古代社会研究》，目前未见直接证据①，以后来的一般规范而言，研究相关问题，后出之作理应参考前人成果，否则亦为违规。尽管胡适对社会史观一派始终不以为然，郭著毕竟是轰动一时的名作。因成见而置若罔闻，并非治学应有的态度。

《说儒》未能达到预期目的，胡适不得不另辟蹊径，找到足以证明其方法优越的范例。正是在这种情形下，他将目光投向了聚讼纷纭的《水经注》公案。有趣的是，胡适从未回应过郭沫若关于《说儒》有袭用之嫌的指摘，他又屡屡论证功力相近的学人用同样的材料治同一史事，所获结论往往相同或相似，而《水经注》公案，恰恰是这一性质的案例。

胡适何时开始关注《水经注》公案，以及为何关注此案，人言言殊。窃以为胡适重审此案与1930年代其学术地位的动摇关系密切，欲借此在治学方法的领导作用方面与王国维等人争胜。②胡

---

① 邓广铭断言指《说儒》袭用郭氏的成说而加以钞撮发挥为诬辞（《胡著〈说儒〉与郭著〈驳说儒〉平议》，《现代学术史上的胡适》，第8页），举证似有可议。胡适对郭沫若的文章虽不甚重视，毕竟不能不看。1934年8月，胡适在信中就批评郭沫若的《谥法之起源》用未认得的金文作证据过于大胆（耿云志、欧阳哲生编：《胡适书信集》中册，第624页）。关于郭沫若与胡适的恩怨，参见逯耀东：《郭沫若古史研究的心路历程》，《史学危机的呼声》，第149—170页；林甘泉主编：《文坛史林风雨路——郭沫若交往的文化圈》，第233—240页；谢保成：《郭沫若评传》。
② 详见桑兵《胡适与〈水经注〉案探源》，《近代史研究》1997年第5期。

适在1930年代已经开始关注《水经注》及有关公案,并有自己的看法,当时似非秘密。据说岑仲勉能进史语所,原因之一是胡适看了他发表在1930年代初《圣心》杂志上关于《水经注》的论文。钱穆《师友杂忆》记:1936年,因商务印书馆新版《永乐大典》中之《水经注》,他有意为戴校《水经注》案作一定论,而孟森已先其为之。孟森欲文稿陆续发表后,与钱穆互为商榷。"然心史所考订,送北大《国学季刊》,主其事者,因适之方远在国外,心史所考,与适之意见有异,非俟适之归,不敢轻为发布。而心史此项存稿遂亦迟未整理,所发表者殊有限。"①

据1937年1月19日胡适致魏建功函,他听罗常培说,负责编辑《国学季刊》的魏建功对孟森证实戴震偷赵一清《水经注》案一文颇有点迟疑,便托罗转告魏不必迟疑,"我读心史两篇文字,觉得此案似是已定之罪案,东原作伪似无可疑"。不过后来胡适的说法与此不同:"前几年,当孟心史的文章发表后,我曾重读静安先生的《戴校水经注跋》。那时我很觉得此案太离奇,多不近情理之处,其中也许有别情,为考据家所忽略。……我久想将来搜集此案全卷,再作一次审问,以释我自己的疑惑。"②1940年7月,房兆楹因撰《于敏中传》而阅陈垣编订的《于文襄论四库手札》,认为"《水经注》初为戴氏经手,继易他人另办,并于其间曾生争执,须人调停。可见孟先生等之考订,尚有未到处也"。恳请胡适"拨冗为作判语,俾有所从"③。则胡适关注此案,应在1930年代。

---

① 钱穆:《八十忆双亲·师友杂忆》,第176页。
② 耿云志、欧阳哲生编:《胡适书信集》中册,第713—714、914页。
③ 杜春和、韩荣芳、耿来金编:《胡适论学往来书信选》下册,第890—891页。

胡适重审《水经注》案的目的在于讲方法论，尤其是强调在此之前"考证学方法不曾上科学的路子"①。但这等于推翻了从清代学者治学方法归纳出来的十字法，至少不能将朴学当作科学。有学人指出："'勤、谨、和、缓'四字主要还是讲的做学问的态度，还并不是做学问的具体方法。"②胡适本人开始对于四字法是否等于治学方法，颇为含糊。他认为不同学科各有其方法，"贯于其中的一个'基本方法'，却是普遍的，这个'基本方法'，也可以说是，或者无宁说是方法的习惯"③。而要养成好的习惯，就须信守四字法。有时其演讲题为"做学问的方法"，胡适偏说："我今天不谈方法，只谈谈做学问的必要条件，有了这些必要条件，方法自在其中。"所谓条件，一是充分的工具，二是养成做学问的习惯，即不懒惰，不苟且，肯虚心，三是寻找真、活、实的材料。而其中最重要的是养成治学的良好习惯，只要养成好习惯，"无论做什么学问，自能磨炼出精细正确的方法来应用"④。但到1943年，胡适便明确将四字诀称为治学方法，并说十年前已经借用此四字来讲治学方法了。王重民在《图书季刊》发表胡适的来函，正是将四字诀视为后者新的科学方法。胡适同意王重民发表私函，则因为此举正中其下怀。此后胡适曾多次在公私场合以四字诀为题讲述治学方法。⑤

---

① 耿云志、欧阳哲生编：《胡适书信集》中册，第967页。
② 耿云志：《胡适之先生晚年谈话录·序》，第5页。
③ 欧阳哲生编：《胡适文集》12，第477页。
④ 曹伯言整理：《胡适日记全编》6，第343—344、393页。
⑤ 曹伯言整理：《胡适日记全编》7，第683页。

四　但开风气不为师？

胡适的《大纲》再版之频繁，销量之众多，流传之广泛，在近代中国学术史上或可称最。这也是后世学人据以肯定其学术地位的重要依据。1925年10月，安徽籍学生俞鼎传函告胡适："先生著的《中国哲学史大纲》上卷出世，大受学者欢迎，虽然有一班人批驳，总是少数。"他还"大胆的代表现在大多数的人"表达对胡适《哲学史》下卷的极其渴望。①这不免有示好之嫌。所谓"学者""少数"之类的概念比例如何界定或确定，是否能代表"大多数"，令人存疑。况且多数取决根本不宜作为学术判断的程序依据。《大纲》在学术界不同层面的反响究竟如何，版次与销量体现了何种内涵，以及怎样评估学术著作的价值，仔细深究这些前人议论迭出的问题，对于恰当安置《大纲》乃至胡适在近代中国学术史上的位置，相当关键。

《大纲》出版时，蔡元培肯定较多；梁启超虽有赞词，质疑亦不少；章太炎则不以为然。倒是弟子中的钱玄同、朱希祖曾给胡适许多帮助，至少态度积极②，刘文典、单丕等人私下也表示佩服；而北京大学的老派学者，则以各种形式公开反对。所以开始在学术界的反应未见理想。胡适说："我的《哲学史大纲》出版以来，已

---

① 中国社会科学院近代史研究所中华民国史组编：《胡适往来书信选》上册，第349页。
② 钱玄同自称对胡适有很多不满意，但佩服其治学的条例和看书的眼光，尤其认为做哲学史根据《诗经》来考老孔以前的社会状况，可谓巨眼卓识（《钱玄同文集》第6卷，第26、39页）。

经过五版了，英法文报都有书评，中文报只有《太平洋》评过一次，这是我很不幸的事。"①反面的意见却出现较早。1920年8月钱玄同函告周作人：新近购得三书，指《大纲》抄日本人的哲学史，批评胡适对孝的解释主观。②正面肯定的蔡元培虽是进士，又曾留学德国，学术建树毕竟不及事功，其评价只能反映他本人、至多是部分新派学人的看法，未必可以代表学术界的公论。梁启超的《清代学术概论》说胡适有正统派遗风，并不等于后者真的跻身考证学正统的行列，更不能反映正统派的意见。

《大纲》出版于五四运动前夕，这一时势对胡适学术声望的飙升大为有利，新文化派鼓动的各项事业在五四前后大都经历了翻天覆地的大逆转，如白话文，之前的步履艰难与此后的高歌猛进适成鲜明对照。1920年，吴虞函告胡适："成都风气闭塞，顽陋任事，弟二十年中与之宣战，备受艰苦。《新青年》初到成都不过五份。"后经其与少数学生鼓吹，又办刊物宣传，才使得"近一二年风气渐开，而崇拜先生及仲甫之学说者尤多"。对于《哲学史》中、下卷，也"望之者极众"③。用白话文写成的学术著作，《大纲》至少算是成功的尝试。就像据称能够"我手写我口"的新文学一样，《大纲》所指示的治学方法很快也被一般青年视为成名捷径而纷纷仿效。不过，《大纲》在东南和华南沿海一带受欢迎的程度似不如四川，熊克武说《新青年》和《中国上古哲学史》到川，"购者争先，瞬息即罄。谈者谓《哲学史》一书，为中国哲学辟一

---

① 耿云志、欧阳哲生编：《胡适书信集》上，第237页。
② 《钱玄同文集》第6卷，第26页。
③ 中国社会科学院近代史研究所中华民国史组编：《胡适往来书信选》上册，第87页。

新纪元,文学改革论为中国文学阐一新途径,以学立名,千古不朽"①。则此书在后进地区的震撼与示范作用反而更为鲜明。

对于胡适的大作,确是见仁见智,大体而言,除新文化的同道外,越是行家,评价越有保留;旧学功底愈深的人评价相应也较低。北大哲学系学生朱谦之称赞胡适对于"周秦诸子,能为精密之研究,而尤长于墨学者也"②;陈垣则对蔡尚思说:"像胡适的《中国哲学史大纲》之类的所谓名著,很像报章杂志,盛行一时,不会传之永久。"③而梁启超推许能为正统派大张其军的章太炎告诉胡适:"诸子学术,本不容易了然。总要看他宗旨所在,才得不错。如但看一句两句好处,这都是断章取义的所为,不尽关系他的本意。"④此言与后来傅斯年、陈寅恪等人的批评要旨一致。可见老辈宿儒的看法,不能以保守一言以蔽之。

章太炎批评胡适,可以说一以贯之。有人曾请教太炎关于康、梁及胡适的学问,他答道:"哲学,胡适之也配谈么?康、梁多少有些'根',胡适之,他连'根'都没有。"⑤1922年,章太炎著文《时学箴言》,论治诸子学之难易得失及其门径,所指时弊显然包括胡适,甚至主要指胡适,他说:

> 今之为时学者,曰好言诸子而已矣。经史奥博,治之非十

---

① 中国社会科学院近代史研究所中华民国史组编:《胡适往来书信选》上册,第71页。
② 朱谦之:《新旧之相反相成》,《时事新报》1919年4月21日。
③ 蔡尚思:《陈垣先生的学术贡献》,《励耘书屋问学记》,第8页。
④ 白吉庵:《胡适传》,第119页。
⑤ 周黎庵:《记章太炎及其轶事》,陈平原、杜玲玲编:《追忆章太炎》,第570页。

年不就，独诸子书少，其义可以空言相难。速化之士，务苟简而好高名，其乐言诸子宜也。不悟真治诸子者，视治经史为尤难：其训诂恢奇，非深通小学者莫能理也；其言为救时而发，非深明史事者莫能喻也；而又渊源所渐，或相出入，非合六艺诸史以证之，始终不能明其流别。近代王怀祖、戴子高、孙仲容诸公，皆勤求古训，卓然成就，而后敢治诸子。然犹通其文义，识其流变，才及泰半而止耳。其艰涩难晓之处，尚阙难以待后之人也。若夫内指心体，旁明物曲，外推成败利钝之故者，此又可以易言之耶？偏于内典哲理者，能知其内，无由知其外；偏于人事兴废者，或识其外，未能识其内也；偏于物理算术者，于物曲或多所谕，非其类而强付之，则所说又愈远。岂以学校程年之业，海外数家之书，而能施之平议者哉！今人皆以经史为糟粕，非果以为糟粕也，畏其治之之难，而不得不为之辞也。至于诸子，则见为易解，任情兴废，随意取舍，即自以为成一家之言，以难为易，适自彰其不学而已。魏、晋之清谈，宋、明之理学，其始皆豪杰倜傥之士为之，及其末流，而三尺童子亦易言之。今之好言诸子者，得无似其末流者耶？①

次年，章士钊论梁启超、胡适、章太炎等人治墨学事，指"任公有时阙疑，不似适之武断"。章太炎见报，认为胡适"所失非独武断而已"，而是"未知说诸子之法与说经有异"。胡适得知，觉得"经与子同为古书，治之之法只有一途，即是用校勘学与训诂学的方法，以求本子的订正与古意的考定"，"这一点是治学方法上

---

① 汤志钧编：《章太炎年谱长编》下册，第661—662页。

的根本问题,故不敢轻易放过",特致函章士钊,转请向章太炎讨教。后者答称:校勘训诂只是治经治诸子的最初门径,经多陈事实,诸子多明义理,因此入门之后,须各有所主。经文时有重赘,诸子则下意简贵。训诂之术,略有三途:即直训、语根、界说。墨辩专用界说,不用直训和语根,因此不得解为重赘。胡适以为章太炎的指责是由于误解其《大纲》的相关论述,也承认自己"当日著书,过求浅显,反致误会"。同时辩解道,校勘训诂之法虽为初步,欲求惬意,必先有一点义理上的了解。① 不过,章太炎的本意,不仅是校勘训诂之上,还须求义理学说的贯通,而是所求之道不尽相同,治诸子要通小学,明史事,合六艺,较治经更难。此意不仅见于《时学箴言》,直到章氏晚年写《制言发刊宣言》,仍然指出:"其间颇有说老庄、理墨辩者,大抵口耳剽窃,不得其本。盖昔人之治诸子,皆先明群经史传而后为之,今即异是。皮之不存,毛将焉附耶?"② 对此胡适尚不能体会。

清季以来,中学失本,西学独尊,而一般学人,西学本不精通,却以为傲视中学的凭借。结果中西两面均成半桶水。唐德刚教授认为虽然不少人指责胡适学问不行,胡适却依然"批不倒",原因在于和当时学人相比,胡适不仅总体上"中西之学俱粹",即使具体领域,也很难找出几人在胡适之上。此说在《大纲》出版之际,就问世作品而言,大概可以成立,扩大到整个近代学术史,则未免低估了有心向学之士的沉潜和后来学术的发展。况且唐教授也承认,"在胡氏无所不通的学问里,有许多方面在专业人士看来,

---

① 《论墨学》,欧阳哲生编:《胡适文集》3,第135—142页。
② 汤志钧编:《章太炎政论选集》下册,第870页。

只不过是各该专业范围内相当高度的常识罢了"①。如果各专业的高等常识相加就能成为通儒大师，岂非笑话？也许唐德刚教授专以社会科学的行否为据，因而觉得近代中国各方面学问均不出常识范围，但似不如解为胡适各方面的学问未能深入堂奥更加稳妥。如罗志田教授所说，胡适的学问不一定很深，但其学术兼容的广大，却远非时辈所能比拟。有其宽度而兼有其深度的，恐怕就更难找到。而复有其胆量和际遇的，近代以来实无其人。胆大与学问的不深恰有直接的关联。②

胡适留学期间就自觉有"读书多所涉猎而不专精，泛滥无方而无所专注，所得皆皮毛也"的毛病，以为"可以入世而不足以用世，可以欺人而无以益人，可以自欺而非所以自修也。后此宜痛改之"③。后来他悟到"学问之道两面而已：一曰广大（博），一曰高深（精），两者须相辅而行。务精者每失之隘，务博者每失之浅，其失一也。余失之浅者也。不可不以高深矫正之"④。博大精深，本为治学应有之道，但对学人的天赋、苦功和机缘要求甚高，难以兼备。胡适认为中国学者多蹈一味专精之弊，"若终身守一物，虽有所成，譬之能行之书厨，无有生趣矣"。因而"叹西方学者兴趣之博，真吾人觇国者所不可不留意也"⑤。

值得注意的是胡适将自己定位为"觇国者"，其治学主要是为了入世。在思想与学术之间辗转反侧，令胡适常常为大刀阔斧和拿

---

① 唐德刚：《胡适杂忆》增订本，第21页。
② 罗志田：《再造文明之梦——胡适传》，第224页。
③ 曹伯言整理：《胡适日记全编》1，第223页。
④ 曹伯言整理：《胡适日记全编》2，第34页。
⑤ 曹伯言整理：《胡适日记全编》1，第531—532页。

绣花针感到两难。1922年2月，他收到商务印书馆寄来的《章实斋年谱》样书，感慨道："我费了半年的闲空工夫，方才真正了解一个章学诚。作学史真不容易！若我对于人人都要用这样一番功夫，我的《哲学史》真没有付印的日子了！我现在只希望开山辟地，大刀阔斧的砍去，让后来的能者来做细致的功夫。"①此后胡适的学问欲渐长，知道"理想中的学者，既能博大，又能精深。精深的方面，是他的专门学问。博大的方面，是他的旁搜博览。博大要几乎无所不知，精深要几乎惟他独尊，无人能及"。认识相当到位。

不过，胡适之所以希望精深与博大兼而有之，乃是鉴于专攻一技一艺的人影响于社会很少，广泛博览的人"虽可以到处受一般贱人的欢迎，其实也是一种废物"，"在社会上，这两种人都是没有什么大影响，为个人计，也很少乐趣"②。他后来拟重做中古哲学史，仍不以傅斯年的"博极群书"为然。因为那样一来，专攻固然有术，社会影响却无由扩大了。

胡适的大刀阔斧，与大胆假设颇为吻合，距小心求证则相去甚远，况且，即使他自认为弄绣花针的训练，也每每因功力不深，方法不当，显得力有不逮。胡适提倡四字诀以后，大刀阔斧的事不宜再作，而穷后半生之力治《水经注》案，又迟迟不得理想结果。则其自许但开风气不为师，却好以金针度人；若真有金针在手，何以始终不能绣出可以示人的鸳鸯？

今人论胡适在近代中国史上的地位，每以思想与学术混合，结果将其思想史上"暴得大名"以致众从，与学术影响相混淆，反

---

① 曹伯言整理：《胡适日记全编》3，第565页。
② 《读书》，欧阳哲生编：《胡适文集》4，第129页。

过来再以影响的广狭,论证学术的成败以及高明与否。所谓"宗师""通学"之说,大体即此类诡论。①这一逻辑,延续五四新文化时期新青年们的观念。从学术角度看,认为胡适恰逢青黄不接的一段空白,趁虚而入,世无英雄,遂使竖子成名,大体属实。而且所谓青黄不接,主要是中西学乾坤颠倒所致。其时真正有心于学问者,尚在按照中西学术通则,沉潜训练,不肯将半通不通的皮毛之见贡献于社会。而敢于出手的胡适,若以成名为成功的标志,并非成于学术的建树,而是思想的震荡。至少在1920年代以前,学术在他不过是救世的工具。他之所以大胆,正因为他根本不准备让严格的学术戒律束缚自己。其间的分别,当时学人已经明确指出。与新文化派公开对垒的学衡派针对性极强的批评,特别是梅光迪在《学衡》初期连续发表的几篇文章,尤其值得注意。

在《评提倡新文化者》(第1期,1922年1月)一文中,梅光迪指提倡新文化者"非学问家,乃功名之士也。学问家为真理而求真理,重在自信,而不在世俗之知;重在自得,而不在生前之报酬。故其毕生辛勤,守而有待,不轻出所学以问世,必审虑至当,而后

---

① "通学"说见毛以亨:《初到北大的胡适》:"胡先生所治,通学也,通学者总要受专家批评的,又岂止不懂小学一端[以及其他各端]?然其广度与有裨人生日用之处,殊非专家所可望其项背。"(引自罗志田:《再造文明之梦——胡适传》,第224页)"通儒"说见唐德刚《胡适杂忆》:"胡适之——不成问题的——是近代中国最伟大的学者。但是伟大的学者们也有很多是一通百不通的。……相反的,伟大的'通儒'们,有的也是百通一不通的……在这方面胡适倒的确是个例外。他真是个百通一通的大材。""我们如果把胡适看成个单纯的学者,那他便一无是处,连做个《水经注》专家,他也当之有愧。这便是海内外'专'——不论'白专'或'红专'——之所以低估他的道理。但是吾人如果把他看成一个开文化新运的宗师,那他就高不可攀了。"(唐德刚:《胡适杂忆》增订本,第21、46页)如果承认开文化新运的宗师可以不必学问专精,也还能自圆其说,可又称胡适为学术界的十项全能或九项全能,而且是正规军,则专家反而成了游勇,前后不免矛盾。

发一言；必研索至精，而后成一书。吾国大师，每戒学者，毋轻著述。囊者牛津大学学者，以早有著述为深耻。今之所谓学问家则不然，其于学问，本无彻底研究与自信自得之可言，特以为功利名誉之念所驱迫，故假学问为进身之阶。……学问既以趋时投机为的，故出之甚易，无切实探讨之必要。以一人而兼涉哲理、文学、政治、经济者，所在多有。后生小子，未有不诧为广博无涯涘者。美国有某学者，曾著书数百种，凡哲理、算术、文学、科学及孔佛之教，无所不包，论者以无学问良知訾之，不许以学者之名。此在美国，有甚高之学术标准，故某学者贻讥当世，不能行其博杂肤放之学。若在吾国今日，将享绝代通儒之誉矣"。

《评今人提倡学术之方法》（第2期，1922年2月）进一步申论：

> 盖学术之事，所赖于群力协作联合声气者固多，所赖于个人天才者尤多也。天才属于少数，群众碌碌，学术真藏，非其所能窥，故倡学大师，每持冷静态度，宁守而有待，授其学于少数英俊，而不汲汲于多数庸流之知。盖一入多数庸流之手，则误会谬传，弊端百出，学术之真精神尽失。……今之学者，非但以迎合群众为能，其欲所取悦者，尤在群众中幼稚分子，如中小学生之类。吾国现在过渡时代，旧智识阶级渐趋消灭，而新智识阶级尚未成立，青年学生为将来之新智识阶级，然在目前则否也。而政客式的学术家，正利用其智识浅薄，无鉴别审择之力，得以传播伪学，使之先入为主。然青年学生，最不可恃者也。

《论今日吾国学术界之需要》（第4期，1922年4月）又说：

> 真正学者，为一国学术思想之领袖，文化之前驱，属于少数优秀分子，非多数凡民所能为也。故欲为真正学者，除特异天才外，又须有严密之训练，高洁之精神，而后能名副其实。……学术者，又万世之业也。故学者之令名，积久而后彰，其所恃者，在少数气味相投，不轻许可，而永久继续之智识阶级。若一时众人之毁誉，则所不计也。

此外，刘伯明的《学者之精神》（《学衡》第1期）、《再论学者之精神》（《学衡》第2期）、柳诒徵的《学者之术》（《学衡》第33期，1924年9月），均针对新文化派所谓政客式学者的言行提出尖锐批评。剔除其中动机揣测的诛心之论，鼓动思潮与潜心学术毕竟不同，当为的论。思潮兴衰及其影响的广狭，当然要看从者的众寡，学术则往往真理掌握在少数人手中。不幸，新文化派学者确有鼓动大众以致众从的目的，后世学人也往往陷入以从者多少估价其学术成败的误区。柳诒徵《学者之术》分学者为有学无术和有术无学两类，前者易而实惠，后者难而不显，"潮流所趋，视线所集，则惟后者为归"。所以一般青年，"孰不愿师学者之术而甘师学者之学乎"？呼吁学者"舍术而求学"。梅光迪甚至说：其时中国"实无学术之可言"，"往者旧学，以有数千年之研讨经验，与夫师承传授，固亦常臻忧绝之境；通人大师，相望而起，学术之标准，亦操诸其手，享有特殊权威。于是门外汉及浮滑妄庸之徒，无所施其假冒尝试之技，冀以侥幸成功于一时。自欧化东渐，一切知识思想，多国人所未尝闻，又以语言文字之阻隔，而专门名家，远在数万里外,故今人为学者苦求师之难,盖百倍于往昔。所谓学术界者,遂成幼稚纷乱之象。标准未立,权威未著,不见通人大师,只见门外汉及浮滑妄庸之徒而已"①。

学衡派提出的学术标准成立与否,可以讨论,所指责的"耸动群众"乃至于其中幼稚分子,至少为新文化运动的实际现象。胡适的《大纲》即为典型。或以为胡适的方法论"对于当时从旧学出身的人是非常具有说服力和吸引力的"②,似嫌宽泛。从目前资料看,所谓"从旧学出身"者,多数对胡适的方法不以为然。觉得吸引力大的,除了部分趋新学人,主要是有些旧学根底的在校学生,如北大的傅斯年、顾颉刚、冯友兰、朱谦之等。各地欢迎《大纲》者,一般也是新进青年。至于究竟被什么所吸引,还需仔细分别。

《大纲》是胡适以其博士论文为底,在北大教授中国哲学史课程的基础上改写而成。对于旧学入门尚可而西学知识浅显的学生而言,胡适的截断众流有如石破天惊。不过,顾颉刚所说"在裁断上足以自立"和傅斯年所说"他走的这一条路是对的",更主要的恐怕还是对胡适用一个系统把他们所有的旧学知识贯穿起来的能力感到折服,因为西洋哲学史有西洋哲学家编的书可作教本,"独有《中国哲学史》一课,两千多年来只堆积了一大批资料,还连贯不起一个系统来"③。1917年10月21日,顾颉刚听了胡适上课讲墨子,觉得"甚能发挥大义",函告叶圣陶:"坤意中国哲学当为有统系的研究,……意欲上呈校长,请胡先生以西洋哲学之律令,

---

① 《论今日吾国学术界之需要》,《学衡》第4期,1922年4月。
② 余英时:《中国近代思想史上的胡适》,欧阳哲生编:《解析胡适》,第114页。
③ 顾颉刚:《我是怎样编写〈古史辨〉的?》,顾颉刚编著:《古史辨》一,第3页。

为中国哲学施条贯。"① 可见这也是胡适讲授时所强调的重心和特色。后来顾氏总结《当代中国史学》，对胡适《大纲》所下的断语还是："此书为中国第一本有系统的哲学史。"② 批判胡适时，顾颉刚说：自己与胡适出身、成分、年龄、所受教育及学问兴趣均相同或相近，"他从外国带了'新方法'回来，我却没有，所以一时间钦佩得五体投地"③，也是此意。

尽管傅斯年、顾颉刚、冯友兰等人在同辈中出类拔萃，毕竟只是学生中的佼佼者，其反应可以显示时尚风向，而不能代表学界公论，更不足以评判胡适的学术水准。如顾颉刚读了胡适1917年发表的《先秦诸子之进化论》，"佩服极了。我方知我年来研究儒先言命的东西，就是中国的进化学说"④。此文是胡适将博士论文的一些要点压缩而成，开始以为自得，后来其中论点遭到不少非议，自觉不妥，实际放弃。⑤ 这一时期，胡门师徒评议古今学术时有过当，引起旁观者的非议甚至讥笑。

傅斯年的学术见识本与胡适不尽吻合，他反对中国学人模仿日本桑原骘藏《东洋史要》的分期编写教科书，因后者以远东史为依据，与中国情形不合。⑥ 对于哲学的看法，也存异议。留学以后，西学大本营的实况很快使傅斯年明白，胡适负贩回来的未必货真价

---

① 顾潮：《历劫终教志不灰——我的父亲顾颉刚》，第41页。
② 顾颉刚：《当代中国史学》，第78页。
③ 顾颉刚：《从我自己看胡适》，原载香港《大公报》，引自曹伯言整理《胡适日记全编》8，第167—168页。
④ 顾潮编著：《顾颉刚年谱》，第49页。
⑤ 罗志田：《温故可以知新：清季民初的"历史眼光"》，《现代中国》第2辑。
⑥ 傅斯年：《中国历史分期之研究》，《北京大学日刊》第113号，1918年4月17日。

实,至少不是高档精品。1920年8月,傅斯年从欧洲致函胡适,劝以为个人要期于白首,以成学业;为社会要造成讲学风气,而不止于批评的风气①。傅斯年从牛津、剑桥和伦敦大学的差别,领悟到讲学问与求致用不同,专求致用,学术不能发展,而北大的风气仍是议论而非讲学。②随着留学生涯的延长,傅斯年连来自西洋的哲学观念及其系统也要废除。因为用哲学看中国古代思想,既看不出固有脉络,又强加以外来框架。而这正是当年对胡适讲课感受最为深刻的部分。1926年他对胡适直言其《大纲》并非空前绝后,等于否认此书的开山作用。眼界开阔令傅斯年懂得学术无国界,负贩虽不无意义,与开山毕竟有别。冯友兰、顾颉刚等人,后来也都寻求中国的固有脉络,与胡适渐行渐远。

胡适提倡整理国故,目的之一,是要将国学由少数天才的专业变成众人分担的事业,"使人人能用古书"③。他开列"最低限度的国学书目",面向一切中小学图书馆和地方公共图书馆,以期引起初学者的真兴趣。用根据自己的经验总结出来的方式,胡适觉得整理国故很容易办到,"只要中材的人,有了国学常识,都可以做"④。受此误导,以及胡适"暴得大名"的榜样作用,许多学时毫不长进的少年都以整理国故为成名捷径,《大纲》出版后的四五年来,胡适"不知收到多少青年朋友询问'治国学有何门径'的信"⑤。其时中学生国文程度尚好,看胡适这本白话文的学术著

---

① 中国社会科学院近代史研究所中华民国史组编:《胡适来往书信选》上册,第106页。
② 《傅斯年君致蔡校长函》,《北京大学日刊》第715号,1920年10月13日。
③ 胡适:《国学季刊发刊宣言》,《国学季刊》第1卷第1号,1923年1月。
④ 《再谈整理国故》,欧阳哲生编:《胡适文集》12,第97页。
⑤ 《一个最低限度的国学书目》,欧阳哲生编:《胡适文集》3,第87页。

作，能够"轻松愉快"①。这引起两方面反弹，一是吴稚晖等人从思想革新的角度批评国学的遗老化②，呼吁将青年引向科学；一是学有所成者反对将学术看得太过容易。章太炎的《救学弊论》抨击大学教育的恶制陋习，言锋掠及胡适，"制之恶者，期人速悟，而不寻其根底，专重耳学，遗弃眼学，卒令学者所知，不能出于讲义"。即使如此，"夫学之夐鄙，无害于心术，且陋者亦可转为娴也。适有佻巧之师，妄论诸子，冀以奇胜其侪偶，学者波靡，舍难而就易，持奇诡以文浅陋，于是图书虽备，视若废纸，而反以辨丽有称于时。师以是授弟子，是为诬徒，弟子以是为学，是为欺世，斯去高明光大之风远矣"③。容庚也辗转批评道："胡适之先生述学，用敏锐的眼光和审慎的态度来批评古人，故所得的成绩很不错。流弊所及，后生学子，于古书未尝深造，辄逞其私智，就主观所得随意抄录，加以评骘，愚己惑人，以为猎名的工具。"

面对批评，胡适引咎自责，"在讲坛上常对此大发其牢骚，并说述学之不易，须知'怀疑'与'求证'相联，万不能易'求证'而为'武断'"④。1926年6月，他在国学门第四次恳亲会上演说"对于整理国故之最近意见"，忏悔自己提倡整理国故，动机虽好，"流风所被，实在闹出多少弊病来了！多少青年，他也研究国学，你也研究国学，国学成了出风头的捷径，随便拿起一本书来就

---

① 叶曙：《我所认识的胡适之先生》，欧阳哲生编：《追忆胡适》，第509页。
② 陈问涛：《国学之遗老化》，《学灯》第2卷第10册第16号，1923年10月16日。
③ 《华国》第1卷第12期，1924年8月15日。
④ 容庚：《红楼梦的本子问题质胡适之俞平伯先生》，《北京大学研究所国学门周刊》第4期，1925年11月4日。

是几万字的介绍。有许多人,方法上没有训练,思想上没有充分的参考材料,头脑子没有弄清楚,就钻进故纸堆里去,实在走进了死路"!①这些流弊的产生,与《大纲》的畅销同因异果。

近代学术与政治均经历一大变局,有抱负的学人,好以"但开风气不为师"自期,胡适也一样,但理解各自不同。胡适以为:"开风气者是敢作大胆的假设的,而为师者是能做小心的考证的。"②与同样以开风气自许的陈寅恪在认识和做法上大异其趣。开风气固然要胆大,而故意趋时又无足够底蕴,便难免很快过时。师虽有经师、人师之分,按照章太炎的看法,所谓师,不过是"守其成闻,见过弟子,有比次之功,……虽有巨细,则循顺旧术者众"。即使当"世变亟,一国之学,或不足备教授,又旁采他方。他方之学,易国视之,若奇伟然。传授者亦钞次故言,未有增上,黜者或颠倒比辑之。幸弟子莫理其本,则窃他人以成己,东方之博士,皆是也(此虽著书满家,然法非己出,则非作也。无所增进,则非述也。与此土集策案者,正同列耳)。令此曹自疏国故,不为腐谈,则以空文敷绎,或以毫毛相似,引类傅会。何者?其技尽于为师,无作述之效也"③。章氏《程师》一文作于1910年,当然不是针对胡适,但所批评的乱象后来却在胡适一辈学人身上充分体现。

学术上开风气,必须能够制法充实的"作述者"。胡适则像蒙师,主要是向涉世未深的青年发生作用。清华研究院毕业的陈守实

---

① 《研究所国学门第四次恳亲会纪事》,《北京大学研究所国学门月刊》第1卷第1号,1926年10月。
② 1938年3月18日顾颉刚致谭其骧,顾潮:《历劫终教志不灰——我的父亲顾颉刚》,第163页。
③ 《章太炎全集》四,第137页。

于1928年在日记中写道："无聊中阅胡适《读书》一篇，此君小有才，然绽论甚多，可以教小夫下士，而不可间执通方之士也。"①唐德刚教授诧异胡适晚年"学问似乎只是他老人家教导后辈的东西"②，其实胡适一生讲治学方法，主要便是以学生为对象和对学生起作用，包括后来两度滞美期间，与一班留美学人的忘年之交。而胡适也以能够影响后生为傲。顾颉刚在《古史辨》自序中说从胡适的《水浒传考证》得到治史学的方法，令后者感到是"生平最高兴的一件事"③。胡适晚年忆及徒弟们改变了研究方法之事，对于当时"确曾感觉很大的兴奋"依然记忆犹新。④在此层面，常识即规范。而且越到后来，影响越有下移的趋势。沈尹默说1924年以后北大学生对胡博士的信仰减低不少，但是中学生们还是欢喜读他的东西，"一则是因为他的文章写的清楚，容易了解，再则他往往单凭他的主观愿望去处理每一个问题，轻易下断语，做结论。中学生读书少，不能够发现他的轻率武断的毛病，反而佩服他说得那么简而明。其实，不是用简单化的手段就可以了解一切学问的，凡稍微多读几本书的人，就很容易看出他文章中的漏洞"。沈、胡积怨很深，此说又出于批判胡适之际，被胡适斥为"全篇扯谎"⑤。可是与《学衡》上梅光迪、刘伯明等人的批评比照，倒也恰当。或许正

---

① 陈守实：《学术日录》，《中国文化研究集刊》第1辑。
② 唐德刚：《胡适杂忆》增订本，第19页。
③ 1926年8月24日胡适致傅斯年，王汎森等整理：《史语所藏胡适与傅斯年来往函札》，《胡适研究丛刊》第3辑，第311页。
④ 曹伯言整理：《胡适日记全编》8，第495页。
⑤ 曹伯言整理：《胡适日记全编》8，第172—174页。胡适的著述为中学生欢迎，确系事实，其本人也知道。1931年6月，章衣萍函告胡适："先生之《胡适文存》中多数论文，已成为全国中学生之普遍读物"（杜春和、韩荣芳、耿来金编：《胡适论学往来书信选》下册，第1226页）。

因为触及了胡适的痛处,他的反应才会如此强烈。

邓广铭说:"在一般青年人中,表面上看胡先生的影响在逐渐变小。从他到北大任教,直到二十年代,胡先生是在北大最大的三院大礼堂上课,三十年代就改在稍小点的二院礼堂上课,而到抗战前夕,则改在更小的红楼大教室上课,这就是因为上课的人越来越少的缘故。"①北大上课,从来是非正式的旁听生乃至偷听生多于注册生,其中许多人根本没有考入大学,甚至有不少中学生。如1930年代胡适在二院礼堂讲中古思想史,虽然听讲的人挤满了课堂,连窗外也站满了人,但"许多是外来的人以及孔德中学的学生"。有的大学生听过,"觉得这像是公共演讲,内容很通俗。不像是哲学系的功课",还联想到唐朝和尚的"俗讲",以为主讲人想朝通俗有趣吸引听众方面发展,所以反而不选胡适的课。②《大纲》多次再版,以致洛阳纸贵,主要便是大中学生以此为学习白话述学和新法治学的范本,这本来不足以作为学术评价的标准。曲高和寡在学术领域几乎是一般通则,所以有学人将多数人读懂列为学术著作际遇的最下品。十年后,郭沫若旨在超越胡适的《中国古代社会研究》,同样"是一部风行全国的大著",几年内已经四版,销量达七千部③,可与胡适的《大纲》相匹敌,而胡适本人对此却

---

① 邓广铭:《我与胡适》,欧阳哲生选编:《追忆胡适》,第37页。胡适上《中国哲学史》课的地点,1920年代初在第一院最大的第二教室(中国革命博物馆整理,荣孟源审校:《吴虞日记》上册,第654页。其时吴虞以在此上课为荣,并说北大国文系向来没有同时在两间最大教室上课者)。邓先生认为不能专在有形的方面用计量学计算胡适的影响,相当重要,判断胡适著作早期的流行,亦应作是观。

② 徐玕:《念人忆事——胡适之先生》,欧阳哲生选编:《追忆胡适》,第430页。

③ 李季:《中国社会史论战批判》,第109页。

不以为然。

清季教育变革和民初学风变幻，造成表浅的学术长盛不衰的土壤。如陈平原教授所说："对于现代中国学术而言，大学制度的建立至关重要。……推广新学，方才是转变学术范式的关键。"①此言从正负两面，均能成立。西式教育不仅断裂传统学术，使之难以为继，而且不断造就数量日益扩大、中西学均未能深入的群体，使胡适变来变去的科学方法始终有用武之地。由于教育方式和内容的改变，学生未经识字、记诵、考辨等必须的步骤，行之有效的固有治学之道无法运用，而胡适融合中外常识的方法，刚好适应大批中西学问均一知半解的青年学子的需求。只是其方法虽能应急，却难以深入，若要升堂入室，后来者还须不断地补课。这样，高深的研究难免流于肤浅偏蔽。

五　远近高低各不同

在学术层面，新旧并不简单地等于进步与落后或正确与错误。事实表明，近代尤其是新文化运动以来，国人好将政治腐败和社会落后归咎于传统文化，并以为传统与现代格格不入，由此导致的一些翻天覆地的改变，如白话文，新诗等，除旧有余，开新不足，不能说没有必要，至少实际效果与预期目标相去甚远。温故而知新，本为古今中外学术发展的通则，近代学人一再用"新史学"强分新

---

① 陈平原：《中国现代学术之建立》，第18页。另参见该书第2章"官学与私学"。

旧,虽有助于以代际兴替争夺主流位置,却难免观念日新而建树无果,甚至邯郸学步,反失其本,外来及其他学科的方法日多,固有学术及史学的必备轨则反而严重失范。1950年代胡适在台湾大学再讲治学方法,三讲分别讲方法的引论、方法的自觉、以及方法与材料的关系,形式上与1930年代所讲近似,但是把不同阶段的十字法、方法与材料以及四字诀搭配一体,变成其方法论整体的不同方面①,如此一来,其观念的变化与演进过程变得相当模糊。经此改造,他的整个学术生涯,似乎真的成了近代中国科学的治学方法的体现。

王国维早就断言:"学无新旧也,无中西也,无有用无用也,凡立此名者,均不学之徒,即学焉而未尝知学者也。"②近代学术史上建树大见识高而又大体得到各方公认者,如王国维、陈垣、陈寅恪等,都不必因缘胡适发端的代际兴替,而达到超越其新学术的高峰。如果学术确是少数人的事业,那么为多数人确定的新典范,意义或许并不在学术。真能树立学术典范者,必定体大思精,因而难以为多数人所仿效应用。学问之事,必需天才加勤奋,越是高明的方法途则,能够领略者应当越少。所以才会"江山代有才人出,各领风骚数百年"。1919年3月,胡适的《大纲》刚刚出版月余,王国维借为沈曾植贺寿,针对山雨欲来风满楼的时势,阐述其对于治学之道的见解。他认为清代三百年间学术凡三变,国初之学大,乾嘉之学精,道咸以降之学新,开创者有顾炎武、戴震、钱大昕等三人:

---

① 欧阳哲生编:《胡适文集》12,第128—164页。
② 《〈国学丛刊〉序》,《观堂别集》卷4,《王国维遗书》第3册,第202页。

> 今者时势又剧变矣，学术之必变，盖不待言。世之言学者，辄怅怅无所归，顾莫不推嘉兴沈先生，以为亭林、东原、竹汀者俦也。先生少年，固已尽通国初及乾嘉诸家之说，中年治辽、金、元三史，治四裔地理，又为道咸以降之学，然一秉先正成法，无或逾越。其于人心世道之污隆，政事之利病，必穷其原委，似国初诸老；其视经史为独立之学，而益探其奥窔，拓其区宇，不让乾嘉诸先生。至于综览百家，旁及二氏，一以治经史之法治之，则又为自来学者所未及。……夫学问之品类不同，而其方法则一。国初诸老，用此以治经世之学，乾嘉诸老，用之以治经史之学，先生复广之以治一切诸学，趣博而旨约，识高而议平，其忧世之深，有过于龚、魏，而择术之慎，不后于戴、钱。学者得其片言，具其一体，犹足以名一家立一说。其所以继承前哲者以此，其所以开创来学者亦以此，使后之学术变而不失其正鹄者，其必由先生之道矣。①

后来陈寅恪在批评胡适之际，借着对王国维、陈垣等人著述的评价，表明其关于学术途则的意见。他认为王国维的著述"其学术性质固有异同，所用方法亦不尽符会，要皆足以转移一时之风气，而示来者以轨则。吾国他日文史考据之学，范围纵广，途径纵多，恐亦无以远出三类之外。此先生之书所以为吾国近代学术界最重要

---

① 《王国维遗书》第2册，第582—585页。王国维对沈曾植的学问别有评议，此言更多地反映其本人的志向与理念。

之产物也"①。《陈垣〈元西域人华化考〉序》又称:"今日吾国治学之士,竞言古史,察其持论,间有类乎清季夸诞经学家之所为者。先生是书之所发明,必可示以准绳,匡其趋向。然则是书之重刊流布,关系吾国学术风气之转移者至大,岂仅局于元代西域人华化一事而已哉?"1939年为刘文典《庄子补正》作序,仍不忘批评时弊:"今日治先秦子史之学,与先生所为大异者,乃以明清放浪之才人,而谈商周邃古之朴学。其所著书,几何不为金圣叹胸中独具之古本,转欲以之留赠后人,焉得不为古人痛哭耶?然则先生此书之刊布,盖将一匡当世之学风,示人以准则,岂仅供治庄子者之所必读而已哉?"②

王、陈二人悬的甚高,追仿不易,或以后继遵循之人甚少,而疑其所指示的途则并无影响。其实,学术既为少数人之事,和者盖寡,当在情理之中,能致众从者,多已逸出学术之外。胡适后来影响仍大,原因甚多,一则其声望地位已高,多种权力资源集于一身,追附者自然不少,一般人轻易不敢得罪;二则与权势地位相近者比较,胡适颇爱惜羽毛,为人行事,与学术界应有准则,较为接近,因而名声不坠;三则胡适确立的高等常识逐渐成为学校教育和初入门者的一般规范,必须渐入高深,才能察觉其偏蔽。加之近代中国社会动荡,学术受政局牵涉,每每逸出常规。冈崎文夫悼念王国维逝世时所说的一段话,值得深思:"清朝末年中国学界里公羊学派盛行一隅,其前途穷窘,局面难以打开是很明显的,学界的新倾向是以征君一派为指导,我早就有这样的预想。当然中国学界的

---

① 《王静安先生遗书序》,陈美延编:《陈寅恪集·金明馆丛稿二编》,第248页。
② 均见陈美延编《陈寅恪集·金明馆丛稿二编》,第270、258页。

现状违背了这一预想。不过与其说我的预想是不对的，勿宁说混乱的中国现状使学问的大潮流不能朝正常的方向发展。"①

学有派分，意见本来难期一致，学人又要扮演知识分子角色，须承担社会脊梁的责任。学术自律与社会良心之间的紧张，经常困扰其思维行为。胡适一身二任，处置相对得宜，因此当学界偏向明显，乱相太甚时，观念见识均有不同的学人往往都希望他出面，以其声望地位和影响力挽狂澜。1931年，清华研究院毕业的吴其昌函请胡适勿以百世较一世，"加紧继续千百世以后的文化运动"，做中国新文化运动的领袖，真正造成中国的新文化，成为中国的"文父"②。抗战胜利后，王力致函胡适，批评"现在中国学术界沉寂的可怕。也许三五个人的确有了好成绩，但极大多数人都只晓得写口号，填公式，播弄名词。抗战八年只是学术衰落的原因之一，更主要的原因乃是学者政客化。您从前所提倡的朴学精神，现在几乎不可复见。"希望胡适站在先知先觉的地位，不要眼看着中国学术走向下坡路而不加以挽救。③王重民得知胡适提倡办研究院收徒弟，建议"连二掌柜的以下一齐都收。就是说：要教习翰林，还要把作教习的人，给他们一个学习的机会，或者不得不学习的机会，则学术的生长点上，方有不断的新的进步"④。若涉及学术政治，则陈寅恪亦宁可支持胡适出任中研院院长。

---

① 冈崎文夫：《怀念王征君》，陈平原、王枫编：《追忆王国维》，第370页。
② 中国社会科学院近代史研究所中华民国史组编：《胡适来往书信选》中册，第93页。
③ 伍发明整理：《北大藏胡适来往书信选》，《胡适研究丛刊》第3辑，第360页。
④ 杜春和、韩荣芳、耿来金编：《胡适论学往来书信选》上册，第302页。

本文旨在说明，要确切认识胡适在近代学术史上的地位及其阶段性变化，还是应当分别学术与思想，不宜二者相牵，纠缠不清，以致曲意维护，但并不因此而否定胡适在近代中国思想史上的地位。就此而论，五四新文化时期的胡适与清季的梁启超颇为相似。而梁启超相当自觉。他在《清代学术概论》中说：

> 启超之在思想界，其破坏力确不小，而建设则未有闻。晚清思想界之粗率浅薄，启超与有罪焉。……其生平著作极多，皆随有所见，随即发表。彼尝言："我读到性本善，则教人以人之初而已。"殊不思"性相近"以下尚未读通，恐并"人之初"一句亦不能解。以此教人，安见其不为误人？启超平素主张，谓须将世界学说为无限制的尽量输入，斯固然矣。然必所输入者确为该思想之本来面目，又必具其条理本末，始能供国人切实研究之资，此其事非多数人专门分担不能。启超务广而荒，每一学稍涉其樊，便加论列，故其所述著，多模糊影响笼统之谈，甚者纯然错误，及其自发现而自谋矫正，则已前后矛盾矣。平心论之，以二十年前思想界之闭塞萎靡，非用此种卤莽疏阔手段，不能烈山泽以辟新局。就此点论，梁启超可谓新思想界之陈涉。虽然，国人所责望于启超不止此。以其人本身之魄力，及其三十年历史上所积之资格，实应为我新思想界力图缔造一开国规模。若此人而长此以自终，则在中国文化史上，不能不谓为一大损失也。

梁启超此说，一方面自我反省，另一方面，也有意针砭时势。照为其作序的蒋方震看来，民初时局虽与清季稍变，"天下方竞言文化事业，而社会之风尚，犹有足以为学术之大障者，则受外界经济之影响，实利主义兴，多金为上，位尊次之，而对于学者之态度，则含有迂远不适用之意味。而一方则谈玄之风犹未变，民治也，社会也，与变法维新立宪革命等是一名词耳，有以异乎？无以异乎？此则愿当世君子有以力矫正之"①。

胡适等人倡导"学术救国"，而高深的学术为深邃的思想所由出的基础，学术浮泛表浅，思想绝无深刻的可能。近代中国的思想界虽然异常活跃，大都以西为本，属于摹仿而非原创。复因语言文化隔膜和社会民情相异，追仿易于成潮，独创难以坚守，因而形形色色的思想极易过时，非但不能与西方抗衡，甚至降低中国文化为近代世界多样性重要渊源的价值。蔡元培等人正是看到这种状况，才希望中国有几十个人专心致志从事窄而深的学问，等一二十年，他们逐渐形成社会的重心，足以转移社会，则中国便可以在知识上与西方相角逐。②傅斯年从剑桥、牛津与伦敦大学的比较中领悟到专讲学问思想才能彻底，"极旧之下每有极新"③，希望胡适"终成老师，造一种学术上之大风气"，而不要"现在就于中国偶像界中备一席"④。

胡适对此也有所自觉。1926年7月，他在北大学术研究会演讲中谈到"只有学术始能救国"时说："有人谓彼博，但彼认为博乃

---

① 梁启超：《清代学术概论》，第81页、序2—3页。
② 王汎森：《思想史与生活史有交集吗？》，《中国近代思想与学术的系谱》，第336页。
③ 《傅斯年君致蔡校长函》，《北京大学日刊》第715号，1920年10月13日。
④ 《1920年8月1日胡适致傅斯年》，《胡适来往书信选》上册，第106页。

是无用的，惟出言每句有根据，乃始成佳作耳。"①虽然是表彰顾颉刚的《古史辨》，也是为了消除提倡整理国故时所发轻率言论的流弊。可是胡适终究不愿放弃以社会影响为旨归，甚至在学术争论不能解决问题时，也常常回到思想的立场。他破解《水经注》案时指责孟森、王国维等人卫道，将老子年代的争议归结为冯友兰等人奉孔子为开山老祖、万世师表的宗教信仰②，以及对冯友兰《中国哲学史》正统派观点的批评，都将学术争议说成思想分歧。这类"丐辞"不仅有违胡适本人主张的学术伦理，而且将1920—1930年代逐渐确立的学术独立重新拉回此前与思想缠绕不清的状态。

胡适常说："做学问要于不疑处有疑；待人要于有疑处不疑。"③这可以说是他治学处世的座右铭。然而，如果胡适本人成为研究对象，究竟应于不疑处有疑？抑或于有疑处不疑？胡适起于九泉，不知何以教我？胡适在近代中国学术史上的地位与历来学人对此的认识，本非一事，却又关系密切，今人研究胡适，但求对其了解同情，有时反而陷入从胡适的立场看胡适的陷阱。如果功力见识尚在胡适之下，追仿唯恐不及，对于当时各方的批评意见，即使主观不予排斥，也难以分辨和承受。这种现象在人物研究中几成通病，结果看法因人而异甚至适相反对，治史的公正与客观反不易得。

主张重估胡适学术地位的学人一再强调，不要用后来的眼光看当时的胡适及其影响，确为的论。但当日的眼光不仅一端，所遗留

---

① 中国革命博物馆整理，荣孟源审校：《吴虞日记》下册，第317页。
② 《〈中国古代哲学史〉台北版自记》，欧阳哲生编：《胡适文集》6，第162页。
③ 中国社会科学院近代史研究所中华民国史组编：《胡适来往书信选》中册，第7页。

的史料又须看何时何地在何种情形下对何人指何事（或人）而言，不宜但凭己意选择取舍，以偏概全。后来跃居主流地位的"新派"掌握了话语权势，有意无意地用定向记忆重塑历史，强分新旧以定适时与过时，使得"当时"向着有利于主流派的方面变化，所造成的变相反过来又支持了主流派历史记忆的正确性。其实，传统与现代，本不易分，尤其不宜用中西新旧来分。新文化派当年宣判死刑的不少东西，后来不仅依然存活，而且生命力不一定比新生物弱，新旧诗便是典型。由此而论，以胡适为代表的新文化派思考和试图解决的问题对于中国进入以欧洲为中心的观念与现实世界起了很大作用，但以负贩为创新，也导致学术乃至思想文化不易上轨道。如何保持民族本性，以利于在推动多元一体世界发展的多样性方面发挥原创作用，其意义不在其下，其途径还须超越其上，更是对后来者智慧与毅力的极大考验了。

第八章　近代中国比较研究史管窥
——陈寅恪《与刘叔雅论国文试题书》解析

近二十年来，中国人文社会学科各领域中运用比较研究方法渐趋时兴。而整体进展的同时，难免鱼龙混杂，令清代经学、近代古史研究的种种流弊，重新浮现。历史现象，往往循环反复，早已经前辈学人指证。所说虽系当年情形，时过境迁，不能一概而论，毕竟多有可以借鉴处。尤其是高明者的真知灼见，不受时空的限制。后来人震其声名之显赫，奉若神灵，对其所指示的学术路径却莫名所以，并不遵循，甚至有意无意与之相左相悖。1932年陈寅恪与刘文典论国文试题书关于比较研究的大段议论，至今看来不仅依然恰当，而且似乎更加切中时弊，令人不禁有时光倒流之感。是函主要讨论比较语言学问题，兼及比较文学乃至一般比较研究的轨则。关于前者，限于学科，不敢置一词，尽管《马氏文通》的利弊得失在语言学界还是见仁见智；关于后者，虽然当时不过附带论及，但牵扯广泛，歧异明显，需要解读的相关人事亦复不少。陈寅恪与比较文学的关系，学人虽已有所讨论①，对本事的解读及相关问题的探讨，仍有较大空间。由文本以明语境，可以体察前贤的苦心孤诣，与时势作一对照，从而把握治学的途则。

一 对对子

1932年夏考前，担任清华大学中文系系主任的刘文典委托陈寅恪为国文科目命题。陈寅恪因"连岁校阅清华大学入学国文试卷，感触至多。据积年经验所得，以为今后国文试题，应与前此异其旨趣，即求一方法，其形式简单而涵义丰富，又与华夏民族语言文学之特性有密切关系者"②。鉴于当时学术界藏缅语系比较研究之学尚未发展，真正中国语文文法尚未成立，退而求其次，他改用对对子方式命题。当年所出题目，一为作文题"梦游清华园记"，一为对子题"孙行者"。对后一题，考生周祖谟答为"胡适之"。他后来说想到可对的有两个人：一是"王引之"，一是"胡适之"，"二者自以对'胡适之'为好。因为'适者，往也'，'往'跟'行'意思相近"，所以就以"胡适之"为对。据说陈寅恪对此颇为赞赏。③另外该校中国文学研究所出题亦有对对子，仍为陈寅恪

---

① 参见袁荻涌：《陈寅恪与比较文学》，《文史杂志》1990年第1期；钱文忠：《略论寅恪先生之比较观及其在文学研究中之运用》，王永兴编：《纪念陈寅恪先生百年诞辰学术论文集》。两文均收入张杰、杨艳丽选编：《解析陈寅恪》。
② 《与刘叔雅论国文试题书》，陈美延编：《陈寅恪集·金明馆丛稿二编》，第249页。
③ 周祖谟：《陈寅恪先生论对对子》，张杰、杨燕丽选编：《追忆陈寅恪》，第147页。

所出。

照陈寅恪30余年后的回忆，当时"所以以'孙行者'为对子之题者，实欲应试者以'胡适之'对'孙行者'。盖猢狲乃猿猴，而'行者'与'适之'意义音韵皆可相对，此不过一时故作狡狯耳。"①而吴小如则称："下联的'胡适之'是考生对出来的，非陈寅恪自己的答案。……后来有人盛传陈寅老本人的答案是'祖冲之'，亦未确，盖'行'与'冲'皆平声字，而在三字的联语中第二字是必须平仄相对的（第一字则用平声或仄声皆可），故'胡'可对'孙'，则虽以人名为对而尚欠工稳。据老友卞僧慧先生亲自见告，陈先生自己的答案是'王引之'。'行'与'引'属对自然极工，而'王'亦有'祖'之义，故昔人祖父为'王父'。至于'孙'、'胡'相对，则做为'猢狲'字耳。"②

两相比较，当事人虽有误记或受后来语境误导的可能，可信度毕竟较高。事后不久，"有人谓题中多绝对，并要求主题者宣布原对"，陈寅恪对此不以为然，表示："题对并无绝对，因非悬案多年，无人能对者。中国之大，焉知无人能对？若主题者自己拟妥一对，而将其一联出作考题，则诚有'故意给人难题作'之嫌。余不必定能对，亦不必发表余所对。譬诸作文，主题者亦须先作一篇，然后始能出该题乎？文尚如此，诗词对对之流，更不能自作答案，俨然作为标准。青年才子甚多，亦无庸主题者发表原对。现在国文考卷尚有少许未完，且非尽我一人评阅，但就记忆所及，考生所对

---

① 《与刘叔雅论国文试题书·附记》，陈美延编：《陈寅恪集·金明馆丛稿二编》，第257页。
② 吴小如：《关于陈寅恪先生的联语》，张杰、杨燕丽选编：《追忆陈寅恪》，第290页。

之较好者可提出一二。对孙行者有祖冲之、王引之，均三字全对，但以王引之为最妙。因引字胜于冲字，王字为姓氏，且同时有祖意——如王父即祖父之意——是为最佳。对'少小离家老大回'，无良好者，记得有一考生以'匆忙入校从容出'，尚可。中国文学研究所三言对'墨西哥'，字少而甚难，完全测人读书多少，胸中有物与否，因读书多，始能临时搜得专名词应对。某生对'淮南子'，末二字恰合，已极难得。"①

据此，陈寅恪所出对对子题有三，为中国文学研究所出的"墨西哥"最难，其次则"少小离家老大回"，"孙行者"其实较容易。另据蒋天枢称，当年为二三年级转学生所出题还有"莫等闲白了少年头"②。后来相关各人的回忆，主要集中于"孙行者"一题，一是能力所及，二是故事稍多。卞僧慧所说，或许是陈寅恪不便举"胡适之"，而以"王引之"应对。因为陈想到此题，是见苏东坡诗有"前生恐是卢行者，后学过呼韩退之"一联。"'韩卢'为犬名，'行'与'退'皆步履进退之动词，'者'与'之'俱为

---

① 《'对对子'意义——陈寅恪教授发表谈话》，《清华暑期周刊》第6期，1932年8月17日。收入陈美延编《陈寅恪集·讲义及杂稿》。关于作文题，陈寅恪亦有解说："多人误会以为系夸耀清华之风景与富丽，或误解为叙事体游记，其浅薄无聊，殊属可笑。该所谓梦游云者，即测验考生之想象力（Imagination）及描写力。凡考本校生，总对本校有相当猜想，若不知实际情形，即可以'空中楼阁'地写去。这题换句话说，就是'理想中之清华大学'。再，考者欲入大学，当必有一理想中的大学形状景物。我所以不出'理想中之清华大学'或'梦游清华大学'者，乃以写景易而描写学校组织、师生、课业状况较难。近数年来，已将'求学志愿'、'家乡'、'朋友'、'钓鱼'等题用尽，似此题实新颖、简单、美妙、自由，容易之至，我以为那题很好。而有人仍发怨言者，想系入清华之心过切，或因他故而生忌嫉之感，不足介意。"

② 蒋天枢《陈寅恪先生传》，《陈寅恪先生编年事辑》增订本，第221页。该文也提到，一年级试题除"孙行者"外，还有"少小离家老大回"。

虚字。东坡此联可称极中国对仗文学之能事。"①若以"胡适之"对，则"猢狲"戏谑稍过。连周祖谟也觉得，"胡先生是当时的社会名流，又是驰名中外的学者，我用他的名字对'孙行者'，未免对长者有不恭之嫌"。他后来入北京大学中文系，"听胡先生讲课的时候，心中却泛起往事来了，仿佛负疚很深似的，有点儿不好意思。"②则出题者的存心，更加不便公之于众了。

陈寅恪以对对子为大学考题，在南北学界引起一阵风波，"以此招致纷纷非议"。首先是应考学生极不适应此类题型，"某大学，故都之负盛名者也，前岁取士命题，忽以对偶倡，尤新意者曰'孙行者'，于是有以'胡适之'对者，有以'陈果夫'对者，最隽者则为'祖冲之'，斯亦旷代才矣。试事终，下第者大噪。"③"近来失意考生，及忌妒本校之'无聊份子'，频在报尾批评本校国文试题中'对对子'一项，又对'梦游清华园记'作文题不满，后竟牵涉至报名费问题"④。其次则新旧两派学人对此均有表示不解者。陈寅恪自称："今日言之，徒遭流俗之讥笑。然彼等既昧于世界学术之现状，复不识汉族语文之特性，挟其十九世纪下半世纪'格义'之学，以相非难，正可譬诸白发盈巅之上阳宫女，自矜其天宝末年之时世妆束，而不知天地间别有元和新样者

---

① 《与刘叔雅论国文试题书·附记》，陈美延编：《陈寅恪集·金明馆丛稿二编》，第257页。
② 周祖谟：《陈寅恪先生论对对子》，张杰、杨燕丽选编：《追忆陈寅恪》，第147页。
③ 陈旭旦：《国蠹》，《国学论衡》第1期，1933年12月1日。
④ 《'对对子'意义——陈寅恪教授发表谈话》，《清华暑期周刊》第6期，1932年8月17日。

在。"① 在致傅斯年信中又说:"总之,今日之议论我者,皆痴人说梦、不学无术之徒,未曾梦见世界上有藏缅系比较文法学,及印欧系文法不能适用于中国语言者,因彼等不知有此种语言统系存在,及西洋文法亦有遗传习惯不合于论理,非中国文法之所应取法者也。"②

1930年代初,国民党和国民政府为了巩固统一政权,加强思想控制,而社会各界对五四新文化运动以来的一些偏激也试图反省调整,各种势力之间的纠葛,多以新旧冲突的形式展现。以对对子为大学考题一事,难免引起各种解读,成为矛盾焦点。面对压力,早已决意不为诸如此类事牵扯纠缠的陈寅恪不得不起而辩驳③。他先在《清华暑期周刊》第6期发表"答记者问"④,继而致函刘文典,详细阐述出题的理由。此节关系中国语文特性,已经前人详细论述,且不在本文所欲讨论范围之内。唯"答记者问"前人少有引述,又与本文主题关系密切,值得称引:

> 今年国文题之前两部、对对子及作文题,皆我(陈先生自称)所出,我完全负责,外面有人批评攻讦,均抓不着要点,无须一一答复,将来开学后,拟在中国文学会讲演出题用

---

① 《与刘叔雅论国文试题书·附记》,陈美延编:《陈寅恪集·金明馆丛稿二编》,第256页。
② 《致傅斯年》二十二,陈美延编:《陈寅恪集·书信集》,第42—43页。
③ 陈寅恪留学期间就因"吾国人情势隔阂,其自命新学通人,所见适得其反",表示在国中"不论政,不谈学,盖明眼人一切皆以自悉,不须我之述说。若半通不通,而又矜心作气者,不足与言,不能与辩,徒自增烦恼耳"(吴宓著、吴学昭整理注释:《吴宓日记》第2册,第66页)。
④ 蒋天枢《陈寅恪先生传》(《陈寅恪先生编年事辑》增订本,第221页)。

意及学理，今暂就一二要点谈其大概。入学考试国文一科，原以测验考生国文文法及对中国文字特点之认识。中国文字固有其种种特点，因其特点之不同，文法亦[不？]能应用西文文法之标准，盖中文文法属于"西藏缅甸系"而不属于"Indo-European"系也。国文完善的文法的成立，必须经过与西藏缅甸系文法作比较的研究，现在此种比较的研究不可能，文法尚未成立，"对对子"即是最有关中国文字特点，最足测验文法之方法。且研究诗词等类的文学，对对子亦为基础知识。出对子之目的，简言之即测验考生（1）词类之分辨：如虚字对虚字，动词对动词，称谓对称谓，代名词形容词对代名词形容词等；（2）四声之了解：如平仄相对，求其和谐；（3）生字（Nocabulary）大小及读书多少：如对成语，须读书（诗词[典]故）多，随手掇拾，俱成妙对，此实考生国学根底及读书多少之最良试探法；（4）思想如何：妙对巧对不惟字面上平仄虚实尽对，"意思"亦要对工，且上下联之意要"对"而不同，不同而能合，即辩证法之"一正、一反、一合"。例如后工字厅门旁对联之末有"都非凡境""洵是仙居"，字面对得甚工，而意思重复，前后一致，且对而不反，亦无所谓合，尚不足称为妙对。如能上下两联并非同一意思，而能合起成一文理，方可见脑筋灵活，思想高明。基上所述，悉与国文文法有密切之关系。为最根本、最方便、最合理之测验法无疑。评判标准，即基前项，（一）文法方面，如平仄虚实词类之对否；（二）意思对工不工，及思想如何。分数则仅占百分之十；若文法恰好，巧合天成，可得四十分；即完全不对，亦不过扣国文总分百分之十，是于提倡中已含体恤宽待之意。其所以对对题中有较难者，实为有特长之考生预备。①

期间傅斯年也风闻其事，特致函询问。陈寅恪于8月17日复函，概略谈了他的看法："清华对子问题乃弟最有深意之处，因考国文不能不考文法，而中国文法在缅藏语系比较研究未发展前，不能不就与中国语言特点最有关之对子以代替文法，盖借此可以知声韵、平仄、语辞、单复词藏贫富，为国文程度测验最简之法。……若马眉叔之谬种尚在中国文法界有势力，正须摧陷廓清，代以藏缅比较之学。中国对子与中国语之特点最有关，盖所谓文法者，即就其语言之特点归纳一通则之谓，今印欧系格义式马氏文通之文法，既不能用，舍与中国语特点最有关之对子，而更用何最简之法以测验学生国文文法乎？"陈寅恪还特意表示："以公当知此意，其余之人，皆弟所不屑与之言比较语言文法学者，故亦暂不谈也。此说甚长，弟拟清华开学时演说，其词另载于报纸。……弟意本欲藉此以说明此意于中国学界，使人略明中国语言地位，将马氏文通之谬说一扫，而改良中学之课程。明年若清华仍由弟出试题，则不但仍出对子，且只出对子一种，盖即以对子作国文文法测验也。"②

陈寅恪的开学演说，也就是《清华暑期周刊》第6期的答记者问所提到的"将来开学后，拟在中国文学会讲演出题用意及学理"，迄未发见，载于报纸之词有二，其一为1932年8月17日《清华暑期周刊》第6期刊载的答记者问《"对对子"意义——陈寅恪

---

① 《"对对子"意义——陈寅恪教授发表谈话》，《清华暑期周刊》第6期，1932年8月17日。
② 《致傅斯年》二十二，陈美延编：《陈寅恪集·书信集》，第42—43页。事后陈寅恪就此发表谈话时还表示，拟在中国文学会讲演出题用意及学理，亦未见。

教授发表谈话》,其二即致刘文典函,先于1932年9月5日在天津《大公报·文学副刊》发表,继而又刊登于1933年7月出版的《学衡》第79期。

陈寅恪"只得任彼等是其所是,而非其所非。吾辈固不必,且无从与之校量也"的态度,以及答记者问、与刘文典书阐述周详深入,平息了大部分议论,但仍有些异调。1933年底苏州国学会出版的《国学论衡》第1期刊登了陈旭旦的《国蠹》一文,对此事不无微词:"主试者则揭解嘲文于报端曰:对偶者,独体文字之所特具,亦即国学精神所寓也,旁征博引,累数千言,辞甚辩。人以其名震一时,凤为故都人士尊信,故难者无以难而难自解。我聆客语,忽忆及前年江苏某大学文学系录士,命题有天昊为何物,唐诗人三十六为何人,文选五臣注为何名。若氂士为百科全书,无所不记者。此岂国家所以养士之旨哉,我为之尽焉以伤。"将学界诸如此类的言行统统斥之为"国学之蠹"。这大概也在陈寅恪不屑与争者之列。

二 中国比较研究的渊源

陈寅恪与刘文典书,除正面回应对对子问题外,更重要的是阐述了他对比较研究方法的意见。不仅从比较语言学的角度痛批马氏文通,指为"何其不通如是",还对附会中外学说的格义式比较提出批评:"西晋之世,僧徒有竺法雅者,取内典外书以相拟配,名曰'格义',实为赤县神州附会中西学说之初祖。即以今日中国文学系之中外文学比较一类之课程言,亦只能就白乐天等在中国及日本之文学上，或佛教故事在印度及中国文学上之影响及演变等问题，互相比较研究，方符合比较研究之真谛。盖此种比较研究方法，必须具有历史演变及系统异同之观念。否则古今中外，人天龙鬼，无一不可取以相与比较。荷马可比屈原，孔子可比歌德，穿凿附会，怪诞百出，莫可追诘，更无所谓研究之可言矣。"

"格义"之说，详见陈寅恪《支愍度学说考》："盖晋世清谈之士，多喜以内典与外书互相比附。僧徒之间复有一种具体之方法，名曰'格义'。'格义'之名，虽罕见载记，然曾盛行一时，影响于当日之思想者甚深……尝谓自北宋以后援儒入释之理学，皆'格义'之流也。佛藏之此方撰述中有所谓融通一类者，亦莫非'格义'之流也。即华严宗如圭峰大师宗密之疏盂兰盆经，以阐扬行孝之义，作原人论而兼采儒道二家之说，恐又'格义'之变相也。"

与此相对，"我民族与他民族二种不同思想初次之混合品"还有"合本"。"盖取别本之义同文异者，列入小注中，与大字正文互相配拟。即所谓'以子从母'，'事类相对'者也。""中土佛典译出既多，往往同本而异译，于是有编纂'合本'，以资对比者焉。'合本'与'格义'二者皆六朝初年僧徒研究经典之方法。自其形式言之，其所重俱在文句之比较拟配，颇有近似之处，实则性质迥异"。"夫'格义'之比较，乃以内典与外书相配拟。'合本'之比较，乃以同本异译之经典相参校。其所用之方法似同，而其结果迥异。故一则成为附会中西之学说，如心无义即其一例，后世所有融通儒释之理论，皆其支流演变之余也。一则与今日语言学者之比较研究法暗合，如明代员珂之楞伽经会译者，可称独得'合本'之遗意，大藏此方撰述中罕觏之作也。"

陈寅恪还引用敏度法师合维摩诘经序所说："此三贤者，并博综稽古，研机极玄，殊方异音，兼通关解，先后译传，别为三经同本，人殊出异。或辞句出入，先后不同，或有无离合，多少各异，或方言训古，字乖趣同，或其文胡越，其趣亦乖，或文义混杂，在疑似之间，若此之比，其途非一。若其偏执一经，则失兼通之功。广披其三，则文烦难究，余是以合两令相附。以明所出为本，以兰所出为子，分章断句，使事类相从。令寻之者瞻上视下，读彼按此，足以释乖迁之劳，易则易知矣。若能参考校异，极数通变，则万流同归，百虑一致，庶可以辟大通于未寤，阖同异于均致。若其配不相畴，傥失其类者，俟后明哲君子刊之从正。"认为"即今日历史语言学者之佛典比较方法，亦何以远过。……以见吾国晋代僧徒当时研究佛典，已能精审若是，为不可及也"①。

就比较研究而言，陈寅恪推崇合本子注法而批评格义法，显然意在讥讽晚清以来附会中西学说的猖獗。除了痛批马氏文通外，所举要例为中国文学系中外文学比较一类课程。此事颇有几分蹊跷。当时中国各大学开设中外文学比较课程者极少，而且不在中国文学系，而在外国文学系。乐黛云教授主编《中西比较文学教程》称：吴宓1924年在东南大学开设的"中西诗之比较"，是中国第一个比较文学性质的讲座。而比较文学作为一门学科正式进入大学课堂是在20世纪20年代末、30年代初。1929年12月，英国剑桥大学文学系主任、语义派的创始人瑞恰慈（I.A.Richards）应邀到清华任教，在清华开设了"比较文学"和"文学批评"两门课程，这是中国大学第一个以"比较文学"为名的正式课程。清华中文系则在朱自清、

---

① 《陈寅恪史学论文选集》，第97—114页。

杨振声的主持下，提出要"注意新旧文学的贯通与中外文学的结合"，在高年级学生中开设"中国文学专家研究""外国文学专家研究"等课程，同时开出"当代比较小说""佛教翻译文学"选修课及"中国文学中印度故事研究"等专题课。中文系教师还在外文系开设"近代中国文学之西洋背景"等选修课。此外，北京大学、燕京大学、齐鲁大学、复旦大学、中国公学、岭南大学等学校也开设过类似的课程。①

上述细节方面有小误，据齐家莹编《清华人文学科年谱》，"佛教翻译文学"应为陈寅恪所开设的"佛经翻译文学"，"中国文学中印度故事研究"应为"中国文学中佛教故事之研究"，而开设"近代中国文学之西洋背景"的叶崇圣，即叶公超，1929年至1935年一直任教于清华大学外文系。瑞恰慈到清华任教是在1929年9月，其1929—1931年在外文系所开课程为："第一年英文""西洋小说""文学批评""现代西洋文学（一）诗（二）戏剧（三）小说"等②。所谓瑞恰慈开设的"比较文学"，似从未出现在正式课表上。直到1934—1935年度，才有翟孟生（R.D.Jamesan）的"比较文学研究"作为外国语文学系的研究部暂设课程。或谓翟氏曾据瑞恰慈的观点和讲稿写成《比较文学》的批评著作，对英、法、德三国文学进行了比较研究。③这大概是指1934年4月翟孟生发表于《清华学报》第9卷第2期的《On the Comparision of Literature》。这

---

① 乐黛云主编：《中西比较文学教程》，第65—66页。
② 齐家莹：《清华人文学科年谱》，第89页。所记可与1931年《清华大学本科学程一览》相印证。该学程自1928年以来一直实行。吴宓日记1929年9月18日记："Richards愿代授《第一年英文》二小时，而宓则允助Richards君研究中国文字学术云。"吴宓著、吴学昭整理注释：《吴宓日记》第4册，第292页。
③ 乐黛云著：《比较文学原理》，第33页。

些描述，容易令人理解为翟孟生的著述及讲学，均为受瑞恰慈影响的结果。其实二者之间是否有直接联系，以及究竟怎样联系，仍需进一步考察。有学人便声称在清华外文系讲比较文学的，"先是曾任美国芝加哥大学教授的翟孟生，后是曾任英国剑桥大学英国文学系主任的瑞恰慈"①。次序刚好相反。

至于清华大学中国文学系，鉴于当时"中国各大学的国学系，国文学系，或中国文学系的课程，范围往往很广；除纯文学外，更涉及哲学、史学、考古学等。他们所要造成的是国学的人才，而不一定是中国文学的人才。对于中国文学，他们所要学生做的是旧文学研究考证的工夫，而不及新文学的创进"，自1928年杨振声被聘为教授兼主任后，对于这样的状况深致不满，认为更重大的使命是创造新文学，因而提出一个新的目的，就是"创造我们这个时代的新文学"。而创造新文学的重要途径之一，"便是参考外国文学"②。

这段话出自1931年朱自清代理清华大学中文系主任时撰写的《中国文学系概况》，在弥漫着"非考据不足以言学术"气氛的北平学术界，多少有些隐晦。据杨振声后来的回忆，当时所面对的主要问题是，"自新文学运动以来，在大学中新旧文学应该如何接流，中外文学应该如何接流……可是中国文学系一直在板着面孔，抵拒新潮。如是许多先生在徘徊中，大部学生在困惑中。这不止是文言与语体的问题，而实是新旧文化的冲突，中外思潮的激荡。

---

① 黄延复：《吴宓先生与清华》，《第一届吴宓学术讨论会论文选集》，转引自李继凯、刘瑞春选编：《追忆吴宓》，第294页。
② 朱自清：《中国文学系概况》，《清华周刊·向导专号》，第514、515期合刊，1931年。

大学恰巧是人文荟萃，来协调这些冲突，综合这些思潮所在的，所以在文法两院的科系中，如哲学、历史、经济、政治、法律各系都是治古今中外于一炉而求其融合贯通的，独有中国文学与外国语文二系深沟高垒，旗帜分明。这原因只为主持其他各系的教授多归自国外；而中国文学系的教授深于国学，对新文学及外国文学少有接触，外国语文系的教授又多类似外国人的中国人，对中国文化及文学常苦下手无从，因此便划成二系的鸿沟了"。"朱自清先生是最早注意到这个问题的一个。""系中一切计划，朱先生与我商量规定者多。那是清华国文系与其他大学最不同的一点，是我们注意新旧文学的贯通与中外文学的融会。""在当时的各大学中，清华实在是第一个把新旧文学、中外文学联合在一起的。"①

杨振声事后的回忆，因语境大变，也不免夸张。当时改造课程的原则是："一方面注重研究我们自己的旧文学，一方面参考外国的新文学。"②所开设的课程旧的仍占多数，"新的只有当代比较文学、中国新文学研究、新文学习作三种。"③朱自清所说"当代比较文学"，应为杨振声自1929年度所开设的选修课"当代比较小说"之误。而参考外国文学的具体措施，是在必修课中增加由外国语文系教师开设的西洋文学概要和西洋文学专集研究两科，并计划增设第二外语。不过杨振声、朱自清等人确有进行中外比较文学研究或教学的设想，据杨振声《中国文学系的目的与课程的组织》，

---

① 杨振声：《为追悼朱自清先生讲到中国文学系》，《文学杂志》第3卷第5期，1948年10月。引自齐家莹：《清华人文学科年谱》，第85—86页。
② 1929—1930年度《清华大学一览·大学本科学程一览》，引自齐家莹：《清华人文学科年谱》，第84页。
③ 朱自清：《中国文学系概况》，《清华周刊·向导专号》，第514、515期合刊，1931年。

该系自1928年10月改订课程后,目的就是要一方面注意研究中国各体文学,一方面注意于外国文学各体的研究,"对文学的各体都亲炙了,再贯之以中国文学批评史。对于中外文学都造成相当的概念了,再证之以中外比较文学。对于某家或某体文学养成相当的倾向了,再继之以文学专家研究"①。

1930年暑假后,杨振声就任青岛大学校长,由朱自清代理清华大学中国文学系主任。1931年8月,朱自清休假游欧,由刘文典继任。到1932年9月朱自清归国,再正式担任清华大学中国文学系主任。从时间上看,刘文典任内的对对子风波,应由朱自清来善后。目前找不到朱自清对于此事的直接表态,值得注意的是,1932年10月3日,任教于清华中文系的浦江清来访,谈及两大问题,"一、中国语言文字之特点,中国语乃孤立语,与暹罗、西藏同系,异于印欧之屈折语及日本、土耳其之黏着语,以位置定效用。又为分析的,非综合的,乃语言之最进化者。中国字为象形,形一而声可各从其乡,所谓书同文,象形字不足用,幸有谐声等五书辅之,乃可久存,见于记载,以省文故,另成一体与语言离,如今之拍电报然,又如数学公式然。故中国文开始即与语离。中国文学当以文言为正宗。至《尚书》之文难读者,盖杂白话分子多。又谓以后文体变易,大抵以杂入白话分子故。……二、比较文学史方法:中国中古文学多受印度影响,小说话与诗杂,继乃移诗于前,话渐多。此种诗至宋变为大曲,又变为诸宫调,为戏曲之原。至唐七言诗则受波斯影响,日本、朝鲜则被中国影响。又谓人类学有所谓传布说,为文化大抵由传布,异地各自独立发展同样文化者,绝鲜其例。因

---

① 《清华周刊·向导专号》,第514、515期合刊,1931年。

思希腊无小说，印度无戏剧，至亚历山大东征后乃相交易而有。故元曲实间接受希腊影响，其具悲剧味盖非无因。"闻此朱自清叹道："浦君可谓能思想者，自愧弗如远甚。"①其实浦江清此前担任陈寅恪的助手，而陈那时对身边人尚能坦言人事学问，因而浦江清所说，往往可见陈寅恪的影子。

浦江清的到访及其所论，虽然不一定与对对子一事直接相关，但时间如此凑巧，话题又复切近，而且相关各人与此事多有关联，多少反映了一些背景。是年底，清华中国文学系教授会通过《改定必修选修科目案》，除保留新文学课程和外文课程外，开始偏重于古典文学的研究，新开设"国学要籍"一类的课程，并将全部课程大致分为中国文学与中国语言文字两类，以培养古典文学研究和中国语言文字学研究的人才。②但这一变动并不影响朱自清对比较文学的重视。他于1934年写的《中国文学系概况》，仍然坚持："本系必修课程，以基本科目及足资比较研究之科目为限。……所谓足资比较研究之科目，指西洋文学概要及英文文字学入门两科而言。比较研究不独供给新方法，且可供给新眼光，使学者不致抱残守缺，也不致局促一隅。"③

三　影响研究与平行比较

针对中国文学系比较文学一类课程的批评，即使当事人主观所

---

① 朱乔森编：《朱自清全集·日记编》第9卷，第163—164页。
② 齐家莹编撰：《清华人文学科年谱》，第124页。
③ 《清华周刊》第588—589期合刊，1934年6月1日。

指不包括外国语文系,实际影响也必然波及。较早将比较文学观念引进中国、又任教于清华外文系的吴宓于1934年说:"其《与刘文典教授论国文试题书》及近作《四声三问》一文,似为治中国文学者所不可不读者也。"①而清华的外国文学系在选修他系文学科课程方面,认为"中国文学与西洋文学关系至密",无论是创造中国的新文学、还是将中西文明精神及文艺思想互为传播,中国文学史学之知识修养均不可不丰厚,因此特别"注重与中国文学系联络共济"②。以吴宓的观念,也应当在不可不读陈寅恪文之列。

吴宓的学术传承,可谓正规的比较文学科班出身,与半路出家者的参野狐禅不可同日而语。他留学哈佛大学时,在比较文学系师从法国文学及比较文学教授白璧德(I.Babbitt),修过后者讲授的比较文学课程。从比较文学学术史的角度看,20世纪前半叶是法国学派的影响研究占据主导地位,后半叶才有美国的平行比较异军突起。白璧德的正式课程讲授,仍以影响研究为正鹄。1918—1919年度吴宓所选比较文学课程即为《卢梭及其影响》,他为该课程以及另一《近世文学批评》课合撰的论文,题为"Shelley as a Disciple of Rousseau",自译为"论雪莱之生活及思想,所受卢梭之影响甚大"。1919—1920年度选修的比较文学课程为白璧德的《十九世纪浪漫主义运动》、珀瑞(Bliss Perry)教授的《十八、十九世纪小说类型》,撰写的论文则为《卢梭与罗拔士比》(Rousseau and Robespierre),吴宓自注为:"即是:卢梭对罗拔士比之影

---

① 《吴宓诗集·空轩诗话》十二,引自吴学昭:《吴宓与陈寅恪》,第80页。
② 吴宓:《外国文学系课程编制大旨》,《国立清华大学校刊》第398号,1932年4月27日。

响"①。1920年吴宓应同学力邀,撰写《论新文化运动》投登《留美学生季报》,文中谈及"文学之变迁,多由作者不摹此人而转彼人,舍本国之作者,而取异国为模范,或舍近代而返求之于古代,于是异采新出,……近者比较文学兴,取各国之文章,而研其每篇每章每字之来源,今古及并世作者互受之影响,考据日以精详。"②由此可见其学术训练之所在与治学方法之旨归。

但这并不等于说白璧德和吴宓不用平行比较的观念。照吴宓说,白璧德于"西洋古今各国文学而外,兼通政术哲理,又娴梵文及巴利文,于佛学深造有得,虽未通汉文,然于吾国古籍之译成西文者靡不读。特留心吾国事,凡各国人所著书,涉及吾国者,亦莫不寓目。"其学说则主张"宜博采东西,并览古今,然后折衷而归一之。夫西方有柏拉图、亚里士多德,东方有释迦及孔子,皆最精于为人之正道,而其说又在在不谋而合。"③吴宓翻译了白璧德1924年出版的《民治与领袖》一书的第5章《论欧亚两洲文化》,"昔在新古学派盛行时代,著书立说者,每喜细究礼之一义。或且以东西两大陆划分界限,而曰欧洲人之有礼者(即足为欧洲人之表率者)如何如何,亚洲人之有礼者(即足为亚洲人之表率者)如何如何,以细较其异同焉。此类之说,骤观之似若谬妄,而其实不然。盖亚西亚人与欧罗巴人之性行,根本不同。其不同之处,不但可以审知,抑且可以言说而论定之也。惟所谓欧洲云云,非指

---

① 吴宓著、吴学昭整理:《吴宓自编年谱》,第178—179页、197页。吴宓还选修过勃里斯·帕瑞的比较文学课程《抒情诗》(吴宓著、吴学昭整理注释:《吴宓日记》第2册,第14页)。
② 引自《学衡》第4期,1922年4月。
③ 胡先骕译:《白璧德中西人文教育说》吴宓附识之按语,《学衡》第3期,1922年3月。

欧洲之全体，乃指其一部分而言。而于亚洲亦然"。白璧德以释迦牟尼、耶稣、孔子、亚里士多德为四圣，认为"西方之人文大师，以亚里士多德为最重要，孔子与亚里士多德立说在在不谋而合。"同时又指出："亚里士多德与孔子，虽皆以中庸为教，然究其人生观之全体，则截然不同，而足以显示欧洲人与亚洲人习性之殊异焉。……西方有苏格拉底，其专务道德，与孔子同，故舍亚里士多德，而取苏格拉底与孔子比较，则不复见东西人习性之不同矣。"①白璧德的论断当否姑且不论，其所用比较的观念及方法，显然不仅是以事实为依据的影响法，而类似以问题为中心的平行法。

吴宓本人学习比较文学时，也自觉或不自觉地使用平行法比较东西文化。1920—1921年度他选修政治学课程《欧洲政治学说史》，写了一篇长达40页的论文《孔子、孟子之政治思想与柏拉图及亚里士多德比较论》，并在论文中提出要进行一项研究，即以孔子、孟子之全部思想、学说，与柏氏、亚氏之全部思想、学说作比较研究。②如果不拘泥于比较文学的范围，而用陈寅恪的观念看，此类比较，与以荷马比屈原、孔子比歌德，相去似也不太远。吴宓归国后据说是最早在中国开设比较文学课程之人，有学人誉之为中国比较文学之父，所讲《中西诗之比较》，大体也并非影响法的路径。③因此有人提出，"如今谈比较文学，不仅要追朔到吴宓，而且有必要研究一下吴宓当年怎样对中西文学进行过平行比较"④。

---

① 吴宓译：《白璧德论欧亚两洲文化》，《学衡》第38期，1925年2月。
② 吴宓著、吴学昭整理：《吴宓自编年谱》，第207页。
③ 参见赵连元《吴宓——中国比较文学之父》，《四川大学学报》1990年第2期。
④ 冯至：《略说吴宓》，李继凯、刘瑞春选编：《解析吴宓》，第5页。

有学人以为，陈寅恪《与刘叔雅教授论国文试题书》表明，他"只认可有事实联系的影响研究的方法，而对无事实联系的平行研究颇不以为然"。"在今天看来，陈先生的这种观点未免失之偏颇。注重实证的影响研究固然重要，必不可少；但如果比较文学只囿于此种研究方法，那么比较文学的天地将大为缩小，因为能够找到事实联系的国与国之间的文学影响毕竟是有限的。……如果陈先生能活到今天，相信他会愉快地修正自己的观点的，事实上，在解放后写的《论再生缘》等文章中，陈先生已开始运用平行研究的方法，以考察中西文学的异同。"①此论看似不无道理，与今人对中国比较文学发展史的看法大致吻合，但回到历史现场，放眼于比较研究的全体以及陈寅恪对于比较研究的系统观念，细究起来，则颇多可议。

从学术角度看，比较研究进入中国相当早，只是开始不一定与文学发生联系。与近代许多观念一样，比较研究出现于中国，与日本的影响关系甚大。或许由于学科本身的需要，法学体系内较早使用比较研究的概念。康有为1897年编就的《日本书目志》，在"法律门"的"外国宪法"项下列有辰已小二郎著的《万国现行宪法比较》，在"法理学"项下列有松野贞一郎、伊藤悌治译的《罗英佛苏各国比较法理论》②。以日本学制为蓝本编制的《奏定大学堂章程》，理学门科目有"比较法制史"，政治学门和法律学门科目均有"东西各国法制比较"③。此后这一精神一直贯彻，进入民国，

---

① 袁荻涌：《陈寅恪与比较文学》，张杰、杨艳丽选编：《解析陈寅恪》，第249页。
② 姜义华编校：《康有为全集》第3卷，第781、783页。此目录的分类与编辑，至少不出自康有为一人之手。
③ 朱有瓛主编：《中国近代学制史料》第2辑上册，第775—781页。

北洋大学法律学门设有"比较法制史",山西大学法律学门则有"比较法审判实习"①。

依据《奏定学堂章程》,中国史学门科目虽然没有直接冠名为比较者,但在"中国史学研究法"一科所解释的"研究史学之要义"中注明:要注意"外国史可证中国史之处"②。不过,与明治后日本教育的规章及实践相比,《奏定学堂章程》的制定者显然有所取舍。王国维对此提出尖锐批评,除要求合经学科于文学科大学中、增加哲学课程外,还规划了各学科应设科目,其中史学科增设"比较言语学"和"比较神话学"。王国维与欧洲各国大学对照,批评《奏定学堂章程》"但袭日本大学之旧"③,但比较语言学早已在东京大学的规程之内,其言语学科及英、法、德等国文学科均设"罗孟斯语及绰托奴语比较文法"和"印度欧罗巴语比较文法"课程。④

王国维结合欧日的设想,要落实于中国的教育及学术,还有相当长的路要走。直到1920年代初,北京大学开始研究国学,在钢和泰等人的影响下,将比较言语学列为"与国学相关之各种科学",要"与以相当之地位"⑤。受此影响,1926年厦门大学国文系改革

---

① 《北洋大学校周年概况报告》,《教育公报》第11册,1915年4月;《山西大学校报告五周年概况报告书》(1916年18月至1917年7月),《教育公报》第5年第4期,1918年4月。均见潘懋元、刘海峰编:《中国近代教育史资料汇编·高等教育》,第410、419页。
② 朱有瓛主编:《中国近代学制史料》第2辑上册,第775—781页。
③ 王国维:《奏定经学科大学文学科大学章程书后》,《东方杂志》1906年第6期。
④ 关庚麟撰:《日本学校图论》,王宝平主编、吕长顺编著:《晚清中国人日本考察记集成·教育考察记》,第181—182页。
⑤ 《国立北京大学国学季刊编辑略例》,《国学季刊》第1卷第1号,1923年1月。

课程，选修他系科目中列有"比较语言学"①。而在北大，1931—1932年度文学院中国文学系有金九经开设的"中日韩字音沿革比较研究"，史学系有陈受颐开设的"近代中欧文化接触研究"②。清华大学改制后，西洋哲学组课程设有"比较哲学思想"和"比较宗教"两门。后来社会学系设有"比较宗教学"。

研究方面，无论中国学人还是外国来华学者，都不乏进行中外比较研究者。仅以与清华有关者为例，1924年3月，为纪念戴震诞辰200周年，尉礼贤（R.Wilheim）到清华大学演讲"中国之戴东原与德国之康德"③。1928年3月，吴宓应该校终南社之邀，演讲《中国文学与西洋文学之比较》，要点为："中国文学之优点有三。（一）以人为中心Humantic。（二）有限的形式之完美Limited Perfection of Form。（三）文字兼具形声之美。中国文学之缺点亦有三。（一）无高远之感情No Religious, or Tragic Experience or Feeling。（二）无深邃之哲理。（三）无宏大之著作。"任教于清华外文系的温特（winter）后在科学馆演讲《中画与西画之比较》④。

到1934年，冯友兰在国际哲学会议上演讲"现代中国哲学"，将现代中国哲学史的发展分为三期，首期为以旧说旧，即以老的思想方法阐述过去的哲理；二期为说明东西方哲理的差别；三期则"使用类比的方法使东西方的哲理更为人所了解。最后一个时期的学者乐于对东西方哲理作相互解释"，并以为"我们不久将会看

---

① 《国文系课程草案》，《厦大周刊》第157期，1926年10月2日。
② 《北京大学法、文、理学院各系课程大纲》，《北京大学日刊》第2682号，1931年9月14日。
③ 《要闻》，《清华周刊》第305期，1924年3月14日。
④ 吴宓著、吴学昭整理注释：《吴宓日记》第4册，第35、41页。

到,中国的哲学思想将用欧洲的逻辑和明确的思维加以阐明"①。

抗战以后,清华大学为促进文法各系同人的研究工作,设立社区比较和文化比较等三个研究室,前者要将所得与其他国家中之社区比较,后者更着重于中西文化比较,自人文学科以至文化人类学,均可包括在内,具体计划有潘光旦的"先秦及希腊哲学之比较研究",政治、经济、社会三系中教授思想史之诸同人的"西方思想与中国社会变迁之关系"等。次年又设立了社区比较研究、文化比较研究等委员会,分别由吴景超、冯友兰任主席。②

晚清以降,"西学"由卑而尊,学贯中西变成中国学术的至高境界,沟通中西自然成为学人普遍追求的目标。而留学生尤为敏感。与吴宓一样,留学国外的中国学人往往喜欢选择中西比较的课题,或包含此项内容。清末蔡元培留学德国,在莱比锡大学世界文明史研究所研究比较文明史。③冯友兰留学期间,即有意将西方哲学史与中国哲学史相比较,并以经院学派、近代哲学、近代科学三期与中国对应,又作专文《论"比较中西"(为谈中西文化及民族论者进一解)》,批评"空口谈论文明及民族性之优劣",其博士论文《天人损益论》(The Way of Decrease and Increase with Interpretations and Illustrations from the Philosophies of the East and the West),比较东西方哲学家关于天然与人为的观念,照冯友兰自己的看法,"这实际上是一种中西哲学史比较研究的工作"④,所以后来出版英文版时,干脆改名为《人生理想之比较研究》(A

---

① 朱乔森编:《朱自清全集·日记编》第9卷,第322—323页。
② 齐家莹编撰:《清华人文学科年谱》,第330—331、360页。
③ 《传略》,高平叔编:《蔡元培全集》第3卷,第327页。
④ 冯友兰:《三松堂自序》,第193页。

Comparative Study of Life Ideals）①。1922年许仕廉在美国爱荷华大学做博士论文《孔孟政治哲理》，其中第二部分为"孔孟政治哲理与西洋学者的政理比较的研究"②。陈受颐则于1928年在芝加哥大学以The influence of China on English culture during the 18th century一文获得博士学位。③

戊戌尤其是五四新文化运动以来，思想文化日益以西为新，新派学人著书立说，鲜有不以西洋为参照者。只是做法各异，途则不一，简单附会而外，或以本土资料填充外来框架，或以外来理论解释固有知识，或做超越时空的系统对应，或探索接触影响的脉络变化。对近代新学的形成起过至关重要作用的梁启超，1902年撰写《论中国学术思想变迁之大势》，就以专节比较先秦学派与希腊、印度学派。1904年编辑《子墨子学说》，又以专节比较中西宗教家哲学家之爱说。1919年出版的胡适《中国哲学史大纲》，声明："我所用的比较参证的材料，便是西洋的哲学。……故本书的主张，但以为我们若想贯通整理中国哲学史的史料，不可不借用别系的哲学，作一种解释演述的工具。"蔡元培为之作序，也肯定"我们要编成系统，古人的著作没有可依傍的，不能不依傍西洋人的哲学史。所以非研究过西洋哲学史的人不能构成适当的形式"④。

刘文典任教于北京大学期间，写了《怎样叫做中西学术之沟通》的长文，一面批评好以"古已有之"附会中西学说的所谓"沟

---

① 蔡仲德著：《冯友兰先生年谱初编》，第37—55页。
② 1922年6月7日许仕廉致胡适，杜春和、韩荣芳、耿来金编：《胡适论学往来书信选》上册，第485页。
③ 袁同礼编：A Guide to Doctoral Dissertations by Chinese Students in America 1905—1960, p11.
④ 欧阳哲生编：《胡适文集》6，第155、182页。

通家"，一面肯定"各系文明的发达，时间上虽难免有些参差，那路径却都是一致的"，希望"有那好学深思之士，具有综观世界各系文明的眼光，去了这虚体面的客气，晓得了近世科学的方法、性质、价值，明白了学术之历史的发达路径，把中西学术作个比较的研究，求两系文明的化合，这倒是学界一种绝大的胜业。要照这样的沟通，中国的玄学、心学、政治哲学、人生哲学，可以和西洋学术沟通的处所多着呢"。并对胡适《中国哲学史大纲》一书导言所表明的对待东西学术思想的识见与胸襟大加赞赏，劝胡适"再用几年心力，做一部需要最切的、西洋学者都还想不到、做不出的《比较哲学史》，把世界各系的古文明，做个大大的比较研究"。而且断言："我以为除了这种研究之外，再没有什么中西学术的沟通了。"[1]

运用比较研究方法解释、建立或重建中国的哲学体系，是胡适留学美国时已经确立的自觉。他在博士论文的导论中明确表示："更重要的还是我希望因这种比较的研究可以使中国的哲学研究者能够按照更现代的和更完全的发展成果批判那些前导的理论和方法，并了解古代的中国人为什么没有因而获得现代人所获得的伟大成果。"归国途中他在轮船上重申："我比过去的校勘者和训释者较为幸运，因为我从欧洲哲学史的研究中得到了许多有益的启示。只有那些在比较延究中（例如在比较语言学中）有类似经验的人，才能真正领会西方哲学在帮助我解释中国古代思想体系时的价值。"[2]

---

[1] 《北京大学日刊》第469、470、471号，1919年10月25、27、28日。
[2] 欧阳哲生编：《胡适文集》6，第4、12页。

胡适对于学院派的比较研究多少有所了解，留美期间，他参加过康乃尔大学基督教青年会组织的"宗教之比较研究"演讲活动。①1922年，他撰文介绍用比较研究法研究歌谣的"母题"，颇为地道，表明他至少看过有关的西书。②在1923年发表的《〈国学季刊〉发刊宣言》中，胡适提出研究国学要注意"博采参考比较的材料"，"用比较的研究来帮助国学的材料的整理与解释"，并批评"向来的学者误认'国学'的'国'字是国界的表示，所以不承认'比较的研究'的功用。最浅陋的是用'附会'来代替'比较'，……附会是我们应该排斥的，但比较的研究是我们应该提倡的。有许多现象，孤立的说来说去，总说不通，总说不明白；一有了比较，竟不须解释，自然明白了"。又举了语言学、制度史、音韵学、哲学史、政治思想史、文学史的众多实例，还附带提及宗教、民俗、美术等研究，也须利用参考比较的材料。③因此这几乎可以看成是一篇用比较法研究中国学问的宣言。

不过，胡适虽然摒弃简单附会，所列举的比较类型依然相当混杂。音韵学方面因为有钢和泰等人的影响，用方言、藏文及日、朝、安南语为对象，合乎比较语言学的规则，但以西洋文法比文言词性，以西洋议会制度史理解中国御史制度的性质与价值，以社会主义等西洋近世思想理解韩非、王莽、王安石等中国古代政治家的思想和政策，以柏拉图的"法象论"比较易象，以亚里士多德的"类不变论"解释荀子，其系统异同的可比性如何确定和把握，

---

① 曹伯言整理：《胡适日记全编》1，第224—225页。
② 《歌谣的比较的研究法的一个例》，《努力周报》第31期，1922年12月3日。
③ 《国学季刊》第1期，1923年1月。

不无疑问。如胡适以为用印度因明学和欧洲哲学作参考，解读《墨子·经上下》诸篇颇见成效，陈寅恪则认为整理国故者谈墨学，仍是附会而非了解之同情，所著之中国哲学史，依其自身所遭际之时代，所居处之环境，所熏染之学说，以推测解释古人之意志，即其今日自身之哲学史。①则胡适所谓"自然明白"，还是依据体验直觉，因人而异，并非通则。

在中国比较研究的学术史上，陈寅恪占有重要位置。归国之始，他在清华研究院担任的指导学科，就包括古代碑志与外族有关系者之比较研究、佛教经典各种文字译本之比较研究。其运用比较语言学和比较宗教学的方法，研治中国文史所取得的多项重要成就，已经有目共睹。②尤其是发覆格义及合本子注，对于认识中国历史上输入融合外部文化的进程样态，具有重要意义。《与刘叔雅论国文试题书》可谓陈寅恪关于比较研究的宣言。陈寅恪坚持"具有历史演变及系统异同之观念"，当是那时比较研究的正宗。所批评的种种现象，以今日的观念看，似乎属于平行研究的类型，而在陈寅恪本人，是否意味着完全否定平行研究的可能，则大有疑问。

陈寅恪以理学为格义，而对理学的评价甚高，认为朱熹在中国，"犹西洋中世之Thomas Aquinas（托马斯·阿奎那斯，1225—1274，意大利神学家兼哲学家），其功至不可没。"宋儒"皆深通佛教者。既喜其义理之高明详尽，足以救中国之缺失，而又忧其用夷变夏也。乃求得两全之法，避其名而居其实，取其珠而还其椟。

---

① 《冯友兰中国哲学史上册审查报告》，《陈寅恪史学论文选集》，第507—508页。
② 参见钱文忠：《略论寅恪先生之比较观及其在文学研究中之运用》，王永兴编：《纪念陈寅恪先生百年诞辰学术论文集》，第494页。

采佛理之精粹，以之注解四书五经，名为阐明古学，实则吸收异教，声言尊孔辟佛，实则佛之义理，已浸渍濡染，与儒教之宗传，合而为一。此先儒爱国济世之苦心，至可尊敬而曲谅之者也。"①由此对宋代学术文化高度重视。后来更加断言："真能于思想史上自成系统，有所创获者，必须一方面吸收输入外来之学说，一方面不忘本来民族之地位。此二种相反而适相成之态度，乃道教之真精神，新儒家之旧途径，而二千年吾民族与他民族思想接触史之所昭示者也。"②1941年陈寅恪纪念许地山时称："寅恪昔年略治佛道二家之学，然于道教仅取以供史事之补证，于佛教亦止比较原文与诸译本字句之异同，至其微言大义之所在，则未能言之也。后读许地山先生所著佛道二教史论文，关于教义本体俱有精深之评述，心服之余，弥用自愧，遂捐弃故伎，不敢复谈此事矣。"③陈寅恪放弃宗教史的研究，另有原因，但至少显示其在义理层面并不拘泥于影响研究。

陈寅恪总结王国维的治学内容及方法，举三目以概括之，除地下之实物与纸上之遗文互相释证外，异族之故书与吾国之旧籍互相补正、外来之观念与固有之材料互相参证，均与比较研究关系密切。尤其是后一条，"凡属于文艺批评及小说戏曲之作，如《红楼梦评论》及《宋元戏曲考》《唐宋大曲考》等是也"。照今人的眼光，王国维的《红楼梦》评论，正在比较文学的先驱者之列。其所用方法，明显不是影响研究。陈寅恪认为："此三类之著作，其学

---

① 吴宓著、吴学昭整理注释：《吴宓日记》第2册，第102—103页。
② 《冯友兰中国哲学史下册审查报告》，《陈寅恪史学论文选集》，第512页。
③ 《论许地山先生宗教史之学》，陈美延编：《陈寅恪集·金明馆丛稿二编》，第360页。

术性质固有异同，所用方法亦不尽符会，要皆足以转移一时之风气，而示来者以轨则。吾国他日文史考据之学，范围纵广，途径纵多，恐亦无以远出三类之外。"①这同样表明，陈寅恪并非绝对排斥平行比较一类的研究。

1933年4月，朱自清与浦江清谈"今日治中国学问皆用外国模型，此事无所谓优劣，惟如讲中国文学史，必须用中国间架，不然则古人之苦心俱抹杀矣。"②这多少可以反映陈寅恪的看法。早在1919年陈寅恪与吴宓相识不久，就赠诗记吴宓"以西洋小说法程来衡量《红楼梦》"③的《红楼梦新谈》，吴文被誉为继王国维用美学哲学观念分析解释《红楼梦》之后，用西方文学观念评论《红楼梦》的又一先驱之作。1923年，吴宓在《学衡》连载《希腊文学史》，用荷马史诗比中国弹词，并列举12个相似之处。④后来陈寅恪也以弹词与印度希腊的史诗名著相比，《论再生缘》其事虽晚，机缘却甚早。所谓"寅恪少喜读小说，虽至鄙陋者亦取寓目。独弹词七字唱之体则略知其内容大意后，辄弃去不复观览，盖厌恶其繁复冗长也。及长游学四方，从师受天竺希腊之文，读其史诗名著，始知所言宗教哲理，固有远胜吾国弹词七字唱者，然其构章遣词，繁复冗长，实与弹词七字唱无甚差异，绝不可以桐城古文义法及江西诗派句律绳之者，而少时厌恶此体小说之意，遂渐减损改易矣"⑤。只是陈寅恪推测弹词与佛曲相关，果真如此，则仍然属于

---

① 《王静安先生遗书序》，陈美延编：《陈寅恪集·金明馆丛稿二编》，第247—248页。
② 朱乔森编：《朱自清全集·日记编》第9卷，第213页。
③ 吴学昭：《吴宓与陈寅恪》，第4页。
④ 参见（韩国）李泰俊：《吴宓与中国比较文学》，《红岩》1998年第6期。
⑤ 陈寅恪：《论再生缘》，《寒柳堂集》，第1页。

影响研究的文类学范畴。

在日常言谈思考中，陈寅恪更加常用平行比较的观念，观察中外社会生活与精神文化的异同。留美期间，他与吴宓谈法国大革命事，吴宓认为"与吾国之革命前后情形相类"。陈寅恪谓："西洋各国中，以法人与吾国人，性习为最相近。其政治风俗之陈迹，亦多与我同者。美人则与吾国人，相去最远，境势历史使然也。然西洋最与吾国相类似者，当首推古罗马，其家族之制度尤同。稍读历史，则知古今东西，所有盛衰兴亡之故，成败利钝之数，皆处处符合；同一因果，同一迹象，惟枝节琐屑，有殊异耳。盖天理人情，有一无二，有同无异。下至文章艺术，其中细微曲折之处，高下优劣、是非邪正之判，则吾国旧说与西儒之说，亦处处吻合而不相抵触。"具体而言，则有"中国之哲学、美术，远不如希腊，不特科学为逊泰西也。但中国古人，素擅长政治及实践伦理学，与罗马人最相似。其言道德，惟重实用，不究虚理，其长处短处均在此"。"中国家族伦理之道德制度，发达最早。周公之典章制度，实中国上古文明之精华。至若周、秦诸子，实无足称。老、庄思想尚高，然比之西国之哲学士，则浅陋之至。余如管、商等之政学，尚足研究；外则不见有充实精粹之学说。"又以学术派分中外相较，将程朱、陆王之争与西国贤哲相比拟。吴宓与之交往接谈，觉得"中西实可古今而下，两两比例。中国之儒，即西国之希腊哲学。中国之佛，即西国之耶教……中国史事，与西洋史事，可比较者尚多"。他在日记中记道："自受学于巴师，饫闻梅、陈诸良友之绪论，更略识西国贤哲之学说，与吾国古圣之立教，以及师承庭训之所得，比较参证,处处符合,于是所见乃略进。"[1]这些都是陈寅恪在"讲宋学"的层面与平行比较暗合的例证。

四 具有统系与不涉傅会

虽然陈寅恪并不一概反对平行比较,其所批评的附会中西学说的种种表现,则确与平行比较相似,而所主张,又是当时居于正统地位的影响研究。其间的差异,虽有平行比较方法后来日趋完善的反衬,更重要的恐怕还是平行比较与影响研究相比,前者规则较宽泛,学人如果没有建立在系统训练基础上高度自觉的严格自律,容易流于格义附会的歧途。正如陈寅恪评论清代经学极盛而史学不振的原因时所说,二者同为考据,号称朴学,"所差异者,史学之材料大都完整而较备具,其解释亦有所限制,非可人执一说,无从判决其当否也。经学则不然,其材料往往残阙而又寡少,其解释尤不确定,以谨愿之人,而治经学,则但能依据文句各别解释,而不能综合贯通,成一有系统之论述。以夸诞之人,而治经学,则不甘以片段之论述为满足。因其材料残阙寡少及解释无定之故,转可利用一二细微疑似之单证,以附会其广泛难征之结论。其论既出之后,故不能犁然有当于人心,而人亦不易标举反证以相诘难。譬诸图画鬼物,苟形态略具,则能事已毕,其真状之果肖似与否,画者与观者两皆不知也。往昔经学盛时,为其学者,可不读唐以后书,以求

---

[1] 吴宓著、吴学昭整理注释:《吴宓日记》第2册,第58—59、68、100—102页。

速效。声誉既易致，而利禄亦随之，于是一世才智之士，能为考据之学者，群舍史学而趋于经学之一途"。民国时期学人竞言古史，"察其持论，间有类乎清季夸诞经学家之所为者"①。

影响研究与平行比较，在比较文学领域固然是两大流派学术观念的体现，但如清代的史学与经学，或光绪朝的公羊春秋与西北史地之学，一则规则与得失较易把握判断，一则不易到达既能各别解释，又能综合贯通的高度，而夸诞者似是而非的附会则见效快得名易。今人多舍影响研究而群趋于平行比较，与清代及民国时期学人的动向大体同因。其实平行比较要见功力卓识而不逾矩，确系比较而非附会，其难度不在影响研究之下，其自觉或许要求更高。

以影响法治比较研究之学者，既要经过严格训练掌握多种具有相关联系的语言文字工具②，又需长期追寻搜索积累各种史料，并具有高超的推理判断能力和综合贯通的见识，未经训练或不耐劳烦者自然难以下手。而此法又因有历史演变及系统异同的踪迹可寻，判断其当否反较容易。平行比较则不同，如果不是对所比较之人事有全面深入系统的了解认识，确定为普遍的天理人心，则格义附会，似是而非，主观任意性极强。好弄中西比较文学的吴宓1931年游学欧洲，尚未遍览，便"深觉不到欧洲，不知西洋文学历史之真切"③。则前此比较中西，虽然鄙视"竞谈'新文学'"的"国内人士"，以为"真能确实讲述《西洋文学》之内容与实质者则绝少"，并自诩在《学衡》所撰各国文学史，"述说荷马至近二万

---

① 《陈垣元西域人华化考序》，《陈寅恪史学论文选集》，第505—506页。
② 据说欧洲传统要求比较文学者掌握十种西、北欧语言（参见钱文忠：《略论寅恪先生之比较观及其在文学研究中之运用》，王永兴编：《纪念陈寅恪先生百年诞辰学术论文集》第494页）。
③ 吴宓著、吴学昭整理注释：《吴宓日记》第5册，第170页。

言，亦当时作者空疏肤浅，仅能标举古今大作者之姓名者所不能为者矣"①，还是不免隔靴搔痒，不得要领。

自西学凌驾于中学，中国被动进入以欧洲为中心的世界体系，无论态度肯定与否，参照比附西学为中土学人的一大共性。即使不简单附会，间架与术语也不得不用舶来品。1937年陆志韦在清华作《中国人类比的思想方法及其对科学之阻碍作用》的演讲，认为中国人喜欢平行推理，"它既非演绎的亦非归纳的，而是类比的"。这是理解诗歌之最好方法，但对科学则大为不利。"为了取得科学精神，中国人必须摆脱这种思想方法。"②这种科学万能或科学至上的观念，并非放之四海而皆准的真理，却是近代以来被拖入世界体系的人们所以为的公理。同时也显示，科学在处理艺术与义理方面，的确有所局限。

在比较研究范围，陈寅恪虽然也同意或不得不接受这一现实，多少还是有所保留。1933年初陈寅恪审查冯友兰的《中国哲学史》下册，对其"取西洋哲学观念，以阐明紫阳之学"，虽然诩为"宜其成系统而多新解"，实则认为汉魏晋一段中国哲学史难治，尤其需要用影响研究法厘清儒释道三教之渊源关系。③1937年陈寅恪与吴宓谈及"熊十力之新唯识派，乃以Bergson（亨利·柏格森）之创化论解佛学。欧阳竟无先生之唯识学，则以印度之烦琐哲学解佛学，如欧洲中世耶教之有Scholasticism（经院哲学），似觉劳而

---

① 吴宓著、吴学昭整理：《吴宓自编年谱》，第222页。
② 朱乔森编：《朱自清全集·日记编》第9卷，第456—457页。
③ 《陈寅恪史学论文选集》，第510—512页。浦江清也不满于冯友兰的《中国哲学史》时期划分与西方哲学对应（朱乔森编：《朱自清全集·日记编》第9卷，第330页）。

少功，然比之熊君所说尤为正途确解也"①。所以他虽有平行比较的眼光意识，著述却谨守历史演变与系统异同的规则。民国时期在比较研究方面真正有学术贡献的，主要也由影响研究而来。后来以"打通"法深究古今中外的诗眼文心取得极高成就的钱锺书，看似无拘无束，其实同样经过影响研究的严格训练，并且批评一般牵强附会者的所谓比较不是研究。

中西两面皆博大精深，能通一面已至为不易，所谓学贯中西，当之无愧者凤毛麟角。在输入西学的同时要建立起合乎规矩的新学，对于近代读西书乃至留西学的一般学人而言多少有些力不从心。然而，从思想史的角度考察，作为由中心而边缘的后进国家，必须时时考虑如何在新的世界体系中求生存，则近代中国的思想先驱几乎天生具有比较中西异同的本能和观念。仅仅存在于东亚人观念世界中的西方，尽管地位有所变化，一直是中国人心中的主要参照。无论是西学中源，还是中体西用，所用观念，大体为平行类比，其中附会中西学说者比比皆是。最为典型的当属新文化运动时的东西文化论战，交战双方的认识大相径庭，看问题的态度和方法却如出一辙，都是将所谓东方与所谓西方平行类比，求其异同。陈独秀提出："世界民族多矣，以人种言，略分黄白；以地理言，略分东西两洋。东西洋民族不同，而根本思想亦各成一系，若南北之不相并，水火之不相容也。"进而对比为西洋民族以战争、个人、法治、实力为本位，东洋则以安息、家族、感情、虚文为本位。②与陈独秀观念相反的杜亚泉，认为西洋为动，中国为静，因而西洋

---

① 吴宓著、吴学昭整理注释：《吴宓日记》第6册，第152—153页。
② 陈独秀：《东西民族根本思想之差异》，《青年杂志》第1卷第4号，1915年12月。

重人为，生活向外，社会多团体，崇拜竞争之胜利，以战争为常态，和平为变态；中国重自然，生活向内，社会无团体，崇尚与世无争，以和平为常态，战争为变态。①

两年后李大钊的《东西文明根本之异点》，从"东洋文明主静，西洋文明主动"的基本判断出发，排列出一系列差异，"一为自然的，一为人为的；一为安息的，一为战争的；一为消极的，一为积极的；一为依赖的，一为独立的；一为苟安的，一为突进的；一为因袭的，一为创造的；一为保守的，一为进步的；一为直觉的，一为理智的；一为空想的，一为体验的；一为艺术的，一为科学的；一为精神的，一为物质的；一为灵的，一为肉的；一为向天的，一为立地的；一为自然支配人间的，一为人间征服自然的"②。稍后梁漱溟的《东西文化及其哲学》讲演，虽然将东方分为中国与印度两大支，还是在西方向前要求、中国自为调和持中、印度反身向后要求的概括下，比较三种文化的种种差异。

对于这类比较，多少了解一些比较研究基本规则的胡适指为"拢统"。他以为："至于'此刻'的问题，更只有研究双方文化的具体特点的问题，和用历史的精神与方法寻求双方文化接触的时代如何选择去取的问题，而不是东方文化能否翻身为世界文化的问题。"梁漱溟的分析辨别看似仔细精微，实则"想把每一大系的文化各包括在一个简单的公式里，这便是拢统之至。公式越整齐，越简单，他的拢统性也越大"。其所发明的"文化公式"，"只是闭眼的拢统话，全无'真知灼见'。他的根本缺陷只是有意要寻一个

---

① 伧父：《静的文明与动的文明》，《东方杂志》第13卷第10号，1916年10月。
② 陈崧编：《五四前后东西文化问题论战文选》，第57页。

简单公式,而不知简单公式决不能笼罩一大系的文化"①。还在美国的冯友兰也致函梁漱溟,认为"过于恃直觉","抽象之论未足令人即信"②。

其实,简单类比并非国人的专利,第一次世界大战后,鉴于战事的惨烈,建立在科学理性基础上的欧洲中心论动摇,"一般学者颇厌弃西方物质文明,倾慕东方精神文明"③,德国的斯本格勒(Oswald Spengler)著《西方的没落》,以文化类型比较法对比东西,"最喜比较",社会上轰动一时,但在学术界则评价甚低,认为"彼以体验与认识等列,为不伦;以民族之相异极大,为非实故也"。历史教授"皆谓Spengler不知历史"。而中国留学生则认为其书中"好思想颇多",对于当时在欧洲站在东方文化立场上到处演讲、同样好以东西对比的泰戈尔,反而觉得"皆吾辈所常谈,新意绝寡。"④

东西文化论战以后,融合中西文化一直是有志者的梦想,为此,比较二者的异同优劣以便取舍,始终不曾离开近代中国思想史的主线。这种功利性势必影响到学术研究。清华设立文化比较研究室的目的,就是"对于中西文化之异同,当有所发现;对于中西文化之沟通,当有贡献"⑤。而学人也一直试图以比较研究所得影响社会,西化与否,便是斩不断理还乱的重要情结。1930年1月,因胡适在美国大学妇女联合会的演讲,英文的《中国评论周报》开始

---

① 《读梁漱溟先生的〈东西文化及其哲学〉》,《读书杂志》第8期,1923年4月1日。
② 蔡仲德著:《冯友兰先生年谱初编》,第48页。
③ 王光祈:《旅欧杂感》,《少年中国》第2卷第8期,1921年2月15日。
④ 魏时珍:《旅德日记》,《少年中国》第3卷第4期,1921年11月1日。
⑤ 齐家莹编撰:《清华人文科学年谱》,第331页。

讨论全盘西化还是重新复活中华文明的问题。①这可以说是几年后全盘西化以及本位文化大论战的前奏，东西文化论战的种种问题以新的形式再次被提出。同年胡适还写了《东西文化之比较》一文，批评欧洲消极的学者和亚洲的东方文化夸耀者。②陈寅恪是否感觉到山雨欲来风满楼的变化，不得而知，以往他谈中西文化及社会的比较，很大程度上是针对盲人摸象似的将中外妄加比较误导公众遗患无穷的时势而发。

此外，陈寅恪虽然文史兼治，仍以史学为重，而按照傅斯年的看法，史学便是史料学，"史料学便是比较方法之应用"。然而如何才算是以"科学的比较为手段"，又怎样去处理不同的记载③，依然分歧不小。担任清华历史系主任的蒋廷黻即偏向于综合史观，反对一味考据，治史书而忽略历史。1932年，他聘请雷海宗回校任教，陈寅恪对于后者以文化形态史观为依据的国史初步综合颇不以为然。后来雷海宗等人发起的战国策派，用"文化统相法"和"形态历史观"，试图在五四以来承受自欧西的"经验事实"与"辩证革命"之外另辟蹊径，虽然自称"并不是主张回到中古的缥缈恍惚的'玄学'办法"④，在学术范围内，陈寅恪恐怕也很难认可。

古今中外的天理人情，虽然大同小异，但异同之代表性及其适用之范围的界限游移不定，难以把握。五四新文化以后国人好比较中西文化，而异同之所在及优劣之评判，则谨愿者亦不免见

---

① 曹伯言整理：《胡适日记全编》5，第613—631页。
② 欧阳哲生编：《胡适文集》11，第182—193页。
③ 《史学方法导论》，岳玉玺、李泉、马亮宽编选：《傅斯年选集》，第193页。
④ 林同济：《形态历史观》，温儒敏、丁晓萍编：《时代之波——战国策派文化论著辑要》，第6页。

仁见智，夸诞者更是迹近图画鬼物。陈寅恪口头上常常将中西社会文化作平行比较，因其对于中外各国社会文化的历史演变及现实状况有系统了解和深入体察，所见却与时人大异。如他以为"救国经世，尤必以精神之学问（谓形而上之学）为根基"，而中国古人惟重实用，不究虚理，"今人误谓中国过重虚理，专谋以功利机械之事输入，而不图精神之救药，势必至人欲横流，道义沦丧，即求其输诚爱国，且不能得"①。这与东西文化论战各派的观点均截然相反。胡适一派有英国通之称的陈源，1922年在柏林第一次听到陈寅恪的妙论，"说平常人把欧亚做东西民族性的分界，是一种很大的错误。欧洲人的注重精神方面，与印度比较的相近些，只有中国人是顶注重物质，最讲究实际的民族"。当时觉得是"闻所未闻的奇论，可是近几年的观察，都可以证实他的议论，不得不叫人惊叹他的见解的透澈了"②。

即使这样的洞察，仍然只能体验，不易征实。无独有偶，胡适也将朱熹比作阿奎那斯，看法却与陈寅恪相去甚远，认为朱熹集宋代新精神之大成，"不幸而后来朱学一尊，向之从疑古以求得光明的学者，后来皆被推崇到一个无人敢疑的高位！一线生机，几乎因此断绝。……故朱熹本可以作中国的培根、笛卡尔，而不幸竟成了中国的圣汤姆"③！

或以为影响研究范围狭窄，单就文学而言，不无道理，放大到历史文化领域，则不尽然。即以陈寅恪本人的研究范围而论，中古以降民族文化史，大都涉及与外国、外族交接之事。尤其是唐代，

---

① 吴宓著、吴学昭整理注释：《吴宓日记》第2册，第101—102页。
② 西滢：《闲话》，《现代评论》第3卷第65期，1926年3月6日。
③ 曹伯言整理：《胡适日记全编》4，第7页。

因"与外国、外族之交接最为频繁,不仅限于武力之征伐与宗教之传播,唐代内政亦受外民族之决定性的影响。故须以现代国际观念来看唐史"。近代史更不必言,按照陈寅恪的看法,"中国之内政与社会受外力影响之巨,近百年来尤为显著"①。治近代史事,无论政治、经济、军事、思想、文化、学术、社会,不能沟通中外则几乎无法下手,即使勉强下手,也难以得其要领。而若不在大量影响研究的基础上再做平行比较,则明比固然穿凿附会,怪诞百出,无所谓研究之可言,暗比也难免用自身所熏染之学说与经验,以推测解释,妄断是非异同。就此而论,近代史研究的空间极广,范围极大,对学人训练与智慧的要求也极高。②那种缺乏必要的基本训练,中外两面均一知半解,仅凭鸡零狗碎的个人体验和问题甚多的几本译书,望文生义,格义附会式的所谓比较研究,虽然可以反映时代思想的潮流动向,在人类知识与学术积累上,其实并无贡献。临渊羡鱼,不如退而结网。立意纵高,也须循序渐进,否则,越是高明的方法,越是要求举重若轻,旁观以为胸有成竹,临场必然弄巧成拙,不得其利,反受其害了。

近年有学人提出,法国的影响研究和美国的平行比较为比较研究的第一、第二阶段,都是在同质文化中由学院发生,强调联系性,第三阶段的比较研究则为异质文化的跨文化研究,重在多样文化相互的理解、交流与沟通。只是参照中国比较研究的历史,第三

---

① 石泉、李涵:《听寅恪师唐史课笔记一则》,张杰、杨燕丽选编:《追忆陈寅恪》,第270页。
② 近年来日本京都大学人文科学研究所探讨梁启超如何通过明治日本吸收西方思想的共同研究表明,以往中国近代史在影响研究方面的工作极不充分,而所牵涉的问题对于理解近代中国人的精神世界、社会文化变迁乃至当代中国的走向,都相当关键。

阶段（如果成立的话）似出现于第二阶段之前，而且各阶段均不限于同质文化内部。就此而论，所谓第三阶段，很可能不过是平行比较的前奏，因而无论在中国还是欧洲，其学术性都备受质疑。如果不能摆脱隔义附会与文化类型比较的随意，建立起一套严谨的方法体系，其学术价值能否得到肯定，仍是未知数。另一方面，以类比法作平行推理，不仅是中国人所习惯的思维方式，在艺术和义理的层面，还有为科学所不能解释与范围的功用，因而同样具有普遍性。而要证明并且把握这一点，又必须摆脱以科学方法衡量一切的桎梏，并取信于思想方式各异的不同文化系统的人们。或许正如相信科学是因为教育文化被系统性改造，思维方式随之变化的结果，而不一定是欧洲的思维方式高明的表征，只有找出异质文化普遍具有类比推理的结构特征，并且承认人本和科学之于人类的同等重要，希望多样文化相互的理解、交流与沟通的第三阶段比较才有可能得到普遍认同。在此过程中，有必要借鉴1931年陈寅恪在清华20周年纪念时针对中国史料发见众多提出的准则，"具有统系与不涉傅会之整理"[①]，作为比较研究新阶段的重要标的。

---

① 《吾国学术之现状及清华之职责》，陈美延编：《陈寅恪集·金明馆丛稿二编》，第361页。

第九章 傅斯年"史学只是史料学"再析

自20世纪20年代傅斯年提出"史学只是史料学",虽然由此成就了历史语言研究所,使得中国的史学研究在国际上获得相当的地位,其本人亦被标举为所谓"史料学派"的盟主,却也因此惹来诸多争议。围绕这一观念,各方学人议论纷纷,赞成与反对者的态度尖锐对立,迄今为止,还是聚讼纷纭的公案。检视众多相关论著,似乎剩义无多,一些后来者的意见即使没有落入前人窠臼,也掉进傅斯年相当不以为然的"辩论"俗套。所以还能再析,原因有三,其一,近年来新见的相关史料渐多,为进一步解读既有史料和史事,提供了必要的依据,可以发现一些前人误读错解之处。其二,傅斯年"史学只是史料学"的主张本旨,究竟如何理解,与其史学思想的整体关系如何,似还有未尽之义。以时间为线索,探究事实联系,即用傅斯年的办法来研究傅斯年的想法,有助于厘清一些关键问题。其三,"史学只是史料学"对于历史研究的积极作用,还有在傅斯年的基础上进一步扩展发挥的余地。有鉴于此,再析不仅必要，而且可能。对于时下学术风气的趋向，不无借鉴意义。

一　近代的历史学只是史料学

傅斯年正式提出"史学只是史料学"的概念，始于1928年发表的《历史语言研究所工作之旨趣》，原文为："历史学和语言学在欧洲都是很近才发达的。历史学不是著史：著史每多多少少带点古世近世的意味，且每取伦理家的手段，作文章家的本事。近代的历史学只是史料学，利用自然科学供给我们的一切工具，整理一切可逢着的史料，所以近代史学所达到的范域，自地质学以致目下新闻纸，而史学外的达尔文论正是历史方法之大成。"①这一表达，傅斯年先后还使用过"便是""本是""即"等等，意思大同小异。②值得注意的是，傅斯年所认为"只是史料学"的历史学，并非泛泛而言，而是指近代的历史学。这种近代的历史学不同于古典的史学，确切地说，是分科治学以后的史学。这样的史学虽然以近代以来的欧洲为典范，在中国历史上却早已出现过。中国的历史源远流长，史学也发达较早。所以，所谓"近代的历史学只是史料学"，绝不是故作大言，而是傅斯年对于中西史学历史变迁的理解与把握的浓缩。

要想完整地理解"近代的历史学只是史料学"，最重要的文本是《史学方法导论》。该书不仅是傅斯年系统阐述其史学观念的主

---

① 欧阳哲生主编：《傅斯年全集》第3卷，第3页。
② 参见侯云灏《"史学便是史料学"——记著名史学家傅斯年》，《历史教学》1999年第9期，第21页。

要体现，也是其一生教学讲授的基本教材。可惜全本迄未得见，目前各家引述的只是残篇。据傅斯年所拟目录，这份讲义共分七讲，依次为：第一讲，论史学非求结论之学问；论史学在"叙述科学"中之位置；论历史的知识与艺术的手段。第二讲，中国及欧洲历代史学观念演变之纲领。第三讲，统计方法与史学。第四讲，史料略论。第五讲，古代史与近代史。第六讲，史学的逻辑。第七讲，所谓"史观"①。台湾联经版的《傅斯年全集》出版时，编者说明这是傅斯年任教北京大学时的讲义，仅存第四讲。湖南教育出版社2003年版的《傅斯年全集》，照联经版录入。

尽管目前仍无法得窥《史学方法导论》的全貌，从新出史料还是可以更多地了解该书的内容，而这对于全面认识傅斯年的史学观念，无疑相当重要。1995年12月刊登于《中国文化》第12期的未刊稿《中西史学观点之变迁》，傅斯年从三方面加以讨论，一、中国历代对于史学观点之变迁，二、西欧历代对于史学观点之变迁，三、近代数种史观之解释。与《史学方法导论》的拟目比较，至少应当就是第二讲的内容，并涉及第七讲的一部分。②而据1933年度《国立北京大学一览》的《〈史学方法导论〉课程纲要》，傅斯年为北大历史系所开的这门必修课，只有三方面的内容，即"一、中国及欧洲史学观点之演进。二、自然科学与史学之关系。三、史料之整理办法"③。这与傅斯年的拟目差距较大，至少表明截至1934年，《史学方法导论》的框架仍不完整。

---

① 欧阳哲生主编：《傅斯年全集》第2卷，第307页。
② 湖南教育出版社版《傅斯年全集》的编者已经指出该文与《史学方法导论》第二讲的关系。
③ 欧阳哲生主编：《傅斯年全集》第5卷，第29页。

从其他蛛丝马迹看，傅斯年似未将该讲义完整写出，例如第三讲的统计方法与史学，傅斯年曾经说："统计学应该是一个mathematical discipline，不该一节一段的乱猜。中国现在好几本统计学，没有一本说它是probabilities之应用的，这样子的统计学不是科学……至于历史与统计，更是笑话。历史那里有许多可供统计（科学的统计）的事实？我好引Rifferplaton的方法，'以字数统计证Dialogue之先后'。但这真是统计学的屑末而已。强谓统计与史学大有关系，亦幻想也。"顾颉刚指其"自谓算学很好，统计第一"，傅斯年以"名誉攸关，不得不辩"，还专门致函胡适，说是"此真笑话，我断不至妄到这一步也"[①]。目前所见第四讲《史料论略》一开始就说："我们在上章讨论中国及欧洲历史学观念演进的时候"，而据傅斯年的拟目，讨论中国及欧洲历史学观念的演进应是第二讲，按照北京大学1933年度《〈史学方法导论〉课程纲要》，则中间夹着一讲"自然科学与史学之关系"，均不及统计方法与史学。

另外，同属中研院的史语所与社会学所有明确分工，前者并不涉足由鸦片战争开始的近代史。[②]这恐怕不仅是职责的差异使然，即使到1950年代，迁移到台北的"中研院"筹建近代史所，史语所的一些先生仍持明确的反对态度。虽然那时傅斯年已经故去，多少还是反映了这些有着相同或相近学术理念的学人的长期共识。

[①] 1941年9月20日致胡适，欧阳哲生主编：《傅斯年全集》第7卷，第225—226页。

[②] "中研院"史语所藏傅斯年档案1943年1月15日傅斯年致朱家骅函："原来在此［北］平时，弟感觉社会所之亦治史学也，曾与孟和商量，二人同意如下：近一百年史，即鸦片战争起，由社会所办，其设备亦由社会所。明、清两代经济史，以其经济方面，或比史之方面为重，归社会所；明、清以前者，以其史学方面比经济方面为重，归史语所。"

由此可见，傅斯年《史学方法导论》的若干讲，可能并未形成完整的文字，如第三、五等讲。从上述情形判断，傅斯年拟定的七讲，应当不是平均用力，其中比较重要的是第一、二、四、七各讲。除第一讲外，其余各讲已经有了傅斯年本人所写的较为系统的文本作为依据，而第一讲的基本内容，从傅斯年的各种相关文字中，也可以窥见大体。这为理解傅斯年的史学思想的基本系统，特别是全面地解读一些近乎口号式的概念，提供了较为坚实的基础，能够有效地避免断章取义或隔义附会。

《中西史学观点之变迁》，其主体也就是《史学方法导论》的第二讲"中国及欧洲历代史学观念演变之纲领"，可以说是从中外史学发展进程的角度来理解"近代的历史学只是史料学"的关键。按照傅斯年的认识，"客观史学方法，非历史初年产物，而为后起之事。大概每一个民族历史的发展，最初都是神话与古史不分，其次便是故事与史实的混合，经过此二阶段后，历史乃有单独的发展"。这一通例，中外大体一律，只是中国文化发达甚早，史学的成熟也相对较早。《春秋》以下，已出现纪事编年系统。但《史记》并非客观历史，司马迁非考订家而是记录家，将记事与记理融于一炉，寓褒贬于著述，加入主观思想，有其特殊见解，成一家之言，为综合史体。其长处在于：1. 比较编年学之观念之早现；2. 八书即中国古代的文化史；3. 纪传体成立，与编年成史学两派；4. 史始自成一派。所以《史记》为承前启后的一大部著作。

但自汉迄唐，史学竞胜者只在文学与史法，到了宋代才风气大变。宋代史学最发达，"最有贡献而趋向于新史学方面进展者，《通鉴考异》《集古录跋尾》二书足以代表。前者所引之书，多至数百余种，折衷于两种不同材料而权衡之，后者可以代表利用新发现之材料以考订古事，自此始脱去八代以来专究史法文学之窠臼而转注于史料之搜集、类比、剪裁，皆今日新史学之所有事也"。至于《资治通鉴》《五代史》《新唐书》等，虽然于《春秋》的正统思想有莫大的解放，仍不能廓清主观成分。尽管如此，北宋史学已远超前代，可惜南渡后无进展，元明时生息奄奄。清朝史学家为避文网，不敢作近代史料之搜集编纂，而趋于考订史料之一途，《廿二史札记》《十七史商榷》贡献最大。"然而有清一代始终未出一真史家与真史书。现在中国史料由于地下之发掘与考古学之贡献，日益加多，作史较易，加以近代西洋史学方法之运用与乎社会科学工具之完备，今后史学界定有长足的进展。"

这样的观点，在《历史语言研究所工作之旨趣》中已经出现。傅斯年称：司马迁的《史记》传信存疑以别史料，能作八书，排比列国纪年，"若干观念比十九世纪的大名家还近代些"。欧阳修的《五代史》不是客观史学，而《集古录》"下手研究直接材料，是近代史学的真工夫"。欧阳修的《五代史》、朱熹的《纲目》代表中世古世的思想，司马光的《通鉴》则能利用无限的史料，考订旧记。"宋朝晚年一切史料的利用，及考定辨疑的精审，有些很使人更惊异的。照这样进化到明朝，应可以有当代欧洲的局面了。"不幸因为蒙元入侵，以及清朝政府最忌真史学发达，不仅不能开新进步，反而退步。①

傅斯年和陈寅恪都十分推崇宋代史学，但具体标志，略有不同，《通鉴考异》是两人共同标举的代表作。《史学方法导论》

---

① 欧阳哲生主编：《傅斯年全集》第3卷，第4页。

称:"在中国详述比较史料的最早一部书,是《通鉴考异》。这里边可以看出史学方法的成熟和整理史料的标准。在西洋则这方法的成熟后了好几百年,到十七八世纪,这方法才算有自觉的完成了。"①

傅斯年虽然认为中国史学发达甚早,并将宋代史学的诸多特征指为新史学,实际上却是以欧洲近代的新史学作为标准,来反证中国的史学发展程度。他说:"中国学问,自古比西洋继续性大,但最近千年来,反不如西洋之有继续性,此亦中国近代文化落后之一原因。"欧洲希腊以前的史学,只是文学的附庸。罗马教会成立以后,未经外力扫荡,只有内部改革,不如中国经永嘉、靖康两次南渡,历代史籍,传少失多,专家之学,不得传承,许多学问,多成绝学。所以奥古斯丁以整齐方法叙述史实,以历史证明有系统之神学,文艺复兴时期,更由于对希腊古学的兴趣和探究,形成脱离宗教色彩的新文学新史学,只是仍不以史为谈事之对象,而以史学为表现文学之工具。

近代欧洲史学的发展体现于两方面,一是观点变化,"近代史学观点,与其谓为出于思想之变化,毋宁谓为事实之影响"。由于新大陆的发现等事实,从前上下古今一贯的学说根本动摇,"对于异样文明,发生新的观念、新解释的要求,换言之,即引起通史之观念、通史之要求"。二是方法改进,欧洲中世纪以来,各种类型的史料增多,"近代历史学之编辑,则根据此等史料,从此等史料之搜集与整理中,发现近代史学之方法——排比、比较、考订、编纂史料之方法——所以近代史学亦可说是史料编辑之学。此

---

① 欧阳哲生主编:《傅斯年全集》第2卷,第308—309页。

种史学，实超希腊罗马以上，其编纂不仅在于记述，而且有特别鉴订之工夫。……过去史学与其谓史学，毋宁谓文学；偏于技术多，偏于事实少；非事实的记载，而为见解的为何。史学界真正有价值之作品，方为近代之事"。"此二种风气——重文学，一重编辑史料—到后形成二大派别，一派代表文史学，一派代表近代化之新史学。"前者"不在史料本身之讲求，而惟文学、主观见解之是务"，相关作品对世界影响虽大，终以文学价值为多；后者则重视记载之确实性，因所见史料超过前人，记载也较前人更加确实。"此外史料来源问题，亦使新史学大放异彩。……由于史料之搜集、校订、编辑工作，又引起许多新的学问。"尤其是考古学、语言学和东方学，近代均有大的发展。人们对于自身、世界以及其他文化历史的认识大为扩张。

正是基于上述事实，傅斯年断言："综之，近代史学，史料编辑之学也，虽工拙有异，同归则一，因史料供给之丰富，遂生批评之方式，此种方式非抽象而来，实由事实之经验。"①

周予同将现代中国史学大别为史料与史观两派的观点影响深远，而傅斯年在被视为史料派代表的同时，似乎被剥夺了对于史观的发言权。这一划分后人大抵延续，且被不断简化和放大。实则尽管傅斯年对于史观不能说毫无成见，却的确下过功夫，加上长期留学欧洲的背景，了解的程度当在不少批评者之上，绝非一般不知不觉的偏见。目前《史学方法导论》的第七讲"所谓史观"虽不可见，但《中西史学观点之变迁》的第三节"近代数种史观之解

---

① 《中西史学观点之变迁》（未刊稿），欧阳哲生主编：《傅斯年全集》第3卷，第149—156页。

释",还是提供了傅斯年关于史观的系统意见。他认为:"因人类接触,发生世界史要求,以解决新问题,同时一般哲学家以为历史无非事实之记录,事实之演变,必有某种动力驱之使然,如能寻着某种动力之所在,则复杂之历史,不难明其究竟,因是而有史观之发生。所谓史观,即历史动力之观察,观点不同,推论即异。"傅斯年选择最有势力的三种史观加以概述,即进化史观、物质史观和唯物史观。

一般关于进化论的描述,都说源于达尔文对生物学的考察,后来赫胥黎用于人类社会,形成社会达尔文主义。傅斯年的看法有所不同,他认为达尔文学说不出自生物学,而得自马尔萨斯的人口论,将马氏的生存竞争思想用于生物界,得出自然淘汰的观念,优胜劣败,适者生存的思想由此生出。这一思想盛极一时,深深影响了19世纪下半叶的学术界,连人文科学、物质科学亦大受其影响。进化论的优点,"在将整个时间性把握住,于史学演进给一新的观点,同时文化人类学、人种学之兴起亦有帮助",其流弊则文艺复兴以来的学术思想自由发生断裂,人道主义趋于淘汰,武力主义逐渐抬头。

所谓物质史观,主要是以地理环境解释人类的种族与文化发展差异,以英国的博克尔(T.H.Buckle)为代表,所著《英国文化史》包罗万象,在19世纪前中期相当流行。后来虽然渐衰,实则许多思想已经演变为不言而喻的常识深入人心。20世纪法国的人文地理学派承其衣钵,仍然盛行。该派认为,人类进化与天然影响成反比,其解释对于历史有帮助,但常有例外,马克思对此曾有详细的批评。

进化论和地理影响说曾经在近代中国发生过广泛影响,在史学领域，夏曾佑的中学历史教科书和梁启超的一系列论著，可为代表。到了傅斯年的时代，这两种观念的影响已经内化为教科书的内容而趋于平淡，而唯物史观逐渐兴起并流行，尤其在青年学人和学生当中，渐成主导性思潮。傅斯年对此相当不以为然，他认为马克思在史观方面的贡献一是剩余价值论对于人文地理学派多所批评，二是共产主义宣言。其弊端则为：一、将整个世界进展视作直线进程，各个历史阶段只是将黑格尔的横断发展变为纵断发展。这种将历史抽象化的做法，与天主教神学思想的一元论和普世化有关。二、根据工业革命前后的史料，以历史片断现象而欲概括通有之历史现象，是诚不可能。

傅斯年对于史观尤其是唯物史观的态度，不说是偏见，至少有些成见。不过，他的看法确有学理和时势两方面的思考。从学理的角度，那一时期以欧洲为中心（并非地理上，而是思维方式上）的人类社会历史认识，更倾向于整体上通盘解决，希望建立统一的系统，将各种文化排列其中。在进化论制导下，空间形态不同的文化被放置到同一时间序列中，而这样的观念被实践进化论的西方列强用行动张开世界体系的大网，注入一切被网罗其中的其他文化系统承载者的精神世界，并反过来扩大和强化着观念本身，认识几乎等同于真理。可是，这种由历史哲学发生出来的抽象化认识，并未得到历史事实的充分支撑。甚至可以说是在惘顾或大量牺牲史实的前题下做出的推论。只是欧洲的历史哲学与历史学，有着学科分界和文化差异的纠葛，前者对后者的影响有限，或者说，史学专家比较能够把握二者的分际。当李大钊将唯物史观引进中国时，就把历史理论与记述历史分别，只承认前者是历史科学。①后来被纳入历史学科的史学理论，也一般被认为与史学研究无关，因为既不能提供史学研究以利器，相关学人也往往不从事不擅长具体的史学研究。而将历史哲学作为史学理论，很难说是得其所哉。时至今日，随着研究的深入扩展和观念的调整，建立在进化论基础上的统一历史观及其发展阶段的划分，越来越受到挑战。

就时势而言，当时好讲史观者的确存在概念化教条化倾向，强事实以就我的情形相当普遍，令掌握史实较多而解读史料能力较强的学人相当不以为然。1945年4月，金毓黻读过由范文澜主编、以中国历史研究会名义出版的《中国通史简编》，认为该书"实延安共产党本部所编大学丛书之一也。综观编辑大旨，系主唯物史观，以农夫、工人之能自食其力者为国家社会之中心，如君、相、士大夫、富商、豪民皆在排斥之列。如宋代之王小波、方腊、宋江、钟相、杨幺，当时视为草泽群盗者，皆尊之为饥民团结反抗暴虐之政府。又如宋儒程颐、朱熹为前代君相所尊崇者，则讥为曲学阿世，供人利用，又摭举其个人私德以为其品格尚有可议。似此力反昔贤之成说，而为摧毁无余之论，毫无顾忌，又前此尚论诸家所未有也。范君本为北京大学同学，又同请业于蕲春先生之门，往日持论尚能平实，今乃为此偏激之论，盖为党纲所范围而分毫不能自主者"②。

直到1947年，安志敏评点翦伯赞的《中国史纲》第2册，"对翦氏之治史精神固不胜钦佩，而于其内容，则觉错误累累，触目皆

---

① 李守常：《史学要论》，第22页
② 金毓黻著：《静晤室日记》，第5869页。

是，不禁大失所望。……著者用力之勤，固令人佩服，惜依据资料太少，未能充分利用考古资料，兼以个人主见甚深，致歪曲事实颇多，对中外学者研究之结果既未充分利用，而个人之见解又多无所根据，遂致虚耗精力，徒费篇幅，此古人所以深戒'不知而作'欤"？尽管安氏声明："皆以客观态度，纯为学术上之检讨，想蓢氏必能谅其直率也"①，如此毫不留情，体无完肤，即使在《燕京学报》第30至32期锐气十足的书评系列中，也显得相当突出。

范、蓢均为代表唯物史观的"新史学"大家，但上述批评并非由于对唯物史观心存偏见。金毓黻对于同样以唯物史观为统的周谷城的《中国通史》，其看法却是："然其最可取者，全书以经济史观为主眼，一贯而下，颇能自成家言。论其骨干，实为绝去依傍，自抒所见，此亦难能可贵之一端。余读此书有不忍释手之征象，则此价值高人一等又可知矣。"②

史料与史观的对立冲突不仅在民国时期使得学人产生分歧，即使到了后来，还演变为史与论的纠葛，长期困扰着史学界。无论是以论带史、论从史出还是史论结合等等，虽有高下当否之别，都不能恰当解决二者的关系，反而在一定程度上影响了史学研究的深入，有碍于史学研究的具体方法的探究。并不卷入史料与史观之争的陈垣曾批评专讲史法者史学往往不好，虽然所谓史法是刘知几、章学诚的编撰之法，并有暗射好讲史学方法的胡适等人之意，不着边际的史观当也在其机锋所向。

在内心深处，傅斯年认为将全人类置于同一系统的抽象化过

---

① 《燕京学报》第32期，1947年6月。
② 金毓黻著：《静晤室日记》，第5039页。

于主观,尽管史学能否客观尚无定论,但史料中可得之客观知识甚多,如果不能限制主观任意性,则无法求得客观知识。他认为:"历史这个东西,不是抽象,不是空谈。古来思想家无一定的目的,任凭他的理想成为一种思想的历史——历史哲学。历史哲学可以当作很有趣的作品看待,因为没有事实做根据,所以和史学是不同的。历史的对象是史料,离开史料,也许成为很好的哲学和文学,究其实与历史无关。"①在《〈殷历谱〉序》中又说:"今固不乏以综合自许者,不触类而引申,凭主观以遐想,考其实在,类书耳,教条耳。类书昔无持论之词,今有之矣。教条家苟工夫深邃,亦可有艺术文学之妙,若圣奥古斯丁及其弟子之论史是也。而今之教条家初于其辨证教条并未熟习,而强读古史原料以为通论通史,一似《镜花缘》中君子国之学究,读'求之与抑与之与'竟成'永之兴柳兴之兴'。是亦可以哗众取宠于无知之人,亦正为学术进步之障耳。"②

这样的见解傅斯年甚至放大到相关学科,他反驳有人指责凌纯声理论较弱时说:"彼不谈'理论',亦唯其如此,方有实学;所谓'理论',自然总有一部分道理,然至徒子徒孙之手,则印版而已,非实学也。"③等而下之者往往喜欢用总有道理来自我标榜,流弊匪浅。所以傅斯年在《史学方法导论》中声称:从中西史学发展历程看,"一、史的观念之进步,在于由主观的哲学或伦理价值论变做客观的史料学。二、著史的事业之进步,在于由人文的手段,变做如生物学地质学等一般的事业。三、史学的对象是史料,

---

① 《考古学的新方法》,欧阳哲生主编:《傅斯年全集》第3卷,第88页。
② 欧阳哲生主编:《傅斯年全集》第3卷,第343页。
③ 1943年1月15日傅斯年致朱家骅函,中研院史语所藏傅斯年档案。

不是文词，不是伦理，不是神学，并且不是社会学。史学的工作是整理史料，不是作艺术的建设，不是疏通的事业，不是去扶持或推倒这个运动，或那个主义"①。

二　近真与头绪

后人批评傅斯年，多从史料以外入手，虽然言之有理，却不一定能当傅斯年的本意。而在傅斯年的逻辑之内，也还有许多空间，若能善用，史料与史观其实相互连通而非彼此冲突。在将史料与史观对立的学人看来，史料不过是立说的基础或凭借，只有史料，或者只强调整理史料，至多是文籍史实的考订与编撰，何来史学？殊不知傅斯年的所谓史学便是史料学，史学的工作是整理史料，并非一般的考订排比，或者说，考订与排比远非一般所以为的那样简单，尤其不是批判者眼中的琐碎饾饤末学。的确，傅斯年对于考证相当偏爱，他甚至说："最近百多年来，文士的学问趋向于考证；诚然，考证只是一种方法而不是一种目的，但人类的工作，目的和方法是很不容易分别的。考证学发达的结果，小题大做，可成上品，大题小做，便不入流。"②所以文史之学的文章的理想是精，而社会科学则是通。求通的社会科学在一定程度上还是不够发达的缘故。

---

① 欧阳哲生主编：《傅斯年全集》第2卷，第308页。
② 《国立台湾大学法学院〈社会科学论丛〉发刊词》，原载1950年4月《台大社会科学论丛》第一期。欧阳哲生主编：《傅斯年全集》第3卷，第368页。

但是，傅斯年并不认为史学的目的与功能仅此而已。如前所述，傅斯年所谓近代史学为史料编辑之学，主要有两层意思，其一，因史料供给之丰富，遂生批评之方式。其二，此种方式非抽象而来，实由事实之经验。史料编辑之学，并非只是简单地机械地将史料排列一起，史学便是史料学，最重要的是如何整理史料以及如何认识整理史料之于研究历史的作用。具体而言，"史料学便是比较方法之应用"，而整理史料的方法，"第一是比较不同的史料，第二是比较不同的史料，第三还是比较不同的史料"。

比较研究在今日已成时髦，而大都不能遵守基本法则，陷于望文生义的隔义附会。实则文史比较研究正是近代欧洲与中国古代文史之学的大道正途。今人关注傅斯年的史料学，着重于他所提出的八对范畴，即直接对间接，官家对民间，本国对外国，近人对远人，不经意对经意，本事对旁涉，直说与隐喻，口说对著文，其实这八对范畴可以概略为一对，也就是直接史料与间接史料，其余均由此衍伸。而这样的观念，早在傅斯年任教于中山大学时已经形成并且实际讲授，写于那一时期的《中国古代文学史讲义》称："史料可以大致分做两类，一、直接的史料；二、间接的史料。凡是未经中间人手修改或省略或转写的，是直接的史料；凡是已经中间人手修改或省略或转写的，是间接的史料。"如《周书》《世本》《明史》为间接，毛公鼎、卜辞、明档案为直接。"有些间接的材料和直接的差不多，例如《史记》所记秦刻石；有些便和直接的材料成极端的相反，例如《左传》《国语》中所载的那些语来语去。自然，直接的材料是比较最可信的，间接材料因转手的缘故容易被人更改或加减，但有时某一种直接的材料也许是孤立的，是例外的，而有时间接的材料反是前人精密归纳直接材料而得的，这个都不能一概论断，要随时随地的分别着看。整理史料是件很不容易的事，历史学家本领之高低全在这一处上决定。后人想在前人工作上增高，第一，要能得到并且能利用的人不曾见或不曾用的材料；第二，要比前人有更细密更确切的分辨力。"王国维利用新材料兼能通用细密的综合与分析，顾颉刚古史辨则专利用间接材料推陈出新。①

傅斯年强调整理史料的方法就是比较不同的史料，更重要的还在于以下两点，即"历史的事件虽然一件事只有一次，但一个事件既不尽止有一个记载，所以这个事件在或种情形下，可以比较而得其近真；好几件的事情又每每有相关联的地方，更可以比较而得其头绪"。这段文字虽然间有引用者，并未给予足够的重视。而这两点既是"史学只是史料学"的两个层次，又是比较不同史料所能达到的两个目的，也可以概括为：一、近真；二、头绪。此言揭示历史记录与历史事实的关系、以及如何寻求历史事实的内在联系两大命题，可谓深得史学研究之真味。尽管单一的近真取向不足以发挥其最大能量，但若达到这一境界，疏通或许反而多余和无味。至于联系一层，更使得无数事实的关系得以无限延伸。

史学的本旨在于求真，这个本来天经地义的目标如今在不少人看来，是否存在，能否求得，大有疑问，甚至根本否认。因为什么是真，如何证明，似乎仍不脱离主观。其实求真的意思有两层，首先，史实为曾经发生过的事实，如何发生，情形怎样，均为实有，不会因为任何后来因素而改变；其次，后人的求真，由于种种条件的限制，永远不会完全与事实重合，但是通过恰当的努力，可

---

① 欧阳哲生主编：《傅斯年全集》第2卷，第43页。

以逐渐接近。而作为史学,最主要的条件限制还在于史料,因为一个事件不止一个记载,将不同的记载加以比较,便可以接近事实的真相。为此,必须四面看山,避免以片面为整体,孤证不立无庸置疑,所谓无征不信,实事求是,也是相对而言。

需要进一步探究的是,同一事件的不同记载如何发生,不同记载的主次轻重如何判别。傅斯年强调的是直接史料与间接史料的关系,讲究的是包括真伪在内的材料的可信度问题。其实,史学虽以求真为要,但是真伪是否的问题,相对简单。古史辨的层累叠加,为各民族上古史的普遍现象,只疑及后来,且以为故意,有失允当。而所谓直接史料与间接史料,或主料与辅料,又或者一手材料与二手材料等等分别,虽有价值差异,傅斯年还是不断强调只能相对而言,因时制宜。不过相对而言之下,八对范畴的区分,仍有一是非真伪的基本判断,或者说,对于史料的鉴别,仍然以相对于史实的是否真伪程度为标准。这样的判断一般而言固然不错,可是比照材料与事实之间的复杂性,还嫌表面。所有当事人关于本事的记录,由于各自利害有别,除了最简单的真伪是否之外,如何才是真的问题相当复杂。梁启超即认为:"不能谓近代便多史料,不能谓愈近代之史料即愈近真。"并指出近代史料不易征信近真的原因,一是"真迹放大"[1],二是记载错误。[2]

将材料分为直接与间接,相当程度上与时间性相关。而深一层考虑,所谓第一手资料的真与正,也是相对而言。历史上所有当事人关于本事的记述,由于角度、关系、层面等客观条件不同,以及

---

[1] 《中国历史研究法》,《饮冰室合集·专集》之七十三,第37、91页。
[2] 《中国历史研究法(补编)》,《饮冰室合集·专集》之九十九,第6页。

利害有别等主观因素,往往异同互见,千差万别,横看成岭侧成峰的原因,在于立足点的远近高低各不同,罗生门的现象因而具有相当广泛的普遍性。古史辨所谓以汉还汉,只能剔除后人的迭加,不能区分当时的异见。就此而论,所谓真至少有两个层次,即史事的真与记述史事的真。史事的真只有一种,但人们必须根据各种相关记述来还原史事,而即使亲历者关于史事的记述也各不相同,甚至相互牴牾矛盾,间接材料的差异往往由此敷衍而来。当事人的记述无论由于客观条件还是主观因素的作用所产生的差异,间有放大或掩饰的故意,却不一定是有意作伪,不仅所记大都是真(当然也有不同程度的失真),更重要的是,他们如此这般或那般记载这一史事,同样是真。前者是他们的眼见为实,后者固然有部分隐晦,但他们如此记述,仍然是真实心境的写照。研究历史,一方面通过比较不同的记述逐渐接近史实,另一方面则要探究不同的当事人何以记述各异,尤其是为何会这样而不是那样记述。史事的真与相关人心路历程的真相辅相成,只有更多地了解所有当事人记述的心路历程,才有可能更加贴切地接近或了解所记事件的真实。

具体而言,既然当事人的记述各异,不可能与事实完全重合,则所谓第一手资料的权威性其实难以断定,至少无法区分其中可信的程度尤其是在哪些方面何种意义上较为可信。所谓第一手资料所能证明的问题,大体上只是时间、地点、相关人物、大体过程等等比较简单的部分,至于更为复杂的人际关系以及相关作用的详情究竟如何,一般很难以哪一位当事人的记述为准。所以,所有类型的资料都只能部分地反映真实,只有尽可能完整全面地掌握相关记述,并且四面看山似地比较不同的记述,即所谓俱舍宗式地前后左右把握语境,理解文本,或许可以逐渐接近并且认识事实的真相。

在此过程中，探究相关当事人何以如此记述与了解事实的真相相辅相成，史实永远不可能完全还原，但是，随着对相关史料的掌握逐渐增多以及了解各自记述差异的潜因逐渐深入，史实的真相可以多层面地逐渐呈现。

就此而论，所谓重建史实，迄今为止，仍然既是科学又是艺术，缺一不可。一再强调要将历史学的研究自然科学化，尤其是生物学地质学化的傅斯年不得不承认："凡事之不便直说，而作者偏又不能忘情不说者，则用隐喻以暗示后人。有时后人神经过敏，多想了许多，这是常见的事。或者古人有意设一迷阵，以欺后人，而恶作剧，也是可能的事。这真是史学中最危险的地域啊！"[①]正因为如此，高明的史家重建的史实，其实是重现历史场景，所有历史上的人时地再度复活，如演戏般重新表演一番，以便后来者领悟把握，只是再现的途径是严谨的考证，以实证虚，而非文学的创想。

对于好讲理论者而言，比较不同史料的另一层次，即"好几件的事情又每每有相关联的地方，更可以比较而得其头绪"，或许更有意思。头绪实则史事的内在联系。批评傅斯年"史学只是史料学"口号者指责其否认史观，无视规律，使得历史研究只重个别史实。这样的批评多少有些委屈了傅斯年。按照唯物辩证法，规律即事物发展的普遍联系，而所谓普遍联系，在自然科学的不同学科之间，在自然科学与社会科学之间，在社会科学与人文学科之间，以及在一般人文学科与史学之间，表现不一，不可一概而论。傅斯年于1935年所写《闲谈历史教科书》，从编撰教科书的角度，对此有所阐述。他说：编历史教科书与编算学、物理等教科书有绝不同之

---

① 《史学方法导论》，欧阳哲生主编：《傅斯年全集》第2卷，第341页。

处,"算学与物理科学是可以拿大原则概括无限的引申事实的。这个凭藉,在地质、生物各种科学已难,在历史几不适用。……物质科学只和百来种元素办交涉,社会科学乃须和无限数的元素办交涉,算学家解决不了三体问题,难道治史学者能解决三十体?若史学家不安于此一个庞氏所谓'天命'(庞加赉,Henri Poincare,认为可以重复出现的事实,如元素、种类,使科学得以发展),而以简单公式概括古今史实,那么是史论不是史学,是一家言不是客观知识了。在一人著书时,作史论,成一家言,本无不可,然而写起历史教科书来,若这样办,却是大罪过,因为这是以'我'替代史实了。物质科学中,设立一个命题,可以概括无限度的引申命题,……大约有三个领导的原则。第一项,列定概括命题,以包涵甚多引申的命题与无限的事实。第二项,据切近于读者的例,以喻命题之意义。第三项,在应用上着想。这些情形,一想到历史教科书上,几乎全不适用。第一项固不必说,历史学中没有这东西。第二项也不相干,历史上件件事都是单体的,本无所谓则与例。第三项,历史知识之应用,也是和物质知识之应用全然不同的"。"没有九等人品微分方程式和百行元素表,人物、行动只得一个个、一件件叙说。没有两件相同的史事,因果是谈不定的。因果二词,既非近代物理学所用,亦不适用于任何客观事实之解释,其由来本自神学思想出。现在用此一名词,只当作一个'方便名词',叙说先后关系而已,并无深意。"①

一般比较研究者,每每喜欢求同,落入隔义附会的俗套。而史

---

① 1935年10月1日《教与学》第1卷第4期,欧阳哲生主编:《傅斯年全集》第5卷,第52—55页。

学的比较研究,更加着重于见异。这并非排斥规律,历史事实均为特殊、个别,不等于没有联系,只是不能用自然科学或社会科学的原理来强求史料与史实的一律及连贯。1942年10月11日傅斯年复函好用社会学方法研究中国历史的吴景超:"历史上事,无全同者,为了解之,须从其演化看去,史学之作用正在此。如以横切面看之,何贵乎有史学?"①演化重在梳理事实联系,且有多种可能趋向。将史实每每相关联的观念无限延伸,可以说,人类历史上没有孤立的事件,所有的人事都是无限延续地普遍联系着,通过比较相互联系的史实,可以发现变化和发展。这种事实联系的比较,本来就是比较研究的正宗。不仅可见异文化传通的联系与变异(如《赵氏孤儿》的西传),也可探究同一文化系统内部不同区域和不同历史时期的发展变化(如孟姜女等民间传说的流变和政治制度的演化)。从普遍的联系中见异,由见异而梳理演化的脉络,正是史学探究人类历史规律的重要形态。

认识求真与近真的多重含义,对于理解史学的本质,避免浅学者的所谓无法求真、没有本意等等,颇有意义。历史上所有的真均为相对而言,后人的研究永远不可能与史实完全重合,但不等于没有真,无法求,求真的过程其实是对史家智慧能力的极大考验,也是提高人类智力的重要途径。注重事实联系,防止用后来外在观念任意剪裁取舍解释,这对于改变近代历史研究的隔义附会的任意性极有效益。当然,限于史料和自身的能力,学人往往难以无限延伸地看到历史事实之间的普遍联系,借助于某些规则定理,实际上是想冲过不连贯处的取巧做法。就此而论,治史犹如下棋,高手的段

---

① 欧阳哲生主编:《傅斯年全集》第7卷,第267页。

数差异，就在于所能预见的步数。看到的步数越多，能力则越强。只是治史要想看得远，还须落在具体史事的实处，揭示实际的内在联系，而不能凭借外力将事实牵扯到一起。事物的普遍联系即为规律，联系有不同层面，史家注意事实联系，所有人类历史事实均可由无限延伸的联系纽带相连接。这与一般套用定义以填充事实，或隔义附会以生拉硬拽的所谓规律大相径庭。史学研究应于见异中探究事实联系的无限延伸，不宜脱离事实的联系随意连接比附。

三　求实与证虚

诚然，史学只是史料学的说法亦有其局限，有的前人已经反复指出，有的虽经指摘，未必全是傅斯年的本意，有的则尚未道及。就本题应有之义而言，为害最大者，还是把一切文籍都当作材料。傅斯年明确宣称："总而言之，我们不是读书的人，我们只是上穷碧落下黄泉，动手动脚找东西！"之所以如此，是因为"西洋人做学问不是去读书，是动手动脚到处寻找新材料，随时扩大旧范围，所以这学问才有四方的发展，向上的增高"。这一说法对于读过书或读完书的学人而言，或是从反对主观成见的角度立论，或许不无道理。陈寅恪即主张史语所以购新资料为急图，基本书籍从缓。但是对于一般后学者，却遗患甚巨。傅斯年也承认："西洋人研究中国或牵连中国的事物，本来没有很多的成绩，因为他们读中国书不能亲切，认中国事实不能严辨，所以关于一切文字审求、文籍考订、史事辨别等等，在他们永远一筹莫展。"只是"有些地方比我们范围来的宽些"①。如果不读书只找材料,首先,势必使得中国人变成外国人,读不懂中国书,只能用外国观念来理解中国书;其次,将各种文献统统当作史实的客观记录,则作者的主观不可见,同样影响对文献的理解,尤其是无法探究作者的心路历程。再次,视所有文献为材料,势必导致否定书籍与学问的连带关系。

无论对傅斯年的评价如何,后来治史大都用其观念而无其底蕴,结果所有的文献在人们眼中只是史料。这虽然未必是傅斯年的本意,却很难说不是其主张的流弊。其实,书应作为书看,报应当作报看,日记当作日记看,书信当作书信看,不能仅仅作为史料看。作书看须看作者本来的完整意思,作史料看则容易以己意从中摘取片断,割裂作者原意,而组成另外的意思。此非原作者之本意,也不是历史的本相,而是研究者心中的历史。

作书看还要由书见人,如吴宓日记反映其情感的偏执,朱自清日记可见其内心深处的自卑。同是日记书信,不同的人有不同的写法,不同的习惯,不同的目的。按照傅斯年的标准,日记、书信等无疑是第一手资料,尤其是当事人的相关日记书信,往往成为判断的依据。但也不可一概而论。有的日记写作时即为了给人看,或给皇帝看(李慈铭日记)、或给上司看(驻外使节呈交刊刻的日记)、或给后人看(胡适日记即是要留作史料);也有的日记写给自己看,多记私密性琐事,公事大事要事反而疏于记录;还有的日记怕人看,所以只记事不议论,或事后加以删削。因此,要通过日记看清主人的风格习惯,有的不仅要看记什么,更要留意不记什么,为何不记。清季戊戌庚子间史料相对稀疏,日记尤为明显,

---

① 欧阳哲生主编:《傅斯年全集》第3卷,第6页。

显然因为清廷文网严密，朝野人士或事先留空，或事后处理。胡适则于日记中不记于其不利之事（或事后删削）。书信亦然。汪康年师友书札反映清季史事极多，但其人三教九流无所不交，给不同人写信的态度各异，须将同一时期关于同一事件的不同信札前后左右看，才能把握汪康年本人的态度和作为。近代报刊多有党派背景，还有编辑者的立场。档案同样如此，外交档案涉及对方，常有夸张与掩饰，须将各方记录比勘。凡涉及双方或多方关系者，仅以一方记录为准立论，相当危险。进而言之，档案与其说是史料的一种类型，不如说是保存材料的一种方式。其中各类材料都有，官样文章尤多。如果不能善用，反易为其所误。

以此为鉴，所有的史料都具相对性，傅斯年的区分可以提供基本的判断，当然他也一再强调相对而言。但若仅以史书为史料，虽然不受前人主观影响，却也不见前人心思所系。如古史辨之于两汉以上，打破所谓黄金时代的神话，不无道理，因此而不见经学对两汉以下的作用，未免因噎废食。傅斯年对《晋书》《宋史》的评价颇具代表性，他说："对于我们，每一书保存的原料越多越好，修理得越整齐越糟。反正二十四史都不合于近代史籍的要求的，我们要看的史料越生越好！然则此两书保存的生材料最多，可谓最好。"这与一般史家诟病《晋书》《宋史》的紊乱，眼界很不相同，而一般认为最能锻炼的《新五代史》《明史》，在傅斯年看来，因材料原来面目被改变，反而糟了。① 如此，则《史记》难入高明，著述的例法等等，也完全不见其意义。这与中国无史论有着同样的意思，都认为是有史料而无史书。著述当然不仅是客观叙述

---

① 欧阳哲生主编：《傅斯年全集》第2卷，第340页。

事实，同时也表达其主观意愿或期望，这样的主观对于所欲记录的事实或许不足为法，但是却能展现那时人们对于此类事实的看法及态度。而且，学人著述，心中潜在对象常有若干层面，究竟写给谁看，哪些意思希望谁能理解，确有讲究。不能体察，如何读懂？

读书与找材料不同，须既见事又见人，通过人的言行揭示或展现其性格作派思维，不仅可见这类言行属于这一人物，而且可知这一人物才有这类言行。这在古代与晚近历史的研究中尤其关键。因为古代史材料疏失较多，多重文化，晚近材料丰富，多重人事。今人所写传记，往往见事不见人，与只找材料不读书不无关系。而人是历史的中心，人的有意识活动与社会的有规律运动，构成历史演化的内容。

读书不仅可以了解作者，更可见"书中有学"。宋育仁和钱穆都批评用科学方法整理国故仅仅将书籍当作材料，而非学问的对象。"古学是书中有学，不是书就为学"，"学者有大义，有微言，施之于一身，则立身行道，施之于世，则泽众教民。……今之人不揣其本，而齐其末，不过欲逞其自炫之能力，以成多徒，惑乱视听。既无益于众人，又无益于自己。凡盘旋于文字脚下者，适有如学道者之耽耽于法术，同是一蛊众炫能的思想，乌足以言讲学学道，适足以致未来世之愚盲子孙之无所适从耳"[①]。钱穆则指出不把书籍作学问的对象，其实是过于主观自信的表现。虚心读书，积累系统知识，才是向学的正道。

更有进者，人类社会不仅为科学，还包含义理与艺术，其中固然有可以用科学方法证明或征实的部分，也不乏难以验证而须玄想

---

① 问琴：《评胡适国学季刊宣言书》，《国学月刊》第16期，1923年。

的一面。钱基博《十年来之国学商兑》引裴匡庐《思辨广录》论东西学术的不同，对于以科学方法整理国学的批评，不无借鉴意义：

近人喜言以科学治学方法整理国学者，是殆未明吾东方固有之学术，其性质与今之所谓科学者迥别。研究科学及一切形质之学者，如积土为山，进一篑有一篑之功，作一日得一日之力，论其所得之高下浅深，可以计日课程而为之等第也。治心性义理之学者，如掘地觅泉，有掘数尺即得水者，有掘数丈始得水者，有掘百数十丈然后得水者，有掘百数十丈而终不得水者，有所掘深而得水多，亦有所掘深而得水反少者，有所掘浅而得水少，亦有所掘浅而得水反多者。而所得之水，又有清浊之分，甘苦之别，不能赳日计工，而衡其得水之多寡清浊也。其一旦得水也，固由于积日累功而成；然当其未及泉也，则无论用力如何勤苦，经营如何之久，若欲预计其成功之期，则固无人能言其明确之时日者也；所谓掘井九仞而不及泉，犹为弃井也。

治心性义理之学，亦犹是矣。当其体察钻研，沈潜反复，虽志壹气凝，用力极其勤奋，苟未至于一旦豁然贯通之日，则无论用力如何勤苦，杳不知其成功之究在何时也。且此所谓一旦者，不能以日计，不能以月计，亦不能以年计；但由正知正见而入，至于用力之久，则终当有此一旦已耳。然亦有用力既勤且久，而终无此一旦者，亦正不鲜。就其大别言之，有得人一言之启发而即大悟者，有积数年数十年之力苦参而始悟者，有勤奋终身而仍未大悟者，有勤奋终身而终不悟者。盖学之偏于实者，其程效可以计功计日。学之偏于虚者，苟非实有所悟，则决无渐臻高深之望。语其成功，不闻用力之多寡，为时之久暂也。

明陈白沙先生论学曰："学有由积累而至者，有不由积累而至者。有可以言传者，有不可以言传者。"大抵由积累而至者，可以言传也。不由积累而至者，不可以言传也。东西学术之别视此矣。凡西哲之学问，莫不重系统，有阶级，故其学皆由积累而至，皆可以言语文字传授者。若吾东方之学术则异乎是。不特性命之根源，精微之义理，本非可以积累而至，可以言传；即九流末伎如医卜星相之徒，苟语及精微之处，设于道一无所知，则终身亦决无自臻于高明之境。道如一大树，圣贤得其根干，方伎得其枝叶；此中道妙，父不能传之于子，师不能授之于弟，亦不由积累而至，亦非可以言语传授者也。圣贤相传之道，非古圣能创作也，不能因其固有之道举以告人耳。如黄山天台之景，天下之奇观也，然此境非吾曹所能创造，亦非吾曹所能建设；夫地间原有此境，欲知此境，只须亲到亲见；圣贤不过先到此境，先见此境而已。吾人苟能笃信古圣之所指示，孳孳日进，终必有实到此境，实见此境之一日。迨已到已见之后，方知此境本为古今人人之共有，既非先圣所能创作，亦非后圣所能改造。且如黄山天台，天地间既实有此山，此山终古不改，则凡曾到此山者，其所见即无一不同。千万年以前，曾见此山者，所说如是；千万年以后，凡见此山者，所说亦必如是；决不能于实际增益分毫，亦决不能于实际减削分毫，以稍有增减，即与固有者本然者不合也。①

---

① 《光华大学半月刊》第3卷第9、10期合刊，1935年6月。

诚如张尔田等人所说，义理之学，不能专凭目验，不能即时示人以证据。①而裘匡庐以圣贤所言为准则的办法，亦很难让傅斯年等人接受。正因为史料不完全，历史还有义理与艺术的一面，所以仅用分析、比较、归纳各法尚有不足，还须领悟贯通，以免将天边的浮云误认作树林。而傅斯年在文学史的范畴，也承认不能只讲事实，他说："宋人谈古代，每每于事实未彰之先，即动感情，这是不可以的；若十足的汉学家，把事实排比一下就算了事，也不是对付文学的手段，因为文学毕竟是艺术。必先寻事实之详，然后成立说者与所说物事相化之情感，如此方能寡尤，方能遂性。"②此即以实证虚之意。

四　曲解与本意

在"史学只是史料学"这一宣言之下，傅斯年的一些相关主张多少有些口号式的意味，有时甚至故作惊人语，因而不免引起误解，滋生流弊。批判较为深入者，可见钱穆的《新亚学报发刊辞》等论著。然而，全面理解傅斯年，不要以只言片语立论，可见傅斯年的许多主张，主要是为了标举史语所的学风，而不是针对一般史学的全体。除了发表《旨趣》，他还不断宣称："研究所的宗

---

① 《与王静安论今文学家书》，《学衡》第23期，1923年11月，"文苑·文录"第3—4页。
② 《中国古代文学史讲义》，欧阳哲生主编：《傅斯年全集》第2卷，第15页。

旨，一、到处找新材料。二、用新方法（科学付给之工具）整理材料。""敝所设置之意，并非求继续汉学之正统，乃欲以'扩充材料，扩充工具'为方术，而致中国历史语言之学于自然科学之境界中。……拙著《历史语言研究所工作之旨趣》一文，意在标举此意，以求勿为正统汉学者误为同调。"①尽管他认为如此才算得上是高深的研究，才能在世界学术之林争胜，毕竟只是少数人"上达"而非"下学"②的事业。

傅斯年承认"近代史学，亦有其缺点，讨论史料则有余，编纂技术则不足。虽然不得谓文，但可谓之学，事实之记载则超前贤远矣"③。而在历史教育的层面，傅斯年认为意义有三，一、把历史知识当作人学，了解人类及人性。二、国民训练，培养爱国心民族性。三、认识文化演进之阶段和民族形态之述状，中国史更应注重政治、社会、文物三事之相互影响。④如此看来，"史学只是史料学"，虽然可以说是傅斯年史学的主导思想，却不能完整地表达其全部观念，至少有流弊匪浅的四点，未必缘于傅斯年的本意：

其一，扩张史料与新旧史料的关系。史学为综合的学问，须先识大体，由博返约，以约至精，由精而通，在整体下研究局部，才能贯通无碍。若由点及面，从局部看整体，甚至将局部放大为整体，则难免偏蔽，导致盲人摸象，以偏概全。傅斯年在《历史

---

① 1929年10月6日致冯友兰罗家伦杨振声；1930年9月13日致王献唐，欧阳哲生主编：《傅斯年全集》第7卷，第82、92页。
② 钱穆：《发刊词》，《新亚学报》第1卷第1期，1955年。
③ 《中西史学观点之变迁》（未刊稿），欧阳哲生主编：《傅斯年全集》第3卷，第155页。
④ 《闲谈历史教科书》，1935年10月1日《教与学》第1卷第4期，欧阳哲生主编：《傅斯年全集》第5卷，第55页。

释,看上去似很有条理,然甚危险。"①

识一字成活一片,至少也有两层意境,第一,生材料得以连缀;第二,旧材料得以重组。前者因其片断,无从联系解释,后者虽有解释,但加入主观,与本事不能贴切。前者可以发现,后者更能进而发明。

其二,整理材料与聪明考证的关系。既然史料是对历史事实的记录,具有不完整性和片断性,即使晚近史料繁多,对于事实的记载也不可能全面,不可能完整保存,不可能看法一致。因此,没有贯通,则难以连缀成篇,取舍适宜,拿捏得当。实事往往无实证,而有实证者又多为罗生门式的各说各话,必须前后左右,虚实互证。傅斯年在《历史语言研究所工作之旨趣》中所说:"我们只是要把材料整理好,则事实自然显明了。一分材料出一分货,十分材料出十分货,没有材料便不出货。两件事实之间,隔着一大段,把他们联络起来的一切涉想,自然有些多多少少也是容许的,但推论是危险的事,以假设可能为当然是不诚信的事。所以我们存而不补,这是我们对于材料的态度;我们证而不疏,这是我们处置材料的手段。材料之内使他发见无遗,材料之外我们一点也不越过去说。"②以及《〈史料与史学〉发刊词》所称该所治史学"不以空论为学问,亦不以'史观'为急图,乃纯就史料以探史实也","史料有之,则可因钩稽有此知识,史料所无,则不敢臆测,亦不敢比附成式"③,显然有所局限。陈寅恪也有类似表

---

① 卞僧慧:《怀念陈寅恪先生》,引自蒋天枢:《陈寅恪先生传》,北京大学中国中古史研究中心编:《纪念陈寅恪先生诞辰百年学术论文集》,第4页。
② 欧阳哲生主编:《傅斯年全集》第3卷,第10页。
③ 欧阳哲生主编:《傅斯年全集》第3卷,第335页。

述，陈守实记："师于史之见解，谓整理史料，随人观玩，史之能事已毕。"①那么，单纯整理材料，如何能够"合于今日史学之真谛"②？

或者误解，以为整理材料只是一般抄录拼凑，实则傅斯年对此批评甚严。他所强调的，是"'做实在工夫，勿作无谓辨〔辩〕论'及'虚心整理事实，勿复盛气驰骋己见'"③，但反对笨伯的考证，而主张聪明的考证。他说："天地间的史事，可以直接证明者较少，而史学家的好事无穷，于是求证不能直接证明的，于是有聪明的考证，笨伯的考证。聪明的考证不必是，而是的考证必不是笨伯的。"④

抗战期间傅斯年先后为中英庚款董事会和中华教育文化基金董事会审查历史类的科学补助金，对于候选人的评议很能体现其史学观念：如龙沅"虽送来三册著作，然除绪论二叶外，皆抄撮成书，并无考辩。转徙中能抄撮成篇，固为勤勉，然其著作之能力如何，无从悬揣。列为备取，置之最末，亦无不可。然此等情形，似永无补入之望，或亦徒然也"。盛朗西"《中国书院制度》一书，于抄撮常见书外，亦无所表见也"⑤。列为乙等的李俊，"著作只是抄集，李剑农先生介绍之词，似言过其实。惟如此一长题目（《中国宰相制度》），纵二千年，精练之史学家决不敢为之。作者虽不了解此问题中各时代之细点，但抄撮尚勤，亦颇扼要，在今日一般出

---

① 陈守实：《学术日录》1928年1月5日，《中国文化研究集刊》第1辑。
② 《〈元西域人华化考〉序》，《陈寅恪史学论文选集》，第506页。
③ 1940年2月24日傅斯年致孙次舟〔抄件〕。
④ 欧阳哲生主编：《傅斯年全集》第2卷，第341页。
⑤ 1940年6月（？）傅斯年致管理中英庚款委员会。

版水准中，此书不算坏。以此书为例，则彼之计划作'中国选士制度考'，其结果亦必是此类之书，此虽不足名为研究，却可作为一般人参考之资也"①。可见傅斯年对于以抄撮代著述的做法极不以为然。所谓整理材料，决非抄撮拼凑那样简单。要让材料出货，能够显示史事，阙疑与推论之间，如何求证便是关键。

虽然傅斯年后来多用考证表示整理资料，其经典的表述还是比较，唯有善于比较才是聪明的考证。而陈寅恪可谓聪明考证的代表。卞僧慧称："寅恪师史学之所以精深，在对隐曲性史料的发掘与阐发，开拓史学园地。盖史料向来有直笔、曲笔、隐笔之别，一般史家率多直笔史料的述证，限于搜集、排比、综合，虽能以量多见长，以著作等身自负，但因昧于史料的隐曲面，其实只见其表，未见其里。有时难免隔靴搔痒之讥。惟寅恪师于人所常见之史料中，发觉其隐曲面，……遂使人对常见的史料，发生化臭腐为神奇之感，不仅提供新史料，亦且指点新方法，实为难能罕有之事。"②傅斯年对此当有同感。1930年代初傅斯年听陈寅恪"告以近中发见杨隋、李唐帝室之非汉姓，倘伴通衢，为之大快。弟自国难起后，心绪如焚，月余之中，仅闻此事为之快意耳。弟当时最高兴者，为闻兄找到证据之确切而又巧妙。归来思之，此事关系极大，此一发明，就其所推类可及之范围言，恐不仅是中国史上一大贡献而已。吾等此日治史学诚不可定谈世代之升沈，然时代之Gestalt确有不可忽略者。弟常自觉得，中国之国体一造于秦，二造于隋，三造于元。汉承秦绪、唐完隋业，宋又为唐之清白化，而

---

① 1942年5月19日傅斯年致中华教育文化基金董事会。
② 翁同文：《追念陈寅恪师》，《纪念陈寅恪先生百年诞辰学术论文集》，第61—62页。

明、清两代,虽民族不同,其政体则皆是元代之遗耳。唐代为民族文化之大混合,亦为中国社会阶级之大转变,致此事件当非偶然"①。则聪明的考证不仅发覆事实,更能激发无穷的联想。

按照严耕望的看法,证据之确切而又巧妙的考证已经不是简单地整理史料:"论者每谓,陈寅恪先生考证史事,'能以小见大'。……此种方法似乎较为省力,但要有天分与极深学力,不是一般人都能运用,而且容易出毛病。"因而主张用人人都可以做到的"聚小为大"之法,即"聚集许多似乎不相干的琐碎材料、琐小事例,加以整理、组织,使其系统化,讲出一个大问题,大结论。"②他还以陈垣、陈寅恪为例,谈及考证学的述证与辩证两类别、两层次。"述证的论著只要历举具体史料,加以贯串,使史事真相适当的显露出来。此法最重史料搜集之详赡,与史料比次之缜密,再加以精心组织,能于纷繁中见条理,得出前所未知的新结论。辩证的论著,重在运用史料,作曲折委蛇的辨析,以达成自己所透视所理解的新结论。此种论文较深刻,亦较难写。考证方法虽有此两类别、两层次,但名家论著通常皆兼备此两方面,惟亦各有所侧重。寅恪先生的历史考证侧重后者,往往分析入微,证成新解,故其文胜处往往光辉灿然,令人叹不可及。但亦往往不免有过分强调别解之病,学者只当取其意境,不可一意追摩仿学;浅学之士若一意追摩,更可能有走火入魔的危险。援庵先生长于前者,故最重视史料搜集,至以'竭泽而渔'相比况。故往往能得世所罕见,无人用过的史料,做出辉煌的成绩……前辈学人成绩之无懈可

---

① 1931年底(?)傅斯年致陈寅恪〔抄件,残〕。此事朱希祖等看法不同。
② 严耕望:《治史经验谈》,第94页。

击，未有逾于先生者。其重要论著，不但都能给读者增加若干崭新的历史知识，而且亦易于追摩仿学。"①

傅斯年对《资治通鉴》《建炎以来系年要录》的评价与陈寅恪间有不同，多少体现了两人史学观念的差别。②抗战期间陈寅恪坐困香港，"苍黄逃死之际，取一巾箱坊本《建炎以来系年要录》，抱持讼读。其汴京围困屈降诸卷，所述人事利害之回环，国论是非之纷错，殆极世态诡变之至奇。然其中颇复有不甚可解者，乃取当日身历目睹之事，以相印证，则忽豁然心通意会。平生读史凡四十年，从无似此亲切有味之快感，而死亡饥饿之苦，遂亦置诸肚量之外矣。由今思之，倘非其书喜聚异同，取材详备，曷足以臻是耶"③？如此读史，与傅斯年的主张不无距离。而聪明的考证往往又能刺激丰富的联想，傅斯年本人也难免情不自禁。只是连缀仍须以解读史料为基础，不能抽离材料的具体时空关系任意牵扯。

其三，科学的东方学之正统在中国与虏学、全汉的关系。傅斯年在《历史语言研究所工作之旨趣》中提出"我们要科学的东方学之正统在中国"，尽管他同时指出着重四裔的汉学其实是"虏学"，其具体计划的求新材料，除考古发掘外，主要还是向西向南，要脱离纯中国材料的范围，借重虏学，考四裔史事，向四方发展。他宣称："此研究所本不是一个国学院之类，理宜发达我国所能欧洲人所不能者（如文籍考订之类），以归光荣于中央研究院，同时亦须竭力设法将欧洲所能我国人今尚未能者而亦能之，然后国

---

① 严耕望：《治史答问》，第85—86页。
② 陈寅恪与傅斯年关于宋代史学观念的异同，另文详论。
③ 《陈述辽史补注序》，陈美延编：《陈寅恪集·金明馆丛稿二编》，第264页。

中之历史学与语言学与时俱进。"①为了婉拒一些人事请托要求，他还不断强调史语所的不同路径："入所一事，一时恐无办法。盖第一组之范围，一部分为史学，一部分为文籍学（经、子等），后者规定仅当前者三分之一，今乃过之，不复能加人矣，而前者之古史一门，本所不提倡文籍中之辨论，乃愿以甲骨、金文、器物及考古学解决问题也，故近十年中，未曾增治古史者一人。一机关应有其学风，此即本所之学风也。"②这些都在相当长的时期内造成广泛的错觉，纷纷以向西洋人借来一切自然科学的工具，去做西洋的东方学者的拿手好戏为时趋。

不过，傅斯年骨子里其实很有本位文化意识，他对中国文化西来说不以为然，梦想中国的东方必有异于西方之古代文化系，而强调文化内层的纲领。他在《〈城子崖〉序》中说："一个人思想的路途，总受其环境之影响，而其成绩正靠其特有之凭藉。请看西洋人治中国史，最注意的是汉籍中的中外关系，经几部成经典的旅行记，其所发明者也多在这些'半汉'的事情上。我们承认这些工作之大重要性，我们深信这些工作成就之后，中国史的视影要改动的。不过同时我们也觉得中国史之重要问题更有些'全汉'的，而这些问题更大更多，更是建造中国史学知识之骨架。中国学人易于在这些问题上启发，而把这些问题推阐出巨重的结果来，又是中国学人用其凭藉较易于办到的。"③

这层意思不仅是傅斯年的理念，而且落实为他的工作计划。

---

① 1928年5月5日致蔡元培杨杏佛，欧阳哲生主编：《傅斯年全集》第7卷，第61页。
② 1944年8月15日傅斯年致杨向奎〔抄件〕。
③ 欧阳哲生主编：《傅斯年全集》第3卷，第235页。原载1934年《国立中央研究院历史语言研究所中国考古报告集》。

1929年9月9日，傅斯年写信给陈寅恪，希望这位当时中国最有资格同时也正在研究东方学的学者改头换面，将主攻方向转移到宋代。函谓："来函敬悉。此事兄有如许兴趣，至可喜也。此事进行，有两路：一、专此为聘一人，二、由兄领之。弟觉专聘一人，实难其选。此时修史，非留学生不可（朱遏先、陈援庵亦留学生也），粹然老儒，乃真无能为役。然留学生之博闻，而又有志史学，而又有批评的意□在，鲜矣。算来算去，不过尔尔！故如吾兄领之而组织一队，有四处寻书者，有埋头看书者，有剪刀□者……，则五、六年后，已可成一长篇之材料有余矣。此时无论研究一个什么样的小问题，只要稍散漫，便须遍观各书，何如举而一齐看之乎？弟意，此一工作，当有不少之副产物，如全宋文（□诗词）、全宋笔记、全宋艺文志（或即为新宋史之一部）等，实一快事！目下有三、四百元一月，便可动手。若后来有钱、有人，更可速进。如研究所地老天荒，仍可自己回家继续也。且此时弄此题，实为事半功倍，盖唐代史题每杂些外国东西，此时研究，非与洋人拖泥带水不可；而明、清史料又浩如烟海。宋代史固是一个比较纯粹中国学问，而材料又已淘汰得不甚多矣。此可于十年之内成大功效，五年之内成小功效，三年之内有文章出来者也。"①

人员虽然非留学生不可，方面却不要与洋人拖泥带水，而须治比较纯粹的中国学问。在傅斯年看来，弄"半汉"之外国学人真正高明者屈指可数，且在整个西洋学术范围内仍是旁支，以此为标的，难免等而下之。心高气盛的傅斯年当然不会作茧自缚。只是心系于宋史的傅、陈二人，终其一生，却极少有宋史方面的专门论

---

① 1929年9月9日傅斯年致陈寅恪。

著,其中的蹊跷,值得深入探究。

其四,考订与大事的关系。傅斯年自求通贯,却指示后来者谨守断代,虽有专攻与博览之分,毕竟高下有别。加上以考证代比较,很容易误解为识小不识大,以考据为学问。近代学人从新汉学、史料派、考据学派等角度总结利弊得失,矛头都指向傅斯年的口号。至少从傅斯年本人的学术实践看,有失允当。他对以乾嘉朴学为代表的清代学术的主要批评,正是精研专题而忘却整个立场,没有大题目。他告诉王献唐:"弟以为近千年来之实学,一炎于两宋,一炎于明清之际。两宋且不论,明中世后焦竑、朱谋㙔、方密之实开实学之风气。开风气者能博不能精。……若非有此诸君,亭林、西和诸人,亦焉能早岁便即从事朴学也?大约开风气者,必有大力,必多误谬,后人但执一件一件之事而评明贤,转忘其整个的立场,所系实大,斯后学者之过也。亭林、百诗谨严了许多,同时亦将范围缩小了许多(亭林尚不如此。百诗死于一物不知,实则百诗比其朱、方诸人来见闻陋矣)。然此时问题仍是大问题,此时材料仍不分门户也。至乾嘉而大成,亦至乾嘉而硬化,专题能精研之,而忘却整个的立场。至于王、段诸人,而朴学观止。此后如再开大路,非(一)有大批新材料使用不可;(二)或一返明清之际之风气,扩大其范围,认定大题目,能利用乾嘉朴学之精诣,而不从其作茧自缚之处。否则流为琐碎,而不关弘旨;流为今文,而一往胡说。琐碎固是朴学,今文亦是家法,然其末流竟如此无聊也。……胆大的人,而能精细,思想驰骋的人,而能质实,诚可凭乾嘉之所至，一返明清之际所认识之大题目。"①这与一般人们所描述的傅斯年反差相当明显。

要在精研专题与不忘整个立场之间求得统一，避免琐碎与胡说，重要的原则就是陈寅恪所说既要具有统系又须不涉傅会，这也是整理史料与研究史学相一致的关键。②傅斯年的态度，可以从他为中英庚款董事会和中华教育文化基金董事会审查历史类补助金申请窥见一二。对于早年在厦门大学做社会经济史，后来到中山大学跟随朱谦之鼓吹现代史学的陈啸江，傅斯年很不以为然："此君之所计划，弟早已见到，并亲听其解释。觉其空洞无当，且不知何者为史学研究问题，故拟此怪题。"对于李文治，则认为"在此次送交审查全部著作中，仅此君之《晚明流寇》一书可称为'史学的研究'。此君史学之训练尚非尽善，其中颇有可以改善之点。但就大体言之，确已抓到一'史学的问题'，而其处理之法，亦大致得当"③。其取舍标准，反对抄撮史料之外，问题把握的当否至为关键。

常言道：事实胜于雄辩。实际却往往相反，即使在首重求真的史学领域，人们似乎也倾向于将理论与事实分离甚至对立，觉得事实不如雄辩有力，总希望用雄辩压倒事实。而"史学只是史料学"，在一定意义上也是所谓"理论"，所以同样遭遇总有部分道理，然至徒子徒孙之手，则印版而已的尴尬。不过流弊毕竟不同于

---

① 1931年4月20日致王献唐，欧阳哲生主编：《傅斯年全集》第7卷，第100—101页。
② 《吾国学术之现状及清华之职责》，陈美延编：《陈寅恪集·金明馆丛稿二编》，第361页。
③ 1942年5月傅斯年致中华教育文化基金董事会；1942年5月19日傅斯年致中华教育文化基金董事会。

本意，批评前人，同时也是对自己见识功力的检验。要想超越傅斯年，也须先因而后创。若是但凭己见，发横通之议论，非但难以超越，很可能不及其思维的水准，甚至重蹈其批评的覆辙。评议前人或他人思想，须将其所有文字乃至言行全面了解，切勿以一篇文章一本书甚至只言片语、个别口号立论，以免误读错解。否则，畅所欲言变成胡言乱语，自曝其短、贻笑大方事小，误导众生可就罪孽深重了。

征引文献

一、档案

"中研院"史语所藏傅斯年档案

二、报刊

《北京大学国学门月刊》
《北京大学日刊》
《北京大学研究所国学门周刊》
《北平晨报》
《大公报》（天津）
《东方杂志》
《读书月刊》
《读书杂志》
《国粹学报》
《国风》
《国立第一中山大学语言历史学研究所周刊》
《国立清华大学校刊》
《国立中山大学日报》
《国立中山大学文史学研究所月刊》
《国立中山大学语言历史学研究所年报》
《国民日日报》
《国学萃编》
《国学丛刊》
《国学辑林》
《国学季刊》
《国学论衡》
《国学商兑》
《国学月报》
《国学月刊》（四川）
《国学专刊》
《教育公报》
《进步日报》
《华国》

《历史科学》
《历史语言研究所集刊》
《论语》
《努力周报》
《清华暑期周刊》
《清华学报》
《清华周刊》
《清议报》
《人民日报》
上海《民国日报·国学周刊》
上海《民国日报·觉悟》
《少年中国》
《时报》
《时事新报》
《申报》
《史学年报》
《史学消息》
《史地学报》
《史学杂志》
《思想与时代》
《书人月刊》
《图书展望》
The Chinese Social and Poliyical Science Review
《文学杂志》

《厦大周刊》
《厦门大学国学研究院周刊》
《现代评论》
《现代史学》
《新华日报》
《新青年》
《新史学通讯》
《新世界学报》
《新闻报》
《新亚学报》
《学灯》
《学衡》
《燕大月刊》
《燕京学报》
《益世报》
《译书汇编》
《禹贡》
《宇宙风》
《云南日报》
《制言》
《中国语文》
《中华新报》
《中山大学语言历史学研究所周刊》
《中央日报》

三、一般文献

艾尔曼著，赵刚译：《经学、政治与宗族——中华帝国晚期常州今文学派研究》，南京，江苏人民出版社，1998年。

白吉庵：《胡适传》，北京，人民出版社，1993年。

北京大学中国中古史研究中心编：《纪念陈寅恪先生诞辰百年学术论文集》，北京大学出版社，1989年。

蔡尚思：《陈垣先生的学术贡献》，《励耘书屋问学记——史学家陈垣的治学》，北京，生活·读书·新知三联书店，1982年。

蔡仲德：《冯友兰先生年谱初编》，郑州，河南人民出版社，1994年。

长春市政协文史和学习委员会编、王庆祥、萧文立校注、罗继祖审定：《罗振玉王国维往来书信》，北京，东方出版社，2000年。

曹伯韩：《国学常识》，北京，生活·读书·新知三联书店，2002年。

曹伯言整理：《胡适日记》，合肥，安徽教育出版社，2001年。

曹述敬：《钱玄同年谱》，济南，齐鲁书社，1986年。

陈德溥编：《陈黻宸集》，北京，中华书局，1995年。

陈力：《20世纪中国史学学术编年》，罗志田主编：《20世纪的中国：学术与社会——史学卷（下）》，济南，山东人民出版社，2001年。

陈平原：《中国现代学术之建立——以章太炎、胡适之为中心》，北京大学出版社，1998年。

陈平原、杜玲玲编：《追忆章太炎》，北京，中国广播电视出版社，1997年。

陈平原、王枫编：《追忆王国维》，北京，中国广播电视出版社，1997年。

陈守实：《学术日录》，《中国文化研究集刊》第1辑，上海，复旦大学出版社，1984年。

陈崧编：《五四前后东西文化问题论战文选》，北京，中国社会科学出版社，1985年。

陈啸江：《西汉社会经济研究》，新生命书局，1936年。

《陈寅恪史学论文选集》，上海古籍出版社，1992年。

陈衍：《石遗室诗话》，沈阳，辽宁教育出版社，1998年。

陈以爱：《中国现代学术研究机构的兴起——以北京大学研究所国学门为中心的探讨（1922—1927）》，台北，政治大学历史系，1999年。

陈以爱：《胡适的"整理国故"在20—30年代学术界的反响》，《近代中国史研究通讯》第33期，2002年3月。

陈寅恪：《寒柳堂集》，上海古籍出版社，1980年。

陈寅恪：《金明馆丛稿二编》，上海古籍出版社，1980年。

陈美延编：《陈寅恪集·金明馆丛稿初编》，生活·读书·新知三联书店，2001年。

陈美延编：《陈寅恪集·金明馆丛稿二编》，生活·读书·新知三联书店，2001年。

陈美延编：《陈寅恪集》，北京，生活·读书·新知三联书店，2001年。

陈智超编注：《陈垣来往书信集》，上海古籍出版社，1990年。

邓伟志、林明崖著：《学派初探》，重庆出版社，1989年。

丁文江、赵丰田编：《梁启超年谱长编》，上海人民出版社，1983年。

定生编：《治学的方法与材料及其它》，朴社，1929年。

杜春和、韩荣芳、耿来金编：《胡适论学往来书信选》，石家庄，河北人民出版社，1998年。

杜正胜：《无中生有的志业——傅斯年的史学革命与史语所的创立》，台北，中研院历史语言研究所编印：《中央研究院历史语言研究所七十周年纪念文集：新学术之路》，1998年。

范希曾编：《书目答问补正》，南京，江苏古籍出版社，2000年。

费孝通：《师承·补课·治学》，北京，生活·读书·新知三联书店，2001年。

冯友兰：《中国哲学史》，上海书店，1990年影印。

冯友兰：《三松堂自序》，北京，人民出版社，1998年。

冯紫梅著，曾越麟等译校：《时代之子吴晗》，北京，中国社会科学出版社，1996年。

傅振伦：《傅振伦文录类选》，北京，学苑出版社，1994年。

傅振伦编著：《七十年所见所闻》，上海，华东师范大学出版社，1998年。

高平叔编：《蔡元培全集》第3卷，北京，中华书局，1984年。

葛剑雄：《悠悠长水·谭其骧前传》，上海，华东师范大学出版社，1997年。

耿云志、欧阳哲生编：《胡适书信

集》，北京大学出版社，1996年。

耿云志、闻黎明编：《现代学术史上的胡适》，北京，生活·读书·新知三联书店，1993年。

龚继民、方仁念：《郭沫若年谱》，天津人民出版社，1992年。

顾潮编著：《顾颉刚年谱》，北京，中国社会科学出版社，1993年。

顾潮：《历劫终教志不灰——我的父亲顾颉刚》，上海，华东师范大学出版社，1997年。

顾颉刚：《当代中国史学》，沈阳，辽宁教育出版社，1998年。

顾颉刚等编著：《古史辨》1—7册，上海古籍出版社，1982年。

《顾颉刚古史论文集》第1册，北京，中华书局，1988年。

顾廷龙：《顾廷龙文集》，上海科学技术文献出版社，2002年。

关庚麟撰：《日本学校图论》，王宝平主编、吕长顺编著：《晚清中国人日本考察记集成·教育考察记》，杭州大学出版社，1999年。

郭沫若：《中国古代社会研究》，石家庄，河北教育出版社，2000年。

郭豫适：《从"十字法"到"四字法"——胡适的治学方法论及其他》，《胡适研究丛刊》第2辑，北京，中国青年出版社，1996年。

郭湛波：《近五十年来中国思想史》，济南，山东人民出版社，1997年。

《国学论丛》刊行：《王静安（国维）先生纪念号》，沈云龙：《近代中国史料丛刊续编》第83辑。

吉川幸次郎：《留学时代》，《吉川幸次郎全集》第22卷，东京，筑摩书房，1975年。

江藩等著：《汉学师承记（外二种）》，北京，生活·读书·新知三联书店，1998年。

《姜亮夫自传》，晋阳学刊编辑部编：《中国现代社会科学家传略》第1辑，太原，山西人民出版社，1982年。

姜义华、吴根樑编校：《康有为全集》第2集，上海古籍出版社，1990年。

姜义华编校：《康有为全集》第3卷，上海古籍出版社，1992年。

蒋天枢：《陈寅恪先生编年事辑》增订本，上海古籍出版社，1997年。

《蒋廷黻回忆录》，长沙，岳麓书社，2003年。

金梁《瓜圃述异》，沈云龙主编：

《近代中国史料丛刊续编》第24辑之238，台北，文海出版社影印。

金毓黻：《中国史学史》，石家庄，河北教育出版社，2000年。

金毓黻著，《金毓黻文集》编辑整理组校点：《静晤室日记》，沈阳，辽沈书社，1993年。

《小岛祐马旧藏"对支文化事业"关系文书》，京都大学人文科学研究所：《人文》第46号，1999年11月18日。

杰弗里·巴勒克拉夫著，杨豫译：《当代史学主要趋势》，上海译文出版社，1987年。

璩鑫圭、童富勇编：《中国近代教育史资料汇编·教育思想》，上海教育出版社，1997年。

何炳棣：《读史阅世六十年》，商务印书馆（香港）有限公司，2004年。

贺昌群：《贺昌群文集》第一卷，北京，商务印书馆，2003年。

侯云灏：《"史学便是史料学"——记著名史学家傅斯年》，《历史教学》1999年第9期。

胡思敬：《国闻备乘》，荣孟源、章伯锋主编：《近代稗海》第1辑，四川人民出版社1985年。

《胡适日记》，台北，远流出版事业股份有限公司，1990年影印本。

胡颂平编著：《胡适之先生年谱长编初稿》校订版，台北，联经出版事业公司，1990年。

胡颂平编：《胡适之先生晚年谈话录》，北京，中国友谊出版公司，1993年。

胡云富、侯刚：《吴承仕传略》，吴承仕同志诞生百周年纪念筹委会编：《吴承仕同志诞生百周年纪念文集》，北京师范大学出版社，1984年。

黄福庆：《近代日本在华文化及社会事业之研究》，台北"中研院"近代史研究所专刊，1982年。

黄进兴：《中国近代史学的双重危机：试论'新史学'的诞生及其所面临的困境》，《中国文化研究所学报》新第6期中国文化研究所三十周年纪念号，1997年。

《黄侃日记》，南京，江苏教育出版社，2001年。

黄敏兰：《梁启超〈新史学〉的真实意义及历史学的误解》，《近代史研究》1994年第2期。

黄义祥：《中山大学史稿（1924—1949）》，广州，中山大学出版社，

1999年。

张杰、杨燕丽选编：《追忆陈寅恪》，北京，社会科学文献出版社，1999年。

李季：《中国社会史论战批判》，神州国光社，1934年。

李继凯、刘瑞春选编：《追忆吴宓》，北京，社会科学文献出版社，2000年。

李继凯、刘瑞春选编：《解析吴宓》，北京，社会科学文献出版社，2001年。

李守常：《史学要论》，石家庄，河北教育出版社，2001年。

李泰俊：《吴宓与中国比较文学》，《红岩》1998年第6期。

李详著、李稚甫编校：《李审言文集》，南京，江苏古籍出版社，1989年。

李绪柏：《清代广东朴学研究》，广州，广东省地图出版社，2001年。

李勇、鄢可然：《〈史地学报〉对鲁滨逊新史学的传播》，《淮北煤炭师范学院学报（哲学社会科学版）》第24卷第6期，2003年12月。

李勇、侯洪颖：《蒋廷黻与鲁滨逊的新史学派》，《学术月刊》2002年第12期。

李振声编：《钱穆印象》，上海，学林出版社，1997年。

梁启超：《饮冰室合集》，北京，中华书局，1989年。

梁启超：《清代学术概论》，北京，东方出版社，1996年。

梁启超：《中国近三百年学术史》，北京，东方出版社，1996年。

《量守庐学记——黄侃的生平和学术》，北京，生活·读书·新知三联书店，1985年。

林甘泉主编：《文坛史林风雨路——郭沫若交往的文化圈》，杭州，浙江人民出版社，1999年。

刘桂生、欧阳军喜：《陈寅恪先生编年事辑补》，王永兴编：《纪念陈寅恪先生百年诞辰学术论文集》，南昌，江西教育出版社，1994年。

刘乃和、周少川、王明泽、邓瑞全著：《陈垣年谱配图长编》，沈阳，辽海出版社，2001年。

刘师培：《刘申叔遗书》，江苏古籍出版社，1997年。

刘巍：《〈刘向歆父子年谱〉的学术背景与初始反响》，《历史研究》2001年第3期。

刘巍：《抗战期间钱穆所致力的

"新史学"——以〈国史大纲〉为中心的探讨》,中国社会科学院近代史研究所编:《中国社会科学院近代史研究所青年学术论坛2001年卷》,北京,社会科学文献出版社,2002年。

刘寅生、谢巍、房鑫亮编校:《何炳松论文集》,北京,商务印书馆,1990年。

刘寅生、房鑫亮编:《何炳松文集》第2、3卷,北京,商务印书馆,1997、1996年。

柳诒徵:《汉学与宋学》,东南大学南京高师国学研究会编辑:《国学研究会演讲录》第1集,商务印书馆,1924年。

柳曾符、柳佳编:《劬堂学记》,上海书店出版社,2002年。

楼宇烈:《胡适的中古思想史研究述评》,耿云志、闻黎明编:《现代学术史上的胡适》,北京,生活·读书·新知三联书店,1993年。

鲁迅博物馆藏:《周作人日记》(影印本)下册,郑州,大象出版社1996年

《鲁迅书信集》上下卷,北京,人民文学出版社,1976年。

《鲁迅全集》,北京,人民文学出版社,1981年。

逯耀东:《史学危机的呼声》,台北,联经出版事业公司,1987年。

罗继祖:《鲁诗堂谈往录》,上海书店出版社,2001年。

罗振玉:《雪堂自述》,南京,江苏人民出版社,1999年。

罗志田:《二十世纪的中国思想与学术掠影》,广州,广东教育出版社,2001年。

罗志田:《温故可以知新:清季民初的"历史眼光"》,《现代中国》第2辑,湖北教育出版社,2002年3月。

罗志田:《再造文明之梦——胡适传》,成都,四川人民出版社,1995年。

马金可、洪京陵:《中国近代史学发展叙论(1940—1949)》,北京,中国人民大学出版社,1994年。

冒怀苏编著:《冒鹤亭先生年谱》,上海,学林出版社,1998年。

冒效鲁:《冒鹤亭传略》,晋阳学刊编辑部编:《中国现代社会科学家传略》第5辑,山西人民出版社,1985年。

牟润孙:《记所见之二十五年来史学著作》,杜维运、黄进兴编:《中

国史学史论文选集》第2册，台北，华世出版社，1979年。

牟润孙：《注史斋丛稿》，北京，中华书局，1987年。

欧阳哲生编：《胡适文集》，北京大学出版社，1998年。

欧阳哲生编：《傅斯年全集》，长沙，湖南教育出版社，2003年。

欧阳哲生选编：《追忆胡适》，北京，社会科学文献出版社，2000年。

欧阳哲生选编：《解析胡适》，北京，社会科学文献出版社，2000年。

潘光哲：《傅斯年与吴晗》，《"傅斯年与中国文化"国际学术讨论会论文集》，2004年8月。

潘懋元、刘海峰编：《中国近代教育史资料汇编·高等教育》，上海教育出版社，1993年。

彭明辉：《历史地理学与现代中国史学》，台北，东大图书公司1995年。

齐家莹编撰，孙敦恒审校：《清华人文学科年谱》，北京，清华大学出版社，1999年。

齐思和：《近百年来中国史学的发展》，汪朝光主编：《20世纪中华学术经典文库·历史学：中国近代史卷》，兰州，兰州大学出版社，2000年。

钱大昕：《十驾斋养新录》，南京，江苏古籍出版社，2000年。

钱穆：《八十忆双亲·师友杂忆》，北京，生活·读书·新知三联书店，1998年。

钱穆：《国史大纲》修订本，北京，商务印书馆，2002年。

钱穆：《中国近三百年学术史》，北京，商务印书馆，1997年。

《钱玄同文集》，北京，中国人民大学出版社，2000年。

钱文忠：《略论寅恪先生之比较观及其在文学研究中之运用》，王永兴编：《纪念陈寅恪先生百年诞辰学术论文集》，南昌，江西教育出版社，1994年。

饶宗颐：《中国史学上之正统论》，上海远东出版社，1996年。

山根幸夫：《近代中日关系の研究——対华文化事业を中心として》，东京女子大学东洋史研究室，1980年。

桑兵：《胡适与〈水经注〉案探源》，《近代史研究》1997年第5期。

桑兵：《胡适与国际汉学界》，《近代史研究》1999年第1期。

桑兵：《近代中国学术的地缘与流派》，《历史研究》1999年第3期。

桑兵：《教学需求与学风转变——近代大学是学教育的社会科学化》，《中国社会科学》2001年第4期。

沈兼士著、葛信益、启功整理：《沈兼士学术论文集》，北京，中华书局，1986年。

沈松侨：《学衡派与五四时期的反新文化运动》，台北，台湾大学出版委员会，1984年。

沈永宝编：《钱玄同印象》，上海，学林出版社，1997年。

石川祯浩：《辛亥革命时期的种族主义与中国人类学的兴起》，中国史学会编：《辛亥革命与20世纪的中国》（中），北京，中央文献出版社2002年。

苏双碧、王宏志：《吴晗传》，北京出版社，1984年。

苏双碧、王宏志：《吴晗学术活动编年简谱》，夏鼐、苏双碧等：《吴晗的学术生涯》，杭州，浙江人民出版社，1984年。

孙敦恒：《清华国学院纪事》，葛兆光主编：《清华汉学研究》第1辑，北京，清华大学出版社，1994年。

孙江主编：《事件·记忆·叙述》，杭州，浙江人民出版社，2004年。

汤志钧编：《章太炎政论选集》上下册，北京，中华书局，1977年。

汤志钧编：《章太炎年谱长编》上下册，北京，中华书局，1979年。

唐德刚译注：《胡适口述自传》，上海，华东师范大学出版社，1993年。

唐德刚：《胡适杂忆》（增订本），上海，华东师范大学出版社，1999年。

唐文权、罗福惠：《章太炎思想研究》，武汉，华中师范大学出版社，1986年。

陶希圣：《潮流与点滴》，台北，传记文学出版社，1979年。

《夏承焘集》，浙江古籍出版社、浙江教育出版社，1997年。

夏晓虹编：《追忆梁启超》，北京，中国广播电视出版社，1997年。

谢保成：《郭沫若评传》，南昌，百花洲文艺出版社，1995年。

谢樱宁：《章太炎年谱摭遗》，北京，中国社会科学出版社，1987年。

徐一士：《一士类稿》，荣孟源、章伯锋主编：《近代稗海》第2辑，成都，四川人民出版社，1985年。

许冠三：《新史学九十年》，长沙，岳麓书社，2003年。

雪克编校：《胡朴安学术论著》，杭州，浙江人民出版社，1998年。

汪东：《新文学商榷》，《华国》第1卷第2期，1923年10月15日。

汪荣祖：《陈寅恪评传》，南昌，百花洲文艺出版社，1992年。

王宝平主编、吕长顺编注：《晚清中国人日本考察记集成·教育考察记》，杭州，杭州大学出版社，1999年。

王法周：《中国哲学史大纲与中国现代学术》，耿云志、闻黎明编：《现代学术史上的胡适》，北京，生活·读书·新知三联书店，1993年。

王汎森：《章太炎的思想——兼论其对儒学传统的冲击》，台北，时报文化出版企业有限公司，1985年。

王汎森等整理：《史语所藏胡适与傅斯年来往函札》，《胡适研究丛刊》第3辑，北京，中国青年出版社，1998年。

王汎森：《中国近代思想与学术的系谱》，石家庄，河北教育出版社，2001年。

王汎森：《中国近代思想文化史研究的若干思考》，《新史学》（台北）第14卷4期，2003年。

《王国维遗书》，上海书店出版社，1996年。

王晴佳：《论二十世纪中国史学的方向性转折》，《中华文史论丛》第62辑，上海古籍出版社，2000年。

王煕华：《抗日战争期间的中国史学会》，上海图书馆历史文献研究所编：《历史文献》第4辑，上海科学技术文献出版社，2001年。

王学典：《顾颉刚和他的弟子们》，济南，山东画报出版社，2000年。

王学典：《近五十年的中国历史学》，《历史研究》2004年第1期。

王学珍、郭建荣主编：《北京大学史料》第2卷，北京大学出版社，2000年。

王也扬：《梁启超对中国传统史学的认识》，《历史教学》1994年第9期。

魏建功：《〈钱玄同先生与黎锦熙先生论"古无舌上、轻唇声纽"问题书〉读后记》，《中国语文》1961

年9月号。

温儒敏、丁晓萍编:《时代之波——战国策派文化论著辑要》,北京,中国广播电视出版社,1995年。

吴承仕同志诞生百周年纪念筹委会编:《吴承仕同志诞生百周年纪念文集》,北京师范大学出版社,1984年。

伍发明整理:《北大藏胡适来往书信选》,《胡适研究丛刊》第3辑,北京,中国青年出版社,1998年。

吴宓著,吴学昭整理:《吴宓日记》1—10,北京,生活·读书·新知三联书店,1998年。

吴宓著、吴学昭整理:《吴宓自编年谱》,北京,生活·读书·新知三联书店,1995年。

吴其昌:《子馨文在》,沈云龙编:《中国近代史料丛刊》续编第81辑之808,台北,文海出版社,1981年影印。

吴新雷、姚柯夫、梁淑安、陈杰编纂:《清晖山馆友声集》,南京,江苏古籍出版社,2000年。

吴学昭:《吴宓与陈寅恪》,北京,清华大学出版社,1996年。

吴泽主编:刘寅生、袁英光编:《王国维全集·书信》,中华书局,1984年。

吴泽主编、金自强、虞明英选编:《贺昌群史学论著选》,北京,中国社会科学出版社,1985年。

吴忠良:《南高史地学派与中国史学会》,《福建论坛》2005年第2期。

严耕望:《治史答问》,台北,商务印书馆,1995年。

严耕望:《治史经验谈》,台北,商务印书馆,1997年。

杨堃:《杨堃民族研究文集》,北京,民族出版社,1991年。

杨堃:《社会学与民俗学》,四川民族出版社,1997年。

杨思机:《朱谦之与"现代史学运动"》,中山大学未刊学士学位论文。

杨树达:《积微居友朋书札》,长沙,湖南教育出版社,1986年。

杨树达:《积微翁回忆录》,上海古籍出版社,1986年。

姚奠中、董国炎:《章太炎学术年谱》,太原,山西古籍出版社,1996年。

姚柯夫编著:《陈中凡年谱》,北京,书目文献出版社,1989年。

余英时：《中国史学的现阶段：反省与展望》，杜维运、陈景忠编：《中国史学史论文选集》（三），华世出版社，1980年。

余英时：《论士衡史》，上海文艺出版社，1999年。

俞旦初：《爱国主义与中国近代史学》，北京，中国社会科学出版社，1996年。

于沛主编：《20世纪中华学术经典文库·历史学：史学理论卷》，兰州，兰州大学出版社，2000年。

袁荻涌：《陈寅恪与比较文学》，《文史杂志》1990年第1期。

袁同礼编：*A Guide to Doctoral Dissertations by Chinese Students in America 1905—1960*, Published Under the Auspices of the Sino-American Culture Society.Inc.Washington.D.C.1961

袁英光、刘寅生：《王国维年谱长编》，天津人民出版社，1996年。

袁英光：《新史学的开山——王国维评传》，上海人民出版社，1999年。

苑利主编：《二十世纪中国民俗学经典·学术史卷》，北京，社会科学文献出版社，2002年。

乐黛云著：《比较文学原理》，长沙，湖南文艺出版社，1988年。

乐黛云主编：《中西比较文学教程》，北京，高等教育出版社，1988年。

岳玉玺、李泉、马亮宽编选：《傅斯年选集》，天津人民出版社，1996年。

张传玺：《翦伯赞传》，北京大学出版社，1998年。

张国刚：《德国的汉学研究》，北京，中华书局，1994年。

张晖：《龙榆生先生年谱》，上海，学林出版社，2001年。

张剑平：《新中国史学五十年》，北京，学苑出版社，2003年。

张杰、杨艳丽选编：《解析陈寅恪》，北京，社会科学文献出版社，1999年。

张杰、杨燕丽选编：《追忆陈寅恪》，北京，社会科学文献出版社，1999年。

张其昀等著：《中国文学史论集》（四），现代国民基本知识丛书第5辑，台北中华文化出版事业社，1958年。

张书学：《中国现代史学思潮研究》，长沙，湖南教育出版社，

1998年。

张树年、张人凤编：《张元济书札》增订本中册，商务印书馆，1997年。

张万起编：《〈马氏文通〉研究资料》，北京，中华书局，1987年。

章太炎：《救学弊论》，《华国》第1卷第12期，1924年8月15日。

章太炎讲演，曹聚仁记录：《国学概论·小识》，成都，巴蜀书社1987年。

章太炎著，虞云国标点整理：《菿汉三言·菿汉微言》，沈阳，辽宁教育出版社，2000年。

章太炎：《菿汉闲话》，《制言半月刊》第13期，1936年3月16日。

章太炎：《对重庆学界演说》，《历史知识》1984年第1期。

朱维铮编：《章太炎全集》（三），上海人民出版社，1984年。

本社编：《章太炎全集》（四），上海人民出版社，1984年。

章太炎：《教育的根本要从自国自心发出来》，璩鑫圭、童富勇编：《中国近代教育史资料汇编·教育思想》，上海教育出版社，1997年。

赵俪生：《论中国新史学的建设问题》，《新建设》第1卷第6期。

赵连元：《吴宓——中国比较文学之父》，《四川大学学报》1990年第2期。

郑师渠：《晚清国粹派——文化思想研究》，北京师范大学出版社，1997年。

周传儒、吴其昌：《梁先生北海谈话记》，丁卯初夏《清华学校研究院同学录》。

周予同：《五十年来中国之新史学》，朱维铮编：《周予同经学史论著选集》增订本，上海人民出版社，1996年。

周中明：《桐城派研究》，辽宁大学出版社1999年。

周作人：《苦茶——周作人回想录》，兰州，敦煌文艺出版社，1995年。

中国革命博物馆整理，荣孟源审校：《吴虞日记》，成都，四川人民出版社，1986年。

中国社会科学院近代史研究所中华民国史组编：《胡适来往书信选》，北京，中华书局，1979年。

中国社会科学院近代史研究所民国史研究室编：《胡适的日记》，中华书局香港分局，1985年。

中国历史博物馆编、劳祖德整理：

《郑孝胥日记》，北京，中华书局，1993年。

中国史学会秘书处编：《中国史学会五十年》，北京，海燕出版社，2004年。

《朱谦之文集》，福州，福建教育出版社，2002年。

朱乔森编：《朱自清全集》第9、10卷，南京，江苏教育出版社，1997年。

《朱希祖先生文集》，台北，九思出版有限公司，1979年。

朱维铮主编：《马相伯集》，上海，复旦大学出版社，1996年。

朱文华编：《自由之师——名人笔下的胡适 胡适笔下的名人》，上海，东方出版中心，1998年。

朱有瓛主编：《中国近代学制史料》第2辑，上海，华东师范大学出版社，1987年。

诸祖耿：《太炎先生〈国学讲演录〉序》，《文教资料》1986年第4期。

索　引

A

阿奎那斯（Thomas Aquinas）　394 405

阿麟　228

艾尔曼（B.A.Elman）　083 112 450

安维峻　227

安志敏　076 418

B

白璧德（I.Babbitt）　259 384 385 386

白眉初　184

白寿彝　209 215

柏格森（H.Bergson）　401

柏烈伟（S.A.Polevoy）　323

宝熙　230 242

卞僧慧　265 370 371 439 441

宾玉瓒　239

伯希和（Paul Pelliot）　222 223 327

博克尔（H.T.Buckle）　022 416

布罗代尔　081

C

蔡尚思　344 451

蔡元培　026 028 110 157 158 159 260 271 310 317 331 342 343 365 390 392 444 455

曹伯韩　068 069 092 453

曹经沅　230

曹元弼　219 229 241

曹云祥　285

岑光樾　243

岑家梧　186

岑仲勉　340

柴德赓　171

常乃惪　109

辰己小二郎 387

陈安仁 077 180 186 201 202 203 204 207

陈宝琛 219 227 229 230 233

陈伯陶 242

陈耻 240

陈澹然 228

陈定璠 180 186

陈东原 199 202 203

陈独秀 036 232 326 402

陈黻宸 129 130 131 453

陈恭禄 077

陈果夫 372

陈汉章（伯陶） 015 221 229 231 261 262 263

陈翰笙 073 074 215

陈衡哲 168 202 203

陈季皋 236

陈家康 210

陈敬 240

陈敬第 240

陈钜前 240

陈均 171

陈礼江 199

陈立夫 195 201 202 205

陈浏 239

陈平原 044 045 235 267 270 278 281 284 296 298 303 319 335 344 359 363 453 473

陈谦 240

陈庆年 221 229 233

陈去病 294

陈荣昌 222

陈三立 219 221 229 230 231 232 233 242

陈诗 230

陈世宜 244

陈守实 288 298 357 440 454

陈受颐 171 283 389 391

陈叔谅 201

陈述 093 210 311 443

陈田 227

陈啸江 054 057 180 183 186 201 207 447 454

陈星烂 227

陈旭旦 372 376

陈雪屏 201 202 207

陈训慈 039 164 165 167 201 202 203

陈衍 219 222 227 229 231 233 235 240 244 257 294 296 454

陈以爱 016 044 138 275 278 286 303 307 327 454

陈毅 219 229 242

陈翊湛 186

陈寅 228

陈寅恪 003 004 005 008 045 046 048 056 059 061 077 085 086 109 149 150 151 162 171 177 195 199 203 215 223 253 259 260 262 264 265 278 285 288 298 309 314 316 317 318 319 320 321 322 324 326 334 335 338 344 356 360 361 362 363 368 369 370 371 372 373 375 376 377 378 379 383 384 386 387 394 395 396 397 398 399 400 401 404 405 406 407 413 429 437 438 439 440 441 442 443 445 447 453 454 457 459 460 463 465 467 468 469

陈元恺 240

陈垣 044 012 046 059 071 109 153 168 171 177 184 210 214 215 219 223 238 244 249 278 282 286 290 340 344 360 361 362 399 419 442 453 454 460

陈源 134 323 405

陈曾矩 242

陈曾寿 227 230

陈曾则 239

陈兆奎 226

陈钟凡（中凡） 140 141

陈柱 294 296

程炎震 243

程棫林 226

储皖峰 330

楚图南 210

崔适 027

崔述 033 034 035 036 041 245

D

戴邦伟 171

戴密微（Paul Demieville） 323

戴锡章 220 221 239 263

戴裔煊 180 183 186

戴震 002 092 093 116 117 263 281 340 360 389

丁迪豪 051 052 054 056 171 172 175 176 178 179

丁福保 294

丁傅靖 228

丁山 202 203

丁文江 036 097 162 163 331 334 454

定信 228

邓初民 070 210 215

邓尔雅 296

邓嗣禹 170 171

邓彦远 241

邓以蛰 210

邓之诚 170 171 239

董家遵 186

董康 219 229 232 233 240

杜聪明 220

杜钢百 297

杜国庠（守素） 207

杜威（Dewey） 140 325

杜亚泉 402

端方 230

段祺瑞 268

段玉裁 263

F

樊增祥 227 230 231

范文澜 070 072 073 074 109 206 210 215 418

范希曾 092 165 167 455

方东树 093

方豪 201 202 203 290

方觉慧 201 202 203

方树梅 240

方壮猷 162 237

房兆楹 340

费密 085 087 088

费孝通 142 143 144 146 455

冯家昇 170

冯煦 230

冯沅君 330

冯友兰 049 056 076 086 149 253 260 305 306 317 318 319 320 321

322 333 334 335 338 352 353
354 366 390 391 394 395 400
401 403 436 453 455

冯振 294 296

弗雷泽（James Frazer） 143

浮田和民 022 024 128

福开森（Ferguson, John Calvin）
163 242

傅斯年 016 042 044 046 047 048 055
056 057 061 068 069 093 100
101 102 105 106 109 110 111
135 136 139 140 144 148 156
180 184 185 195 198 199 200
201 202 203 204 218 237 246
263 279 283 284 287 289 291
292 305 316 324 325 326 327
329 332 335 336 344 348 352
353 354 357 365 373 375 404
408 409 410 411 412 413 414
415 416 417 419 420 421 422
423 424 426 428 429 430 431
432 435 436 437 438 439 440
441 442 443 444 445 446 447
448 449 455 458 462 465 468

傅增湘 219 222 223 233 240 244 246

傅振伦 153 154 168 169 184 215 455

G

钢和泰（Alexander Wilhelm Baron von Stael-Holstein） 242 287 389 394

冈崎文夫 045 362 363

高步瀛 233 236 244

高亨 297

高梦旦 237

高燮 297

高业茂 169

葛兰言（Marcel Granet） 145 148

龚道耕 236 238

龚惕庵 240

龚元凯 228

辜鸿铭 242

谷霁光 178

古直 222 294 296 332

顾颉刚 015 034 035 037 040 041 042
043 044 068 076 101 102 103
104 105 106 109 118 132 133
134 135 136 137 138 139 140

　　　　　　142　144　146　148　153　170　171

　　　　　　179　181　184　190　191　192　193

　　　　　　198　199　200　201　202　203　204

　　　　　　205　206　208　209　212　213　216

　　　　　　246　249　252　271　272　284　285

　　　　　　297　299　306　307　324　338　352

　　　　　　353　354　356　357　365　411　423

　　　　　　456　466

顾实　　202　294　295

顾炎武　002　092　263　311　360

关燕祥　186

郭立山　227

郭沫若　045　049　050　056　069　070　072

　　　　　　073　074　076　077　109　141　153

　　　　　　176　206　207　210　213　215　306

　　　　　　339　358　456　460　464

郭绍虞　118　296

郭湛波　049　050　321　456

H

韩非　394

韩朴存　227

韩寿萱　210

韩愈　085　087　088

何炳松　017　019　028　029　030　031　032

　　　　　　033　038　052　056　059　069　079

　　　　　　080　174　460

何定生　306　307

何梅生　240

何思敬　042

何藻翔　242　243

何振岱　220　221

贺昌群　048　202　203　437　458　467

贺麟　306

洪汝闿　243

洪业　170　171　184

侯堮　201　202

侯仁之　170

侯士绾　024

侯外庐　071　207　210　213　215

胡敦复　220

胡怀琛　250

胡焕庸　199　202

胡近仁　331

胡适　003　004　012　026　027　028　029

　　　　030　031　032　033　034　035　036

　　　　037　038　040　042　052　056　109

  117 132 133 134 135 139 140　　胡忠敬　226 227 458

  158 171 173 177 184 195 196　　胡先骕　238 294

  197 198 203 218 219 221 222　　胡玉缙　220 233 241 263

  223 225 231 232 233 235 236　　胡祖荫

  237 245 246 249 252 253 254　　华焯　227

  260 261 262 263 264 265 266　　华冈　210

  269 271 275 278 283 284 285　　华蘅芳　221

  286 287 291 292 293 298 299　　黄福銮　186

  300 302 303 304 305 306 307　　黄节（晦闻）　244 287

  308 309 310 311 312 313 314　　黄侃　221 258 261 269 270 271 273

  316 317 318 319 320 321 322　　　　　274 275 280 281 282 290 291

  323 324 325 326 327 328 329　　　　　294 296 301 302 305 314 458

  330 331 332 333 334 335 336　　　　　460

  337 338 339 340 341 342 343　　黄庆华　186

  344 345 346 347 348 349 352　　黄任恒　242

  353 354 355 356 357 358 359　　黄荣康　242

  360 361 362 363 364 365 366　　黄松　180 181

  367 369 370 371 372 391 392　　黄维翰　239

  393 394 402 404 405 406 411　　黄文弼　199 223

  419 430 431 432 438 453 454　　黄锡朋　227

  455 456 458 460 461 462 463　　黄孝觉　226

  464 465 466 470 471　　　　　　黄孝可　223

胡漱唐　227　　　　　　　　　　　黄云眉　296

黄仲元 088

黄宗羲 090 092 113

黄遵宪（公度）232

惠栋 093 264

J

嵇文甫 210 215

贾恩绂 220

简朝亮 222 231 233

翦伯赞 070 076 077 109 207 210 214 215 418 468

江藩 092 093 099 457

江瀚 219 220 229 233 241 263

江应梁 186

江庸 220 221

江永 092

姜筠 227

姜亮夫 238 297 457

姜忠奎 220 263

蒋蕃 240

蒋复璁 201 262

蒋介石 202 203 205

蒋梦麟 139 158 218 223 269 287

蒋天枢 265 297 371 373 438 439 457

蒋廷黻 056 199 202 203 261 262 404 457 459

蒋维乔 296

焦循 264

今西龙 242

金葆桢 228

金灿然 209

金甸丞 240 241

金九经 389

金梁 242 457

金松岑（天翮）257

金毓黻 015 016 058 059 060 067 077 153 167 199 200 201 202 203 207 208 209 214 215 230 231 237 241 256 260 261 418 419 457

金岳霖 318 319

金兆藩 229

金兆丰 239

金兆梓 212

景昌极 165

K

康选宜 187 190 192

康有为 097 098 124 231 387 388 457

柯劭忞 219 220 223 229 231 233 238 239 240 242 244 261 262 263 264

克罗齐（Benedetto Croce） 055 184

况蕙风 231

L

赖际熙 242

劳榦 77

雷凤鼎 266

雷海宗 109 199 201 202 203 204 207 331 404

雷荣珂 201 204 207

黎东方 180 186 199 200 201 202 203 205 207 208

黎锦熙 202 203 207 210 212 276 277 282 466

李慈铭 430

李大钊 050 109 402 417

李济 066 110 177 201

李剑农 440

李经畬 239

李俊 440

李凯尔特（Heinrich Rickert） 038 173

李平心 212

李清馥 090 091

李瑞清 221 229

李孺 242

李石曾 184

李书华 184 223

李树新 171

李蔚芬 236

李文治 447

李详（审言） 230 233 236 296 459

李宣龚 230

李宣倜 230

李亚农 212

李元纲 087

李苑之 240

李岳瑞 240

李则刚 209

李肇新 186

李哲明 239

李蒸 223

李植 236

李宗侗 135 144 184 223

连士升 190

梁方仲 178

梁鼎芬 230 240

梁广照 228

梁鸿志 220 221

梁瓯第 186

梁启超 007 015 016 017 019 020 021
022 023 024 025 026 027 035
036 037 038 041 054 058 059
062 068 069 079 088 089 090
091 092 094 095 096 097 098
099 106 107 111 113 114 115
116 117 123 124 125 126 127
128 129 131 161 162 163 172
173 174 178 221 225 231 233
247 259 260 263 264 278 285
288 306 323 326 337 342 343
344 345 364 365 391 406 417
424 454 458 459 464 466

梁漱溟 332 402 403

梁思成 210

梁钊韬 186

梁志文 227

梁众异 227

廖平 219 222 231 233 247

廖润鸿 228

廖世承 202 207

廖振矩 227

林伯渠 072

林苍 240

林鹤年 242

林纾 231

林思进 236 238

林雪舟 240

林孝颖 240

林翊 240

林玉堂 286

林损 282

凌纯声 420

刘伯明 239 351 358

刘承幹（翰怡）

刘澄如 226

刘崇鋐（寿民）168

刘复（半农）269 286 287

刘国钧 178

刘隽 178

刘克庄 088

刘盼遂 282

刘培极 220

刘挨藜 165

刘慎谔 184

刘师培 005 024 025 103 129 131 221 231 233 240 261 271 272 460

刘世珩 231 232 233

刘廷琛 227

刘文典 044 231 269 282 315 316 322 331 342 362 368 369 373 376 382 384 392

刘仰勋 228

刘瀛 240

柳诒徵 087 133 166 167 203 222 231 294 314 351 460

龙学泰 226

龙榆生 237 468

龙沅 440

鲁滨孙（J.H.Robinson）028 029 032 033 038 039 056 065 159

鲁迅 045 267 269 272 273 280 285 326 461

陆鼎恒 184

陆侃如 330

陆陇其 091

陆懋德 171 203

陆征祥 163

陆志韦 400

陆宗达 282 291

逯耀东 211 339 461

路朝銮 239

吕本中 088

吕思勉 184 199 296

吕振羽 069 070 207 209 210

罗常培 210 340

罗惇曧 227 228 231 240

罗尔纲 178 330

罗家伦（志希）154 168 192 193 436

罗时宪 186

罗素（Bertrand Russell）250 323

罗香林 186 201 202 203 204

索　引　475

罗玉东　178

罗振玉　219　225　229　230　231　241　242　279　284　288　453　461

罗志田　026　078　199　206　302　347　349　353　461

骆鸿凯　282　291

伦明　230　241　244　282

M

马衡　153　158　163　168　184　210　215　223　287

马建忠（眉叔）　313　316

马廉　184

马林诺斯基（B.Malinowski）　143

马其昶　233　239

马仁松　202

马森·奥塞（Masson-oursel）　325

马幼渔　269　270　282　286　296

马宗霍　292　296

毛子水　061　134

冒广生　228

冒鹤亭　227　461

梅光迪　349　351　358

梅贻琦　223

蒙思明　170

蒙文通　199　203

孟森　184　223　244　294　340　366

缪凤林　022　023　167　200　201　202　203

缪金源　331

缪荃孙　231　233　239

缪钺　248　249

牟润孙　056　238　261　263　264　461　462

N

那珂通世　026　034

聂崇岐　184

O

区大典　242

区大原　243

区宗华　186

欧阳渐（竟无）　401

欧阳修　413

P

潘承弼　296

潘重规 296

潘博 227

潘光旦 390

潘景郑 281 287

潘应祺 242

庞石帚 236

裴文中 210 215

彭云生 236

彭泽益 186

皮锡瑞 222 231

平远 227

珀瑞（Bliss Perry） 385

浦江清 297 382 383 396 401

溥儒 230

溥忻 230

Q

齐家莹 154 201 379 381 383 390 404 462

齐思和 050 069 076 170 462

齐燕铭 210

齐宗康 184

钱大昕 002 087 238 360 462

钱基博 247 294 433

钱穆 004 012 015 048 056 057 060 061 062 063 064 065 067 068 069 076 100 101 105 106 110 184 199 203 247 269 270 284 288 289 290 296 297 302 305 306 338 340 432 435 436 459 460 462

钱同寿 227

钱杏邨 210

钱玄同（夏） 034 035 133 168 225 226 251 252 269 270 271 274 275 276 277 279 280 281 282 284 285 287 290 299 331 342 343 453 466

钱仲联 088 296

乔树枬 227

桥川时雄 240 241

秦树声 239

庆珍 228

丘陶常 186

裘匡庐 433 435

瞿世英 319

全汉升 186
全祖望 090

R

饶叔光 227
饶宗颐 083 085 086 087 088 090 296 462
任鸿隽 236
任化远 291
荣可民 230
容庚 170 355
容杰英 186
容肇祖 138 186 210 335
阮元 263 283
瑞恰慈（I.A.Richards） 378 379 380

S

萨本栋 246
单丕（不庵） 342
桑原骘藏 353
尚钺 209
邵瑞彭 240 243 296 297
邵循正 209 215

邵章 244
沈刚伯 181 202 203
沈家本 221 229
沈兼士 068 168 184 219 223 269 283 287 463
沈觐冕 240
沈仁坚 282 291
沈延国 296 298
沈尹默 184 219 279 280 287 357
沈泽荣 242
沈曾植 003 221 229 230 233 240 360 361
沈宗畸 227 228
盛朗西 440
盛昱 230
师茂材 169
市村瓒次郎 127
奭良 239
司马光 008 150 413
司马迁 021 064 412 413
斯本格勒（Oswald Spengler） 403
松野贞一郎 388
宋恕 231

索引 477

宋育仁 222 240 254 262 263 265 432

宋云彬 209

狩野直喜 219

束世澂 165

苏舆 227

孙德谦 219 229 231 232 240 241 244 255 256 257 258 294 296

孙楷第 278

孙人和 243

孙世扬 296

孙雄 228 233 244 296

孙诒让 231 283

孙毓筠 221

孙毓棠 178

T

谭国溦 180 183

谭其骧 170 171 179 202 356 455

谭绍裳 227

谭嗣同 231

谭祖任 223 244 282

汤朝华 065

汤象龙 178

汤用彤 215 335

汤中 220

唐德刚 308 311 328 346 347 349 357 464

唐景崇 226

唐兰 210

唐文治 236 244 255 294 296

唐晏 230

唐长孺 296

陶葆廉 240 242

陶孟和 027 168 215

陶希圣 049 050 119 171 173 184 190 192 464

陶湘 223 233 240 244

田波烈（H. Temperley） 187 188 189 190 191 192 193 198

童书业 074 075 077

屠寄 219 221 229 231 233 239

W

万斯同 090 094

汪东 224 249 250 251 294 296 305 465

索引

汪康年 431

汪荣宝 024 219 231

汪绍楹 282 291

汪申 184

汪应焜 228

汪兆铨 242

汪兆镛 222 242

汪中 035 226

汪钟霖 241

王安石 088 094 394

王秉恩 242

王伯祥 209

王乘六 296

王国华 044 045

王国维 002 003 004 005 019 044 045
046 048 058 059 084 109 110
145 162 163 177 219 225 229
230 232 240 241 242 253 257
258 260 284 287 289 301 305
339 360 361 362 363 366 388
389 395 396 423 453 465 467
468

王基磐 226

王季烈 242

王謇 296

王闿运 221 229 231 233 239 247

王克私（Philipe.de.Vargas） 170

王力 363

王联曾 269

王露 221

王莽 394

王乃征 230

王念孙 263

王鹏运 232

王庆湘 240

王佺孙 228

王昇远 228

王世杰（雪艇） 197

王式通 220 221 229 240

王树翰 239

王树枏 220 228 233 236 239 240 244
296

王桐龄 153 168 170

王先谦 230

王献唐 436 446 447

王信忠 201

王兴瑞 054 183 186 201 204 207

王迅中 201 202 203 204 207

王亚南 070

王冶秋 209

王伊同 170

王引之 313 369 370 371

王庸 165

王育伊 170

王云五 240

王芸生 202 203

王在宣 228

王造时 282

王照 220

王钟翰 170

王重民 209 328 341 363

卫聚贤 200 201 202 203 204

尉礼贤（Richard Wilhelm） 242 389

魏建功 040 041 133 137 269 282 287 340 466

魏元旷 227

温肃 242

温特（winter） 389

闻宥 184 248 296

翁独健 170 210 215

翁文灏 168 184 223 336

吴承仕 243 269 272 273 278 280 281 282 283 290 291 296 458 466

吴大澂 231

吴国镛 227

吴晗 053 054 057 141 142 146 171 178 179 209 210 455 462 464 484

吴怀清 239

吴景超 390 428

吴俊升 199 203

吴闿生 222 236 237 240

吴康 180

吴梅 294 296

吴宓 086 244 253 258 259 288 297 316 322 373 378 379 380 384 385 386 387 389 390 395 396 397 398 400 401 405 430 459 466 467 470

吴佩孚 268

吴其昌 044 202 203 204 207 288 363 466 470

索　引　481

吴士鉴　230　239

吴廷燮　228　236　237　239　240

吴小如　370

吴炎南　240

吴燕绍　184

吴虞　247　289　331　332　343　358　365　470

吴玉章　073　074　209　210　215

吴泽　048　163　209　467

吴稚晖（敬恒）　199　355

吴仲　228

吴子修　240

吴宗慈　186

武田泰淳　176

X

席启駉　244

席文（N.Sivin）　112

夏承焘　235　256　257　296　464

夏敬观　233

夏鼐　141　178　464

夏仁虎　228

夏寿田　226

夏孙桐　239

夏曾佑　025　027　045　231　240　260　417

夏震午　226

向承周　236

向楚　236

向达　070　165　166　203　209　210　212　215

肖瑜　184

萧鸣籁　180　186

萧参　236

萧一山　168　199　200　203

小岛佑马　218

谢富礼　186

谢国桢　237　282

谢兴尧　171

谢震孚　282　291

熊赐履　089　091

熊国璋　239

熊会贞　220　229

熊克武　343

熊罗宿　226

熊十力　401

熊希龄　282

徐炳昶　077　153　184　199　201　202　203　215

徐坊　226

徐鸿宝　244

徐家骥　186　201

徐乃昌　230　242　244

徐森玉　282

徐审义　220

徐文珊　201　202

许宝蘅　240

许地山　184　395

许冠三　018　109　117　465

许汝棻　227

许仕廉　391

许守白　287

许同莘　240

Y

严复　221　231

严耕望　442　443　467

颜树森　199

杨成志　186　201

杨东莼　210

杨栋林　158　159

杨度　230

杨绍萱　210　213

杨守敬　221　229　231　233

杨树达　150　151　243　244　246　247　261　262　269　273　282　290　291　296　438　467

杨万里　088

杨文会　220

杨心如　223

杨昀谷　227

杨振声　379　380　381　382　436

杨钟羲　219　223　229　233　240　241　244　296

杨增荦　226

姚从吾　192　201　202　203　207

姚光　296

姚筠俊　242

姚卖猷　186

姚名达　032　161　162　163　164

姚永概　236

姚永朴　236　239

叶柏皋　240

索　引　483

叶昌炽　231

叶长青　255　256　257　294　296

叶崇圣（公超）　379

叶楚伧　200

叶大琛　240

叶德辉　219　225　229　240　284

叶丁易　210

叶尔恺　242

叶瀚　157　158　159

叶蠖生　210　215

叶心炯　240

伊藤梯治　388

易顺鼎　230　231

殷孟伦　282　291

尹达　209

尹炎武　223　230　243　282

由云龙　240

余嘉锡　209　263　282　290

余逊　169

余英时　108　265　307　308　309　311　326　352　467　468

余兆祥　209

俞陛云　239

俞平伯　269　287　355

俞叔文　243

俞樾　270

袁嘉谷　222　235

袁励准　240

袁钦绪　226

袁同礼　168　223　391　468

袁祖光　228

乐黛云　378　379　468

乐均士　184

云书　227

Z

翟孟生（R.D.Jamesan）　379　380

臧光恩　175

曾鲲化　024

曾习经　226

曾宇康　236

曾蛰庵　227

张伯桢　097

张道藩　195

张德昌　171

张尔田　170 219 229 230 232 235 239 240 241 244 247 249 255 256 257 258 288 294 435

张惠言（茗柯）　264

张继　184 203

张嘉谋　240

张金鉴　201 202

张竞生　036

张濂卿　263

张美翊　242

张其淦　244 269

张其昀　165 166 167 199 203 207 247 306 469

张圣奘　201

张书云　239

张廷休　199

张维华　170

张慰慈　029 334

张闻天　206

张闻远　226

张西堂　199 202 203

张星烺　154 168 170 184 223

张学良　268

张一麐　244 269

张颐　236

张荫麟　019 022 048 064 065 094 297 306 310 320

张瑜　228

张元济　246 333 334 469

张云波　210

张之洞　092

张作霖　239

章炳麟（太炎）　093 219 225 231 237 283 284 285

章华　220 221

章梫　230 240

章士钊　345 346

章行严　231

章学诚（实斋）　013 014 015 016 032 079 264 348 419

章钰　233 239 240 242

赵炳麟　227

赵藩　222

赵丰田　036 097 162 170 454

赵简子　043

赵俪生　071 072 470

赵启霖 237	周癸叔 236
赵世骏 240	周慕西（Dr.Moses Chiu） 163
赵世忠 236	周谦冲 186
赵式铭 240	周一良 170
赵熙 226 230 238	周予同 015 018 025 027 028 045 049
赵一清 165 167 200	050 057 066 067 107 108 109
郑鹤声 165 167 200 201 202	110 111 112 171 209 212 306
郑家溉 227	321 415 470 488
郑师许 186 201 204 207	周忱岳 222 240 244
郑天挺 201 202 204 210	周祖谟 369 372
郑孝胥 219 227 229 230 232 233 242	周作人 252 269 270 272 273 281 282
470	287 331 343 461 470
郑沅	邹鲁 096 203
郑裕孚 225	朱点衣 228
郑振铎 192 207 210 215	朱古微 231
郑祖赓 240	朱家骅 200 411 420
支伟成 099 231	朱家齐 282
周朝槐 242	朱杰勤 186
周传儒 162 288 470	朱经农 030 331
周恩来 207	朱孔彰 240
周复 282 291	朱启钤 233
周谷城 207 209 212 419	朱谦之 054 055 057 109 180 181 182
周景涛 226	183 184 185 186 201 344 352
	447 467 471

朱庆永 178

朱汝珍 243

朱师辙 233 236 239 243

朱士嘉 170 171 171

朱叔琦 223

朱希祖（逷先） 028 029 029 029
029 029 153 153
153 154 154 154
154 154 154 154
154 156 156 157
157 158 158 159
159 160 160 160
161 164 164 168
168 168 168 180
180 180 180 180

朱熹 088 093 395 405 405 406 413 418
181 181 183 183
184 203 203 203
269 269 280 282
283 283 287 296
296 342 442 471

朱湛卿 240

朱自清 077 320 378 380 381 382 383
390 396 400 401 430 471

朱祖谋 230 232 240 242

诸祖耿 296 298 471

祖冲之 370 371 372

祝同曾 236

左舜生 282

图书在版编目（CIP）数据

晚清民国的学人与学术 / 桑兵著. — 成都：四川人民出版社，2020.9
ISBN 978-7-220-11909-5

Ⅰ.①晚… Ⅱ.①桑… Ⅲ.①学术思想—思想史—研究—中国—近代 Ⅳ.①B25

中国版本图书馆CIP数据核字（2020）第123970号

WANQING MINGUO DE XUEREN YU XUESHU
晚清民国的学人与学术
桑兵　著

出 版 人	黄立新
策划统筹	封　龙
责任编辑	封　龙　冯　珺
版式设计	戴雨虹
封面设计	周伟伟
责任印制	周　奇
出版发行	四川人民出版社　（成都市槐树街2号）
网　　址	http://www.scpph.com
E-mail	scrmcbs@sina.com
新浪微博	@四川人民出版社
微信公众号	四川人民出版社
发行部业务电话	（028）86259624　86259453
防盗版举报电话	（028）86259624
印　　刷	成都东江印务有限公司
成品尺寸	145mm×210mm
印　　张	15.5
字　　数	300千
版　　次	2020年9月第1版
印　　次	2020年9月第1次印刷
书　　号	ISBN 978-7-220-11909-5
定　　价	89.00元

■版权所有·侵权必究
本书若出现质量问题，请与我社发行部联系更换
电话：（028）86259453